小樽商科大学
研究叢書6

民事詐欺の違法性と責任

岩本尚禧
著

小樽商科大学出版会【発行】
日本経済評論社【発売】

はしがき

　本書は同名で公表した博士学位論文（2011年3月。北大法学論集63巻3号～64巻6号（2012～2014年））に若干の修正を加えたものである。

　債権法改正（2020年4月1日施行）を機に「不実表示」が導入されていれば、本書の課題の大半は達成されていたはずであるが、それは叶わなかった。その一方で不実表示に期待された役割の一部は錯誤法（改正民法95条）に託されたようであるが、しかし錯誤は本来「錯誤者自身の落ち度に基づく意思表示」であるため、錯誤概念の拡張は詐欺概念を限定すること以上に不当であると私は思う（その詳細につき、拙稿「錯誤者の責任」松久三四彦他（編）『社会の変容と民法の課題［上巻］——瀬川信久先生・吉田克己先生古希記念論文集』（2018年）143頁以下を参照）。結局、詐欺取消制度（民法95条）が抱える多くの課題は、民法改正後もなお残されることになる。ここに、本書を刊行する意義があると考えた次第である。

　本書の企図は序論にて述べたので繰り返さないが、いま一つ指摘したい。それは、故意要件の否定を試みることが日本民法学の行為無価値的通説に対する挑戦を意味する、ということである。通説の違法論は戦前の全体主義的な法解釈に連なるものであり、そのことが故意要件をして被害者の救済を阻ませる要因となっている。これを論証したいがために法史研究に紙幅を割き、また門外漢ながら刑法学をも俎上に載せたのであるが、この点が読者へ十分に伝わっていないとすれば、それは私の非力の故である。

　本書の立場が異説であることは、もとより承知している。しかし、池田清治先生（北海道大学）の御指導がなければ、この異説でさえ成り立ち得なかった。池田先生は私が毎週のように持ち込んだ膨大な博士論文原稿に対して詳細なコメントを返してくださり、多くの示唆を与えていただいた。また、お会いする度に「何か困っていることはないか？」と御声掛けくださり、研究環境面にも常に配慮していただいた。本書の刊行に際して、まずは池田清治先生に感謝を申し上げたい。そして、博士論文審査の労を取っていただいたのみならず、折

に触れて貴重な御助言や温かい御言葉をかけてくださった瀬川信久先生（元北海道大学、前早稲田大学。日本学士院会員）、松久三四彦先生（前北海道大学、現北海学園大学）にも御礼申し上げたい。他にも学恩ある先生方は多く、全ての御名前を記すことができない非礼をお詫びしなければならないが、しかし許されるならばこの場を借りて五十嵐清先生に御礼をお伝えしたい。五十嵐先生と接する機会は決して多くなかったにもかかわらず、先生は本書の元となる博士論文に目を通してくださり、その感想を記した御手紙まで寄せてくださった。五十嵐先生からお褒めいただくことがなかったなら、本書の刊行を決意できなかったと思う。本書を五十嵐先生にお渡しできないことが残念である。

　本書は小樽商科大学研究叢書の一書として刊行される。関係する先生方や事務の方々をはじめ、本書を世に出す過程で御尽力いただいた日本経済評論社の柿﨑均社長、新井由紀子さん、そして丁寧に校正してくださった西尾孝さんにもあらためて御礼を申し上げたい。

　最後に私事となるが、父への感謝の気持ちを付け加えさせていただきたい。学問の道を志して以来、いかなる時も精神的・経済的に支え続けてくれた父・京勲に本書を捧げます。

2019年3月
岩本尚禧

目　次

はしがき iii

序　論 …………………………………………………………………… 1

第 1 節　本書の課題 3

　　第 1 款　「違法根拠の自由意思」と「責任根拠の自由意思」 3

　　第 2 款　故意要件の意義と問題 8

　　第 3 款　学説の対応 15

　　第 4 款　本書の課題 24

第 2 節　本書の構成 29

　　第 1 款　ドイツ法 30

　　第 2 款　日本法 31

第 1 部　ドイツ法

第 1 章　詐欺の前史 ……………………………………………………… 37

第 1 節　ローマ法と自然法 39

　　第 1 款　ローマ法における詐欺 39

　　　　第 1 項　dolus の意義 39

　　　　第 2 項　dolus の効果 46

　　第 2 款　自然法における詐欺 56

　　　　第 1 項　自由意思の主意主義と主知主義 56

　　　　第 2 項　ドイツ自然法学説 67

第 2 節　19 世紀の詐欺論 79

第1款　ドイツ民法典の成立前　79
          第1項　自然法学説と歴史法学派　79
          第2項　経済的自由主義の興隆　88
      第2款　ドイツ民法典の成立過程　99
          第1項　詐欺取消規定の立法過程　99
          第2項　不法行為規定の立法過程　107

第2章　詐欺の違法性と責任 …………………………………………… 119

第1節　転回する自由意思の要保護性　121
    第1款　責任要件と違法評価　121
        第1項　責任要件の違法化　121
        第2項　違法対象の主観化──ナチス思想の影響　137
    第2款　意思決定自由の再評価　145
        第1項　行為無価値論の継承　145
        第2項　法益保護の背景と方法　155

第2節　保護の範囲と限界　167
    第1款　故意と過失の境界　167
        第1項　故意の構造　167
        第2項　裁判例の検討　175
    第2款　民事詐欺の違法性と責任　182
        第1項　原則──作為　182
        第2項　例外──不作為　188

第2部　日本法

第1章　民事詐欺論の展開 ……………………………………………… 205

第1節　日本民法と自然法　207
    第1款　詐欺の前史　207

　　　　第1項　19世紀以前の詐欺論　207
　　　　第2項　民法典の成立　217
　　第2款　通説の形成過程　227
　　　　第1項　民法典成立初期の詐欺論　227
　　　　第2項　「社会的相当性」に隠されたナチス思想　237

第2節　意思決定自由の要保護性　251
　　第1款　意思決定自由の地位　251
　　　　第1項　「社会本位の法律観」の理論化　251
　　　　第2項　自由意思の制限　261
　　第2款　法律行為法の可能性　268
　　　　第1項　学説の展開と事案の変化　268
　　　　第2項　法律行為法の諸問題　283

第2章　民事詐欺の違法性と責任　293

第1節　比較法の帰結の考察──裁判例を素材として　295
　　第1款　一般事例　295
　　　　第1項　裁判例の紹介と一般的動向　295
　　　　第2項　裁判例の分析　326
　　第2款　特殊事例　340
　　　　第1項　裁判例の紹介　340
　　　　第2項　裁判例の分析　363

第2節　民事詐欺の違法性と責任　380
　　第1款　詐欺取消制度の意義　380
　　　　第1項　被侵害権利の要保護性　380
　　　　第2項　96条における詐欺の要件論　384
　　第2款　残された課題　387
　　　　第1項　不実表示の意義と課題　387

　　　　第 2 項　過失要件の評価と課題　390

結　　論 ……………………………………………………………… 395

第 1 節　「本書の課題」の確認　397

第 2 節　本書の小括　399
　　　第 1 款　ドイツ法　399
　　　第 2 款　日本法　402

第 3 節　結　　論　406

序論

第 1 節　本書の課題

第 1 款　「違法根拠の自由意思」と「責任根拠の自由意思」

　本書の対象は、民法 96 条 1 項の詐欺である。被欺罔者は、相手方の詐欺を理由として、自身の意思表示を取り消すことができる[1]。「民法は、詐欺・強迫を受けた者のためにその正当な利益の保護をはかる」のであるから[2]、96 条は表意者を保護する制度であることが理解できる[3]。ただし、96 条が認める法律効果は取消権であり、その対象は意思表示であるから、財産的損害は 96 条の要件ではなく、ゆえに財産的利益は 96 条において保護されるべき利益ではないはずである。ならば、民法が 96 条において保護している被欺罔者の利益とは何か。

　例えば、710 条の自由権は精神的自由を含み、精神的自由の内容として意思決定の自由が含まれるから[4]、その自由が詐欺によって侵害されれば、不法行為の成立が認められる[5]。そして、96 条における詐欺も、自由な意思決定を妨

1）　民法 96 条 1 項：詐欺又は強迫による意思表示は、取り消すことができる。
2）　我妻栄『新訂　民法總則』（1965 年）307 頁。また、ある論者によれば、「民法は相手方の不当な干渉のため自由な意思決定によらずして意思表示をした者に、その意思表示を取り消す権利を与えることによって、その不利益を免れさせることとした」（下森定『新版　注釈民法 (3)』川島武宜・平井宜雄（編）（2003 年）467 頁）。この不利益が何か、も問題である。
3）　「錯誤も詐欺も、ともに、表意者保護の制度に他ならない」（我妻・前掲注 2・311 頁）。
4）　「生命・身体が社会の存立および不法行為法制度の根幹をなす最も重要な利益であることは、前述のとおり（三頁）であるから、最も重大さの程度が高い。身体を動かす自由も同様である（七一〇条は、「自由」を挙げる。なお同条に「生命」が挙げられていないのは、生命侵害そのものに慰藉料請求権を認めない趣旨であった——七一一条および一七七頁参照）。重要さにおいてそれと劣らない意思決定の自由も含まれることに異論はない」（平井宜雄『債権各論 II　不法行為』（1992 年）41 - 42 頁）。
5）　大審院 1933 年（昭和 8）6 月 8 日判決（大審院刑事判例集 12 巻 771 頁）は次のように

害する行為として理解されている[6]。それゆえ、96条の詐欺によって侵害される自由意思と710条によって認められている自由意思を別意に解する理由が存在しない限り、96条における表意者の利益を自由権として捉えることが可能である[7]。ここで仮に権利侵害ないし法益[8]侵害を違法として理解するなら[9]、

　　　説示する。「第七百十條ニ所謂自由トハ身體的活動ノ自由ノミナラス精神活動ノ自由ヲモ包含スルモノト解スルヲ正當ナリトスルカ故ニ不法行爲者カ本件ニ於ケルカ如ク欺罔手段ニヨリ被害者ノ意思決定ノ自由ヲ害シテ錯誤ニ陷レ財物ヲ騙取シタル案件ニ付テハ被害者ニ於テ之カ爲メ財産上ノ損害ヲ被リタル外特ニ精神上ノ苦痛ヲ被リタル事實ノ存スル限リ不法行爲者ニ對シ財産上ノ損害賠償ノ外慰藉料ヲ請求スルコトヲ得ルモノト解スルヲ妥當ナリトス」。
6) 「表意者の自由な意思決定を妨げる不当干渉として民法の認める手段には、詐欺と強迫とがあり、詐欺または強迫によつてなされた意思表示を『瑕疵ある意思表示』と一般にいう」(下森・前掲注2・222頁)。
7) 確かに、決定論と非決定論の対立が示すように、そもそも自由意思の存在を否定する理解も成り立ち得る(この点について、例えば来栖三郎『法とフィクション』(1999年)313頁以下を参照)。しかし、民法が自由権の内容として自由意思を認めるなら、少なくとも民法を語る範囲において、自由意思の存在は肯定され得るし、肯定されなければならない。本書は、自由意思の存在を前提として議論を進める。
　なお、本書では、「意思」という表現と「意志」という表現を区別しない。さらに、自由それ自体が自分の意思を自ら決定する意味を含み得るから(宗宮信次『不法行為論』(1968年)272頁)、本書において「自由意思」という表現と「決定自由(あるいは意思決定自由)」という表現も、その意味内容について区別しない。
8) 本書は、違法評価の対象として、「権利」と「法益(法的に保護された利益)」を特に区別しない。このことは、例えば旧709条に追加された「法律上保護された利益」という文言が実質的な変更を企図された要件ではなかったことからも理解される(つまり、権利侵害が違法であるなら、法益侵害も違法でなければならない)。709条における「法律上保護された利益」について、道垣内弘人「民法709条の現代語化と要件論」法学教室291号(2004年)57頁以下も参照。
　刑法学においては、違法評価の対象は「権利」に限定されず、「法益」として捉えられている。これは、「刑法によって保護されるのを権利だけに限定するのはせますぎる。権利といえない利益で刑法の保護の対象となるものは、いくらもある。そこで法益の侵害という考え方が権利の侵害という考え方にとって代った」からである(団藤重光『刑法綱要総論(第3版)』(1990年)185頁)。民法が刑法よりも権利ないし法益について保護の機能ないし範囲を狭めなければならない理由が存しない限り、民法709条における「法律上保護される利益」も違法評価の対象として理解されるであろう。刑法学における「権利」から「法益」へ展開する過程は19世紀のドイツ刑法学において見られ、これはドイ

この意味における自由意思は「違法根拠の自由意思」として把握することができるであろう[10]。違法根拠の自由意思は、その特徴として権利性を帯び、その反面として被侵害性も備える。これは、外在的な侵害を受けることによって初めて法律効果と結び付く性質の自由意思を意味する。96条における被欺罔者は、この違法根拠の自由意思に対する侵害を理由として、意思表示の取消権が与えられるのである。

このような違法根拠の自由意思に対して、行為者あるいは表意者の責任[11]と結び付く自由意思も存在する。例えば、刑事責任の前提として要求される自由意思が、それである[12]。これに対応する民事責任として、まず不法行為責

ツ民法典における自由意思の要保護性あるいは違法評価の理解にも関わる点であり、後述する。

9) 違法性概念の根拠について付言する。その根拠を「不法」行為という文言に求める見解が存在する（前田達明『不法行為帰責論』（1978年）203頁の注（3））。しかし、そのように理解しなくても、違法性という概念を肯定することは可能である。法の存在それ自体が違法性を予定しているからである（我々が生活する社会において、およそ違法状態が起き得ないならば、そもそも法は必要ない）。それゆえ、たとえ民法典における不法行為の文言が、例えば「私犯」あるいは「侵権行為」であったとしても、民法典において当然に違法性を語ることができる。

本書では、不法（Unrecht）と違法性を原則として区別しない（この点について、Hans Albrecht Fischer, Die Rechtswidrigkeit mit besonderer Berücksichtigung des Privatrechts, 1911 (Neudruck 1966), S. 92 も参照）。さらに本書では、Rechtswidrigkeit と Widerrechtlichkeit も原則として区別せず（この点について、Ernst Zitelmann, Ausschluß der Widerrechtlichkeit, AcP 99 (1906), S. 6 も参照）、両者について同じく「違法性」という訳語を与える。

10) 民法710条の自由権に自由意思が含まれること（前掲注4および5を参照）、権利あるいは法益も違法評価の対象たり得ることから（前掲注8を参照）、自由意思の権利性を語ることができるため、自由意思の侵害を違法として捉えることが可能である。

11) 責任の最広義の意味は、法律的な制裁または不利益として理解されている（國井和郎「Ⅱ　責任——近代法から現代法への展開」芦部伸喜・星野英一・竹内昭夫・新堂幸司・松尾浩也・塩野宏（編）『岩波講座　基本法学5——責任』（1984年）44頁）。刑罰は制裁として理解することができるし、損害賠償は不利益として理解することができる。契約の拘束性は自由の剝奪という意味において不利益として理解することができるであろうから、契約の拘束性も法的な責任として理解することができるであろう（この点について、例えば森村進『権利と人格——超個人主義の規範理論』（1989年）147頁を参照）。

12) この意味における自由意思について、平野竜一「意思の自由と刑事責任」尾高朝雄教

任[13] が挙げられ、より広義の民事責任として契約責任も含まれる。とりわけ契約責任と自由意思の関係は、「契約当事者は自己の自由な意思に基づいて契約を締結し、その結果として当該契約に拘束される」という契約の拘束力の根拠として重要である[14]。このように、刑事責任であれ、不法行為責任であれ、契約責任であれ、自己の自由な意思が責任を基礎づけるのであるから、この意味における自由意思を「責任根拠の自由意思」として把握することができるであろう。

当然ながら、違法根拠の自由意思を有する被欺罔者は、その自由意思に基づいて契約を締結した主体である限り、責任根拠の自由意思に基づいて契約責任を負う。このことから責任根拠の自由意思と違法根拠の自由意思は表裏一体であること、そして両者の区別が一定の法的観点に基づく相違に過ぎないことが理解できる[15]。いずれも一人間が備え持つ自由意思である点においては何ら異ならないのであり、あらゆる局面において両者の区別が可能かつ意義を持つわ

　　授追悼論文編集委員会（編）『自由の法理』（1963 年）231 頁以下を参照。
13) 「作為および不作為という人間の自由な意思に基づく行為のみが帰責の前提となり、かかる意思によって導かれた行為のみが違法および有責な行為と評価される」（中井美雄「不作為による不法行為」山田卓生（編）『新・現代損害賠償法講座　第 1 巻　総論』（1997 年）108 頁）。
14) 契約の拘束力の根拠を大別すれば、信頼と意思が挙げられるであろう（例えば、星野英一「Ⅵ　現代における契約」加藤一郎（編）『岩波講座　現代法 8』（1966 年）265 頁および高橋三知雄「私的自治・法律行為論序説（一）」法学論集 24 巻 3 号（1974 年）142 頁を参照）。しかし、「信頼責任に基づく法律行為的効果を認めることが妥当かは、検討すべき重要な問題であるが、かりにこれを承認するとしても、本人の意思をまったく排除することが不当である、との認識はひろく支持をうけるものと思われる」（石田喜久夫「現代法律行為論の課題——意思主義の復権とその限界」Law School 13 号（1979 年）9 頁の注 4）。すなわち、契約の拘束力の根拠から意思の要素を完全に排除しない限り、いずれの見解に与しても、意思が契約の拘束力の根拠として重要な意味を持つ点について変わりはない。
15) 「民法 123 条の構成要件における意思自由の干渉は外部的な他人の影響によって引き起こされているのであり、これに対して行為能力の場合における干渉は本人の事情に由来している。かかる差異は、侵害の原因に関連しているに過ぎない」（Manfred Wolf, Rechtsgeschäftliche Entscheidungsfreiheit und vertraglicher Interessenausgleich, 1970, S. 115）。引用文における民法 123 条は、日本民法 96 条に相当するドイツ民法の規定である。

けでもない。

　しかし、私は 96 条の詐欺取消制度について、違法根拠の自由意思と責任根拠の自由意思という区別が可能であり、かつ当該区別が意義を持ち得る一場面として想定している。なぜなら、96 条の枠組においては、違法根拠の自由意思と責任根拠の自由意思は、相互に真逆の法律効果と結び付いているからであり、つまり違法根拠の自由意思を重視すれば取消権の行使に基づく拘束力の解消へ、逆に責任根拠の自由意思を重視すれば契約に基づく拘束力の維持へ向かうからである。

　自由意思が異なる側面を有すること自体は問題ではない。問題は、従来の詐欺取消制度の解釈論においては、責任根拠の自由意思のみに重点が置かれ、違法根拠の自由意思は十分に考慮されてこなかった、という点である。例えば、ある者は次のように述べる。「たとえ他人の欺罔行為によって錯誤におちいったとしても、表意者はなお意思表示の決定の自由を保持し、自己の自由な判断によって意思表示をしたわけであり、時としては相手方の欺罔行為を見破ることのできる場合もあるかも知れない」[16]。

　ここで語られている自由意思は、責任根拠の自由意思である。責任根拠の自由意思を強調すれば、当然に契約を維持する作用が働き、その反面として違法根拠の自由意思は軽視され、被欺罔者が救済を受ける可能性は低下する[17]。既に指摘したように、責任根拠の自由意思と違法根拠の自由意思は、詐欺を語る局面において、相反する作用を営む。問題は、この局面において、なぜ責任根拠の自由意思のみが強調されるのか、である。

　その原因として、被欺罔者の落ち度に注目する傾向（風潮？）が考えられる。例えば、ある者は次のように述べる。「詐欺にかかった者にはうかつな点もあるのが通常だから、その者が不利益を被ってもやむをえない」[18]。この理解に

---

[16]　石本雅男『民法総則』（1962 年）243 頁。

[17]　「詐欺については、故意による違法な欺罔行為があったことが厳格に要求され、単に誤った事実が告げられたり、意思決定に必要な情報が告げられなかったりしただけでは、詐欺による取消しは認められない。……（中略）……これは、みずから意思をもって契約した以上、保護が受けられるのは、詐欺や強迫という悪質な行為がおこなわれた場合にかぎられると考えられてきたことによる」（山本敬三「契約規制の法理と民法の現代化（一）」民商法雑誌 141 巻 1 号（2009 年）11 - 12 頁）。

よれば、違法根拠の自由意思が害された原因は被欺罔者に求められ、したがって違法根拠の自由意思に対する侵害は考慮されず、その結果として考慮される自由意思は責任根拠の意味しか残らず、ゆえに責任根拠の自由意思が妥当し、やはり契約の解消は制限され、最終的に詐欺取消制度は適用されない、という結論が正当化される[19]。こうした見解によれば、もはや96条の詐欺取消制度は、被欺罔者の所為を戒める制度と化してしまう。しかし、民法は被欺罔者に対する制裁法なのか[20]。96条の規範目的は表意者の保護ではなかったのか。

第2款　故意要件の意義と問題

　表意者の保護という96条の規範目的を重視しない解釈が押し進められるならば、その当然の前提として詐欺の成否を決する解釈の重点は被欺罔者の観点から欺罔者の観点へ移り、それに連動して、96条という枠組においては欺罔者に対する評価を反映できる要件が重視される。そして、それは96条の故意要件に他ならない[21]。

---

[18]　四宮和夫『民法総則』（1972年）195頁、同『民法総則（第四版補正版）』（1996年）185頁。その他に、「詐欺されたこと自体には多少の軽率さを伴うことがある」（須永醇『民法総則要論』（1988年）204頁）。さらに同206頁によれば、「『そこつ者』――被欺罔者」。それ以外に、中井美雄『通説　民法総則』（1991年）182頁、石田喜久夫『口述　民法総則（第二版）』（1998年）244頁も参照。

[19]　「詐欺の典型的場合においては――不当勧誘事例にかぎっていえば常に――、錯誤に陥ったことについて表意者にも過失があ」り、「不当勧誘事例は、顧客に過失がある――そのため契約の拘束力からの完全な解放が不適切である――がゆえに、詐欺取消制度の射程外に置かれていたのである」（橋本佳幸「取引的不法行為における過失相殺」ジュリスト1094号（1996年）150頁および153頁）。

[20]　「欲張った人は損をするといい薬になる、高い授業料を支払ったと思えばよいなどと安易にいうことで、欲を張らせるのに首尾よく成功した悪者が得をすることになりはしまいか。民法は欲張った人に対する制裁法なのか」（米倉明「どういう論文が『よい』のか――民法解釈学の論文を念頭に」法学雑誌tâtonnement タートンヌマン1号（1997年）23頁）。

[21]　「詐欺の典型的場合においては――不当勧誘事例にかぎっていえば常に――、錯誤に陥ったことについて表意者にも過失がある（情報収集不足）。そのため、詐欺取消による意思形成過程の保護は、相手方が欺罔の故意を有する場合にしか正当化できない」（橋本・

96 条の故意は、いわゆる二段の故意を要する。すなわち、「(a) 相手方を欺罔して錯誤におとし入れようとする故意と、(b) さらに、この錯誤によって意思表示をさせようとする故意とである」[22]。この定義から読み取ることができる重要な要素は、以下の三点である。第一に、一段目の故意における欺罔が既に相手方の意思決定自由を侵害している点である[23]。第二に、およそ契約当事者ならば、相手方をして意思表示させる故意を有しているはずであるから（売主ならば、買主に「買う」と言わせたいはずである）、これを敢えて要求する二段目の故意は（一段目の故意における欺罔に基づく被欺罔者の意思表示に関する）欺罔者の特別な主観的意図として理解されている点である[24]。そして、第三に、第一および第二から、「二段の故意」という要件それ自体が、96 条という枠組において、被欺罔者の被侵害権利よりも、欺罔者の行為態様の重視を示している点である。

このように通説によれば、詐欺概念と故意概念は密接な関係を有する。そもそも両者の関係は古い。後述するように、詐欺取消制度の起源たるローマ法の dolus それ自体が既に詐欺と故意の両義を備える概念であったのであり[25]、さらに dolus はキリスト教の影響を受けたことによって道徳的観念と結び付けられ、そして非難に値する主観的要素を不可欠の要件として求める傾向が生まれ

前掲注 19・150 頁、同「不法行為法における総体財産の保護」法学論叢 164 巻 1‐6 号（2009 年）415 頁の注 71 も参照）。

22) 我妻・前掲注 2・308 頁。
23) 「相手方の行為によって表意者が錯誤に陥る場合には、虚偽の言明という典型的な行為態様を例にとっても、相手方の主観的態様に応じ、(i) 相手方に過失はないがその虚偽の言明による場合、(ii) 相手方に過失がある場合、(iii) 相手方が故意に虚偽の言明をした場合、そして (iv) それによって意思表示をさせる目的で故意に虚偽の言明をした場合がある。表意者が相手方の言明に惑わされるという点では、(i)～(iv) に変わりはない」（沖野眞已「契約締結過程の規律と意思表示理論」別冊 NBL 54 号（1999 年）28 頁。さらに同頁によれば、「にもかかわらず、民法が詐欺取消を認めるのは、(iv) の場合のみである」という）。
24) いわば、「意思表示獲得目的」である（沖野・前掲注 23・28 頁）。
25) 「法の全領域について、かかる犯罪意思は、法律用語において『策略 (List)』、つまり dolus として呼称され、大抵は強調して『悪意ある策略 (böse List)』、つまり dolus malus として呼称されているのであり、不法の意識、つまり sciens を伴って行われる」（Theodor Mommsen, Römisches Strafrecht, 1961, S. 86）。

た[26]。こうして、近代法制度の誕生より古い歴史を有する詐欺の概念は、法典において詐欺として規定される時点において既に、欺罔者の主観的態度を推し量る要素である故意要件なくして語り得ない概念として確立されていたのである[27]。

しかし、このことが近代市民法の理念から逸脱していることは、過失責任の原則を想起すれば、明らかである。過失責任の原則は、その字の如く、行為者の過失が認められない限り、その行為者は責を負わない旨を説く原則である。換言するなら、行為者の過失が認められる限り、その行為者は責を負わなければならない。ところが、96条の詐欺は成立要件として故意を要し、欺罔者の過失は詐欺を構成しない。すなわち、民法96条は、過失責任主義の重大なる例外を成すのである。では、なぜ民法96条は過失責任主義の例外たり得るのか。

「詐欺は本来的に故意行為であるから」。詐欺の解釈伝統を支持する者は、このように答えるのであろうか。しかし、これは、詐欺の解釈として考えられ得る複数の選択肢から採用された一つの立場に過ぎない。少なくとも民法は、96条において故意の要求を明記していない[28]。詐欺を故意行為として解釈しなければならない理由を明示しない限り、過失責任主義に対する民法96条の例外性は説明されないし、正当化されないはずである[29]。

---

26) この点に関して、詐欺の意味のdolusについてUlrich von Lübtow, Untersuchungen zur lex Aquilia, 1971, S. 193、故意の意味のdolusについてMax Kaser, Das Römische Privatrech I, 1959, S. 253 f. を参照。

27) 詐欺に植え付けられた負の印象は、現在も払拭されてはいない。詐欺は、「社会通念上悪い、違法視されることが必要」であり（石田・前掲注18・241頁）、「その響きには強烈な印象があり、道徳的な非難のはなはだしい行為といった印象をぬぐえない」（平野裕之「投資取引における被害者救済法理の相互関係について——投資取引における事業者の情報提供義務（1）」法律論叢71巻1号（1998年）42頁）。

28) これに対して、日本民法96条1項に相当するドイツ民法123条1項は、欺罔者の故意を意味する悪意の要件を明文化している。にもかかわらず、本論において確認するように、ドイツ民法123条1項の詐欺取消制度の故意要件は相当程度に緩和され、ほとんど過失に近い。

29) 例えば、橋本・前掲注19によれば、表意者の過失が故意要件を正当化する要素であるようにも見える。しかし、これは不当である。なぜなら、例えば、「商品取引員側の違法行為は、まさに顧客側の過失の誘発を目的としたものと評価すべきだからである」（今西康人「公設商品先物取引における商品取引員の不法行為責任」法律時報59巻9号（1987

ならば、96条の故意要件は如何なる意味を有するのか。例えば、ある者は次のように答える。「意思表示の効力に影響あらしむるは効果意思決定の不自由ということのみを以て説明するを得ず」[30]、「意思表示の効力を問題とするに當りては須らく表意者を以て起點となさざる可らず、他人に於て意思決定の不自由を惹起こしたりという客觀的因果關係あり、之を惹起こさしめんと欲したりという主觀的連絡あらば乃ち他人を措いて表意者を保護するに十分なる理由存す。民法は之を以て當事者の雙方を最も公平に保護し、取引の安全を確保する所以としたるものなり」[31]。

　ここで語られる「取引の安全」の確保は、要するに欺罔者側の行為自由の保障を意味する。確かに、伝統的な法解釈によれば、故意または過失は責任形式である[32]。そして同時に、過失責任の原則は、帰責原理という側面に加えて、行為自由の保障という目的をも併せ持つ[33]。それゆえ、欺罔者の法益の保障という目的を、不法行為法のみならず、96条の枠組においても妥当せしめること自体は可能であり、かつ正当である。つまり、96条における詐欺取消制度においても、一方当事者の意思決定自由のみならず、他方当事者の行為自由も考慮されるべきであろう。

　しかし問題は、なぜ他方当事者の行為自由を確保する要件が96条の詐欺取消制度という枠組においては「故意」に限定されるのか、である。96条の主

年）95頁）。一方当事者の情報収集不足のみが強調され、他方当事者の説明不足という過失は看過され易い。もし両者に過失が認められるなら、共通錯誤によって無効が認められるべきであろう（事業者側は、当初から十分な説明を与える意図を有していなかった、という抗弁によって自身の錯誤を否定することはできない。これは、詐欺の故意の自白に等しいからである）。このような場合に共通錯誤が認められないならば、やはり民法96条の故意の要件は不平等を招き、不当である。
30)　鳩山秀夫『民法研究　第一巻（總則）』（1925年。初出は1910年）523頁。
31)　鳩山・前掲注30・528頁。同論文は強迫における意思を論じているものの、この点は詐欺にも同じく妥当する旨を説いている（523頁）。
32)　例えば、金子宏・新堂幸司・平井宜雄（編）『法律学小辞典（第3版）』（1999年）304頁を参照。
33)　藤岡康宏「五　私法上の責任──不法行為責任を中心として」芦部伸喜・星野英一・竹内昭夫・新堂幸司・松尾浩也・塩野宏（編）『岩波講座　基本法学5──責任』（1984年）212-213頁。

観的要件が故意に固定される限り、当事者間の利益調整は均衡を維持し得ず、公平性を欠く。なぜなら、故意要件を堅持すれば、過失の欺罔に起因するリスクは、専ら誤導された契約相手方に割り振られるからである。すなわち、解釈伝統に従い96条1項の故意要件を維持するならば（換言するなら、過失の詐欺を認めないならば)[34]、過失行為者の行為自由は保障されるものの、被欺罔者は欺罔者の過失（に伴うリスク）を甘受する他なく、その反面として被欺罔者の被侵害権利、つまり違法根拠の自由意思の要保護性は低下するのである。

　以上の如く、96条の枠組においては、違法根拠たる被欺罔者の意思決定自由と、責任要素を通じて確保される欺罔者の行為自由が、相互の法益として対立する。本書が表題として掲げる「民事詐欺の違法性と責任」は、まさに違法性[35]（被欺罔者の意思決定自由の要保護性）と責任（欺罔者の行為自由を確保する要件）の相互関係の問題を指しているのである。既に確認したように、被欺罔者が有する違法根拠の自由意思は責任根拠の自由意思と表裏であるが、しかし

---

34)「過失による詐欺の承認は解釈伝統と断絶する」（磯村保「契約成立の瑕疵と内容の瑕疵（2）」ジュリスト1084号（1996年）80頁を参照）。

35) 違法性概念の根拠については既に述べた（前掲注9)。もっとも、違法性概念を認め得るとしても、これを積極的に肯定するか否か、は別の問題である。実際に、違法性概念の不要を説く見解が存在する。例えば、「『権利侵害から違法性へ』の命題が、通説を支配するや否や、『違法性』概念はその機能を果し終った」（平井宜雄『損害賠償法の理論』（1971年）383頁)。これに対して、違法性概念の存置を説く見解も存在する（近時では、例えば吉村良一「不法行為法における権利侵害要件の『再生』」立命館法学321・322号（2008年）602頁)。本書でも、違法性概念の有用性を前提として議論する（違法性「概念によって、正当防衛や被害者の同意といった、不法行為責任を阻却する事由を整合的に組み入れることができる」という吉村・前掲の指摘に対して、私も同意見である)。ただし、違法性概念の存置を説く見解は、これを行為の違法性から説く立場（行為無価値）と結果の違法性から説く立場（結果無価値）に分かれる（吉村・前掲は、あえて仕分けるなら、前者であろう)。もちろん、両者を統合した見解も存在しないわけではないが、しかし行為無価値論は結果無価値論を先取る理論として理解されており、原則として両者は異質である（「結果不法は、行為不法の発生根拠にすぎず、内容そのものではないから、不法行為における違法な行為（不法）の本質は結果不法か行為不法かと問われれば、行為不法と答える外はない」（四宮和夫『現代法律学全集10-ⅱ　不法行為』（1985年）280頁)。それゆえ、本書では行為無価値論と結果無価値論を折衷した立場も行為無価値論として扱う（それは私が結果無価値論を支持するためでもある。詳細は後述する)。

同時に責任根拠の自由意思は欺罔者の責任を肯定する前提でもあるから、欺罔者と被欺罔者は責任根拠の自由意思を通じて共通の側面を持ち合わせているのであり、それゆえ民事詐欺の違法性と責任における相互関係は共通の過失（責任主義に立脚した）要件でなければならないはずである。被欺罔者の意思決定自由が欺罔者の行為自由に劣後する性質の自由ではない限り、96条における故意要件は一方で行為自由を優先し、他方で意思決定自由を劣後せしめる結果を導くものであって、不当である。

ところが、伝統的通説は、一方で96条の故意要件を堅持し、他方で被欺罔者の法益を軽視する。例えば、ある者は次のように述べる。「自由權は自由といふ點に本體があるのではなく、寧ろ不法に干渉せられないといふ所に本體がある。換言すれば、詐欺強迫等による加害行爲が違法なのは自由權といふ利益を侵す點に在るのではなく、その行爲が詐欺強迫といふ禁止規定又は公序良俗に反するものなる點に存すると謂はねばならぬ」[36]。

この見解によれば、そもそも自由権の要保護性は低いものとして捉えられ、それに連動して違法性の判断基準が被欺罔者の自由意思から欺罔者の加害行為（あるいは故意）へ移転し、その結果として自由意思は責任根拠の意味しか残らず、したがって契約の解消は制約される傾向が強まる。のみならず、この見解によれば、被欺罔者の自由意思は違法性の判断基準たる地位を失うから[37]、法によって予定される詐欺取消制度の目的は被欺罔者の自由意思の保護ではなく、むしろ欺罔者の制裁へ転じることになる[38]。しかし、民法は欺罔者に対

---

36) 我妻栄『事務管理・不当利得・不法行為（復刻版）』（2005年。初版は1937年）136頁。
37) それは行為の違法性が重視されるからであり、つまり「故意があったかどうかは主観の問題であり間接的に認定するほかないが、そうなると、行為の違法性の評価が大きな影響を持ってくる」（大村敦志『消費者法（第4版）』（2011年）81頁）。詐欺の問題に限らず、とりわけ不法行為の領域において行為の違法性を重視する傾向が裁判例においても見られる点について、徳本伸一「判例の違法論」金沢法学45巻2号（2003年）39頁以下を参照。徳本によれば、こうした行為の違法性を重視する違法論が、違法性と有責性の峻別論を否定させる一要因として指摘されている（同・40頁）。結果無価値の立場を支持する本書では、後述するように、違法性と有責性を区別する。
38) 「詐欺や強迫も、その結果表意者の健全な意思形成が妨げられた故にその効力を否定しうるものとする制度とみることのほか、詐欺者、強迫者の不誠実さを咎める制度とみること、さらには、それにより損害をこうむった者を保護する制度とみること、のどれも

する制裁法なのか。96条の規範目的は表意者の保護ではなかったのか。

　仮に96条の規範目的を欺罔者の制裁として理解するならば、96条の適用可能性が縮減されることは当然の帰結である。なぜなら、その成立要件の充足は非難に値する程度に達していなければならず、その認定は慎重を要し、その反面として96条の適用範囲は限定されるからである。事実、伝統的通説は、故意の要件を固持し、さらに二段の故意という制約を設け、そして欺罔者の行為態度を重視してきたのである[39]。

　以上の問題関係は、詐欺のみならず、強迫にも妥当する。そもそも民法96条が詐欺の他に強迫を規定している理由は詐欺と強迫の共通性に由来するのであるが[40]、しかし両者が互いに異なる側面を有する法概念であることにも注意しなければならない。すなわち、被強迫者は自身の意思決定自由に対する侵害を認識しているものの（被強迫者に当該行為が強迫であることを認識させなければ、強迫として意味を成さないから）、これに対して被欺罔者は自身の意思決定自由に対する侵害を認識していない（被欺罔者に当該行為が詐欺であることを悟られると、詐欺の意味を成さないから）[41]。つまり、被欺罔者が自身の意思決定自由を回復する契機は被強迫者より少ないのであるから、被欺罔者の要保護性を被強迫者の要保護性より高く評価することも可能である。

　　まったく可能である」（星野英一「契約の成否と同意の範囲についての序論的考察（1）連載にあたって」NBL 469号（1991年）11頁）。その他に、「詐欺、強迫については、このような行為によって相手方の意思決定を歪める者の悪性に着目することも可能である」（大村敦志「契約内容の司法的規制（1）」NBL 473号（1991年）37頁）。

39）とりわけ二段目の故意について、「此要件ハ甚重要ナルモノニシテ若此意思ニ出テス他ノ目的ヲ以テ事實ヲ虚示スルモ詐欺ヲ構成スルコトナシ」（富井政章『民法原論　第一巻』（1904年）375頁）。

40）「民法は詐欺による意思表示と強迫による意思表示とにつき共通の規定（九六条）を設けた。蓋し両者ともに他人の違法な行為に基因する表示であり、従ってまた表意者の保護を必要とする点に於いても同様だからである」（吾妻光俊『民法総則』（1967年）163-164頁）。

41）「詐欺は、表意者は、自己のなした意思表示が本来ならなされなかったものであることを表意者が自覚していなかった点では、錯誤と共通であり、強迫は、表意者にこの点の自覚がある点では、心裡留保ないし虚偽表示に近い」（鈴木禄弥『民法総則講義（改訂版）』（1990年）147頁）。

加えて、「自身の意思決定自由に対する侵害を認識していない」という状況は、相手方の過失に基づく言動によっても作出され得る。とりわけ、現代における社会制度の複雑化は詐欺を覆い隠す契機を与えるのみならず、自由な意思形成を困難ならしめており、すなわち社会制度の複雑化それ自体が意思決定自由の侵害を誘発している。それゆえ、現代社会において被欺罔者を救済すべき要請は確かに存在しているはずであるが、しかし伝統的通説は 96 条において厳格な諸要件を維持し続け、このことが現代的取引状況における 96 条の然るべき運用の可能性を奪い続けたのである。

第 3 款　学説の対応

　学説は、このような状況において、96 条の再検討という選択肢を避け、解決の糸口を他の法規範へ求めた。例えば、95 条の錯誤無効であり、709 条の損害賠償である。ところが、これは、さらなる問題と弊害を生み出した。まず、95 条に基づく解決が問題である。96 条に代わる救済方法として 95 条が優れていることを示すためには、96 条に基づく詐欺と 95 条に基づく錯誤の双方が主張され、かつ後者のみが肯定される事案を挙げる必要があろう。しかし実際は、96 条に基づく詐欺と 95 条に基づく錯誤の両方が主張され、かつ後者のみが肯定される事例は少なく[42]、大抵は両方とも否定される[43]。それゆえ、95 条は、

---

[42]　例えば、東京地判 1994 年（平 6）5 月 30 日金法 1390 号 39 頁、東京地判 1997 年（平 9）6 月 9 日判タ 972 号 236 頁、東京地判 1996 年（平 8）7 月 30 日判時 1576 号 61 頁⑤、横浜地判 1996 年（平 8）9 月 4 日判時 1587 号 82 頁②、東京高判 2008 年（平 20）5 月 22 日判時 2015 号 47 頁が挙げられる（ただし、上記の裁判例は一方で錯誤を肯定し、他方で詐欺に言及していないに過ぎず、詐欺が明確に否定されているわけではない点に留意されるべきである）。

[43]　例えば、大阪高判 1963 年（昭 38）7 月 15 日判時 350 号 19 頁、大阪地判 1972 年（昭 47）9 月 12 日判時 689 号 104 頁、東京地判 1975 年（昭 50）1 月 30 日金融法務事情 754 号 35 頁、東京地判 1975 年（昭 50）10 月 6 日判時 802 号 92 頁、浦和地判 1982 年（昭 57）5 月 19 日判時 1062 号 122 頁、大阪地判 1986 年（昭 61）5 月 30 日判タ 616 号 91 頁、大阪地判 1989 年（平 1）2 月 13 日判タ 701 号 216 頁、東京高判 1989 年（平 1）3 月 29 日金法 1243 号 29 頁、東京地判 1992 年（平 4）9 月 29 日判タ 823 号 241 頁、東京地判 1993 年（平 5）2 月 10 日判タ 816 号 214 頁、広島地判尾道支部 1993 年（平 5）10 月 22

96条に代わる救済手段として必ずしも適切ではない。

たとえ96条に基づく詐欺と95条に基づく錯誤の双方が主張され、後者のみが肯定される事案が多数を占めたとしても、これ自体が問題である。96条に代わる救済方法として95条を強調する解釈は、いわゆる評価矛盾という理論的問題を生み出すからである。すなわち、96条より緩やかな要件によって成立する95条[44]が、96条より強力な効果を発動することは矛盾ではないか[45]、

日判タ839号233頁、大阪地判1993年（平5）11月10日判タ843号188頁、東京地判1993年（平5）11月29日判時1498号98頁、東京地判1994年（平6）3月15日判タ854号74頁②、東京地判1994年（平6）12月14日判時1536号69頁、東京地判1995年（平7）1月27日金法1420号37頁、東京地判1995年（平7）8月29日判タ926号200頁、東京地判1995年（平7）9月6日判タ915号167頁、東京地判1995年（平7）10月4日金法1467号41頁、東京地判1995年（平7）12月22日判タ926号220頁、東京地判1996年（平8）1月22日判タ915号264頁、東京地判1996年（平8）2月21日判時1587号82頁①、東京地判1996年（平8）3月26日判時1576号61頁②、東京地判1996年（平8）8月29日判時1606号53頁、横浜地判1996年（平8）9月4日判時1587号82頁②、東京高判1996年（平8）12月24日判時1596号63頁、松山地判1997年（平9）4月16日判タ983号239頁、大阪地判1997年（平9）5月29日判タ960号166頁、東京地判1997年（平9）7月7日判タ946号282頁、東京地判1997年（平9）7月28日判時1646号76頁、東京地判1999年（平11）2月23日判タ1029号206頁、名古屋地判2001年（平13）6月28日判時1791号101頁、東京地判2001年（平13）12月20日判タ1133号161頁、東京地判2004年（平16）7月13日判時1873号137頁、東京地判2006年（平18）1月27日判タ1236号251頁、大阪地判2006年（平18）4月18日判時1959号121頁、大阪地判2008年（平20）4月18日判時2007号104頁、大阪高判2008年（平20）6月26日判時2022号14頁が挙げられる。

44）「詐欺に当たるとされる場合の方が、ほとんどの場合、錯誤よりも厳格な要件である」（磯村保「契約成立の瑕疵と内容の瑕疵（1）」ジュリスト1083号（1996年）84頁）。

45）例えば、武川幸嗣「契約の有効・無効と損害賠償の関係——不法行為法的救済の補充的機能を中心に」円谷峻・松尾弘（編）『損害賠償法の軌跡と展望（山田卓生先生古希記念論文集）』（2008年）516頁は、法律行為法的救済と不法行為法的救済の評価矛盾の可能性を指摘しつつ、「相手方の態様（意思決定への関与の度合いや、錯誤の対象事項が表意者の契約目的にとって重要な意味を有する旨に関する認識の有無など）あるいは、表意者の錯誤によって得た契約上の利益を適法に保持することの不当性・不公平など、相手方の態様も考慮要素として織り込むとすれば、詐欺要件の厳格性を補完しうる余地が認められよう。具体的には、契約の重要内容ないし前提に関する錯誤とまでいえなくても、表意者にとって契約への拘束を決定づける重要な錯誤であり、それが相手方の不誠実な態様に起因する場合が挙げられようか」という。しかし、武川の理解によれば、「相手方

という問題である。これに対して、95条の無効という効果を、取消権へ近づけることによって、こうした矛盾の緩和を図る解釈も考えられる[46]。しかし、民法が明記する95条の無効を取消的無効へ修正する解釈が許されるならば、民法が明記しない96条の故意要件を否定する解釈こそ民法に与えるダメージが少なく、許されるべきであろう[47]。

　2020年4月1日に施行予定の改正民法によれば錯誤の効果は無効から取消しへ修正され、上記の評価矛盾は一応回避された。しかし、95条と96条の法律効果の均一化それ自体が問題である。なぜなら、この均一化は結果として錯誤者と被欺罔者の要保護性の均一化を意味するが、しかし両者の要保護性は決して同一ではないからである。錯誤者と被欺罔者は、他人の干渉を受けたか否か、という点において決定的に異なる。すなわち、「單純ノ錯誤ハ多クハ當事者ノ過失ニ出ツルモノニシテ之ニ因リテ法律行爲ヲ取消サシムルトキハ往往ニシテ過失者ヲ保護シ却テ過失ナキ者ニ損害ヲ加フルノ結果ニ至ルヘシト雖モ他人カ詐欺ヲ行ヒタル場合ニ於テハ表意者ハ或ハ毫モ過失ナク又假令過失アルモ他人ノ非行ニ因リテ錯誤ニ陷リタル者ナリ」[48]。自ら勝手に錯覚に陥る者[49]が、なぜ錯誤へ陥らされた者と同等あるいは同等以上の保護を受け得るのか。むしろ、被欺罔者は単なる錯誤者よりも強く保護されて然るべきである[50]。

の不誠実な態様」の証明は可能でありながら、なお詐欺の成立が困難な事例の存在が前提であるものの、そうした事例として如何なる事例が想定されているのか、故意を欠く「相手方の不誠実な態様」が考えられ得るのか、そもそも伝統的な通説は「相手方の不誠実な態様」から詐欺の違法性を捉えていたのではないのか、という疑問が残る。

46)　例えば、椿寿夫「Ⅱ　錯誤無効と詐欺取消の関係」同（編）『法律行為無効の研究』（2001年）19頁以下のような、錯誤無効の取消化である。

47)　椿・前掲注46・27頁によれば、「明文の規定がないかぎり認められない、と突っぱねる以外には考えられないのか。そうすることは、私の感想によれば保守度が強すぎる」。そして、椿は、「錯誤と詐欺をからめた無効と取消の対比問題」として無効の取消化を論じる。ところが、椿は96条の詐欺が抱える問題性には触れていない。つまり、一方で詐欺の解釈伝統を盲目的に支持し、他方で従来の錯誤論の枠組からしか効果論を展開しないなら、これこそ保守的である。むしろ、「明文の規定がないかぎり認められない」という姿勢は民法の条文に忠実なだけであって、健全かつ正当な立場であろう。

48)　梅謙次郎『民法要義　巻之一（訂正増補四版）』（1897年）202頁。

49)　「錯誤の場合は自分で勝手に錯誤に陥る場合が一般的」（石田・前掲18・232頁）。

50)　錯誤と詐欺は、「無効と取消との區別をする程本質的な差があるわけではない。他人の

95条の他に、96条の補完を図る解釈の問題性は不法行為法においても見られる。95条と96条は法律行為における意思表示の問題を扱う規定であるから、両者が同時的に（つまり、意思表示という次元で）競合することは理解できる。しかし、詐欺取消規定と不法行為規定は、事情が異なる。96条の詐欺は、欺罔者が相手方の意思決定自由へ干渉することによって相手方をして錯誤に陥らせ、そして当該錯誤に基づいて相手方をして意思表示させることによって完成する。少なくとも、意思決定自由という被侵害利益の保護を目的とする詐欺取消制度は、財産的損害の発生を要しない[51]。これに対して、詐欺不法行為は、この被欺罔者の意思表示と欺罔者の意思表示が合致することによって法律行為が完成し、かかる法律行為の効果に基づいて両当事者の財産関係に変動が生じ、このことによって相手方が損害を受けて初めて成立する。つまり、詐欺不法行為は成立要件として損害の発生を要するから、96条の詐欺よりも成立が遅れるのである[52]。換言するなら、詐欺取消制度は、不法行為制度よりも先んじて、その適用の可否が問われる。

　このことが、まさに96条における詐欺取消制度の存在意義でもある。すなわち、詐欺取消制度の存在意義は、たとえ金銭的補償は得られなくても、契約関係の継続それ自体を拒絶したい者に、当該契約関係から離脱することを認める点に存する[53]。そもそも、経済的価値として損害が発生していない欺罔類

　　違法行爲によるか否かの違である。むしろ、この點からすれば、後者の場合の方がより強く表意者を保護しなければならないはずである」（於保不二雄『民法總則講義』（1956年）188頁）。

[51]　「詐欺ニ因ル意思表示ヲ取消シ得ベキモノトスルハ意思決定ニ不當ナル干渉アルガ爲ニシテ財産上ノ損害ヲ要件トスルモノニアラザレバナリ。此點ニ於テ不法行爲タル詐欺ト其要件ヲ異ニス」（鳩山秀夫『日本民法總論（下巻）』（1924年）373頁）。

[52]　契約の締結それ自体を損害として把握するならば、確かに96条と不法行為法の適用関係における時間差は解消されるのかもしれない。しかし、この場合は契約関係は解消されないのであるから、後述のように、相手方（欺罔者）の履行請求を拒否できない、という問題が生じる。

[53]　「詐欺的商法の被害者の願いは恐らく、交付した金員の返還または求められた金員交付の拒絶であろう。そのためには、公序良俗違反、錯誤等による無効または詐欺等による取消を理由とする当該契約の私法的効力の否定が想起される」（國井和郎「民事責任　詐欺的商法の不法行為処理と理論構成」判例タイムズ667号（1988年）64頁）。

型（例えば経済的に10万円の価値を備える布団を、その必要性について欺罔することによって被欺罔者をして10万円で購入させる場合）も考えられ得るであろう[54]。「ここではその契約当事者にとっては損害賠償を請求するよりも契約上の履行義務から解放されることが第一義的な関心事となる」[55]。それゆえ、96条における詐欺の要件は詐欺不法行為の要件よりも軽く設定されなければ、96条は独自の意義を失うのである。

　こうした96条の独自の意義を無視し、96条の問題を不法行為法において処理するなら、例えば売買契約は締結されたが、しかし未だ売買代金が支払われていない段階において詐欺に気づいた被欺罔者たる買主は、詐欺の存在を認識しながら、あえて売買代金を支払うことによって財産的損害を発生せしめない限り、保護されない[56]。さらに、96条の問題を不法行為法において処理する方法は、たとえ損害賠償請求権が肯定されても、法律行為の効力は依然として存続するのであるから、被害者は不法行為者の履行請求を拒絶できない、という不都合を残すことになる[57]。

　96条と不法行為の関係は、こうした制度的問題に加えて、いわゆる評価矛盾の問題も無視できない。一方で96条における詐欺の成立を否定することによって違法性の存在を否定しつつ、他方で不法行為を肯定することによって違法性を肯定することは矛盾ではないか[58]、という問題である。もちろん、詐

---

54)　「必要のない契約を結んでしまった場合のように、金銭に評価しうる損害は発生していないともいえるような被害（契約締結被害）も考えられる」（松本恒雄「消費者取引における不当表示と情報提供者責任（上）」NBL 229号（1981年）7頁）。

55)　本田純一「『契約締結上の過失』理論について」遠藤浩・林良平・水本浩（監）『現代契約法大系　第1巻　現代契約の法理（1）』（1983年）207頁。

56)　「瑕疵ある意思表示を為さしめても、未だ財物を詐取するに至らないときは、刑法上未遂罪（刑二四六、二五〇）に該当し、その意志表示は取消せるが（民九六）、被害者に未だ損害のないときは、不法行為にならない」（宗宮信次『不法行為論』（1968年）318頁）。

57)　この点について、潮見佳男「規範競合の視点から見た損害論の現状と課題（2・完）」ジュリスト1080号（1995年）86頁を参照。

58)　例えば、松岡和生「商品取引委託契約が有効に成立している場合に外務員の勧誘行為の違法性を理由として民法第七一五号第一項を適用することの可否（判旨積極）」判例評論174号（1973年）24‐25頁。道垣内弘人「取引的不法行為——評価矛盾との批判のある一つの局面に限定して」ジュリスト1090号（1996年）137頁も参照。

欺を理由とする取消権を求めるか、詐欺を理由とする損害賠償請求権を求めるか、それは被欺罔者の自由である[59]。しかし、それは被害者保護の観点から請求権者の自由な選択に委ねられているのであって、この選択権を裁判所に与える理由は無い[60]。すなわち、96条と不法行為法の適用関係における評価矛盾の本質は、法の解釈および適用を司る裁判所が民法の体系を無視した解釈に基づいて判決を下している点にある（敗訴者が評価矛盾の問題を援用した場合、裁判所は何と答えるのか。答えられないならば、裁判所の恣意的な法の適用という批判は免れないであろう）。

確かに、不法行為法に基づく処理は、損害賠償請求権と過失相殺の併用によって、取消権に基づく「全か無か（all or nothing）」という硬直的な解決よりも、柔軟な解決を可能にする。しかし、この「柔軟な解決」は、違法根拠の自由意思、すなわち被欺罔者の被侵害権利を犠牲にして成り立つ解釈である点に注意しなければならない[61]。例えば、ある者は、過失相殺の機能を次のように理解する。「いわば、意思表示の効力を割合的にしか廃棄しない詐欺取消であ」り、「被害者の意思形成の自由につき割合的保護を付与するものといえよう（割合的な詐欺取消）」[62]。この理解によれば、結局、法律行為の効力は維持される。すなわち、責任根拠の自由意思は完全に維持されつつも、違法根拠の自由意思は割合的な保護しか与えられないのである。

こうした違法根拠の自由意思を軽視する発想は、情報提供義務論においても

---

[59] この点について、長尾治助「不法な勧誘にもとづき一般人主宰の株式投資グループに参加した出資者より勧誘者（主宰者）に対する損害賠償請求が認められた事例」判例評論336号（1987年）32頁の注14を参照。

[60] 「不法行爲と法律行爲との両立し得る場合に於ては損害賠償請求権を行使すると取消権を行使するとは一に被詐欺者（被害者）の任意撰擇に屬する」（東京控訴院1912年（大1）9月17日法律新聞838号21頁）。

[61] 行為無価値論の利点は法解釈における柔軟性を確保し得る点に存し（例えば、行為無価値論と密接に関連する社会的相当性の理論が示すように、その解釈の基軸は無内容と言える程に広く、その支持者から見れば柔軟性として映り、この立場に依拠することによって、例えば過失の注意義務も相当な伸縮性を獲得できる）、これは日本の民法学において行為無価値論が通説的地位を占めている一理由であろうが、しかし行為無価値論と詐欺取消制度の結合は自由意思の要保護性の低下を招く。この点は、後述する。

[62] 橋本・前掲注19・149頁。

見出される。例えば、ある者は、情報提供義務論を次のように理解する。情報提供義務の根拠は当事者間の情報格差であって[63]、すなわち同義務論は原則として弱者たる消費者と強者たる事業者という枠組において語られ[64]、そして情報提供義務は意思の自律を制限し[65]、そのことによって契約自由を実質的に保障する[66]、と。

しかし、情報提供義務論は、意思の自律の制限、すなわち責任根拠の自由意思を制限しているのであって、それに対して違法根拠の自由意思を重視する発想が存在しているわけではない。そもそも、意思決定自由の侵害という観点によれば、加害者の属性（事業者であるか否か）は問われないはずである（意思決定自由は、何人によっても害され得るから）。すなわち、情報提供義務の適用範囲を当事者の属性に応じて区別する限り、同義務論は被欺罔者の被侵害権利の救済と結び付き難い。実際に、フランスの情報提供義務論は、契約締結過程に信義則の観点を持ち込むことによって、相手方の行為態様を重視する意思表示理論を導く議論として理解されているのである[67]。この理解は欺罔の違法性を重視する 96 条の伝統的解釈と大差なく[68]、やはり意思決定自由の保護という

---

[63] 後藤巻則「フランス契約法における詐欺・錯誤と情報提供義務（一）」民商法雑誌 102 巻 2 号（1990 年）198 頁（同『消費者契約の法理論』（2002 年）へ収録）。
[64] 後藤・前掲注 63・183 頁。
[65] 後藤・前掲注 63・200 頁。
[66] 「情報提供義務は、一般的には契約締結過程における信義則に基づき、契約自由の実質的保障のために、情報力において優位に立つ当事者に課される義務である」（下森・前掲注 2・476 頁）。
[67] 後藤巻則「フランス契約法における詐欺・錯誤と情報提供義務（三・完）」民商法雑誌 102 巻 4 号（1990 年）460-461 頁（同『消費者契約の法理論』（2002 年）へ収録）。
[68] 信義則を持ち出す点も問題である。すなわち、「違法性あるもの・即ち信義の原則に反する程度のものでなければ詐欺ではない」（我妻栄『民法總則』（1930 年）437 頁）。
　我妻の違法論が行為の違法性を重視し、詐欺取消制度において欺罔者に対する制裁として機能し得る点は既に指摘した。信義則が制裁の機能を持ち得る点は現在においても積極的に肯定される傾向が見られる。この点について、例えば廣峰正子「信義則による不法の抑止と制裁──金銭消費貸借契約をめぐる最近の裁判所の動向を契機として」立命館法学 302 号（2005 年）147 頁以下を参照。確かに信義則は常に詐欺取消制度と関係しているわけではないが、しかし信義則が適用される事例から共通して抽出される中身が「行為者の主観や先行行為を含む行為態様を考慮した実質的正義・衡平の実現であり」、

観点からは情報提供義務論も問題を残すことになる[69]。

　保護が要請される自由意思の主体は基本的に経済的弱者（あるいは社会的弱者）であるが、ただし経済的弱者を保護することが必ずしも自由意思を保護することへ結び付くわけではない。例えば、約款規制あるいは公序良俗に基づいて契約自由の制限を正当化する議論は、経済的弱者の保護を図る議論として重要である。しかし、契約自由の制限を説く立場は責任根拠の自由意思を制約し[70]、あるいは契約正義を説く立場は意思の問題から離れてしまう[71]。こうした立場と異なり[72]、より積極的な自由意思の保護の在り方を模索すること

　　このことが「当該当事者の非難性を問題とするから、ひいては、ときとして制裁や抑止を志向することにもつながりうる」のであるならば（廣峰正子「信義則再考――わが国の最高裁判例にみる信義則の役割」立命館法学 305 号（2006 年）127 頁）、その基本的な発想は我妻が考える詐欺取消制度における信義則の意味と同一であろう。このことから従来の民法学の根底に制裁という発想が潜んでいることが窺われ、その一端が通説を介して 96 条における故意要件の問題性として現出している。

[69]　もっとも、情報提供義務論の他の側面、すなわち故意の推定を導き出す点は注目される（後藤巻則「フランス契約法における詐欺・錯誤と情報提供義務（二）」民商法雑誌 102 巻 3 号（1990 年）33-338 頁（同『消費者契約の法理論』（2002 年）へ収録）。例えば、ある者は次のように述べる。「情報提供義務を負う者が、その情報が表意者の決断を左右することを認識した上で虚偽の事実を述べ、あるいはその情報を秘匿したことが明らかになった場合など、情報提供義務違反が当該情報を相手方が保有しないことおよびその情報の相手方にとっての重要性を認識して行われたときには、詐欺の故意を推定できるのではないだろうか」（横山美夏「契約過程における情報提供義務」ジュリスト 1094 号（1996 年）135 頁）。

　　しかし、「情報提供義務を負う者が、その情報が表意者の決断を左右することを認識した上で虚偽の事実を述べ、あるいはその情報を秘匿したこと」は、誰が立証するのか。この立証の難易度は、96 条における故意の立証の難易度と如何なる程度において異なるのか。あるいは、故意が推定されることによって、96 条において問題視された厳格性が如何なる程度緩和されるのか。仮に緩和されるとして、明文の根拠なき情報提供義務を導入する代償として、被欺罔者の意思決定自由たる被侵害権利性を無視することが、果たして民法の解釈として妥当であるのか。疑問が残る。

[70]　この点について、白羽祐三「契約の自由――現代社会における契約の自由の意義（はたして自由があるか）、その機能」『契約法大系　Ⅰ　契約総論』（1962 年）1 頁以下を参照。

[71]　この点について、星野英一「契約思想・契約法の歴史と比較法」『岩波講座　基本法学 4――契約』（1983 年）30 頁および 49 頁を参照。

こそが、民法全体の整合的な解釈として、そして詐欺被害者の救済方法として適切であると私は考える[73]）。

---

[72] 例えば、星野・前掲注71・32-33頁によれば、「フランスでは、契約正義に並んで、契約における信義則の強調が著し」く、「詐欺や強迫の場合は、詐欺者・強迫者の反倫理的・反社会的行為に対する制裁の要素があるがゆえにその契約の効力の否定が認められると考えられるようになる」。この理解が日本民法96条においても妥当するなら、「違法根拠の自由意思の保護」という観点は消滅もしくは著しく減退する（詐欺と信義則について、前掲注68も参照）。

もちろん、想定されている事例の相違は無視できない。例えば、約款が付された保険契約あるいは暴利的な利率を含む消費貸借契約や不公平な約定が規定された借地借家契約は問題を抱える契約内容ではあるが、しかし被保険者あるいは借主にとって決して不要な契約ではなく、契約の締結それ自体は必要であり、かつ望まれている。ゆえに、締結された契約の全部を否定するのではなく、契約自由の原則を制限することによって一部の効力を否定する必要が生じるのである。これに対して、詐欺が問題となる事例群では、必ずしも生活上必要不可欠ではない契約も少なくなく（その典型は金融商品の事例）、しかも主として「詐欺なかりせば契約を締結していなかった」類型であって、それゆえ意思自由保護の帰結として正当化される取消権によって契約の全部的解消が望まれるのである。

[73] 私の立場は、いわゆる意思主義の復権論あるいは意思を重視する立場と親和的ではある（ただし、人間性無視に由来する民主主義の未定着に対する反省という出発点をも共有し得るか否か、は留保する。この出発点について、安井宏「最近のいわゆる『意思主義復権論』について」修道法学8巻1号（1985年）188頁）。しかし、例えば約款を念頭に置く原島重義は、やはり法律行為責任の在り方を問うのであり（原島重義「契約の拘束力・とくに約款を手がかりに」法学セミナー345号（1983年）35頁）、その意味において責任根拠の自由意思が重要な意味を持ち、それゆえ自由意思の侵害から導かれる法律効果（無効あるいは取消権）の問題ではなく、むしろ法律行為の解釈の問題へ転じるのである（原島重義「約款と『市民法』論」法の科学12号（1984年）23頁）。あるいは石田喜久夫は、確かに詐欺の問題を含め、詐欺が広く認められて然るべき旨も説くのであるが、しかし立証の困難を指摘するのみで（石田・前掲注14・9頁）、詐欺取消制度の再構成を図るわけでもなく、むしろ保護の方法を意思無能力制度に求める（石田喜久夫「契約の拘束力」遠藤浩・林良平・水本浩（監）『現代契約法大系　第1巻　現代契約の法理（1）』（1983年）101頁）。これは、意思を重視する結果として意思の否定という矛盾を孕む結論へ到達しているのであって、ここにも責任根拠の自由意思と違法根拠の自由意思を区別しない問題点が見出される。

なお、自由意思の価値を擁護する高橋三知雄（例えば「私的自治・法律行為論序説（3・完）」法学論集24巻（1974年）6号）も、意思の瑕疵の問題に言及しているが（同・84頁）、しかし詐欺取消制度における自由意思の問題について必ずしも明言していない。

第4款　本書の課題

　自由意思の尊重は、決して我儘の奨励ではない。自由意思の保護は、決して我欲の擁護ではない[74]。「意志の自由は人間の特権である。自由の體系の中では、それは法的自由の保障となつてあらわれ」[75]、そして「法的自由の存立の基礎を成すものは個人の尊厳である」[76]。自由意思の尊重は、個人の尊厳と離れ難く結び付いている。自己の意思を自ら決定し得る権利は憲法において保障される自由権の発露でもあり[77]、憲法13条の幸福追求権から導かれる自己決定権も意思決定の自由を含む[78]。違法根拠と責任根拠という相異なる側面を併せ持つ自由意思は、いずれの側面も一人間の尊厳を為す自由の重要な一部を構成

---

74) 自由意思の偏重であってはならず、このことを問題視する指摘も見られる。例えば、浅野有紀「法のグローバル化における意思決定・自由・秩序」法科大学院論集（近畿大学）5号（2009年）99頁によれば、自由意思の偏重には、規範意識の衰退、協働関係の規範的意義の喪失、既存の秩序の崩壊等の弊害がある、という。さらに、山本顯治「契約交渉と市場秩序──シュミット＝リンプラー再読」神戸法学雑誌58巻4号（2009年）31頁が紹介する「『意思』を根元的価値とする見解においては社会における『人々の共同生活（menschliches Zusammnenleben）』が契約によりどのように『正しく秩序づけられるか』という問いの重要性が看過されている」というシュミット＝リンプラーの批判は、意思の偏重に対する問題点をも示唆している。しかし、従来の詐欺取消制度の解釈においては欺罔者の行為自由が偏重されていたのであり、これに対して私は行為自由に対する自由意思の対等化を求めるに過ぎず、決して自由意思の偏重を説いているわけではない。このことは、本書の結論として、96条1項の故意要件を過失へ引き下げる旨を説く点からも理解されよう。

75) 尾高朝雄『自由の體系』（1950年）5頁。

76) 恒藤恭「個人の尊厳──自由の法理との連関から見た個人の尊厳について」尾高朝雄教授追悼論文編集委員会（編）『自由の法理』（1963年）30頁。

77) 「諸個人が（他者の自由を害さない限り）、他からの干渉や拘束を受けずに、自らの事柄を自らの意志で自由に決定できるということは、近代初期の民主憲法に合意された自由権の原則に外ならない」（小林直樹『法の人間学的考察』（2003年）287 - 288頁）。

78) この点について、山本敬三「現代社会におけるリベラリズムと私的自治──私法関係における憲法原理の衝突（二・完）」法学論叢133巻5号（1993年）5頁および同「契約関係における基本権の侵害と民事救済の可能性」田中成明（編）『現代法の展望　自己決定の諸相』（2004年）16 - 17頁を参照。小林・前掲注77・287頁も参照。

しているのである[79]。

　もちろん、欺罔者の行為自由も、経済的自由あるいは営業活動の自由[80]として、憲法22条1項において保障されている[81]。それゆえ、被欺罔者の法益と同様に、欺罔者の法益も等しく尊重されなければならない。ところが、民法96条における詐欺の故意要件は、既に指摘したように、被欺罔者の要保護性を欺罔者の要保護性に劣後させる。つまり、同条の故意要件が一方当事者（欺罔者）の経済活動の自由を、他方当事者（被欺罔者）の意思決定自由より優先させる結果を導いているのである[82]。

---

[79]　自由意思を行使する主体は自然人一般であって、消費者に限られない。それゆえ、本書において語られる被欺罔者の主体は消費者に限定されない。私は、詐欺取消制度の問題を消費者問題に限定するつもりはなく、あくまでも法律行為一般の問題として認識している。このことは、本書の対象が消費者契約法ではなく、民法96条であることからも自明である（当事者の属性を問わず、取消権は発動される）。本研究の射程に関わる事柄でもあるから、念のために付言した次第である。

[80]　私は、欺罔者の法益たる行為自由を、いわゆる経済的自由の意味として理解し、被欺罔者の法益たる意思決定自由を、いわゆる精神的自由の意味として理解する。後者は、既に指摘したように、自己決定権として憲法13条によって保障されている。

　　確かに、この意味における経済的自由も、これが自己決定を前提とする限り、自己決定権に包摂される、という見解も存在する（山田卓生『私事と自己決定』（1987年）343頁）。しかし、これに反対する見解も存在する（佐藤幸治『日本国憲法と「自己決定権」——その根拠と性質をめぐって』法学教室98号（1988年）15-16頁）。自己決定権の根拠規定たる憲法13条を「社会の必要に応じて生成される新しい人権の法的根拠」として理解するなら（伊藤正己『憲法（第3版）』（1995年）194頁）、既に根拠規定が存在する経済的自由あるいは営業活動の自由は憲法13条から区別されることが妥当である（佐藤・前掲・16頁も参照）。

[81]　「憲法22条1項は、国民の基本的人権の一つとして、職業選択の自由を保障しており、そこで職業選択の自由を保障するというなかには、広く一般に、いわゆる営業の自由を保障する趣旨を包含しているものと解すべきであり、ひいては、憲法が、個人の自由な経済活動を基調とする経済体制を一応予定しているものということができる」（最判大1972年（昭47）11月22日刑集26巻590頁）。伊藤・前掲注80・358頁以下も参照。

[82]　96条1項の故意要件は不当であるが、しかし一方当事者の意思決定自由と同様に他方当事者の行為自由も無視されてはならず、たとえ96条1項における故意要件が不当であったとしても、少なくとも過失要件は維持されなければならない。これは、過失要件を通じて両当事者の法益保護の均衡化を図る趣旨であり、本書の結論の一部でもある。ただし、詐欺を巡る今日の諸議論は「事業者と消費者」という局面において語られること

民法は、そして憲法も、経済活動の自由と意思決定の自由に関して、その優劣関係を認めていない。欺罔者の法益も被欺罔者の法益も等しく尊重されるべきであるならば、従来の不当な解釈を是正する第一歩として、違法根拠の自由意思を尊重する積極的な保護の在り方が模索されるべきである。こうした自由意思の保護が他の規定ないし法理によって代替し得ないならば、自由意思の保護は96条を通じて図られるべきである。そして、96条における詐欺の故意要件を堅持することが現在の法体系の解釈として相容れないならば、96条における要件論は再考されるべきである。

確かに、「『詐欺』とは、もともと『わざとだます』という意味である。にもかかわらず、そこから『故意』の要件をはずしてしまうと、詐欺を語りえないところで『詐欺』があると言うことになりかねない」[83]。しかし、「詐欺の概念の拡張は許されないというが、そもそも詐欺の概念は法律には明示されていない。概念の内容を左右しているのは、判例学説の背後にある理論であると言うべきだろう。もちろん、理論が果たしている役割を軽視すべきではないが、理論を修正変更することは不可能ではない」[84]。

　が多く、しかも事業者の活動は社会的有用性の観点から語られることが少なくない。このことが一方で行為自由を優越させ、他方で意思決定自由を劣後させてしまう一因でもある。こうした観点からは、少なくとも「ハンドの定式」に依拠した過失論は疑問である。この点について、山本顕治「現代不法行為法学における『厚生』対『権利』——不法行為法の目的論のために」民商法雑誌133巻6号（2006年）881頁以下を参照。

83)　山本敬三「取引関係における違法行為をめぐる制度間競合論——総括」ジュリスト1097号（1996年）128頁。

84)　大村・前掲注37・400頁。リベラリズムに立脚した権利論を展開する山本が詐欺取消制度の拡張を許さず、これを大村が容認する点に、筆者は興味を覚え、同時に疑問を感じる。詐欺の解釈に権利論の視点が導入されるならば、むしろ山本説においても詐欺取消制度の拡張が支持されるのではないか、という感想を筆者は抱いていたからである。なぜ山本は詐欺取消制度の拡張を許さないのか。

　山本・前掲注83の本文引用における「『詐欺』とは、もともと『わざとだます』という意味である」という理解は、欺罔者の側から見た詐欺であって、これを被欺罔者の側から見れば、詐欺を意思決定自由の侵害として定義し得るのであり、この後者の定義において故意は詐欺の必然の要件ではないはずである（「被欺罔者の救済の立場からは欺罔者に故意ありしや否やは本質的な問題ではあり得ない」（内田力蔵「英法に於ける善意不実表示に就いて（一）」法学協会雑誌53巻5号（1935年）836頁））。少なくとも詐欺を

欺罔者の側から解釈しなければならない旨の論証は未だ示されていないし、詐欺を被欺罔者の側から解釈してはならない旨の論証も未だ示されてはいない。ならば、なぜ山本は後者の意味における詐欺の解釈の可能性を否定するのか。この疑問は、あるいは次のように考えるならば、解消されるのかもしれない。周知の如く、山本は権利論と密接に関連する基本権保護義務論を展開する。これは国家をして基本権保護義務を負わしめ、かかる保護義務の履行を求める方法を正当化する議論である。そして、その履行方法として、例えば裁判所の判決あるいは国会の立法が考えられている（山本・前掲注 78「契約関係における基本権の侵害と民事救済の可能性」・13 頁）。しかし、96 条の問題に関しては、裁判所の役割に期待することはできない。なぜなら、96 条における詐欺取消制度に関連する諸問題は、本来的に裁判所の硬直的（例えば、厳格な要件の維持）かつ場当り的（例えば、評価矛盾の放置）な態度に由来しているからである。それゆえ、次いで国会の立法に基づく基本権の保護が考えられる。立法を通じて 96 条の問題を解決する方途は十分に考えられ得るであろう。しかし、この意味における基本権保護義務論は一種の（あるいは、まさに）立法論であって、つまり換言するなら、96 条における詐欺取消制度の問題点が理論あるいは解釈によって解決されるならば、この局面における基本権保護義務論は（完全ではないにしても）その意義を失う。したがって、山本の理解によれば、現在の 96 条の枠組を前提とする限り、詐欺取消制度の拡張を図る方向へ向かないのである。

　以上の推測は邪推の域を出ないが、しかし既に山本は、例えば消費者契約法の不十分性を説き、立法論として民法における不実表示の導入を示唆していたし（山本・前掲注 78「契約関係における基本権の侵害と民事救済の可能性」・27 頁）、近時の債権法改正に伴う法律行為法における改正提案において、不実表示規定の導入が提案されている（山本・前掲注 17・35 頁。民法（債権法）改正検討委員会（編）『債権法改正の基本方針』別冊 NBL 126 号（2009 年）30‐31 頁も参照）。山本は、立法的解決が実現する間の当座の措置として、錯誤法の拡充を唱える（山本・前掲注 78「契約関係における基本権の侵害と民事救済の可能性」・27 頁）。しかし、前述したように、これは評価矛盾の拡大を意味するのであって、やはり山本の主眼は立法に置かれていることが窺われるのである。

　仮に不実表示法の導入が実現すれば、詐欺取消制度に関連する諸問題は（少なくとも理論的見地から）一挙に解決される可能性が開かれるであろう。ゆえに、本稿は不実表示法の導入について反対ではない。しかし、不実表示法の導入の検討それ自体が過失行為から意思決定自由が保護されるべき要請の存在を示唆しているはずであり、このような要請に対して現在の民法に如何なる可能性が残されているのか、現在の 96 条が担う本当の役割は何か、こうした問に答えない限り、改正後の民法でさえ被害者の救済に際して不当な桎梏を課せられる可能性が残るであろう。本書の研究対象が 96 条の詐欺である理由の一つがここにある（なお、大村も過失の詐欺を肯定するわけではなく、「事業者側に積極的な悪意がないという場合までを詐欺でカバーすることは困難である」、という（大村・前掲注 37・97 頁））。

以上の問題意識から、本書は理論的分析を踏まえつつ、96条の詐欺取消制度における法益たる自由意思と要件たる故意を違法性と責任という観点から相互に検討し、その是非の判断を通じて、現代における詐欺取消制度の在り方を再考する。

第2節　本書の構成

　前節において確認した課題を達成するために、本稿は以下の構成を採用する。まず、全体を2部から構成し、第1部としてドイツ法を検討し、第2部として日本法を検討する。ドイツ法を比較法として検討する理由は、そのことによって日本における解釈伝統から発想し得ない解決可能性を探り得るからであり、しかも日本民法典における法律行為制度の母法がドイツ民法典（の第一草案）であるからである[85]。

---

85)　ドイツ法の詐欺取消制度を扱う先行業績として、内田力蔵「英法に於ける善意不實表示に就いて（一）」法学協会雑誌53巻5号（1935年）67頁以下、田中教雄「十九世紀ドイツ普通法における詐欺・強迫理論とドイツ民法典の編纂過程」石部雅亮（編）『ドイツ民法典の編纂と法学』（1999年）249頁以下、同「詐欺取消しにおける『故意』と『違法性』の要件に関する一考察——消費者契約法第四条とドイツ民法第一二三条」法政研究70巻4号（2004年）397頁以下、内山敏和「情報格差と詐欺の実相——ドイツにおける沈黙による詐欺の検討を通じて（1）・（2）・（3）・（4）・（5）・（6）・（7・完）」早稲田大学大学院法研論集111号（2004年）1頁以下・113号（2005年）1頁以下・114号1頁以下・115号1頁以下・116号27頁以下・117号（2006年）19頁以下・119号1頁以下、右近潤一「ドイツにおける詐欺取消しの違法性要件」京都学園法学1号（2006年）53頁以下が存在する。

　これら先行業績が残した共通の問題は、ドイツ法の検討を踏まえた日本法の研究・分析が十分ではない点にある。さらに個別の問題点を挙げるなら、まず内田研究は詐欺取消制度を被欺罔者の救済ないし保護として捉えつつも、その被侵害権利を意味する意思決定自由の由来あるいは要保護性について触れられておらず、詐欺取消制度の規範目的を十分に正当化できていないのであって、この点に問題点を残している（なお、「被欺罔者の救済の立場からは欺罔者に故意ありしや否やは本質的な問題ではあり得ない」という内田の指摘（28頁）に対しては私も賛成であり、そのことを正当化することが本書の主たる目標でもある）。続く田中研究は特に2004年の論文において詐欺と違法性の関係に注目し、故意を違法性の根拠として見る主観的違法要素が詐欺取消制度の原則的要件である旨を説くのであるが、しかし主観的違法要素を認めることが行為無価値へ傾かせ、そのことが意思決定自由に対する侵害を違法として理解する結果無価値と相容れないにもかかわらず、つまり主観的違法要素の根拠が詐欺取消制度の理解にとって重要であるにもかかわらず、この根拠に関する論証は全く為されておらず、このことから詐欺取消

第 1 款　ドイツ法

　第 1 部のドイツ法は、2 章から構成される。第 1 部の第 1 章においては、詐欺の前史として、ローマ法から現行民法典に至る詐欺論の歴史的経緯を確認する。まず詐欺取消制度の起源たるローマ法から遡り、中世の神学や啓蒙期自然法学説を経て、さらに 19 世紀の詐欺論を通じて現行民法典へ至る過程を確認する。この間において、ローマ法の dolus が既に詐欺と故意の意味を有していたこと、dolus の法律効果が主として私的刑罰であったこと、いわゆるローマ法の再発見に寄与した教会によって詐欺と原状回復の関係が確立されたこと、神学として展開された自由意思論がプロイセンにおいて栄えた啓蒙期自然法学説によって詐欺と結び付けられたこと、19 世紀の初頭から登場した歴史法学派が詐欺の解釈をローマ法へ振り戻したこと、しかし 19 世紀後半以降の経済的自由主義が現行民法典の成立過程においてプロイセンの自然法学説の影響を

制度の規範目的に関する理解の不明確性も免れず、この点に問題を残している（なお、「『二重の故意』のうち、特に前者の『人を欺いて錯誤に陥れようとする故意』の有無が、欺罔行為の違法性に影響することは否定できないであろう」という田中の指摘（411 頁）は、この意味の故意を主観的違法要素として捉えるか否かは別としても、詐欺取消制度を意思決定自由の保護として理解する観点からは重要であり、私も同様の理解である。この点は後述する）。次の内山研究は不作為の詐欺に限定した議論を展開しているが、しかし詐欺に限らず、行為の基本形は作為であり、しかもドイツ法の詐欺取消制度における主たる議論（例えば契約締結上の過失法理による詐欺取消制度の補完）は基本的に作為の詐欺について争われた裁判例が対象であって、そもそも不作為という行為概念それ自体が特殊な問題を含んでいるのであり、この点に問題を残している（なお、「故意として未必の故意で足りることは、よく考えれば、当然のことのようにも思える。しかし、従来わが国では、あまり意識されることのなかった点ではなかろうか」という内山の指摘（(2)・7 頁）は先駆的な問題提起であり、本書でも重要な点である。この点は後述する）。最後に、右近研究は労働契約の裁判例（のみ）を取り上げているが、しかし労働契約において争われる詐欺取消制度を巡る議論は、後述するように、他の類型に比べて特殊性を有するのであり、ここからドイツ法の詐欺取消制度の一般的な性格を語ることはできず、この点に問題点を残している（なお、「『社会的妥当性』として説明される『違法性』という概念によって、十分な説明のないまま取消権を排除するのは考えものである」という右近の指摘（66 頁）に対しては私も賛成である。この点は後述する）。

及ぼしたこと、そして理由書において詐欺と自由意思が再び結び付けられたことが確認されるであろう。歴史的経緯を検討する理由は、以上の如く、詐欺の歴史は古く、沿革的考察なくして詐欺を語ることはできないからである。

続く第1部の第2章においては、理論的側面をも重視した分析方法に基づいて、詐欺論の展開過程を追う。まず現行民法典の成立から戦前の議論を経て、そして戦後から債務法改正へ至る議論を確認する。この間において、自由主義に対する批判から自由の概念が次第に制限されたこと、戦前のナチズムおよび社会的相当性理論の登場によって個人的法益が制限されたこと、一方で戦前の議論が詐欺取消制度の解釈にも影響を及ぼしたこと、しかし他方で戦後の、とりわけ1960年代以降から労働問題や消費者問題を通じて意思決定自由を含めた個人的法益が重視され始めたこと、判例および学説が詐欺取消制度における故意要件の厳格性を契約締結上の過失法理によって補完したこと、これが債務法改正へ結実したこと、さらに同法理による補完のみならず、判例は故意の概念を拡大することによって実質的に過失へ近づけていることが確認される。周知のように、違法性および責任あるいは故意に関連する議論は私法学よりも刑法学において顕著であり、これを無視することはできず、むしろ参照することが有益であるため、本書においては必要な限度において刑法学の知見をも援用する。

第2款　日本法

以上のドイツ法の検討に基づいて、次いで第2部の日本法を検討する[86]。

---

[86]　従来の民法96条の研究は、その沿革的研究が中心であり、柳澤秀吉「登記の公信力と民法九四条二項、九六条三項の意味」法学志林70巻1号（1972年）71頁以下、松尾弘「権利移転原因の失効と第三者の対抗要件——虚偽表示、詐欺取消および解除を中心として」一橋論叢102巻1号（1989年）78頁以下、中舎寛樹「民法九六条三項の意義——起草過程からみた取消の効果への疑問」南山法学15巻3・4号（1992年）15頁以下、田中教雄「日本民法九六条（詐欺・強迫）の立法過程——不当な勧誘に対処する手がかりとして」香川法学13巻4号（1994年）515頁以下、武川幸嗣「法律行為の取消における第三者保護の法律構成序説——民法九六条三項の意義と法理を中心に」法学研究69巻1号（1996年）513頁以下が存在する。本書においても立法過程の検討は重要な意味を持ち、その

日本法の構成と分析視点は、原則としてドイツ法と同様である。ただし、第2部の第1章において第1部の第1章と第2章に相当する内容を扱い、第2部の第2章はドイツ・日本の裁判例の比較検討に当てられる。まず、第1章においては、詐欺の前史として、律令から現行民法典に至る詐欺論の歴史的経緯を確認し、さらに通説の形成期として戦前の議論をも含めて確認する。西洋法思想の流入前において自由あるいは権利の観念を知らなかった日本法思想が意思決定自由の保護という発想と無縁であったこと、西洋法思想の流入によって一応は権利本位の法律観に立脚した現行民法典が成立したこと、しかし個人主義に対する批判に基づいて権利本位の法律観が社会本位の法律観へ変容したこと、社会本位の法律観が個人的法益を軽視していたこと、そして詐欺と自由意思の関係も希薄化したことが確認される。さらに、戦後から近時に至る詐欺論の展開過程において、まず戦前の社会本位の法律観が目的的行為論によって理論的に裏付けられたこと、1960年代から詐欺の事例として増加した先物取引等の投機性の高い取引においては被害者の落ち度が強調されたこと、完全なる契約解消よりも損害賠償による解決が好まれたこと、過失相殺の適用によって被欺罔者の保護が割合的に低減させられたこと、これに対して確かに1990年代前後から自己決定権論に基づいて人間の尊厳あるいは意思決定自由の要保護性が強調され始めたが、しかし96条の詐欺取消制度においては依然として厳格な要件が固持されていることが確認される。
　続く第2章においては、ドイツおよび日本の裁判例を比較検討する。両国の事案類型は総じて類似しているものの、前者に比べて後者の裁判例は詐欺の故意を厳密に捉え、詐欺を容易に肯定しない傾向が指摘される。もっとも、近時

部分は上記先行業績に依拠している。
　それ以外の詐欺取消制度を中心に扱う先行業績として、高嶌英弘「民事上の詐欺の違法性に関する一考察——セールストークの許容性を中心に」磯村保［ほか］（編）『民法学の課題と展望：石田喜久夫先生古希記念』（2000年）163頁以下が存在する。高嶌研究は、その結論として「積極的欺罔行為について、従来の総合的・相関関係的違法性評価を排し、これを原則違法とする枠組みを提唱する点」を説き、その論証を今後の課題として残している。行為の違法性を重視するのか、意思決定自由侵害の違法性を重視するのか、という点について高嶌研究は若干の疑問を残しているが、しかし後者であるならば、私の理解と基本的に同一であり、高嶌研究が残した課題は本書の課題でもある。

の立法動向、例えば消費者契約法や金融商品販売法あるいは（債権法改正の一環として検討されている）不実表示の制度から、過失の詐欺に基づく被害の救済の必要性が窺われ、96条の要件としても過失が妥当であること、その帰結として違法根拠の自由意思が重要であり、保護されるべきことが確認される。

第1部　ドイツ法

第1章　詐欺の前史

第1節　ローマ法と自然法

第1款　ローマ法における詐欺

第1項　dolus の意義

(1) 狭義の dolus——詐欺

① actio doli の起源

　ある論者によれば、旧約聖書における最初の犯罪は（カインの）兄弟殺ではなく、最初の虚言であり、これが世界に悪を出現させ、そして原初の虚言者および虚言の父が万悪の創始者であった[1]、という[2]。

　もっとも、古代の人々は、必ずしも嘘を非難すべき事柄として考えていたわけではなかった[3]。各個人の存在が法によって保証されていなかった原始社会においては、狡猾であることは自己防衛にとって不可欠であり[4]、腕力を持たざる者は策略に頼る他なかったからである[5]。そして、この策略（List）という言葉の意味内容に相当する語が dolus であった[6]。嘘が必ずしも非難される

1）　Immanuel Kant, Metaphysik der Sitten, Zweiter Teil: Metaphysische Anfangsgründe der Tugendlehre, 1797 (Neudruck 1959), hgg. von Karl Vorländer, S. 280. 同書の部分訳として、カント（白井成允・小倉貞秀　訳）『道徳哲学』（1954 年）が存在する。
2）　Rudolph von Jhering, Der Zweck im Recht, 2. Bd., 4. Aufl., 1905, S. 477 によれば、旧約聖書の創世記は嘘から始まる物語として理解されている。
3）　Andreas Wacke, Circumscribere, gerechter Preis und die Arten der List, ZRG (Rom. Abt.) 94 (1977), S. 221.
4）　Wacke, a. a. O. (Fn. 3), S. 222 ff.
5）　Jhering, a. a. O. (Fn. 2), S. 479.
6）　Ludwig Mitteis, Römisches Privatrecht, 1. Bd., 1908 (Neudruck 1994), S. 316 .; Ulrich von Lübtow, Zur Anfechtung von Willenserklärungen wegen arglistiger Täuschung, in Entwicklungsten- denzen im Wirtschafts-und Unternehmensrecht Festschrift für Horst Bartholomeyczik, 1973, S. 263.

べき事柄として考えられていなかった時代においては、dolus も非難さるべき価値判断を含まず、本来的には中性的意味内容を有する概念であった[7]。

ところが、次第に誠実性が顧慮され始めた。これはギリシャ哲学におけるストア派の影響も考えられる[8]。例えば、ストア派から影響を受けたキケロ（Marcus Tullius Cicero, 前 106－43）は、詐欺の事例として次のような事案を紹介している。

両替商のピューティウス（Pythius）は、別荘の購入を検討していたローマの騎士カーニウス（Canius）を自身の別荘へ招待し、その際に予め地元の漁師達に同別荘の前で漁を行うよう依頼し、さらに近辺に魚が集まる水源が存在するかの如く装い、これを信じたカーニウスは同別荘を購入した。もちろん、そのような水源は存在せず、カーニウスが再び同別荘に出向いた時には、漁師達も見当たらなかった[9]。

キケロは次のように続ける。「カーニウスは腹が煮えくり返った。しかし、どうすることができたろう。そのころはまだ私の同僚にして友人であるガーイウス・アクィーリウスが dolus malus[10] に関する方式書を提案していなかっ

---

[7] Lübtow, a. a. O. (Fn. 6), S. 263.

[8] Wacke, a. a. O. (Fn. 3), S. 221 ff. ストア派はギリシャ哲学の一派であり、ストア派における永遠・不変の法則によれば、自然界において自然必然の法則としてあらわれ、人間社会においては人倫的法則としてあらわれ、後者の人倫的法則によって善と正を為すことを命ぜられ、悪と不正を避けることが命ぜられる（三島淑臣『法思想史』（1990 年）97－118 頁）。

[9] その事例について、Cicero, de officiis, wiht an english translation by Walter Miller, 1913 (reprinted 1951), p. 326 を参照。Cicero, de officiis の邦訳として、高橋宏幸（訳）『キケロー選集 9』（1999 年）309 頁以下が存在する。以下では、同邦訳書を引用する。

[10] dolus に付された malus という形容詞は「悪い、有害な、邪悪な、悪人」という意味である（柴田光蔵『法律ラテン語辞典』（1985 年）216 頁を参照）。既に指摘したように、dolus は本来的に悪い意味を持つ概念ではなかったから、この意味における dolus と区別するために、malus という形容詞が付された（D. 4, 3, 1, 3.: Non fuit autem contentus praetor dolum dicere, sed adiecit malum, quoniam veteres dolum etiam bonum dicebant et pro sollertia hoc nomen accipiebant, maxime si adversus hostem latronemve quis machinetur. ローマ法のラテン語の訳出に際しては、Carl Eduard Otto, Bruno Schilling,

た[11]｡この方式書の中で、dolus malus とは何か、という問いに彼は、見せかけと実際の行為とが異なる場合、と答えていた。これは実に見事な答えで、ものの定義をよく心得た人物にふさわしい。それゆえ、ピューティウスも含めて行為と見せかけが違う人間はすべて嘘つきで邪で性悪である」[12]。

② dolus 解釈の変遷[13]

キケロを含め、ギリシャの精神文化に接したローマの法律家は、法知識の体系的構成に関心を抱き始め、その構成化の過程において dolus の定義は様々な変容を受けた[14]。例えば、ラベオ（Marcus Antistius Labeo, 50. B. C. ? -A. D.

---

und, Carl Friedrich Ferdinand Sintenis, Das CORPUS JURIS CIVILIS を参照した（以下も同様）。

11) dolus に基づく訴権たる actio doli はアクイーリウスによって紀元前 66 年に創設された。春木一郎「Actio doli ニ付テ（一）」法学協会雑誌 36 巻 5 号（1918 年）1 頁および 8 頁、原田慶吉『ローマ法（改訂版）』（1975 年）232 頁；Mitteis, a. a. O. (Fn. 6), S. 318 ff.; Paul Jörs und Wolfgang Kunkel, Römisches Privatrecht, 3. Aufl., 1949, S. 174. u. S. 260.; Alan Watson, Studies in Roman Private Law, 1991, p. 313.; Max Kaser und Rolf Knütel, Römisches Privatrecht, 17. Aufl., 2003, S. 77.

12) 高橋・前掲注 9・311 頁。ただし、同邦訳書は、dolus malus の語に対して、「悪質な詐術」という訳語を用いている。

13) 確かに dolus に malus の形容詞が付されたが、しかし法的問題として取り上げられる dolus は dolus malus の他になかったため、次第に dolus の一語が dolus malus を意味するようになった（Wacke, a. a. O. (Fn. 3), S. 227）。本書でも dolus malus を単に「dolus」と表記することがある。

14) Helmut Coing, Zur Geschichte des Privatrechtsystems, 1962, S. 18. 浜上則雄「法律行為論の『ローマ・ゲルマン法系』的性格」阪大法学 65 号（1968 年）92 頁も参照。
例えば、セルウィウスは、アクイーリウスの定義に対して、「他人を欺くための何等かの奸計（machinationem quandam alterius decipiendi causa）」を付け加えた（D. 4, 3, 1, 2.: Dolum malum Servius quidem ita definiit machinationem quandam alterius decipiendi causa, cum aliud simulatur et aliud agitur.）。さらに Alfred Pernice, Labeo, 2. Bd., 1. Abteilung, 1865, S. 208 f. も参照。
いずれにしても、アクイーリウスとセルウィウスの定義によれば、dolus malus は、事実の真相に反する観察を他人に生ぜしめる目的で、ある事柄を表示し、当該表示と異なる事柄を実行する謀計のことを意味する（春木一郎「Actio doli ニ付テ（二）」法学協会雑誌 36 巻 6 号（1918 年）47 頁以下）。このように、悪意訴権の射程は狭かった（Watson, supra (11), p. 313）。

20）は dolus malus の意味内容について、次のように考えていた。

　D. 4, 3, 1, 2.：しかし、ラベオは（それに対して次のように述べる）、真実を隠匿することによって自己または他人の財産を維持し保護する行動に出る如く、虚構は存在しなくても、誰かある者が騙されることは有り得るし、dolo malo は存在しなくても、何か異なる事が行われ、何か異なる事が虚構されることは有り得る。それゆえ彼は、自ら次のように概念を規定する。dolum malus とは、他人を籠絡し、欺罔し、眩惑せしめるために用いられる全ての狡猾、欺瞞、奸計である[15]。

　ラベオによれば、積極的に相手方を欺かなくても、他人を不法な手段で不利な立場へ陥れる事態も、dolus malus として理解される[16]。ラベオにとって真実歪曲の手段たる simulatio は不要であって[17]、あらゆる悪意に基づく反良俗的行為（jede arglistige unsittliche Veranstaltung）が dolus malus を意味した[18]。
　ラベオの定義は当時の有力な見解として理解されていた[19]。確かにラベオは dolus の意味を拡大しているが、しかし狡猾（calliditas）、欺瞞（fallacia）、奸計（machinatio）という特定の行為態様は必要であって、この意味において dolus は詐欺であった。

---

15) Labeo autem posse et sine simulatione id agi, ut quis circumbeniatur: posse et sine dolo malo aliud agi, aliud simulari, sicuti faciunt, qui per eiusmodi dissimulationem deserviant et tuentur vel sua vel aliena: itaque ipse sic definiit dolum malum esse omnem calliditatem fallaciam machinationem ad circumveniendum fallendum decipiendum alterum adhibitam.
16) 船田享二『ローマ法　第三巻』（1970 年）458 頁；Max Kaser, Das Römische Privatrech I, 2. Aufl., 1971, S. 628.
17) Pernice, a. a. O. (Fn. 14), S. 209.
18) Pernice, a. a. O. (Fn. 14), S. 209. 民法 826 条の起源を actio de dolo に求める見解も存在する（Max Kaser, Römische Rechtsgeschichte, 1965, S. 146）。
19) ウルピアーヌスも、承認していた。D. 4, 3, 1, 2.: Labeonis definitio vera est（ラベオの定義は正しい）。Fritz Schulz, Classical Roman Law, 1951 (reprinted 1961), p. 606 も参照。

(2) 広義の dolus——故意

① 主観的要件の意味

確かに dolus は詐欺の意味を持つ概念であった。しかし、dolus は主観的要件（現代の意味における意図や故意に相当する内容）の意味を持つ概念としても理解されていた。例えば、キケロは、トゥッリウス弁論（トゥッリウスの奴隷を自身の奴隷に襲わせたファビウスに対して、トゥッリウスが損害の賠償を求めた事案において、キケロがトゥッリウスの弁護人として、審理員に対して展開した弁論）[20]において、dolus について次のように述べていた[21]。「dolum malum は個々に存在するのみならず（それでも私にとっては十分なのであるが）、そして、その行為の全体に存在するのみならず、一連となって所与の全部に存在する、と私は主張するのである。彼等は、マールクス・トゥッリウスの奴隷の所へ出向くことに決める。彼等は、それを dolo malo で行う。彼等は、武器を取る。彼等は、それを dolo malo で行う。彼等は、待ち伏せし悪事を為すに適切な時を選ぶ。彼等は、それを dolo malo で行う。彼等は、暴力でもって建物に侵入する。暴力を用いる際に dolus が含まれる。彼等は人を殺害し、その建物を破壊する。dolo malo なくして、人が殺害されることはなく、意図的に他人に損害が加えられることはない。かくして、個々が全て、その一つ一つに dolos malus が付着している性質のものなのである。そこへきて、あなた方は、その事件が概して、その犯罪が全体として dolo malo なくして実行された、と判断なされるのか？」。

この文脈において語られている dolus が詐欺を意味していないことは明らかである。dolus は主観的要件の意味も併せ持つ概念であったのである[22]。

---

20) この弁論は前 72 - 71 年に行われた。その詳細について、富山單治「民事ニ關スル Cicero ノ辯論（一）」京都法学会雑誌 4 巻 5 号（1909 年）70 頁以下、柴田光蔵「ローマ法における損害訴訟の一考察——キケロー Marcus Tullius Cicero の『トゥッリウス弁護論 pro Tullio』をめぐって」法学論叢 92 巻 4・5・6 号（1972 年）176 頁以下を参照。

21) 原文は Albertvs Cvrtis Clark, M. Tvlli Ciceronis Orationes, 1911 (reprinted 1968) を参照した。訳出に際して、Manfred Fuhrmann, Marcus Tullius Cicero sämtliche Reden, 1. Bd., 1970, S. 225 を参照した。

22) この意味の dolus は、既に共和政時代（前 510 年頃-後 27 年）の王法（Leges Regiae）においても見出される。例えば、王法の一つヌマ王の法（lex Numae Pompilii re-

② 故意の意味

主観的要件を意味する dolus は、ローマ法においても見出される。例えば、次の法源が挙げられる。

　　D. 47, 8, 2.：法務官は次のように述べる。誰かある者が召集された者たちによって dolo malo に損害を加えられるにせよ、誰かある者の財産が略奪されるにせよ、申し立てられたなら、私は再び、そうしたことを為したとして申し立てられた者を、その場合に訴え得る可能性がある時から1年以内なら4倍額の決定を下し、1年後なら1倍額の決定を下す……23)。

　　D. 47, 8, 2, 2.：告示が示しているように、略奪する者だけではなく、損害を引き起こし、財産を略奪する目的を意図しつつ、武装した者を招集する者も dolo malo に行動しているのである24)。

これら法源において語られている dolus は、詐欺ではなく、違法な侵害意図を意味している25)。この意味における dolus は、違法な結果へ直接に向けられ

---

　　gis）によれば、「自由人を dolo sciens により死に至らしめた場合、犯人は殺人犯たるべし」（Moritz Voigt, Über Die Leges Regiae, 1. Band, 1876, S. 609 を参照。訳に関して、岩田健次「ローマ法における殺人罪」関西大学法学論集16巻4・5・6合併号（1967年）572頁を参照した）。dolo sciens は専ら認識され意欲された行動（bewußte und gewollte Handeln）を意味していた（Kaser, a. a. O.（Fn. 16）, S. 628）。王法に関して、岩田建次「王法」久保田正幡先生還暦記念出版準備会（編）『西洋法制史料選Ⅰ　古代』（1981年）3頁以下を参照。

23) Praetor ait: Si cui dolo malo hominibuscoatis damni quid factum esse dicetur sive cuius bona rapta esse dicentur, in eum, qui id fecisse dicetur, iudicium dabo...

24) 'Dolo' autem 'malo facere' potest（quod edictum ait）non tantum is qui rapit, sed et qui praecedente consilio ad hoc ipsum homines colligit armatos, ut damnum det bonave rapiat.

25) この点については、Pernice, a. a. O.（Fn. 14）, S. 153 を参照。さらに、王法を引用する法源も存在する。

　　D. 48, 8, 1 pr.：刺殺および毒殺に関するコルネーリウス法によって、人を殺めた者は全て責を負う。dolo malo によって火災を生ぜしめた者、人を刺殺するために、または窃盗を犯すために、武器を携えて徘徊した者、官吏および首長として公的手

た意思として特徴づけられるのであって[26]、現在の用語例に従えば、いわゆる意図（Absicht）に相当し[27]、現在の刑法学における故意（Vorsatz）の起源でもある[28]。要するに、dolus は狭い意味において詐欺であり、広い意味において故意であったのである[29]。

　古代ローマの法律家のみならず、現代の法律家も詐欺を故意と離れ難く結び付いた概念として承認しており、それは日本民法においても同様である。こうした詐欺と故意の関係が約 2000 年に亘り維持され、今なお疑われていないこと自体が驚異である。このことは後述するように、現代法とローマ法との法律

　　　　続において、無実の者が訴追され、有罪判決を受けるような虚偽の告訴を人に為さ
　　　　しめた者も、責を負う。
　　　刺殺および毒殺に関するコルネーリウス法（Lege Cornelia de sicariis et veneficis）は、前 81 年に制定された王法である。頭格（caput）は法的身分を意味し（原田・前掲注 11・46 頁以下、河上正二『歴史の中の民法 オッコー・ベーレンツ教授「ローマ法史講義案」を基礎に』（2002 年）126 頁を参照）、capitalis という形容詞は、刑罰が死刑・自由の喪失・市民権の喪失というローマ市民の頭格に関係する場合に用いられる（柴田光蔵『ローマ裁判制度研究』（1968 年）122 頁の注 1 を参照）。
26）　Julias Beschütz, Die Fahrlässigkeit innerhalb der geschichtlichen Entwicklung der Schuldlehre, 1. Teil., 1907（Neudruck 1977）, S. 48.
27）　Friedrich Schaffstein, Die allgemeinen Lehren vom Verbrechen, 1930（Neudruck 1973）, S. 107. 意図は故意の一形態である点について、後述 171 頁を参照。
28）　Beschütz, a. a. O.（Fn. 26）, S. 48 を参照。「故意はローマ法のドールスの承継者であつて、それは常に有責行為の特殊のものについて使用せられた言葉、即ち常に法律上非難せられる行為に附著する言葉である」（瀧川幸辰『犯罪論序説』（1938 年）167 頁）。
29）　Andreas von Tuhr, Der Allgemeine Teil des Deutschen Bürgerlichen Rechts, 2. Bd., 2. Hälfte, 1918, S. 481. なお、刑事詐欺の起源は stellionatus であり、これが後にドイツ語の Betrug へ翻訳された。この点について、Friedrich Schaffstein, Das Delikt des Stellionatus in der gemeinrechtlichen Strafrechtsdoktrin. Eine Studie zur Entstehungsgeschichte des Betrugstatbestandes, in: Festschrift für Franz Wieacker zum 70. Geburstag, hgg. von Okko Behrends, Malte Dießelhorst, Hermann Lange, Detlef Liebs, Joseph Georg Wolf, und Christian Wollschläger, 1978, S. 292 を参照。もっとも、stellionatus は多義的な概念であったから、stellionatus として処罰される行為と単なる民事上の請求権を基礎づける行為の限界を認識することは難しく、actio doli の対象となる行為と stellionatus の区別も必ずしも明確ではなかった。この点について、Gustav Geib, Ueber die Gränze zwischen civilrechtlichem und criminellem Betruge, Archiv des Criminalrechts, N. F. Bd. 21（1840）, S. 99.

効果の相違に鑑みれば尚更であり、同時に現代の法体系における詐欺取消制度の問題性を示唆している。そこで、ローマ法における詐欺の法律効果について、引き続き概観する。

第2項　dolus の効果

(1) 損害賠償と原状回復

① 損害賠償――贖宥金

ローマ法においては、民事訴訟であれ、刑事訴訟であれ、その目的は加害者の処罰であり、両者の相違は処罰の方法の差異に過ぎなかった[30]。確かに、dolus に基づく訴権である actio doli は不法行為に基づく訴権（actio ex delicto）であり[31]、その効果は贖罪金（Buße）という一種の損害賠償であった。しかし、この損害賠償は、現代の意味における損害賠償と同義ではなく、罰金（poena）という側面を有していた[32]。ローマ法における不法行為訴権の目的は「基本的に以前の状態への復帰ではなく、有責性への罰と被害者への償いである。現代刑法の罰金刑と異なり、罰金は国家に帰属するのではなく、被害者に帰属する。したがって、罰金は公的刑罰なのではなく、私的刑罰なのである」[33]。

私的刑罰（Privatstrafe）の機能を備える actio doli の贖罪金は、その効果においても現在の損害賠償と比べて、特殊な点が見られる。例えば、actio doli は不名誉訴権（actio famosa）であり[34]、また破廉恥（infamia）の制裁を生ぜしめた[35]。

---

30) 原田・前掲注 11・219 頁。
31) Mitteis, a. a. O. (Fn. 6), S. 318 ff.; Jörs und Kunkel, a. a. O. (Fn. 11), S. 160. その他に原田慶吉『日本民法典の史的素描』（1981 年）52 頁および春木一郎「Actio doli ニ付テ（三・完）」法学協会雑誌 36 巻 7 号（1918 年）34 頁も参照。
32) 春木・前掲注 31・34 頁、ハインリヒ・ミッタイス（世良晃志郎 訳）『ドイツ私法概説』（1994 年）256 頁。
33) Jörs und Kunkel, a. a. O. (Fn. 11), S. 169. 確かに被害者は罰金を取得するのであるから、経済的に見れば損害賠償の作用を果たしているが、しかし、これは第二次的な効果に過ぎない（原田・前掲注 11・338 頁を参照）。
34) Kaser und Knütel, a. a. O. (Fn. 11), S. 77. Pernice, a. a. O. (Fn. 14), S. 224 ff. および原田・前掲注 11・59 頁以下も参照。
35) Andreas Wacke, Kannte das Edikt eine in integrum restitutio propter dolum?, ZRG

破廉恥はローマ市民の政治的権利（例えば、顕職や投票権）を奪う効果を有し[36]、その濫用を防ぐためにも、actio doli には補充性が認められていた。すなわち、他の救済手段と actio doli が競合する場合は前者が優先し、競合的に actio doli を主張することはできなかった[37]。このことは次の法源から明らかである。

　　D. 4, 3, 1, 4.：法務官は、この対象に鑑みて他の訴権が許されなくなる場合である、と述べる。正当にも法務官は他の訴権が許されない場合に初めて、この訴権を約束するのであり、なぜなら、求め得る市民法または法務官法の訴権が依然として存在するなら、不名誉訴権は法務官によって簡単に認められてはならなかったからである……[38]。

ところで、ローマ法においては法律行為の概念は存在せず、無効あるいは取消しという抽象的概念も存在していなかった[39]。それゆえ、例えば現代の日本民法と異なり、dolus を理由とする意思表示の取消しという法律効果も認められていなかった。もっとも、それに類似する効果は存在していた。すなわち、原状回復（in integrum restitutio）である。

② 原状回復

原状回復は判決によって以前の法的状態（a legal status quo ante）の回復を意味し[40]、その原因の一つとして dolus が挙げられる。すなわち、dolus を理

　　(Rom. Abt.) 88 (1971), S. 114 も参照。
36)　Friedrich Karl von Savigny, System des heutigen Römischen Rechts, 2. Bd., 1840, S. 201 ff. 同書の邦訳としてサヴィニー（小橋一郎 訳）『現代ローマ法体系　第2巻』（1996年）が存在する。以下では、同邦訳書を引用する。
37)　Jörs und Kunkel, a. a. O. (Fn. 11), S. 260.; Pernice, a. a. O. (Fn. 14), S. 204 および原田・前掲注11・232頁も参照。
38)　Ait praetor: 'si de his rebus alia non erit'. merito praetor ita demun hanc actionem pollicetur, si alia non sit, quoniam famosa actio non temere debuit a praetore decerni, si sit civilis vel honoraria, qua possit experiri: ...
39)　Ulrich von Lübtow, Der Ediktstitel „Quod metus causa gestum erit", 1932, S. 73.

由とする原状回復（in integrum restitutio propter dolum）である。ウルピアーヌスは原状回復という表題（De in integrum restitutionibus）において、次のように指摘している。

　　D. 4, 1, 1.：こうした表題の効用は紹介するまでもなく、自明のことである。つまり、かかる表題のもとで法務官は多様な方法で、陥り騙された人々を救済するのであり、そうした人々は畏怖あるいは策略によって、または年齢もしくは自失の故に不利益を被ることがある[41]。

さらにパウルス（Paulus）は、dolus が原状回復の原因である点について、次のように述べている。

　　Sent. 1, 7, 2.：法務官は次の事例において原状回復を認める。すなわち、ある行為が強迫および dolum によって為さしめられた場合、民事上の地位の変化が存在した場合、正当な錯誤が為された場合、および年齢の必要的不在または無能力の場合である[42]。

ところで、actio doli の補充性が認められ、ゆえに原状回復が actio doli に優

---

40) Schulz, supra (19), p. 68.
41) Utilitas huius tituli non eget commendatione, ipse enim se ostendit. nam sub hoc titulo plurifariam praetor hominibus vel lapsis vel circumscriptis subvenit, sive metu sive calliditate sive aetate sive absentia inciderunt in captionem.
42) 本文の訳文は、S. P. Scott, Coppvs Jvris Civilis The Civil Law including The Twelve Tables, The Institutes of Gaius, The Rules of Ulpian, The Opinions of Paulus, The Enactments of Justinian, and The Constitutions of Leo: Translated from the original Latin, edited, and compared with all accessible systems of jurisprudence ancient and modern, 1973, p. 262 の英文を訳出した。ラテン語の原文は次のとおり。Integri restitutionem praetor tribuit ex his causis, quae per metum, dolum, et status permutationem, et iustum errorem, et absentiam necessariam, et infirmitatem aetatis gesta esse discuntur. この一節は、Ludovicus Arndts, Iulii Paulli receptarum sententiarum ad filium libri quinque, S. 13 から引用した。この Paulus の見解については、Wacke, a. a. O. (Fn. 35), S. 106 ff. も参照。

先するなら、dolus を理由とする主たる救済手段は、actio doli ではなく[43]、むしろ dolus を理由とする原状回復であるはずである。ところが、例えば次の法源からも分かるように、actio doli と dolus を理由とする原状回復の区別は必ずしも厳密ではなかった。

　　D. 4, 3, 18. pr.：この訴が提起される場合でも、返還は裁判官の裁定に委ねられ、返還が行われなければ、その目的物の価値の賠償を命じる判決が下される[44]。

要するに actio doli も結果的に原状回復と同様の結果を導くから[45]、actio doli は dolus を理由とする原状回復に代わる機能を果たし得た[46]。このように、actio doli と dolus を理由とする原状回復の区別は厳密ではなく、次第にローマ人は両者を峻別しなくなり[47]、さらに actio doli の補充性も顧慮することなく、dolus によって成立させられた取引に原状回復を適用するようになった[48]。actio doli に付随した破廉恥の制裁も、帝政期において市民身分の政治的権利が後退したことに伴い、その重要性が失われていった[49]。

こうして一方で dolus を巡る効果の相違は薄れていったが、しかし他方で詐

---

[43] D. 4, 3, 1, 6.：……ラベオは、誰かある者が以前の状態への原状回復を求め得るなら、その者には当該訴権が与えられない、という見解である……。

[44] Arbitrio iudicis in hac quoque actione restitutio comprehenditur: et nisi fiat restitutio, sequitur condemnatio quanti ea res est.

[45] Wacke, a. a. O. (Fn. 35), S. 111 を参照。

[46] この点について、Max Kaser, Zur in integrum restitutio, besonders wegen metus und dolus, ZRG (Rom. Abt.) 94 (1977), S. 143 mit Fußn 154 も参照。

[47] あるいは、in integrum restitutio propter dolum が備える一般条項的性質（この点について Wacke, a. a. O. (Fn. 35), S. 126 を参照）も影響しているかもしれない。このことは、例えば次の法源からも理解される。D. 4, 1, 7, 1.：……加えて、救済手段を補足し得ない場合に初めて登場することになるような破廉恥訴権を与えるよりも、理性のみならず衡平もが求めるように、法的紛争を再び以前の状態に置くことが善良なる法務官にとって相応しいことなのである。

[48] Kaser, a. a. O. (Fn. 46), S. 154 を参照。

[49] この点について、サヴィニー・前掲注36・179頁を参照。

欺の意味のdolusには従来と異なる特徴として非難可能性という要素が加えられるようになった。ここにはキリスト教の影響が認められ、この点について引き続き検討する。

(2) キリスト教の影響
① dolusの非難可能性
　既に指摘したように、本来的に中性的な概念であったdolusは、ギリシャ哲学の影響を受け、その意味を変じ始めた。しかし、dolusが非難の要素を含む概念として扱われ始めた要因として、キリスト教の影響も挙げられる[50]。
　キリスト教は古代後期におけるヨーロッパ法思想の重要な要素であった[51]。確かに初期のキリスト教はローマ政府から厳しい迫害を受けたものの、ローマ政府は次第に宥和的な態度を見せ始め、コンスタンティヌス帝（Constantine, 在位306 - 337）によってキリスト教は初めて容認され、そしてキリスト教はテオドシウス帝（Theodosius, 在位375 - 395）によって国教化された[52]。
　キリスト教が公認され、とりわけ後古典期の編纂者は行為者のキリスト教的心情を重視した[53]。例えば、以下の法源は、後古典期の編纂者によって改竄（interpolatio）[54] された可能性が指摘されており[55]、dolusの非難可能性の要素が見て取れる（なお、以下の法源に登場するクインタス（Quintus）という法律家の素性は不明である）[56]。

---

50) Lübtow, a. a. O. (Fn. 6), S. 265.
51) この点について、フランツ・ヴィーアッカー（鈴木禄弥 訳）『近世私法史』（1994年）18頁。
52) Gibbon's Decline and Fall of the Roman Empire, abridged and illustrated（editor: Rosemary Williams）, 1979, pp. 111, 119, 190. 同書の邦訳書として、エドワード・ギボン（吉村忠典・後藤篤子 訳）『図説　ローマ帝国衰亡史』（2004年）が存在する。
53) Lübtow, a. a. O. (Fn. 6), S. 265.
54) 法典編纂の過程において原文に加除修正が加えられることをインテルポラチオ（interpolatio）と呼ぶ。インテルポラチオについて、例えば、田中周友『世界法史概説』（1978年）149頁以下を参照。インテルポラチオ一般の問題として「行き過ぎたインテルポラチオ狩り」も問題視されており、この点については小菅芳太郎「最近のインテルポラチオ研究」法制史研究9（1958年）227頁以下も参照。
55) Lübtow, a. a. O. (Fn. 6), S. 265.

D. 4, 3, 7, 7.：また、ラベオは、汝が余の拘束された奴隷を、その奴隷が逃げ得るよう、その桎梏を解いたなら、余は de dolo actio を許されるであろうか、と問う。クインタスは次のように自説を述べる。そのことを汝が同情から行ったのではないなら、汝は事実訴権を提起されてしまう。汝が同情に基づいて行ったのであれば、汝は当該事件に対する訴に抗うことが許されるはずである[57]。

クインタスは、同情心を理由として訴から免れ得ることを認める。すなわち、誰かある者が拘束された奴隷を気の毒に思い、これを逃がしたとしても、actio doli あるいは窃盗訴権（actio furti）は提起され得ない。つまり、この者の気高く勇敢な動機によって dolus malus が排除され得ることが認められた反面として、dolus malus を基礎づける動機は卑劣でなければならなくなったのである[58]。こうして、dolus は非難さるべき付随的意味内容を常に包含するようになった[59]。

② 原状回復の理論

dolus の効果、とりわけ原状回復に関しても、キリスト教ないし教会法の影響が見られる。そこで、ローマ法から教会法へ至る原状回復の理論の変遷を確認する。

6世紀の中頃に完成したローマ法大全は蛮族の侵入あるいは部族法の影響を

---

56) この点について、Ulrich von Lübtow, Untersuchungen zur lex Aquilia, 1971, S. 191 mit Fußn. 59 を参照。
57) Idem Labeo quaerit, si compeditum servum meum ut fugeret solveris, an de dolo actio danda sit? et ait Quintus apud eum notans: si non misericordia ductus fecisti, furti teneris: si misericordia, in factum actionem dari debere.
58) Lübtow, a. a. O. (Fn. 6), S. 265.
59) Mitteis, a. a. O. (Fn. 6), S. 316. Karl Binding, Die Normen und ihre Übertretung, 2. Bd., 2. Aufl., 1916, S. 720 も参照。故意の意味における dolus も同様であり、非難されるべき者の心情を含んでいた（Alexander Löffler, Die Schuldformen des Strafrechts, 1. Bd., 1895, S. 74）。船田・前掲注16・458頁によると、dolus は「不法行為について自分の行為の違法性を認識する意味にも用いられた」という。Theodor Mommsen, Römisches Strafrecht, 1899 (Nachdruck 1961), S. 86 も参照。

受け、次第に衰退し始め、その衰滅の危機を脱する方法としてローマ法の再生という意味における再発見が必要であった60)。ローマ法再生の事業は、いわゆる注釈学派（Glossatoren）によって実現され、そして注釈学派はスコラ学（Scholastik）から発展した思考方法や分析手法に基づいてローマ法の再生を果たした61)。ローマ帝国から公認されていたキリスト教は教会裁判所を発展させ62)、これに伴い教会が規制する世界の全体を把握する必要と要求も高まり始め、その手段を与えた学問がスコラ学であった63)。

　もっとも、数百年前のローマ法を直ちに転用することはできず、実用的法規として妥当させる前提として、ローマ法を中世の法へ同化ないし翻訳する事業が求められ、かかる作業が遂行された際の重要な要因として解釈学派（Commentatoren）64)と中世の教会が挙げられるのである65)。

---

60) この点について、Rudolph Sohm, Fränkisches Recht und römisches Recht. Prolegomena zur deutschen Rechtsgeschichte, ZRG (Ger. Abt.) 1 (1880), S. 7 ff. を参照。なお、同論文の邦訳として、ゾーム（久保正幡・世良晃志郎 訳）『フランク法とローマ法──ドイツ法史への序論』（1942 年）が存在する。以下では、同邦訳書を引用する（93 - 96 頁も参照）。さらに、Paul Vinogradoff, Roman Law in Mediaeval Europe, 1909, pp. 5 - 6 and p. 14 も参照。同書の邦訳としてヴィノグラドフ（矢田一男・小堀憲助・真田芳徳 訳）『中世ヨーロッパにおけるローマ法』（1974 年）が存在する。加えて、ミッタイス／リーベリッヒ（世良晃志郎 訳）『ドイツ法制史概説（改訂版）』（1971 年）165 頁以下、Mary Fulbrook, A Concise History of Germany, 2nd ed., 2004, p. 10（同書の邦訳として、メアリー・フルブロック（高田有現・高野淳 訳）『ドイツの歴史』（2005 年）が存在する。以下では、同邦訳書を引用する）も参照。

61) この点について、ゾーム・前掲注 60・96 頁、河上・前掲注 25・39 頁を参照。

62) この点について、Thomas John Feeney, Restitutio in integrum an historical synopsis and commentary, 1941, p. 13 を参照。

63) Hans Schlosser, Grundzüge der Neuern Privatrechtsgeschichte, 3. Aufl., 1979, S. 11. 同書の邦訳として、ハンス・シュロッサー（大木雅夫 訳）『近世私法史要論』（1993 年）が存在する。以下では、同邦訳書を引用する。

64) 解釈学派が詐欺論に及ぼした影響として、原因を与える悪意（dolus causam dans）と偶然に生じる悪意（dolus incidens）の区別も挙げられる（Herrn, Oberlandesgerichtsrath Sprenger, Ueber dolus causam dans und incidens, AcP 88 (1898), S. 361.; Wacke, a. a. O. (Fn. 3), S. 237 f.; G. C. J. J. Van Den Bergh, The life and work of Gerard Noodt (1647 - 1725), 1988, p. 245）。原因を与える悪意は、詐欺なかりせば被欺罔者が契約を締結していなかった類の詐欺を意味し、つまり動機に影響を与える詐欺を意味する。これ

中世の教会は前述のスコラ学的方法に基づいて法の体系化を進め、1140 年頃に教会法[66]の教師グラティアーヌス（Gratianus, 1179 年以前に没）によって教令集が編纂された[67]。原状回復（restitutio in integrum）という救済手段は、当初は教会法の救済手段として取り入れられていなかった。グラティアーヌスの教令集においても原状回復は法として扱われていたわけではなかったが[68]、しかし例えばボローニャにおいて教会法を学んだ法学者フグッチオ（Huguccio de Pisa, 1140 - 1210）[69]はグラティアーヌス教令集の注釈として、次のように述べる。「暴力、威迫、相手方による詐欺、または何らかの欺罔によって自己の物を奪われたなら、その者は回復されなければならない」[70]。

　フグッチオが原状回復について注釈を加えた経緯は必ずしも明確ではないが、しかし当時から原状回復は原則（canon redintegranda = rule of restitution）として理解され[71]、そして次第に原状回復は教会法における確立した救済手段として理解されるようになった。原状回復という救済手段は、教皇アレクサンデル 3 世（Alexander III., 1159 - 1181）[72]によって教会法へ導入された。アレクサ

　　に対して、偶然に生じる悪意は、詐欺が存在しなくても、契約は締結されていたが、しかし当該条件では締結されず、他の条件において締結されていた類の詐欺を意味し、つまり契約の特定の事項（例えば反対給付の内容など）にのみ影響を及ぼす詐欺を意味する（Wacke, a. a. O.（Fn. 3）, S. 238）。この区別は、一部の例外を除いて、以降の学説および判例によって受け入れられ、原因を与える悪意の事案においては契約の解消という救済手段が与えられ、これに対して偶然に生じる悪意の事案における救済手段は損害賠償に限られた（Sprenger, a. a. O., S. 360）。この点は後述する。

65)　ゾーム・前掲注 60・97 - 98 頁。
66)　グラティアーヌス以前の教会法について、M・D・ノウルズ他著（橋口倫介 監修）『キリスト教史　第 4 巻　中世キリスト教の発展』（1981 年）256 頁の注 2。
67)　シュロッサー・前掲注 63・20 頁。
68)　その理由は必ずしも明確ではない。この点について、Feeney, supra（62）, pp. 19 - 20 を参照。
69)　フグッチオについて、Gerhard Köbler, Lexikon der europäischen Rechtsgeschichte, 1997, S. 243 も参照。
70)　このフグッチオの注釈について、Harold J. Berman, Law and Revolution The Formation of the Western Legal Tradition, 1983, p. 241 から引用した。
71)　Berman, supra（70）, p. 241.
72)　アレクサンデル 3 世は、教皇の地位に就くまで、ボローニャにおいて法を教授していた。

ンデル 3 世が原状回復を教会法の救済手段として取り入れた意図は、教会それ自体を当該救済手段の主体として含めることにあった[73]。しかし、もちろん、この原状回復という救済手段は、教会のみならず、未成年者および成年者も享受し得たのであった[74]。

教会法は、その後も数世紀に亘り歴代の教皇によって集成化され[75]、16 世紀に教会法大全（Corpus iuris canonici）という総称が公式に付せられた[76]。もっとも、教会法は、集成の過程においても、教育の過程においても、ローマ法の影響を強く受けていたのであり、つまり教会法は中世的意味におけるローマ法の現代的継承発展であった[77]。こうして、詐欺を理由とする原状回復は世俗の法原理としても後世へ伝えられ、例えばドマ（Jean Domat, 1625 - 1696）は主著『自然秩序における私法』（Les lois civiles dans leur ordre naturel）において、詐欺を理由として未成年者および成年者が原状回復の救済手段を受け得る旨を

この点について、Feeney, supra (62), p. 24 および Köbler, a. a. O. (Fn. 69), S. 14 も参照。

73) この点について、Feeney, supra (62), p. 22 を参照。教会財産の譲渡は紛争の対象たり得た。この点について、supra, p. 23 を参照。

74) この点について、Feeney, supra (62), pp. 29 - 30 を参照。ローマ法では、in integrum restitutio propter dolum を求め得る主体は、原則として未成年者に限られていた。例えば、次の法源を参照。

　D. 4, 3, 7 pr. : 正当にも Pomponius は、その文言を次のように理解している。すなわち、他の訴権が認められるべきではない場合、つまり、その事案が事案に関与する者にとって他の方法では救済されることにならない場合である。加えて、かかる見解は、25 歳に達しない者が奴隷の掲示によって欺かれ、その奴隷を自分の個別の財産と共に売却し、その奴隷を買主が自由解放した場合、Julianus が第 4 巻において、被解放自由人に対する悪意の訴権が認められ得る、と書き記したことと矛盾しないように思われる。けだし、このことを、我々は、その買主には悪意がないのであるから、その買主は売買契約に基づいて訴追され得ず、または、つまり詐欺が売却を誘引せしめた点に存したなら、売買それ自体が無に帰する、というように理解するからである。

75) ローソン（小堀憲助・真田芳憲・長内了 訳）『英米法とヨーロッパ大陸法』（1980 年）35 頁。

76) そして、教会法は、20 世紀の初頭までローマ教会の法規集として拘束力を有した。シュロッサー・前掲注 63・22 頁。

77) ヘルムート・コーイング（河上倫逸 訳）「2 ヨーロッパにおけるローマ＝カノン法の継受」（上山安敏 監訳）『ヨーロッパ法文化の流れ』（1983 年）28 頁。シュロッサー・前掲注 63・23 頁も参照。

説いている[78]（ドマは、restitution と rescission が実質的に同じ内容を有し、常に厳密に区別されているわけではない旨を指摘する[79]。この両概念は19世紀のドイツの裁判例においても用いられ、やはり厳密に区別されていない）。このように、ローマ法は教会を通じて中世の法として再生されたのであった。

　以上のローマ法の概観から、現代の詐欺取消制度の骨格が既にローマ法において形成されていたことが窺われる。詐欺と故意の関係は現在においても一般に承認されているし、後述するように原状回復は取消権へ姿を変えて、実体法化される。しかし、言うまでもなく、ローマ法が生きた時代と現代は、人々を取り巻く社会状況や生活環境が全く異なる。取引対象物の選択肢や品質の幅が現代に比べて極めて限定的であったであろう古代・中世の時代においては、取引相手方の故意なしに欺かれること自体が例外的であったのかもしれない。しかし、価値観が多様化した現代においては取引の目的物に関する情報は当事者の判断を容易に左右し、一方当事者の何気ない言動によって他方当事者の判断が狂わされる事態が起こり得る。こうした相違を前提として、それでもなお2000年前から変わらぬ詐欺概念に依拠した96条1項の現在の解釈は正しいと言えるであろうか。かかる疑問を再確認するためにも、あえてローマ法を概観した次第である。

　もっとも、詐欺概念の変遷はローマ法の時代に終結したわけではなく、その後も幾多の変容を経たのであり、とりわけ自然法学説の影響が重要である。この点について、引き続き確認する。

78）　英訳版（The Civil Law in its natural order, translated from the French by William Strahan, ed., from the second London edtion by Luther S. Cushing, 1. vol., pp. 929‐953）を参照した。
79）　Domat, supra（78）, pp. 929‐930.

第2款　自然法における詐欺

第1項　自由意思の主意主義と主知主義

(1) 自由意思学説と宗教改革

① 自由意思学説

　ローマ法における dolus の概念や actio doli あるいは dolus を理由とする原状回復（in integrum restitutio propter dolum）は、いわば詐欺の要件および効果に関する問題である。詐欺概念と故意が密接不可分の関係として理解されている点、欺罔者の非難すべき要因が強調される点、あるいは効果として原状回復という取消権に近い内容が認められていた点に鑑みれば、現在の詐欺取消制度の骨格は既に形成されていたように思える。

　それに対して、当時の詐欺の理解と現在の詐欺取消制度における最も異なる点は、その規範目的の理解である。古代から中世初期における詐欺の概念は、意思決定自由の保護という発想と結び付いていたわけではなかった。

　もっとも、自由意思論それ自体は、キリスト教の神学として既に論じられていた。キリスト教の浸透に伴い、人間それ自体が自由であり、精神の自由が人間の固有の本性であることが意識され始めていた[80]。例えば、アウグスティヌス（Aurelius Augustinus, 354－430）によれば[81]、意思の自由な選択（libero voluntatis arbitrio）[82] を為し得る我々は悪も行い得るのであるが、しかし神が人

---

80) Georg Wilhelm Friedrich Hegel, Vorlesungen über die Philosophie der Geschichte, in: Hegel Sämtliche Werke, 11. Bd., 3. Aufl., 1949, hgg. von Hermann Glockner, S. 45. 同書の邦訳として、例えばヘーゲル（長谷川宏　訳）『歴史哲学講義（上）（下）』（2000 年）が存在する。以下では、同邦訳書を引用する。

81) 聖アウグスチヌス（今泉三良・井沢彌男　訳）『自由意志論』（1973 年）が存在する。以下では、同邦訳書を引用する。

82) 「libero voluntatis arbitrio」は自由意思として訳されることが少なくないものの、「liberum arbitrium（選択の自由）」という言葉も存在し、「libertas voluntatis（自由意思）」という言葉を用いる論者も存在するので、本書では「libero voluntatis arbitrio」を「意思の自由な選択」と訳した。もっとも、こうした差異は自由意思に関する議論の実質を

間に意思の自由な選択（liberum voluntatis arbitrium）を与えた理由は、むしろ善を欲し、これを正しく行うことができるようにするためである[83]、という。

アウグスティヌスの理解によれば、キリスト者が共有する自由は、一方で神の恩寵であり、他方で善にも悪にも追従し得る意思の自由でもあり、神は人間に意思の選択を与え、人間に罪から解放される自由を与えているのである[84]。

確かに、この時代における自由は精神の内面的領域たる宗教において発現しているに過ぎず[85]、詐欺と自由意思は未だ関連性を有していなかった。しかし、自由意思論それ自体は展開され続け、例えばアンセルムス（Anselm of Canterbury, 1033－1109）、アクィナス（Thomas Aquinas, 1225－1274）、オリーヴィ（Petrus Johannis Olivi, 1247/48－1298）、スコトゥス（Duns Scotus, 1266－1308）、オッカム（William Ockham, 1280？－1349）等が後世に及ぼした影響は小さくない。自由意思の理解は論者によって一様ではなく、知性ないし理性を重視する主知主義の立場（例えばアクィナス）や意思を重視する主意主義の立場（例えばオリーヴィ・スコトゥス・オッカムの三者は主意主義）が存在する[86]。

　変じるものではない。すなわち、「意志に反対して哲学者たちが提起してきた議論は、意志の能力の実在に反対したり、意志の内に含まれている人間の自由という概念に反対したり、また、自由意志に固有の偶然性、すなわち、定義からすればしないままにしておくこともできる行為の偶然性に反対したりするものであった。こうした反論を今一度考えなおしてみると、はっきりしてくることがある。そうした反論は、伝統的にリベルム・アルビトゥリウム（liberum arbitrium）として知られてきた二つかそれ以上の望ましい目的や行動様式についての選択の自由に対する反論というよりも、未来のための器官としての、また、新たなことを始める力としての意志に向けられた反論なのである」（Hannah Arendt, The life of the mind; Willing, vol. 2, 1978, pp. 28－29. 同書の邦訳としてハンナ・アーレント（佐藤和夫 訳）『精神の生活　下　第二部　意志』（1994年）が存在し、本注の引用は同邦訳書の35頁を引用した。以下でも、同邦訳書を引用する）。

83)　アウグスチヌス・前掲注81・69－74頁。
84)　この点について、Vernon J. Bourke, Will In Western Thought An Historico-Critical Survey, 1964, p. 82 を参照。
85)　ヘーゲル・前掲注80・40頁。
86)　主知主義の論者として考えられているトマス・アクィナスに関して、「トマスにとって——トマス主義者であることを自認する人々よりも実際にははるかにトマスの継承者の数は多いのだが、そのほとんどすべての人にとって——普遍が個よりも『高貴であり高度である』のは当然のことであって、個別科学としての哲学の試金石であるが、このこ

意思決定自由の観点から詐欺を捉える私見においては、意思を重視するか、それとも意思に優先する何か（例えば、理性や知性、あるいは意思に対する表示、個人に対する社会、契約正義）を認めるか、という点は重要な意味を持つ。後述するように、ドイツでは伝統的に主意主義に連なる意思が重視され、現在の詐欺取消制度においても意思決定自由の保護が規範目的として理解され、その反面として欺罔者の主観的要件は相対的に意義が減じられ、次第に過失へ接近しているのに対して、例えば主知主義的傾向が窺われるサヴィニーは自由意思に対する侵害よりも欺罔行為の反良俗性ないし違法性を重視するし、アクィナスの自然法に依拠するボワソナードも詐欺の問題に関して自由意思の侵害を考えず、さらに意思よりも表示あるいは社会的観点を重視する我妻栄、そして意思よりも理性あるいは契約正義を強調する星野英一も、詐欺の問題に関して、被欺罔者の意思決定自由より、欺罔者の悪質性を重視するのである。

　ところで、中世の後期からヨーロッパは物々交換経済から貨幣経済および信用取引経済へ移行し始め、中世末期のカトリック教義も社会層の精神を反映し[87]、例えば教会は贖宥状を取引し[88]、贖宥状は1343年に教皇クレメンス6世（Clemens VI, 在位1342‐1352）によって方式化された[89]。そして、贖宥（いわゆる免罪符）[90] を買う習慣は当時の自由意思論と関係があり、すなわち「免罪符を買う習慣は、中世後期にますます重要な役割を演じ、……（中略）……そ

　とが要請されていることの証拠は、全体が部分の合計よりもつねに大きい、という古くからのアリストテレス的明言しかなかった」（アーレント・前掲注82・145頁）。つまり、アクィナスの理解から詐欺の問題を眺めるなら、意思決定自由の主体たる表意者個人よりも、その個人を取り巻く社会の観点が重視され、結果として表意者の法益の観点は希薄化し、解釈の重点は欺罔者の態様に向けられることになる。本文で挙げた主意主義の論者については、Bourke, supra (84), p. 89 を参照。

[87]　この点について、Erich Fromm, Escape from Freedom, 1965 (paperbacks edition 1994), p. 73 を参照。同書の邦訳として、エーリッヒ・フロム（日高六郎 訳）『自由からの逃走』が存在する。以下では、同邦訳書を引用する。

[88]　O・W・ハイック（加来周一 訳）『キリスト教思想史　古代教会より宗教改革まで』(1969年) 372‐373頁を参照。

[89]　フロム・前掲注87・115頁の注（29）を参照。

[90]　贖宥の起源と訳語の問題について、高里良恭「贖宥（免罪符）とルターの95ヵ条」東北学院大学論集（歴史学・地理学）1号（1970年）3頁以下を参照。

の習慣は、人間の意志と人間の努力の効用がますます強調されてきたことと関連していた」[91]。

ところが、贖宥は次第に濫用され[92]、後の宗教改革を引き起こす一因を成した[93]。教会は世俗に深い関係を持ち始め[94]、このことが聖職者や修道者の間に金銭的利害関係を生み出し、教会が堕落する一因を与えたのである[95]。

② 宗教改革

教会の堕落は宗教改革を生み出し[96]、宗教改革は 1517 年に修道僧のルター (Martin Luther, 1483 – 1546) によって本格的に引き起こされた[97]。ルターの批判は修道院生活や司教の世俗支配[98]、さらに贖宥の売買も含めた教会の金銭的搾取にも及んだ[99]。

---

91) フロム・前掲注 87・79 – 80 頁。
92) 例えば、チョーサー (桝井迪夫 訳)『完訳 カンタベリー物語 (中)』301 頁以下 (1995 年) の「免罪符売りの話」において、次のように語られている。「わたしは免罪符売りになってから、このような策略で毎年百マルクも儲けました。……(中略)……わたしの意図はただ儲けることであって、罪を矯正することでは決してありませんから。……(中略)……わたしの外題は今も昔も、『すべての悪の根は金銭を愛することにあり』なんです」。
93) Peter Blickle, Die Reformation im Reich 3. Aufl., 2000, S. 44. 同書の邦訳として、ペーター・ブリックレ (田中真造・増本浩子 訳)『ドイツの宗教改革』(1991 年) が存在する。以下では、同邦訳書を引用する。
94) 1495 年の帝室裁判所条例によって効力が認められた普通法は教会法も含み、教会は日常生活に深く立ち入ることが可能であった (Richard Schröder und Eberhard Künßberg, Lehrbuch der deutschen Rechtsgeschichte, 6. Aufl., 1922, S. 870；ミッタイス/リーベリッヒ・前掲注 60・447 頁を参照)。このことも教会に対する批判を高めた (ブリックレ・前掲注 93・54 – 56 頁)。
95) ノウルズ他・前掲注 66・520 頁。
96) J. B. Bury, A History of Freedom of Thought, 1913 (reprint 2006), pp. 28 – 29. 同書の邦訳としてビュアリ (森島恒雄 訳)『思想の自由の歴史』(1970 年) 67 頁以下が存在する。以下では、同邦訳書を引用する。ヘーゲル・前掲注 80・308 頁も参照。
97) ブリックレ・前掲注 93・60 頁。
98) ヘーゲル・前掲注 80・316 頁、ビュアリ・前掲注 96・67 頁を参照。
99) 例えば、ルター (成瀬治 訳)「キリスト教界の改善についてドイツ国民のキリスト教貴族に与う」松田智雄 (編)『ルター 世界の名著 23 (第 6 版)』(1999 年。原書は 1520

既に指摘したように、贖宥の売買は自由意思論と無関係ではなく、そして宗教改革の影響は自由意思論にも見出される。確かにルターは人間の自由意思それ自体を否定するわけではなく[100]、前述したオッカムの支持者たるビール（Gabriel Biel, 1430-1490）の著作を通じてルターはオッカムの影響も受けていた[101]。しかし、ルターによれば、自由意思は神に対して意味を成さず、むしろ人間は神の意思に隷属する存在に過ぎない、という[102]。

ルターによって指導された改革は次第に支持を受け、例えば1525年にドイツ騎士団長アルブレヒト（Albrecht von Brandenburg-Ansbach, 1490-1568）が、そして1528年にブランデンブルク辺境伯ヨアヒム2世ヘクトル（Joachim II. Hektor, 1505-1571）も改宗した[103]。

ローマ教会の保護者たる神聖ローマ帝国の皇帝[104]は宗教改革の抑制に乗り

年）147頁以下を参照。
[100] この点について、ティリッヒ（大木英夫・清水正 訳）『キリスト教思想史[I]古代から宗教改革まで』（1997年）364-365頁を参照。
[101] この点について、Hans Welzel, Naturrecht und materiale Gerechtigkeit, 2. Aufl., 1955, S. 91 を参照。「ドイツにおいては、チュービンゲン大学の教授ガブリエル・ビール（1495年没）であり、彼は西ヨーロッパのどの国においてよりオッカム主義を永続的なものとした。ビールの弟子ヨハン・ナティンはエルフルト大学でマルティン・ルターを教えた」（ハイック・前掲注88・382頁）。さらに、ヘルマン・テュヒレ他著（上智大学中世思想研究所 編訳／監修）『キリスト教史5 信仰分裂の時代（新装版）』（1991年）177頁の注3も参照。
[102] いわゆる奴隷意思説である。「自由意志は、キリストを知らないうちは、つまり、彼を信じないうちは、何ら善きものを欲したり努力したりすることができず、むしろ必然的に、かの知られざる罪に仕えているのであ」り、「神は私の救いを私の意思決定の外にとり出し、神ご自身の意思決定のうちに受け入れたまい、私のわざや努力によってでなく、おんみずからの恩恵と憐憫によって、私を救うことを約束したもうているから、私は安泰であり確実なのである」（ルター（山内宣 訳）「奴隷的意志」松田智雄（編）『ルター 世界の名著23（第6版）』（1999年。原書は1525年）250頁および253頁）。フロム・前掲注87・84頁、テュヒレ他・前掲注101・80頁も参照。
[103] フリーデンタール（笠利尚・徳善義和・三浦義和 訳）『マルティン・ルターの生涯』455頁（1973年）、エルトン（越智武臣 訳）『宗教改革の時代』（1973年）40頁。アルプレヒトもヨアヒム2世ヘクトルもホーエンツォレルン家の出身者であり、この意味については後述する。
[104] ブリックレ・前掲注93・258頁。

出すも、むしろ対立は深まり、皇帝の施策105)に対する抗議（プロテスト）を展開した改革派は伝統的なカトリックに対してプロテスタントと呼ばれ106)、さらに勢力を増したのであった107)。

これに対して、カトリック側も16世紀の中葉から反宗教改革の運動を活発化させた。かかる活動の重要な担い手として、ロヨラ（Ignatius de Loyola, 1491-1556）が1540年に創設したイエズス会が挙げられる108)。イエズス会によれば、確かに恩寵は神の一方的意思によって与えられるが、しかし神と人間の関係において人間の努力と自発的意思を容れる余地が存在し、自己の意思ないし努力によって神の恩寵に与り得る109)、という。すなわち、イエズス会派の理解はプロテスタントと正反対であり、人間の自由意思を信じたのである110)。

もっとも、宗教的対立の背景は神学の相違に止まらず、むしろ世俗権力が宗教改革に関心を寄せた理由は個人的な野心に基づく権力の確立であって、宗教改革によって教会財産の収奪と司教権の獲得を正当化し得たからでもある111)。こうして、事態は軍事的対立に及び、いわゆる30年戦争（1614-1648）が勃発したのであった112)。

---

105) 例えば、皇帝カール5世（Karl V, 1519-1556）は、1529年の帝国議会において革新を防止し、ローマ教会の祭儀の挙行を可能ならしめる決議を下した（ブリックレ・前掲注93・270頁以下）。
106) フリーデンタール・前掲注103・455頁、ブリックレ・前掲注93・271頁。
107) プロテスタントからカルヴァン（Jean Calvin, 1509-1564）を祖として新しい分派が生まれ、やはりカルヴァンも教会の権威に対して否定的であり、そして自由意思に対しても否定的であった。バートランド・ラッセル（市井三郎 訳）『西洋哲学史 3』（1973年）518頁、ビュアリ・前掲注96・68頁を参照。Henry Kamen, The Rise of Toleration, 1967, p. 96. 同書の邦訳として、ヘンリー・カメン（成瀬治 訳）『寛容思想の系譜』（1970年）が存在する。以下では、同邦訳書を引用する。
108) エルトン・前掲注103・146頁。
109) エルトン・前掲注103・146頁および150頁。
110) ラッセル・前掲注107・519頁。「フランシスコ神学の半ペラギウス主義に関連したさらに自由な学派は、イエズス会によって力を得、やがて優勢となった」（ハイック・前掲注88・614頁）。
111) エルトン・前掲注103・185頁、ブリックレ・前掲注93・23頁および174頁。
112) カメン・前掲注107・207頁、フリッツ・ハルトゥング（成瀬治・坂井栄八郎 訳）『ドイツ国制史』（1980年）42頁以下、ブリックレ・前掲注93・288頁以下を参照。

もちろん、この戦争それ自体が自由意思論を進展させたわけではない。その後の自由意思論の展開は戦争を逃れたデカルトにおいて見られる。引き続き、このことがドイツの学者へ影響を与えた経緯を辿る。

(2) 神学と法学の分離
① デカルト主義

　ドイツにおけるルター派の影響に対して[113]、フランスにおいては強力なカトリックの勢力が存在していたのであって[114]、さらにイエズス会によるカトリック改革も着実に遂行されていた[115]。高等教育にも力を注いでいたフランスのイエズス会においては、主意主義に依拠した自由意思論を展開したスアレス（Francesco Suarez, 1548-1617）が重要であり[116]、とりわけスアレスの哲学がイエズス会派にて学んだデカルト（René Descartes, 1596-1650）にも影響を与えた点は注目される[117]。

　周知の如く、デカルト哲学の特徴は合理主義であり[118]、この特徴はデカル

---

113) エルトン・前掲注103・174頁以下。
114) カメン・前掲注107・192頁。もっとも、カルヴァンの祖国はフランスであって、フランスにおいても少なからずプロテスタントの影響が及んだ。エルトン・前掲注103・175頁。
115) テュヒレ他・前掲注101・344頁も参照。
116) スアレスによれば、手段を選択する点においても、結果を意図する点においても、人間の意思は完全に自由であり、意思は自由の能力を意味する、という（この点について、Bourke, supra (84), p. 88を参照）。スアレスと主意主義について、阿南成一「スアレスの『法律』概念――トマスとの相違を中心として」（1965年）43頁以下、稲垣良典「自然法における理性と意志――スアレス自然法理論の再検討」阿南成一・水波朗・稲垣良典（編）『自然法の復権』（1989年）21頁以下も参照。
117) Bourke, supra (84), p. 88.
118) デカルトの合理主義は、パスカル（Blaise Pascal, 1623-1662）の次のような批判からも窺われる。「私はデカルトを許すことができない。彼はその全哲学のなかで、できれば神なしに済ませたいと思った。だが、彼は世界に運動を与えるために、神に最初のひと弾きをさせないわけにはいかなかった。それがすめば、もはや彼は神を必要としない」（伊吹武彦・渡辺一夫・前田陽一（監）『パスカル全集　第3巻』（1959年）68頁）。パスカルは、当時のイエズス会における自由意思論に対しても異端の評価を下している（例えば伊吹武彦・渡辺一夫・前田陽一（監）『パスカル全集　第2巻』（1959年）に収めら

第1節 ローマ法と自然法 63

トが展開する自由意思論にも表れている。30年戦争を避け、移住先のオランダにおいて自己の哲学を発展させたデカルトは[119]、その方法的懐疑から哲学の第一原理（cogito ergo sum；我思う、故に、我在り）を導き出し[120]、そして自由意思の問題について次のように理解する。「わたしは、自分を重視する正しい理由となりうるものを、わたしたちのうちにただ一つしか認めない。すなわち、わたしたちの自由意志の行使、わたしたちの意志に対して持つ支配である」[121]。確かに私は常に誤謬に曝されているのであるが[122]、しかし問題は誤謬の原因であり、「私の誤謬はどこから生じるのであろうか？ すなわちそれは、

───

れているプロヴァンシアルおよび恩寵文書を参照）。

[119] Heinrich Heine, Zur Geschichte der Religion und Philosophie in Deutschland, 1834 (Neudruck 1997), hgg. von Jürgen Ferner, S. 50 - 51. 同書の邦訳として、ハイネ（伊東勉 訳）『ドイツ古典哲学の本質』（1978年）92頁が存在する。以下では、同邦訳書を引用する。

　当時のオランダは宗教的寛容が実施されていた稀な国であった。これは、以下のような政治的事情に由来する。1540年代以降のネーデルランド（今日のオランダとベルギーに相当する国）においても、フランスと同様に、カルヴァン派は強力な少数派を形成した（カメン・前掲注107・193頁）。当時のネーデルランドの領主は、プロテスタントの迫害がネーデルランドにおける通商貿易の利益を損う点に鑑みて、プロテスタントの寛容を考えたのである（前掲・193頁以下）。さらに、この寛容政策は、その他の政治的事情にも起因していた。すなわち、当時のネーデルランドはスペインの支配に服し、その支配者はカール5世の子フェリーペ2世（Felipe II, 1556 - 1598）であって、一方でフェリーペ2世は父と同様にカトリック教会の守護および帝国における信仰の一致を意識し（テュヒレ他・前掲注101・172頁）、他方で当時のネーデルランドの領主はプロテスタントの迫害によってスペイン統治者の主導権が拡大することを危惧した（カメン・前掲注107・194頁）。両者の対立は数十年に亘り続き、一方で今日のベルギーに相当する領域をスペインとカトリック教会が保持し（テュヒレ他・前掲注101・348頁も参照）、他方でプロテスタントが占める他の領域は1581年にオランダとして独立（宣言）したのであった（前掲・226頁。ヘーゲル・前掲注80・343頁も参照）。かくして思想の自由を認めたオランダは、著述と出版が自由に行われた唯一の国であり、初期啓蒙期の理神論的・汎神論的な思想家、さらに無神論的思想家の避難所であった（ラッセル・前掲注107・552頁、カメン・前掲注107・303頁、ヴィーアッカー・前掲注51・323頁）。

[120] この第一原理について、デカルト（谷川多佳子 訳）『方法序説』（1997年。原書は1637年）46頁、同（桂寿一 訳）『哲学原理』（1964年。原書は1644年）38頁を参照。

[121] ルネ・デカルト（谷川多佳子 訳）『情念論』（2008年。原書は1649年）133頁。

[122] ルネ・デカルト（山田弘明 訳）『省察』（2006年。原書は1641年）86頁。

意志は知性よりもより広範囲に広がるので、私が意志を知性と同じ範囲内に限らないで、私が理解していないものにまで押し及ぼすという、ただこの一つのことからである」[123]。「我々は疑わしいものに同意を拒み、かようにして誤りを避ける自由意志をもつ」[124]。

以上の如く、デカルトが自由意思を重視し[125]、さらに「意志は知性よりもより広範囲に広がる」という指摘から知性より意思を重視していること、そしてデカルトの意思自由は主意主義的伝統に連なることが窺われる[126]。デカルトが後世に及ぼした影響は大きく、それはドイツにおけるプーフェンドルフ (Samuel Pufendorf, 1632 - 1694) にも反映されている。この点について引き続き検討する。

② 合理的自然法

デカルトに由来する合理主義は世俗的な自然法論の動力であった[127]。ドイツは、近世の合理的自然法を開拓する前提として、デカルト主義に触れなければならなかった[128]。そして、デカルトの影響は、デカルト主義者のヴァイゲル (Erhard Weigel, 1625 - 1699) を介してプーフェンドルフ (Samuel Pufendorf, 1632 - 1694) に及んだ[129]。

---

123) デカルト・前掲注122・92頁以下。
124) デカルト・前掲注120の『哲学原理』・38頁。
125) さらに、デカルトは次のようにも述べる。「ひとり意志つまり自由意志だけは、それ以上大きなものの観念が考えられないほど大きいものであることを、私において経験している。したがって、私が神のある像と似姿を担っていると理解しているのは、主として意志を根拠としてである」（デカルト・前掲注122・90頁）。そして、「人間が自由に、即ち意志によって行為することは、その最高の完全性であり、これによって賞賛或いは非難に値するものとなる」（デカルト・前掲注120の『哲学原理』・59頁）。
126) Bourke, supra (84), pp. 88 - 89. デカルトを主意主義者に数える立場として、例えばアーレント・前掲注82・32頁も参照。
127) Welzel, a. a. O. (Fn. 101), S. 110.
128) Hans Thieme, Das Naturrecht und die europäische Privatrechtsgeschichte, 2. Aufl., 1954, S. 23.
129) ヴィーアッカー・前掲注51・370頁。プーフェンドルフに与えた影響としては、宗教戦争も無視できない。30年戦争 (1614 - 1648) は一方の宗派が完全に勝利し得ないことを知らしめ、根本的な事柄に関して自ら思索する自由を増大させた（ラッセル・前掲注

まず、プーフェンドルフはルター派の神学から決別し[130]、自然法を神の崇拝方法に関する問題から切り離した[131]。これによって法は神学から分離し[132]、プーフェンドルフによって包括的な自然法の体系が展開された[133]。プーフェンドルフによれば、人の活動が全て人の行為として理解されるのではなく、知性（intellectus）と意思（voluntas）に基づく行為が人の行為として理解されるのであって、知性と意思は人間の特別な性質として認められる精神的能力であり、そして意思の能力が自由（libertas）を意味し、意思が人の自由な行動を可能ならしめ、ゆえに自由は自由な決断をも含み、したがって意思が自由に形成されることが重要である[134]、という。

プーフェンドルフの自由の概念は法の基本原理として出現し[135]、自由は意思活動の最高原理として位置づけられた[136]。

107・519頁）。そして、このことが、30年戦争末期の印象を直接に受けたプーフェンドルフにも多かれ少なかれ影響を与えた（この点について、ミヒャエル・シュトライス編（佐々木有司・柳原正治 訳）『17・18世紀の国家思想家たち——帝国公（国）法論・政治学・自然法論』（1995年）284頁、桜井徹「第11章 ザームエル・プーフェンドルフ」勝田有恒・山内進（編）『近世・近代ヨーロッパの法学者たち——グラーティアヌスからカール・シュミットまで』（2008年）180頁を参照）。

130) プーフェンドルフによれば、自然法は決して神学教義と矛盾するわけではないのであるが、しかし理性によっては探求され得ない神学教義も存在し、この点において自然法は神学教義から距離を置いているのである、という。Samuel von Pufendorf, De officio hominis et civis juxta legem naturalem libri duo, translated by Frank Gardner Moore (reprinted 1964), p. viii を参照。

131) この点について、Welzel, a. a. O. (Fn. 101), S. 109 u. 145 ff. を参照。

132) ヴィーアッカー・前掲注51・302頁。

133) Welzel, a. a. O. (Fn. 101), S. 110.

134) Samuel von Pufendorf, De jure naturae et gentium libri octo, translated by C. H. Oldfather and W. A. Oldfather (reprinted 1934), p. 53.; ders., De officio hominis et civis juxta legem naturalem libri duo, translated by Frank Gardner Moore (reprinted 1964), pp. 4 - 5.; ders., Über die Pflicht des Menschen und des Bürgers nach dem Gesetz der Natur, 1994, hgg. von Klaus Luig, S. 25 - 29.

135) Helmut Coing, Europäisches Privatrecht, 1. Bd., 1985, S. 73. もちろん、プーフェンドルフは信仰を捨てたわけではない。彼は依然としてプロテスタントであったが、しかし自由意思を認めるプーフェンドルフがプロテスタントにおける予定説に依拠していないことも明白である（「予定説は大きなプロテスタントの教会によってもその信仰の内へ採

問題は、自由意思（libertas voluntatis）と詐欺の関係である。プーフェンドルフによれば、欺罔者の意図的な決定（destinatione animi）に基づいて取引における目的物の性質や価格に関して dolus が介在した場合、当該契約は不完全である[137]、という。

詐欺が契約の効力に影響を与えたことは明白であるが、しかし、詐欺と被欺罔者の自由意思（違法根拠の自由意思）の関係は必ずしも明確ではない。むしろ、プーフェンドルフの詐欺論において語られている意図的な決定（destinatione animi）は欺罔者の（自由）意思に相当するのであって[138]、つまり責任根拠の自由意思に相当する。

自由意思に基づく責任の概念はプーフェンドルフから始まる、と言われている[139]。プーフェンドルフによれば、自由な原因たる人の意思に依拠した行為は意思の行為（actio voluntatis[140]; voluntary action）として理解され、これが帰責（imputatio; imputation）に関して考慮される[141]、という。合理主義から

り入れられたが、結果としてはその教会の大部分によって再び放棄されたり、あるいは可能であった限り別に解釈されてしまったりしたのであるが、なぜなら理性は予定説を自由や行為の帰責についての学説と、したがって全ての道徳と一致しないと思うからである」（カント（小倉志祥 訳）「学部の争い」カント全集・第13巻『歴史哲学論集』（1988年）351頁）。プーフェンドルフがイエズス会のスアレスおよびスアレスに連なるデカルトの影響を受けているなら、むしろプーフェンドルフの自由意思はカトリック（の側）における自由意思説に近い（半澤孝麿「自由意志論思想史上のカント」未来502号（2008年）28頁も参照）。

136) この点について、Franz Lubbers, Die Geschichte der Zurechnungsfähigkeit, 1938, S. 33 も参照。

137) Samuel von Pufendorf, Über die Pflicht des Menschen und des Bürgers nach dem Gesetz der Natur, 1994, hgg. von Klaus Luig, S. 73 u. 91 f.

138) 「destinatione animi」を Samuel Pufendorf, Gesammelte Werke, 2. Bd., De officio, hgg. von Gerald Hartung, 1997, S. 155 は「freywillig」と訳し、Pufendorf, supra (130), p. 52 は「voluntarily」と訳す。

139) Eberhard Schmidt, Einführung in die Geschichte der deutschen Strafrechtspflege, 3. Aufl., 1965, 169 f.；小野清一郎「責任能力の人間学的解明（一）」ジュリスト367号（1967年）93頁を参照。

140) Pufendorf, a. a. O. (Fn. 138), S. 115 は「voluntariæ」を「freywillige」と訳している。

141) Pufendorf, supra (134), p. 66.

連なる個人主義的傾向は人間行為の内実へ目を向けさせ、このことが自由と帰責を結び付けたのである[142]。

確かにプーフェンドルフによって包括的な自然法体系へ導かれ、これがドイツにおいて自然法思想[143]を伸展させた契機であった[144]。ただし、その前提として、宗教的寛容に基づく思想の自由が必要であった[145]。こうした宗教的寛容はプロイセンにおいて果たされ、かように展開されたドイツ哲学は詐欺論にも影響を与え、ついに詐欺と被欺罔者の自由意思が結び付けられる。引き続き、その間のプロイセンにおける法状況について概観する。

第2項　ドイツ自然法学説

(1) ドイツ哲学

① プロイセンの状況

まず、プロイセンの歴史と位置的特徴を確認する。かつてバルト海沿岸の地域に、プロイセンと呼ばれる非キリスト教徒の小民族が定住していた[146]。この地を1226年から侵略・征服したドイツ騎士修道会は、この地に修道会国家を建設した[147]。既に確認したように1525年の当時のドイツ騎士団長たるアル

---

[142] この点について、Lubbers, a. a. O. (Fn. 136), S. 33およびハインリッヒ・ロンメン（阿南成一 訳）『自然法の歴史と理論』（1956年）94頁を参照。自由意思と責任を結び付ける理解はプロイセン一般ラント法および帝国刑法典へ引き継がれ、しかもドイツ民法典の能力規定は帝国刑法典の責任規定を模範として編纂されている。この点は後述する。

[143] 自然法ないし自然法思想の捉え方は様々に在り得る。例えば、「一方では《ヨーロッパ精神史》のうえに自然法がまさに普遍的性格をもって形成される。他方ではそれが特定の精神的風土に定着し、土着化される。プロイセン普通国法、ALRは《プロイセン的自然法》である、とみるのもその一つであろう」（矢崎光圀「近世ドイツの自然法思想」尾高朝雄（編）『法哲學講座　第三巻』（1956年）75頁の注（三））。

[144] Andreas B. Schwarez, Zur Entstehung des modernen Pandektensystems, ZRG (Rom. Abt.) 42 (1921), S. 584.; Welzel, a. a. O. (Fn. 101), S. 110.

[145] ハイネ・前掲注119・72頁。

[146] Sebastian Haffner, Preußen ohne Legende, 3. Auf., 1979, hgg. von Henri Nannen, S. 40. 同書の邦訳として、セバスチャン・ハフナー（魚住昌良・川口由紀子 訳）『プロイセンの歴史』（2000年）が存在する。以下では、同邦訳書を引用する。

[147] ハフナー・前掲注146・21頁を参照。1226年の当時の騎士団長ザルツァ（Hermann von Salza, 1179? - 1239）は、当時の神聖ローマ帝国皇帝フリードリヒ2世から、プロイ

プレヒトは宗教改革に乗じてプロテスタントへ改宗し[148]、そして彼は修道会国家を世俗化することによって初代プロイセン公の地位に就いた[149]。

　アルプレヒトはホーエンツォレルン家の一員であり、ホーエンツォレルン家はブランデンブルクをも領地として統治していた[150]。この時からプロイセンとブランデンブルクが同一族によって結び付けられる可能性が生まれ、このことは後のプロイセンにおける自然法の展開にも影響を与えた。まずアルプレヒトの死去に伴い、ブランデンブルクの選帝侯ジギスムント（Johann Sigismund, 1572-1619）がプロイセンを獲得し[151]、ジギスムントによって宗教的寛容が認められた。既に確認したように、ブランデンブルク辺境伯ヨアヒム2世ヘクトルは1528年にルター派へ改宗していたのであるが[152]、しかしジギスムントは1613年にルター派からカルヴァン派へ改宗したものの[153]、当時のブランデンブルクおよびプロイセンにおいてはルター派が多数を占めていたため[154]、ジ

――――――――――
センがドイツ騎士修道会へ与えられ、かつ同総長に帝国諸侯と同等の地位が与えられる旨の内容の勅書を得ていた。この点について、ミッタイス／リーベリッヒ・前掲注60・250頁。

148)　この点について前述60頁を参照。

149)　Otto Hintze, Die Hohenzollern und ihr Werk, 1916, S. 11. ただし、修道会国家は隣国のポーランドと争い、その結果として西プロイセンはポーランド領へ帰し、確かに東プロイセンは修道会国家に帰属していたものの、しかしポーランドの宗主権に服していたのであって、アルプレヒトのプロイセン公国も依然としてポーランドの宗主権に服していた（ミッタイス／リーベリッヒ・前掲注60・252頁の注9、ハフナー・前掲注146・24-25頁）。

150)　その経緯も含めて、ハフナー・前掲注146・27-28頁。ホーエンツォレルン家それ自体はプロイセン地方の出身ではなく、南ドイツの一族であった（ハフナー・前掲注146・13頁）。

151)　Hintze, a. a. O. (Fn. 149), S. 164. ハフナー・前掲注146・26-28頁も参照。ただし、プロイセン領域は依然としてポーランドの宗主権に服していた（ハフナー・前掲注146・33頁）。

152)　前述60頁を参照。

153)　その理由について、Hintze, a. a. O. (Fn. 149), S. 161 およびカメン・前掲注107・139頁も参照。

154)　しかも、ジギスムントの妻アンナ（Kurfürstin Anna）もルター信仰を固持していた。彼女はプロイセンの皇女であったのであり、彼女の生活と信仰について、Hintze, a. a. O. (Fn. 149), S. 157 f. を参照。

ギスムントは自身の最高の領主特権たる信仰の強制を放棄し[155]、さらに1615年にルター派に対して礼拝の自由を保障し[156]、こうしてプロイセンでは当時としては例外的に宗教的寛容が促進されたのである[157]。

その後の30年戦争を経験したホーエンツォレルン家は軍備の増強に努め[158]、フリードリヒ3世[159]（フリードリヒ大王の祖父）によって1701年にプロイセン王の称号が獲得され[160]、こうして宗教的寛容を肯定するプロイセンが国家として成立し、かかる宗教的寛容に基づく思想の自由がドイツ哲学を生み出す重要な契機となった[161]。

さらに、ドイツ哲学にとっては、プロイセンにおいて宗教的自由を実現したフリードリヒ大王（Friedrich der Große, 1740‐1786）の即位も重要であった[162]。

---

155) Hintze, a. a. O. (Fn. 149), S. 164 f. ハフナー・前掲注146・83‐84頁も参照。
156) カメン・前掲注107・139頁。
157) もっとも、このことが当時の人々に必ずしも肯定的に受け入れられたわけではない。すなわち、確かに「このようにしてブランデンブルク＝プロイセンは、異なる宗派の共存が可能にして不可避の最初の国となった」のであるが、しかし「人びとにとっては不信仰でしかない他の宗教を、自分たちの隣人に許すように国家から要求されたということは、彼らのもっとも崇高で神聖な感情を傷つけた」からである（ハフナー・前掲注146・84頁）。カメン・前掲注107・143頁および253頁も参照（同頁における、ジギスムントが1613年に「ルター主義者」になった、という記載は誤訳であろう。ジギスムントは「カルヴァン主義者Calvinist」になった。Henry Kamen, The Rise of Toleration, 1967, p. 192を参照）。
158) ハルトゥング・前掲注112・137頁。
159) 1660年にプロイセンをポーランドから解放した大選帝侯フリードリヒ・ヴィルヘルム（ジギスムントの孫）の子（ハフナー・前掲注146・34頁）。
160) プロイセンの名が選択された理由（ブランデンブルクの名が選択されなかった理由）は、プロイセンは帝国の一部ではなかったからである（帝国領内の領主は王の称号を得ることができなかったから）。ハフナー・前掲注146・39頁以下、フルブロック・前掲注60・110頁以下を参照。
161) ハイネ・前掲注119・72頁。
162) かつて宗教的寛容は人々にとって必ずしも肯定的に受け入れられたわけではなかったが、しかし「状況が変わったのは、ようやく十八世紀の後半、キリスト教が力を失い、啓蒙主義が国民の最下層にいたるまで浸透した時であった。時代精神のこの風向きの変化に対して、プロイセンはその宗派的寛容によって、最善の準備ができていた。プロイセンは啓蒙主義の模範的な国となった。そして自ら自由思想家だったフリードリヒ大王

例えば、フリードリヒ大王の先代王によって国外退去を命じられていたヴォルフ（Christian Wolff, 1679 - 1754）が[163]、ヴォルフの著書から哲学を学んだフリードリヒ大王によって再び呼び戻されたのである[164]。

② 啓蒙哲学

デカルトの著作を読み、プーフェンドルフの自然法思想にも親しんだヴォルフは、ドイツの思想界を50年以上に亘り支配し、ドイツ哲学の発展に寄与した[165]。ヴォルフによれば[166]、人間の行為は他人の意思に服さず、自己の意思に従い行為することこそが自由を意味し、自分の意思に反して自分の物が奪われることは損害であり、何人も損害を加えてはならず、このことは故意であれ過失であれ（dolo vel culpa）変わらないのであって、ゆえに故意による詐欺（vorsätzlicher Betrug; fraus consilii）であろうと、故意に非ざる詐欺（unvorsetzlicher Betrug; fraus eventus）であろうと、許されない[167]、という。

ヴォルフにとって、詐欺は他人に悟られることなく損害を与える行為を意味する[168]。そして、その損害と意思が関連づけられ、過失の詐欺も許さない旨が

ほどに、この新しい精神の体現者として人びとに信頼され、人びとを感嘆させた人はいない」（ハフナー・前掲注146・84-85頁）。ビュァリ・前掲注96・112頁も参照。

163) 国外退去の理由について、ビュァリ・前掲注96・164頁、ディルタイ（村岡哲 訳）『フリードリヒ大王とドイツ啓蒙主義』（1975年）53頁、G・クラインハイヤー／J・シュレーダー（小林孝輔 監訳）『ドイツ法学者辞典』（1983年）324頁以下を参照。

164) ディルタイ・前掲注163・52-53頁、カッシーラー（中埜肇 訳）『自由と形式――ドイツ精神史研究』271頁（1985年）、クラインハイヤー／シュレーダー・前掲注163・325頁。

165) ハイネ・前掲注119・72頁および130頁、クラインハイヤー／シュレーダー・前掲注163・323頁。

166) ヴォルフの見解は、Christian Wolff, Grundsätze des Natur-und Völkerrechts worin alle Verbindlichkeiten und alle Rechte aus der Natur des Menschen in einem beständigen Zusammenhange hergeleitet werden, 1754 (Neudruck 1980) から訳出した。本文におけるラテン語は、Christian Wolff, Gesammelete Werke, 1. Abt. Lateinische Schriften, 26. Bd., INSTITUTIONES JURIS NATURAE ET GENTIUM, 1750 (Neudruck 1969), hgg. von Marcel Thomann を参照した。

167) Wolff, a. a. O. (Fn. 166), S. 47 - 48 u. 166 - 178.

168) Wolff, a. a. O. (Fn. 166), S. 178.

指摘されており、この点は注目される。ただし、ヴォルフにとっては体系的論証こそが重要であり、正当なる実践的な成果は必ずしも重要ではなかった[169]。詐欺論に関しても、詐欺の概念それ自体から過失の詐欺が導き出されているわけではなく、「過失の損害は許されない」という前提から、過失の詐欺が語られているに過ぎない。確かにヴォルフの哲学は当時のドイツ語圏において大きな影響力を有していたのであるが、しかし他方で当時の哲学および自然法論が秘めた独断的という欠点も認識され始めたのである[170]。

こうして、ヴォルフ哲学から良くも悪くも直接に間接に影響を受けた哲学が形成され、これはドイツ啓蒙思潮という名称において総括されている[171]。この時代を代表する哲学者カント（Immanuel Kant, 1724 - 1804）[172] は、啓蒙について次のように述べる。「啓蒙とは、人間が自分の未成年状態から抜けでることである」[173]。「ところでこのような啓蒙を成就するに必要なものは、実に自由にほかならない」[174]。

周知の如く、カントは当時の自然法論者の中においても、とりわけ個人の自由を重視した[175]。このことは、自由な意思の理解においても見られる。すなわち、カントによれば、人間の意思は自由な選択（arbitrium liberum）であり、人間には自ら自分自身を規定する能力が具わっているのであって[176]、我々自

---

169) Franz Beyerle, Der andere Zugang zum Naturrecht, Deutsche Rechtswissenschaft, 1. Bd., 1936, S. 15.
170) このこととカントの理解について、シュトライス・前掲注 129・550 - 551 頁を参照。
171) シュヴェーグラー（谷川徹三・松村一人 訳）『西洋哲学史 下巻』（1958 年）111 頁。
172) 例えば、カントは、道徳形而上学と実践の関係におけるヴォルフ哲学について、次のように述べる。「ヴォルフのその部門は、それがまさに一般実践哲学であるという理由から、ある特殊な種類の意志、つまりいかなる経験的動因ももたずにまったくアプリオリな諸原理によって規定され、そこでひとが純粋意志とよびうるような意志を考察しないで、意欲一般と、この一般的意味での意欲に帰属するあらゆる行為と条件とを考察したのである」（カント（宇都宮芳明 訳）『道徳形而上学の基礎づけ（新装版）』（2004 年。原著は 1785 年）19 頁）。
173) カント（篠田英雄 訳）『啓蒙とは何か 他四篇』（1974 年。原書は 1784 年）7 頁。
174) カント・前掲注 173・10 頁。
175) この点について、ロンメン・前掲注 142・100 頁も参照。
176) カント（篠田英雄 訳）『純粋理性批判 中』（1961 年。原書は 1781 年）207 - 208 頁。

身の意思が尊敬の本来の対象である177)、というのである。

　一見してカントにおいても自由意思が重視されているのであるが、しかしカントの用語法は必ずしも統一されておらず178)、その立場を終局的に確定することは困難である179)。そもそもカント哲学を仔細に分析することは私の能力を超えるし、目的とするところでもない。本書において確認したい点は、カント哲学が彼の信奉者をして自由の行使と意思を同一視する理解へ向かわせた、という点である180)。

(2) プロイセン一般ラント法
① 成立経緯

　カントの影響を受けた当時の論者は少なくないが181)、しかし特に注目される

---

177)　カント・前掲注172・159頁。
178)　意思の概念について、新田孝彦『カントと自由の問題』(1993年) 222頁を参照。さらに理性と知性の関係について、ショーペンハウアー（茅野良男 訳）『意志と表象としての世界　正編 (Ⅲ)』(1975年) 46頁以下を参照。知性という訳語に関して、「Vernunft と Verstand、『理性』と『知性』(『悟性』) というのは誤訳だと思う。カントはドイツ語の Verstand をラテン語の inntellectus の訳語に使ったのであり、Verstand は verstehen、現代の訳で言えば『理解する』というものの名詞形だが、ドイツ語の das Verstehen に含意されているものを持っていない)」(Hannah Arendt, The life of the mind; Thinking, vol. 1, 1971, pp. 13-14. 同書の邦訳としてハンナ・アーレント（佐藤和夫 訳）『精神の生活　上　第一部　思考』(1994年) が存在し、本注の引用は同邦訳書の17頁を引用した)。
179)　カントの主意主義を示唆する見解として、パウルゼン（伊達保美・丸山岩吉 訳）「イマヌエル・カント」『世界大思想全集 57』(1932年) 302頁、ヴィンデルバント（清水清 訳）『哲学概論』(1960年) 141頁。
180)　あるいは、「カントの自由概念は様々な解釈の余地を残しているし、しかもカントにおける『意思』について一義的な意味を打ち立てることは不可能である、というのが事の実際である。せいぜい、カントが何人かの彼の信奉者をして自由の行為と意思を同一視せしめるよう刺激した、というのが最も無難な結論である」(Bourke, supra (84), p. 91)。
181)　カントの自由意思論を受け継いだ論者として、例えばヨハン・ゴットリープ・フィヒテ (Johann Gottlieb Fichte, 1762-1814)、さらにフィヒテと親交を結んでいたゴットリープ・フーフェラント (Gottlieb Hufeland, 1760-1817) が挙げられる。カントとフィヒテについて、Bourke, supra (84), p. 91 参照。カントとフーフェラントについて、Thomas Karst, Der Einfluß von Carl Gottlieb Svarez auf die preußische Gesetzgebung, ZRG (Rom. Abt.) 120 (2003), S. 181; Michael Rohls, Kantisches Naturrecht und histo-

べき法学者はカール・ゴットリープ・スワレツ（Carl Gottlieb Svarez, 1746-1798）である[182]。その理由はスワレツがプロイセン一般ラント法の編纂者であるからであり、続いてスワレツの理解を概観する。

スワレツによれば、人は理性（Vernunft）や意思の自由（Freiheit des Willens）等の能力を有し、理性を通じて自己の行為および当該行為の結果を熟考することができ、そして意思の自由を通じて理性的な動因に従って自己の行為を決定するのであり、こうした能力は人が至福（Glückseligkeit）を求めんと欲する衝動から導かれる自然的権利として害されてはならないのであって、すなわち「人は意思の自由を主張する権利を有し、盲目的衝動あるいは外部的な強制によって規定されることなく、知性（Verstand）の認識によってのみ自己の決定および行為を規定される権利を有しているのである」[183]、という。

以上の如く、スワレツはカントと同様に自由を尊重しており、スワレツにおけるカントの影響が窺われる[184]。次いで問題は、詐欺と自由意思の関係である。スワレツによれば、誰かある者が知りつつ故意に他人を有害な錯誤へ導く行為は全て詐欺であり[185]、「本質的錯誤または詐欺が起きた場合、意思の自由およ

---

 risches Zivilrecht, 2001 を参照。フィヒテとフーフェラントについて、シュヴェーグラー・前掲注 171・208 頁を参照。

  例えば、フーフェンラントは、譲渡し得ない財の一種として意思の自由を挙げ（Gottlieb Hufeland, Lehrsatze des Naturrechtes und der damit verbundenen Wissenschaften zu Vorlesungen, 2. Aufl., 1795 (Neudruck 2007), S. 78, §150)、さらに詐欺を次のように定義する。「詐欺（dolus）とは、ある人の決断を決定づけるため、不正確な表象を故意に引き起こすことである」(Hufeland, a. a. O., S. 145, §302)。被欺罔者の決断の観点から詐欺が説明されている点が注目される。

  このフーフェラントの後任としてサヴィニーがランズフート大学へ招聘されている。サヴィニーもカント哲学の影響を受けているが、しかし周知の如く彼は自然法思想を支持しない。この点は後述する。

182) Karst, a. a. O. (Fn. 181), S. 181 は、フーフェラント以外に、カントによって定理にまで高められた自由の原理を普遍的基本原理として法論へ持ち込んだ人物としてスワレツを挙げている。

183) Carl Gottlieb Svarez, Vorträge über Recht und Staat, 1791-1792, hgg. von Hermann Conrad und Gerd Kleinheyer, 1960, S. 258-259 u. 454-455.

184) この点について、Karst, a. a. O. (Fn. 181), S. 181 を参照。

185) Svarez, a. a. O. (Fn. 183), S. 277.

び確実性の欠如を理由として、契約は効力を生じない」[186]、というのである。

こうして、スワレツによって、詐欺の問題と意思の自由が結び付けられた。そして、スワレツによれば、意思の自由は権利であった。それゆえ、この意味の自由意思を違法根拠の自由意思として評価することは可能である。もっとも、確かに当時においては未だ現代的意味における違法論が存在せず、その侵害を違法として捉える理解が確立していたわけでもなく、それゆえスワレツにおいて語られた自由意思を違法根拠の自由意思として断定することは差し控えなければならないであろう。加えて、スワレツが明確に主意主義の立場であるかどうか、という点も疑問が残る。

しかし、とりわけローマ法のdolusにおいて加害者の主観的態度の観点からのみ把握されていた詐欺の問題が、スワレツによって被害者の観点から把握されたことは確実な変化である。さらに、ローマ法のdolusと異なり、詐欺それ自体を権利侵害として把握する解釈の余地が生まれたことも明白である[187]。

そして、このことは、法典編纂者たるスワレツの理解として、プロイセン一般ラント法の規定においても反映された。そこで、プロイセン一般ラント法における民事詐欺に関連する諸規定を確認する。

② 関連条文

詐欺および詐欺に関連し得るプロイセン一般ラント法の諸規定として、以下の条文が挙げられる。

序章83条：人の一般的権利は、他人の権利を侵害することなく、自身の福祉を追求し促進し得る自然的自由に基づく[188]。

---

186) Svarez, a. a. O. (Fn. 183), S. 276.
187) カントも、1797年に出版された『道徳の形而上学』において、次のように述べている。「虚言は（語の倫理的意味においては）故意の不真実一般であって、その非難を説く前提として、他人に損害が生じている必要はない。というのも、虚言は他人の権利の侵害であろうからである」(Kant, a. a. O. (Fn. 1), S. 278 f.)。
188) Die allgemeinen Rechte des Menschen gründen sich auf die natürliche Freiheit, sein eigenes Wohl, ohne Kränkung der Rechte eines Andern, suchen und befördern zu können.

1編4章4条：意思表示は、自由でなければならず、本心（ernstlich）かつ確実でなければならない、あるいは信頼できなければならない[189]。

1編4章85条：むしろ、詐欺（Betrug）によって引き起こされた意思表示は全て、被詐欺者を拘束しない[190]。

1編5章349条：誰かある者をして契約の成立へ導かせる詐欺は全て、それから再び離脱することを被欺罔者に認める[191]。

自由は権利の基礎であり（序章83条）、意思表示の有効要件として自由が求められ（1編4章4条）、そして詐欺に基づく意思表示は被欺罔者を拘束しない（1編4章85条）。すなわち、被欺罔者の自由な意思の表出が妨げられた点が重要であって、被欺罔者は自己の意思自由が制約されないことを求めることができるのである[192]。現行ドイツ民法典における詐欺取消制度の目的も意思決定自由の保護として理解されており、こうした理解はプロイセン一般ラント法に由来している。ただし、スワレツの見解を検討した際に確認したように、プロイセン一般ラント法の詐欺制度を違法根拠の自由意思の観点から捉え得るか否か、は引き続き検討を要する問題である[193]。

---

[189] Die Willenserklärung muß frei, ernstlich und gewiß, oder zuverlässig sein.

[190] Vielmehr ist jede durch Betrug veranlasste Willesnerklärung für den Betrogenen unverbindlich.

[191] Jeder Betrug, wodurch Jemand zur Errichtung eines Contracts verleitet worden, berechtigt den Betrogenen, davon wieder abzugehen.

[192] この点について、Wilhelm Bornemann, Von Rechtsgeschäften überhaupt und von Verträgen insbesondere, nach preußischem Rechte, 2. Aufl., 1833, S. 122 f. も参照。さらに同頁によれば、既に被欺罔者は害されているから、詐欺者は被欺罔者の損害を企図している必要はない、という。

[193] 責任根拠の自由意思がプロイセン一般ラント法において認められている点は、比較的に明瞭である。その根拠として、例えば次のような刑事規定が挙げられる。

　2編20章16条：自由に行為することができない者に犯罪は生じず、ゆえに刑罰も生じない（Wer frey zu handeln unvermögend ist, bey dem findet kein Verbrechen, also auch keine Strafe statt.）。

こうした自由意思の性質の問題に加えて、詐欺の効力に関してもプロイセン一般ラント法の規定内容は必ずしも明確ではない。一方で「拘束しない」という表現が用いられ（1編4章85条）、他方で「離脱を認める」という表現も用いられているが（1編5章349条）、しかし「取り消す」[194]という文言は詐欺の関連において見当たらないのである。これに対して、強迫は次のように規定されている。

1編4章31条：誰かある者が身体的暴力によって為さしめられた意思の表出は、拘束力を有さない[195]。

1編4章33条：生命、健康、自由および名誉に対する危険な強迫も、それに基づいて生じる全ての意思表出について、効力を生ぜしめない[196]。

1編4章45条：通常ならば法的に存続する意思表示を、受けた強制を理由として取り消し（anfechten）たい者は、裁判官に対して申し立てることができる時から直ちに、遅くとも当該時点から8日以内に裁判上にて通告しなければならない[197]。

確かに強迫に関して意思表示の取消可能性が認められるのに対して、同様の規定は詐欺に関して見当たらない[198]。他方で、意思表示の み によって効力が

　責任根拠の自由意思に関しては、フリードリヒ大王の影響も指摘されており、この点について例えば佐伯千仭「フリードリヒ大王と刑法（1）」法学論叢40巻4号（1939年）527頁以下も参照。

194) 現行ドイツ民法典においても用いられている「取り消す（anfechten）」という表現の由来は気に掛かる点であるが、しかし解明することができなかった。

195) Aeußerungen des Willens, wozu jemand durch physische Gewalt genöthigt worden, haben keine verbindliche Kraft.

196) Auch gefährliche Bedrohungen des Lebesns, der Gesundheit, der Freyheit und Ehre, machen jede darauf erfolgende Willensäußerung unkräftig.

197) Wer eine sonst rechtsbeständige Willenserklärung wegen erlittenen Zwanges anfechten will, muß dieses, sobald als er einen Richter hat antreten können, spätestens aber binnen Acht Tagen nach diesem Zeitpunkte gerichtlich anzeigen.

生じる取消可能性が未だ認められていなかった点は、詐欺も強迫も同様である[199]。これは現行民法典の詐欺取消制度と異なる点であり、なお確認を要する。

　以上の自然法学説の検討を通じて、詐欺の解釈が欺罔者自身の態度から被欺罔者の意思決定自由という被侵害権利へ移り変わった経緯を確認した。ここにローマ法的詐欺解釈と自然法学説的詐欺解釈の相違が見られる。そして、後述するように、現行ドイツ民法の詐欺取消制度の規範目的は被欺罔者の意思決定自由の保護として理解されているのであり、ここに自然法学説の影響が見出されるのである。詐欺の解釈の重点を被欺罔者に置く立場は、「欺罔者の故意」という要件に必ずしも固執しない理解と親和的であり、このことは後述するように、現行ドイツ民法の詐欺取消制度における故意要件が契約締結上の過失法理を通じて緩和され、あるいは故意概念それ自体の拡大を通じて緩和されている解釈の背景として理解することができるであろう。こうした背景の有無は、ドイツ法と日本法における解釈の相違を確認するためにも重要であり、自然法学説を検討した所以である。

　ただし、未だ不明な点も残されている。まず、自由意思と違法性の関係であ

---

[198] Manfred Harder, Die historische Entwicklung der Anfechtbarkeit von Willenserklärungen, AcP 173 (1973), S. 213 および本田純一「近世ドイツ立法史における形成権の基礎」一橋論叢 74 巻 2 号（1975 年）77 頁の注（22）によれば、プロイセン一般ラント法 1 編 4 章 92 条において詐欺を理由とする意思表示の取消可能性が認められている、という。

　しかし、同条は次のように規定する。

　　1 編 4 章 92 条：かかる理由（91 条）に基づいて、通常ならば法的に存続する自身の意思表示を取り消さんと欲する者は、その旨を、その意思表示を為してから 8 日以内に、46 条に従い裁判上にて通知しなければならない。

　そして、「かかる理由（91 条）」を示す前条は次のように規定されている。

　　1 編 4 章 91 条：他人を騙す意図がなくても、酩酊によって、または激情の惹起によって、もはや自身の行為および当該行為の結果を正しく判断できない状況に当該他人を置く者は、そうした状態で為された表示から権利を得ることはできない。

　つまり、1 編 4 章 91 条および同 92 条は詐欺を定めた規定ではない（この点について、Bornemann, a. a. O. (Fn. 192), S. 110 も参照）。

[199] つまり、意思表示の効力に関する法律効果は裁判所において主張されなければならなかった。この点について、Ulrike Köbler, Werden, Wandel und Wesen des deutschen Privatrechtswortschatzes, 2010, S. 124 も参照。

る。現行ドイツ民法典における詐欺取消制度の規範目的が意思決定自由の保護であるなら、その侵害は法にとって望むべからざる事態であり、違法を意味するはずである。しかし、意思決定自由の侵害を違法性の根拠として捉える解釈は、少なくとも 18 世紀の段階において見られない。詐欺取消制度における違法性の根拠は規範目的の理解に関連するし、その反面として詐欺取消制度において問われる責任は何か、という問題を考察する手掛かりでもある。この問題は 19 世紀の議論を通じて進展されることになるため、次節において引き続き検討する。

　もう一つ残された問題は、法律効果である。現行ドイツ民法の詐欺取消制度は意思表示による意思表示の取消可能性を認めるが、しかしプロイセン一般ラント法においては認められていなかった。これも 19 世紀の議論を通じて進展が見られる問題であるから、次節において引き続き検討する。

第 2 節　19 世紀の詐欺論

第 1 款　ドイツ民法典の成立前

第 1 項　自然法学説と歴史法学派

(1) 自然法学説の衰退

① その背景

ローマ法における dolus は欺罔者の行為態様に着目していたのであるが、しかしキリスト教思想から展開された自由意思論が法的概念として自然法学説へ受け継がれ[200]、その成果としてプロイセン一般ラント法における民事詐欺は被欺罔者の自由意思を害する行為として理解された。後述するように、ドイツ民法 123 条 1 項の詐欺取消制度の目的も意思決定自由の保護として理解されている。プロイセン一般ラント法における詐欺解釈が 19 世紀を支配し続けていたなら、この解釈と現行ドイツ民法典の関連は明快である。ところが、以下の事情から、自然法学説は次第に衰退し、このことによって詐欺解釈は再びローマ法の dolus へ近づいた。そこで、まず自然法学説が衰退した背景について簡単に確認する。

フランス革命を通じて軍事力を増したフランスに対して、他の小さなドイツ諸国家はフランスと同盟を結ぶことによって存立の可能性を求め、いわゆるラ

---

[200] 自然法学説の影響は刑法学においても見られ、例えばフォイエルバッハ（Paul Johann Anselm von Feuerbach, 1775‐1833）は詐欺を真実性に対する権利の侵害として理解した（Paul Johann Anselm von Feuerbach, Lehrbuch des gemeinen in Deutschland geltenden Peinlichen Rechts, 1801 (Neudruck 1996), S. 12‐13 u. 359）。フォイエルバッハの見解は 19 世紀における刑事詐欺解釈学の出発点であった（Michael Pawlik, unerlaubte Verhalten beim Betrug, 1999, S. 115）。詐欺を真実に対する権利の侵害として捉える解釈は Conrad Cucumus, Ueber das Verbrechen des Betrugs, 1820, S. 3 u. 70 においても見出された。

イン同盟が 1806 年 7 月に締結された[201]。この同盟によって、例えばバーデンにおいては、フランス民法と若干の補充条項を加えた法典がバーデン地方法として成立し、これは 1900 年まで効力を有した[202]。プロイセンは 1806 年にフランスと戦争を開始し[203]、これに敗れたものの、この敗戦はプロイセンに改革の契機を与え[204]、いわゆる解放戦争（1813 年から 1814 年）においてプロイセンはフランス軍を破り[205]、これによってドイツ資本主義経済が発展する条件も整えられた[206]。問題は法典の整備である。ドイツ解放を契機としてティボー（Anton Friedrich Justus Thibaut, 1770 - 1840）は全ドイツに適用される法

[201] ランケ（村岡哲 訳）「列強論」林健太郎（編）『世界の名著 続 11』（1974 年）70 頁以下、ハフナー・前掲注 146・144 - 145 頁および 151 頁、フルブロック・前掲注 60・144 頁、ハルトゥング・前掲注 112・228 頁、ゲルハルト・シュック（屋敷二郎 訳）「ライン同盟規約と近代ドイツ立憲主義の端緒」一橋法学 3 巻 2 号（2004 年）489 頁を参照。

[202] 「ナポレオン法典が、プロイセン一般ラント法典（ALR）と同様、市民的な自由と平等にのみ関するかどうかは、問題であ」り、さらに「ライン同盟時代のナポレオン法典の継受の試みは、その多くが挫折したけれども、その後のドイツの自由主義の発展に貢献した」という評価も見られる（五十嵐清「ドイツにおけるナポレオン法典の継受──Fehrenbach, Traditionale Gesellschaft und revolutionäres Recht; die Einführung des Code Napoléon in den Rheinbundstaaten, Göttingen, 1974 の紹介」北大法学論集 29 巻 3・4 合併号（1979 年）798 - 799 頁および 809 頁）。この間の経緯がドイツ史の全体的評価に与える影響については本書では検討し得ないものの、現行ドイツ民法典における総則編の部分草案の担当者たるゲープハルトがバーデン出身者であった点は、詐欺取消制度の理解において重要である。この点は後述する。

[203] プロイセンが開戦へ踏み切った理由は、必ずしも明確ではない。この点について、フルブロック・前掲注 60・152 頁を参照。

[204] フルブロック・前掲注 60・144 頁を参照。例えば、世襲隷民制の廃止、土地売買と職業選択に対する拘束の廃止、あるいは一般兵役義務の導入など（ハルトゥング・前掲注 112・340 - 344 頁）。

[205] 「プロイセン的―国民ドイツ的パースペクティブに支配された第一の時期に特徴的であるのは、ライン同盟とプロイセンの対照であり、プロイセンは、一八〇六年の対ナポレオン敗戦以後、改革によって再び強力となり、反ナポレオン運動の中心となって、一八一三年──一四年の解放戦争におけるナポレオンの没落をもたらしたとされる」（ゲルハルト・シュック（権左武志・遠藤泰弘 訳）「ライン同盟の改革と一八〇〇年前後の連続性問題」北大法学論集 55 巻 5 号（2005 年）2029 頁）。

[206] フルブロック・前掲注 60・147 - 149 頁を参照。プロイセンの復興・躍進は、プロイセン一般ラント法と現行ドイツ民法典の関係において重要な意味を持つ。この点は後述する。

典の制定を主張したのであるが、しかしサヴィニー（Friedrich Carl von Savigny, 1779-1861）はティボーの法典統一論に反対し、さらに自然法にも反発した。サヴィニーの理解によれば、自然法は、法にとって欠くべからざる民族の特性を理性に基づいて削ぎ落し、結果として民族から精神生活の最良部分を奪うからである[207]、という。そして、サヴィニーは、一方で制定法的拘束力を受けないローマ法学に目を向け、他方で自然法学の結晶たるプロイセン一般ラント法にも攻撃を加えたのであった[208]。

　サヴィニーの歴史法学派の影響は周知であろう。歴史法学派の登場によって、プロイセン一般ラント法における私法分野の学問的発展は停滞し[209]、プロイセン一般ラント法の成立から間もなくして、ドイツにおける自然法時代は終焉を迎えた[210]。そして、このことは詐欺解釈にも影響を及ぼしたのである。

② 詐欺と自由意思の乖離

　当時の詐欺の解釈論においても、ローマ法に近い理解が見られた。例えば、ダベロフ（Christoph Christian Dabelow, 1768-1830）[211] は意思の自由を法律行為の第一条件として理解せず、さらに詐欺の存否を判断する基準として、錯誤が他人によって惹起されたか否か、かかる惹起が意図的に行われたか否か、そ

---

207) Friedrich Carl von Savigny, Vom Beruf unsrer Zeit für Gesetzgebung und Rechtswissenschaft, 1814, S. 11-13 f. u. 115-117.
208) ヴィーアッカー・前掲注51・419頁および476頁。
209) ヴィーアッカー・前掲注51・420頁。確かにサヴィニーはプロイセン一般ラント法を講義していたが、しかしプロイセン法がパンデクテン法から逸れている点を簡単に紹介しているに過ぎず、実質はローマ私法の講義であった。サヴィニーのプロイセン法講義について、石部雅亮・野田龍一「イェーニゲン稿『サヴィニー・プロイセン一般ラント法講義』(1)」法政研究48巻1号（1981年）196頁を参照。
210) Hermann Conrad, in: Vorträge über Recht und Staat von Carl Gottlieb Svarez (1746-1798), 1960, hgg. von Hermann Conrad und Gerd Kleinheyer, S. XIX.
211) ダベロフは、ネッテルブラット（Daniel Nettelbladt, 1719-1791）の弟子であり、ネッテルブラットはヴォルフの弟子であった（ヴィーアッカー・前掲注51・394頁以下）。ネッテルブラットについて、「法律行為の概念は、中世の一方的約束（promissio）にその萌芽をもつ長い歴史的発展の産物であるが、それが確立したのは、ネッテルブラットあたりであると考えて間違いなかろうと思う」（浜上則雄「法律行為論の『ローマ・ゲルマン法系』的性格」阪大法学65号（1968年）19頁）。

の際に利得する目的または加害の目的が存するか否か、を重視する[212]。すなわち、ダベロフの詐欺論によれば、プロイセン一般ラント法の理解と異なり、被欺罔者の意思自由に対する侵害という観点は詐欺解釈の要素として取り入れられず、むしろ解釈の基点は欺罔者であって[213]、この意味においてローマ法における dolus の解釈へ接近しているのである[214]。

　自然法学説の衰退は刑法学においても見られた。権利を重視する哲学的形式の命題は必ずしも実定法と一致せず、このことが実務に弊害と混乱を引き起こし、批判され始めたのである[215]。例えば、ビルンバオム（Johann Michael Franz

---

[212] Christoph Christian Dabelow, Handbuch des Pandecten und Rechts, 2. Teil, 1817, S. 22 u. 25.

[213] このことは、本人も指摘している。Dabelow, a. a. O. (Fn. 212), S. 25.

[214] 　自由意思を法の基盤ないし出発点として認めるヘーゲル（Georg Wilhelm Friedrich Hegel, 1770‐1831）も自由意思と詐欺を結び付けているわけではない（Georg Wilhelm Friedrich Hegel, Grundlinien der Philosophie des Rechts oder Naturrecht und Staatswissenschaft im Grundrisse, 1821 (Neudruck 1970), §4 u. §99 Zusatz（ここで、ヘーゲルは、自由意思を否定するフォイエルバッハの見解を批判している）。同書の邦訳として、例えばヘーゲル（藤野渉・赤澤正敏 訳）「法の哲学」岩崎武雄（編）『世界の名著 35　ヘーゲル』が存在する。以下では、同邦訳書を引用する）。むしろヘーゲルによれば詐欺は犯意なき不法（unbefangenes Unrecht）と犯罪（Verbrechen）の中間に位置する独立した不法類型であり、しかもヘーゲルの理解によれば犯意なき不法は刑罰を生ぜしめないが、しかし詐欺は刑罰を生ぜしめ（ヘーゲル・前掲・289頁および292頁）、むしろ詐欺と犯罪は犯意ある不法（begangnen Unrecht）として同置させることも可能であって、つまり詐欺は犯意なき不法よりも犯罪に近い。この点について、Rudolph von Jhering, Schuldmoment im römischen Privatrecht, 1867, S. 5 mit Fußn. 1 を参照。さらに、Alexander Löffler, Unrecht und Notwehr, ZStW 21 (1901), S. 545.; Hans Albrecht Fischer, Die Rechtswidrigkeit mit besonderer Berücksichtigung des Privatrechts, 1911 (Neudruck 1966), S. 120 も参照。

　その後、ヘーゲルの詐欺解釈は支持されていない。例えば、イェーリングの評価によると、ヘーゲルの理解は不法行為の一種である詐欺を強引に類概念へ押し込める内容であり、法律家にとって理解し難い区分であった、という（Jhering, a. a. O.）。ただし、ヘーゲルの犯意なき不法は後にイェーリングによって提唱される客観的違法論の基礎となるものであり、客観的違法論と詐欺論の関係については後述する。

[215] Richard Loening, Über geschichtliche und ungeschichtliche Behandlung des deutschen Strafrechts, ZStW 3 (1883), S. 330. 内藤謙「刑法における法益概念の歴史的展開（1）」東京都立大学法学会雑誌6巻2号（1966年）241頁も参照。

Birnbaum, 1792‐1877) は権利侵害に代えて、財の侵害という観点から犯罪を捉えるべき旨を説き[216]、これを詐欺罪にも妥当させている[217]。注目すべき点は、ビルンバオムが刑事詐欺と対比された民事詐欺として actio doli (のみ) を挙げている点である。ビルンバオムによれば、詐欺は策略的挙動によって他人に不利益を与えることを意味し、これに相当する概念がローマ法の dolus malus であって、さらに actio doli と crimen stellinatus[218] は類似する成立要件を備える[219]、という[220]。

---

[216] J. M. F. Birnbaum, Ueber das Erforderniß einer Rechtsverletzung zum Begriffe des Verbrechens, mit besonderer Rücksicht auf den Begriff der Ehrenkränkung, Archiv des Criminalrechts, N. F. 1834, S. 150 u. 172‐176. ビルンバオムの主張は、現在に至る法益論に影響を与え、刑法学史において重要な位置を占める。この点について、内藤・前掲注215・242頁以下、杉藤忠士「刑法における実質的法益概念とその機能——とくにフォイエルバッハからビンディングまで」青山法学論集13巻3号（1971年）161頁以下、伊東研祐『法益概念史研究』（1984年）29頁以下を参照。もっとも、確かに法益論は権利侵害説に対する批判として登場したのであるが、しかし後の理解によれば法益は権利も包摂するのであって、結局は権利侵害が法益侵害を意味し、これによって違法性を基礎づける理解へ連なる。これはドイツ民法典の起草過程においても重要であり、この点は後述する。

[217] J. M. F. Birnbaum, Beitrag zur Lehre von Fälschung und Betrug, insbesondere über die sogenannte Verletzung des Rechts auf Wahrheit als Hauptmerkmal der Fälschung, Archiv des Criminalrechts, N. F. 1834, S. 527‐536.

[218] stellionatus はローマ法における刑事詐欺を意味する。この点について、前掲注29および Birnbaum, a. a. O. (Fn. 217), S. 552 も参照。

[219] Birnbaum, a. a. O. (Fn. 217), S. 550‐551 f.

[220] こうした理解はビルンバオムのみではない。例えばガイプ（Gustav Geib, 1808‐1864）は、権利侵害説に対するビルンバオムの批判を基本的に支持し、さらに民事詐欺と刑事詐欺の画定基準として、例えば損害の程度を挙げ、軽微な損害は民事法上の請求権（actio de dolo）を基礎づけ得るが、しかし刑法の適用を受ける詐欺は一定程度以上の損害が必要であって、その程度は民族的見解（Volksansicht）によって判断される旨を説く（Geib, a. a. O. (Fn. 29), S. 111‐133 f. 当時の実務も詐欺罪を肯定する前提として損害の発生を要求していたようである。この点について、Günther, Betrug, aus: Julius Weiske, Rechtslexikon für Juristen aller teutschen Staaten, Bd. 2 (1840), S. 91 を参照）。ガイプもビルンバオムと同様に、民事詐欺としてローマ法の actio doli を挙げるのみである。

　ガイプの見解においては、民族的見解という用語が多用されている点も注目される。ガイプによれば、「全ては常に変転し、民族から生まれ、民族の内に生きる見解に左右さ

このように、当時の学説が自然法学的詐欺解釈から離反している様子が窺われる。この点について、さらに以下でも確認する。

(2) 歴史法学派の台頭
① サヴィニーの詐欺論

自然法学説の衰退に伴い、民事詐欺の解釈は自由意思から離れ、ローマ法の理解に近づいた。このこと自体がサヴィニーの歴史法学の直接の影響であるか否か、は必ずしも明確ではない。しかし、ローマ法に依拠した民事詐欺に関する最も重要な論者は、やはりサヴィニーであろう。そこで、サヴィニーの詐欺論を概観する。

確かにサヴィニーは自然法学説を退けたが、しかし自由意思の意義を完全に否定していたわけではなく、自由意思が法律関係において活動し得る余地を認める[221]。ただし、サヴィニーは、自由意思の作用よりも、ローマ法の原理を重視する。すなわち、サヴィニーによれば、例えば錯誤を理由とする意思表示が全て無効であるならば、詐欺に基づく契約も無効になるはずであるが、しかし特定のローマ法源を見る限り、錯誤に基づく意思は意思として作用しておらず、その証拠がdolusの理論であって、ローマ法は詐欺に関しては錯誤の詐欺による発生に注目しているのであり、したがって詐欺は意思表示の有効性に何ら影響を与えず、むしろ詐欺に見出される反良俗性（Unsittlichkeit）が実定法的反作用を生み出し、これが不法（Unrecht）として認識される[222]、という。

れる」、という（Geib, a. a. O. (Fn. 29), S. 123）。ガイプの理解がサヴィニーの歴史法学派と如何なる関係に立つか、という点は必ずしも明確ではない。しかし、サヴィニーの歴史法学派が当時の刑事法の領域に対しても影響を及ぼしていたことは指摘されている。この点に関して、Peter Sina, Die Dogmengeschichte des strafrechtlichen Begriffs „Rechtsgut", 1962, S. 14 および内藤・前掲注215・239頁の注8も参照。

221) 例えば、Friedrich Karl von Savigny, System des heutigen Römischen Rechts, 1. Bd., 1840, S. 57. 同書の邦訳としてサヴィニー（小橋一郎 訳）『現代ローマ法体系　第1巻』（1993年）が存在する。以下では、同邦訳書を引用する。

222) Friedrich Karl von Savigny, System des heutigen Römischen Rechts, 3. Bd., 1840, S. 115 ff., 340 ff. u. 358 mit Fußn. (a). 同書の邦訳としてサヴィニー（小橋一郎 訳）『現代ローマ法体系　第3巻』（1998年）が存在する。以下では、同邦訳書を引用する。

そして、サヴィニーによれば、詐欺の要件として、相手方の不利益へ向けられた悪しき意図（böse Absicht）が存在しなければならない[223]、というのである。

以上の如く、サヴィニーは欺罔者の違法性を重視する[224]。サヴィニーが被欺罔者の自由意思を重視しない理由は、まずは彼がローマ法に基づいて欺罔者の違法性を重視する反射的帰結であろうが、しかしサヴィニーの表示主義[225]

---

[223] サヴィニー・前掲注222・110頁。

[224] この点について、Sprenger, a. a. O. (Fn. 64), S. 385 - 386を参照。サヴィニーは強迫に関しても、詐欺と同様の理解を示す。すなわち、「法的保護の根拠は、畏怖する者の意思自由の欠落ではなく、強迫者の違法な反良俗性に置かれなければならない」（サヴィニー・前掲注222・94頁および103頁）。

[225] サヴィニーは表示主義者であるか、という点は争われている（この点について、例えば新井誠「サヴィニーの意思表示、法律行為概念——特に心裡留保をめぐって」民商法雑誌96巻5号（1987年）637頁以下を参照）。「意思表示に関するサヴィニーの理論において表示が独自の意義を持つのは心裡留保だけである」という指摘も見られる（新井・前掲・650頁）。ところが、サヴィニーの理解によれば、例えば強迫は自由意思を害さず、被強迫者にも三種の選択の自由が未だ残され、すなわち第一は強迫者が欲する行為を為す自由、第二は強迫に抵抗する自由、第三は強迫された害悪を被る自由であり、例えば第一を選択した被強迫者の意思表示は現実に存在しているのであって、これに対しては当該意思表示の効力を肯定し、その法的効果を認めて良い、というのである（サヴィニー・前掲注222・96頁）。しかし、現代の法体系の理解によれば、サヴィニーが言う被強迫者の意思は自由な意思ではなく、むしろ内心の意思と表示された意思の間に齟齬が生じている心裡留保に近い状態である（「詐欺は、表意者は、自己のなした意思表示が本来ならなされなかったものであることを表意者が自覚していなかった点では、錯誤と共通であり、強迫は、表意者にこの点の自覚がある点では、心裡留保ないし虚偽表示に近い」（鈴木禄弥『民法総則講義（改訂版）』（1990年）147頁））。そもそも個人の意思よりも各個人の意思から成る総意が重要であり、法は共通の民族精神を意味する総意において存在し、個人の意思が総意に反するならば、これは不法（Unrecht）であって、ゆえに個人的自由は総意によって拘束され、総意に没する、という（サヴィニー・前掲注221・49頁）。つまり、サヴィニーにとって認識可能な外界において発露した意思が重要であって、その意思は心理的出来事ではないのである（Werner Flume, Allgemeiner Teil des bürgerlichen Rechts, 2. Bd., Das Rechtsgeschäft, 3. Aufl., 1979, S. 50を参照）。要するに、「サヴィニーは、カントとは異なる基礎にもとづいて、自由意思の概念に規範的意義を確保している」（筏津安恕「ドイツ近代私法学における三つの自由意思概念」法政論集201号（2004年）145頁）。

以上の点から、サヴィニーの立場は、意思主義よりも、表示主義に近いように思われる。そして、このことが、サヴィニーの詐欺論において被欺罔者の意思決定自由が必ずしも

も無関係ではないであろう[226]。

重視されない理由の一端を成しているように思われるのである。

[226) サヴィニーの理解からは、主知主義の傾向も見出される。このことも、サヴィニーが被欺罔者の自由意思を重視せず、むしろ欺罔者の態度を重視する一理由を成しているように思われる。「意思より知性・理性の優位を説く主知主義」と「意思の優位を説く主意主義」の関係について、前述56-58頁を参照。

確かにサヴィニーは、権利の発生・消滅の理由に関係する法律事実の最も重要な部類として、行為の自由という概念を指摘する（サヴィニー・前掲注222・22頁）。既に確認したように、例えばプーフェンドルフの理解あるいはプロイセン一般ラント法の規定においては行為の自由は自由意思と密接な関係を有したのであるが、しかしサヴィニーが理解する行為の自由においては、理性の使用（Vernunftgebrauch）が重要な意味を持つ（サヴィニー・前掲注222・23頁および79頁）。さらに、サヴィニーによれば、naturalis ratio（自然的理性）は、あらゆる人間の本性に内在する共通の法意識に見出されるものとして理解されている（サヴィニー・前掲注221・115頁および358頁）。サヴィニーは次のように述べる。「法の一般的な課題は、まさに、キリスト教的人生観において現れるような、人間の本性の道徳的使命に帰せられる。というのは、キリスト教は、われわれが生活の規則と認めうるのみならず、実際にも世界を変えてきたのであり、したがって、われわれの思想はすべて、どんなにキリスト教と無関係にみえても、それどころかキリスト教に敵対するようにみえても、やはりキリスト教が支配し、浸透しているからである」（サヴィニー・前掲注221・70頁。サヴィニーはルター派を信奉する父とカルヴァン派を信奉する母の間に生まれ、さらに妻はカトリックであり、サヴィニーにとって確かに宗教は実生活の規準であったが、しかしキリスト教思想における宗派の差異それ自体は重要ではなかった、と言われている。この点について、田中耕太郎「サヴィニーに於ける國際主義と自然法思想」神川彦松（編）『山田教授還暦祝賀論文集』（1930年）340頁の注（3）を参照）。

これに対して、既に確認したように、例えばカントは主意主義の立場であった（前掲注179）。すなわち、「サヴィニーは、いかにもドイツ的で形而上学的な当時の時代思潮にのっとりつつ、そこに新たな法学の構築を進めるという極めて重要な貢献を果たしている。それは私法学と学問の上では自由を擁護しながらも、法の本質、法実務、法哲学については、自由主義およびカント的な立場とは袂を分かつものであった」（ヨアヒム・リュッケルト（耳野健二・西川珠代 訳）「サヴィニーの法学の構想とその影響史──法律学・哲学・政治学のトリアーデ」比較法史学会（編）『比較法史研究の課題──思想・制度・社会①』（1992年）245頁）。サヴィニーの主知主義を示唆する文献として、安田幹太「法律解釈に於ける主知と主意」船田享二（編）『京城帝國大學法文學會 私法を中心として』（1930年）347頁、玉井克哉「ドイツ法治国思想の歴史的構造（2）」国家学会雑誌103巻11・12号（1990年）24頁も参照。後述するように、ボワソナードも主知主義に近い。そして、ボワソナードの詐欺論にはサヴィニーの詐欺論と共通する点が多く

② 詐欺と主観的違法性

　詐欺の局面において被欺罔者の決定自由の保護を問わず、むしろ専ら詐欺者の違法性を重視するサヴィニーの理解は、もちろんプロイセン一般ラント法の解釈に反する。

　例えば、プロイセン出身のボルネマン（Friedrich Wilhelm Ludwig Bornemann, 1798 - 1864)[227]によれば、虚構によって自由に望まれていない意思表示へ誘導された他人は既に選択の自由（Wahlfreiheit）を害されているのであって、これに加えて欺罔者の侵害意図を求める必要はなく[228]、さらに悪しき意図の推定も認められる[229]、という。

　ところが、その後の判例および学説は、詐欺者の違法性を重視するサヴィニーの理解に追従した[230]。

　　Obertribunals zu Stuttgart 2. 12. 1853（Seuffert's Archiv 13, 112）によれば、「詐欺者の主観的不法性（subjective Unrechtlichkeit）が被詐欺者に与えられる救済の根拠になるのであって、詐欺者によって惹起された被詐欺者の錯誤または詐欺者に利用された被詐欺者の錯誤が被詐欺者に与えられる救済の根拠になるのではない。しかし、詐欺者の不法性（Unrechtlichkeit）が被詐欺

　　見られるのであり、この点は後述する。
[227]　ボルネマンの著書『Systematische Darstellung des Preußischen Civilrechts』は19世紀におけるプロイセン私法の最初の研究業績であった。ボルネマンについて、クラインハイヤー/シュレーダー・前掲注163・40頁も参照。ボルネマンは司法省において幾度もサヴィニーと対立していたようである。
[228]　W. Bornemann, Systematische Darstellung des Preußischen Civilrechts, 1 Bd., 1842, S. 148.
[229]　ボルネマンによれば、確かに被詐欺者は意思表示へ詐欺的に誘われたことを立証しなければならないが、しかし欺罔行為の存在が立証されれば足りるのであって、このような行為が認められるなら、悪しき意図も存在していることが通常であるからであり、ゆえに詐欺者として目される者は反対立証を引き受けなければならない、という（Bornemann, a. a. O. (Fn. 228), S. 153 f.）。
[230]　サヴィニーの見解が当時の通説であった点について、田中教雄「十九世紀ドイツ普通法における詐欺・強迫理論とドイツ民法典の編纂過程」石部雅亮（編）『ドイツ民法典の編纂と法学』（1999年）272頁も参照。

者の不注意によって解消されることも減じられることもないから、その錯誤が非常に軽微で回避可能であったとしても、それは重要となり得ない」(事案の詳細は不明)。

裁判所が説示する主観的違法性の意味内容は必ずしも明確ではないが、しかし詐欺と自由意思が結び付けられていないことは確実である。

当時の裁判例と同様に、学説も詐欺の違法性を重視する。例えば、プフタ(Georg Friedrich Puchta, 1798-1846)やゾイフェルト(Johann Adam Seuffert, 1794-1857)も、救済の根拠を、相手方によって引き起こされた錯誤ではなく、詐欺それ自体の違法性に求めている[231]。

以上の如く、当時の学説および判例は、民事詐欺の救済根拠を自由意思に対する侵害ではなく、詐欺者の違法性に求めていたのであって、かかる理解が19世紀の中葉における支配的見解であった。

第2項　経済的自由主義の興隆

(1) 要件面における影響

① 刑事詐欺の悪意要件

自然法学説の衰退が詐欺解釈をローマ法へ引き戻した。この意味において、詐欺論は変容を受けたのであるが、しかし当時の詐欺論に影響を与えた要素は、それだけではない。プロイセンにおいては1835年に鉄道が開通し、経済生産も高速化され、さらに1838年にドイツ関税同盟が成立し[232]、資本主義経済の要求に対応した政策も実施され、しかも1850年から好況が持続し、ドイツにおいて経済的自由主義の時代が到来した[233]。そして、この経済的自由主義は、まず刑事詐欺の解釈に影響を及ぼし[234]、詐欺が立件されることで取引の自由が

---

[231] Georg Friedrich Puchta, Vorlesungen über das heutige römische Recht, 1. Bd., 6. Aufl., hgg. von Adolf August Friedrich Rudorff, 1873 (Neudruck 1999), S. 133.; Johann Adam Seuffert, Praktisches Pandektenrecht, 2. Bd., 4. Aufl., 1867 (Neudruck 1998), S. 73 f. その他に、Carl Friedrich Ferdinand Sintenis, Das practische gemeine Civilrecht, 1. Bd., 1844, S. 192 f. も、欺罔行為に違法性を見出している。

[232] フルブロック・前掲注60・165-169頁を参照。

[233] Joachim Hirsch, Wissenschaftlich-technischer Fortschritt und politisches System,

阻害されることを回避するため、可罰的詐欺の成立を抑制する方向へ作用した。

例えば、プロイセン刑法典の1843年草案においては、可罰的詐欺の範囲を限定するために、悪意（Arglist）[235]が要件として導入された[236]。この悪意要件は、現行ドイツ民法典の詐欺取消制度（123条1項）における悪意の欺罔（arglistige Täuschung）という概念の由来であり、重要な意味を持つ[237]。もっとも、確かにプロイセン刑法典の1845年草案は悪意要件の不明確性を理由として、悪意から故意という表現へ変更したのであるが[238]、しかし可罰的詐欺の範囲を限定する企図それ自体は構成要件を明確化することによって達成されている[239]。

1970, S. 19 u. 23. フルブロック・前掲注60・156‐180頁も参照。

[234] Karl Lackner, Strafgesetzbuch Leipziger Kommentar, 10. Aufl., 6. Bd., 1979, hgg. von Hans-Heinrich Jescheck, Wolfgang Ruß, und Günther Willms, S. 11.

[235] プロイセン刑法典の1830年草案では既に、詐欺という表現に代えて、悪意の欺罔（arglistige Täuschung）という表現が予定されていた。この変更も、詐欺の範囲を限定する趣旨であった（Berathungs-Protokolle Ⅲ, S. 393‐395, zitiert nach Georg Beseler, Kommentar über das Strafgesetzbuch für die Preußischen Staaten, 1851, S. 459）。ところが、草案の表現としては最終的に悪意の欺罔ではなく、「故意による錯誤の誘発」という表現が採用された（Wer des Vorteils wegen durch vorsätzliche Veranlassung eines Irrtums jemandem zum Nachteil seines Rechts am Vermögen beschädigt, ist des Betruges schuldig.）。悪意から故意へ変更された理由は、明確ではない（Wolfgang Naucke, Zur Lehre vom strafbaren Betrug, 1964, S. 75 mit Fußn. 34）。

[236] 1843年草案448条は、次のように規定された。「利益が意図されるか否かに関わらず、他人の権利の不利益となるよう、誰かある者を悪意な仕方で錯誤に陥らせ、そのことによって損害を生ぜしめる者は、詐欺を犯している」。

[237] ドイツ民法典の起草過程においても、当初は詐欺という表現が用いられていたのであるが、しかし刑法学者のリストが民事詐欺と刑事詐欺を区別するために、民事詐欺を表現する用語として「悪意の欺罔」を提案した。この点は後述する。

[238] プロイセン刑法典の1845年草案：「故意に他人に対して、誤れる事実の虚構または正しい事実の隠蔽を通じて錯誤を惹起させることによって損害を加える者は、詐欺を犯している」。

[239] 1845年草案の規定から、例えば一般的な吹聴的な言明や将来の出来事に関する誤れる予想は詐欺の構成要件として排除することが予定され、不作為による欺罔の否定も予定されていた（Theodor Goltdammer, Materialien zum Strafgesetzbuch für die Preussischen Staaten, 2. Teil, 1852, S. 538‐543）。当時の一般的見解によれば、「刑法は、詐欺の概念を十分に狭く解してよいが、しかし民事法より広く解することはできない」（Goltdammer, a. a. O., S. 539.; Beseler, a. a. O. (Fn. 235), S. 461）。多数の市民を処罰の対象に

1845 年草案は故意という表現を利得意図という文言へ修正し[240]、さらに詐欺罪は財産犯として確立し[241]、そして 1851 年のプロイセン刑法典（Preußisches Strafgesetzbuch）へ結実したのである[242]。

　　なる詐欺師にすることがあってはならない、という憂慮が存在していたのである（この点について、Naucke, a. a. O. (Fn. 235), S. 79 を参照）。

[240]　1847 年草案 293 条：利得意図のもとで他人の財産を、誤れる事実の陳述または正しい事実の歪曲もしくは隠蔽によって錯誤を惹起することを通じて害する者は、詐欺を犯している（Wer in gewinnsüchtiger Absicht das Vermögen eines anderen dadurch beschädigt, daß er durch Vorbringen falscher oder durch Entstellen oder Unterdrücken wahrer Tatsachen einen Irrtum erregt, begeht einen Betrug.）。

[241]　例えば、1833 年草案の 484 条の段階においては、次のように規定されていた。「自己または第三者が財産的利益を獲得もしくは他人に財産的利益を獲得させる意図でもって、または他人に損害をも与える意図でもって、他人の錯誤を惹起もしくは他人の錯誤を利用して、他人の権利を害する（die Rechte desselben gekränkt werden）ことになる行為を為す者は、そのことから損害が実際には発生しなくても、詐欺の責に帰す」。

　　この草案においては権利侵害説の影響が窺われるのであるが、しかし逆に 1843 年草案 448 条においては損害の発生が求められ、詐欺罪を真実に対する権利に反する罪として理解する余地は、ほぼ消滅している。これは 1845 年草案の以降も同様である。

[242]　プロイセン刑法典の詐欺規定は、現行刑法典 263 条へ受け継がれている。すなわち、今日の詐欺概念はプロイセン刑法典において初めて規定され（Peter Cramer, Vermögensbegriff und Vermögensschaden im Strafrecht, 1968, S. 27）、この時から詐欺罪を真実に対する権利に反する罪として理解する学説は姿を消した（この点について、林幹人『財産罪の保護法益』（1984 年）20 頁を参照）。

　　その後の学説として、例えばケストリン（Christian Reinhold Köstlin, 1813‒1856）も、詐欺罪を財産犯として理解し（Christian Reinhold Köstlin, VII. Ueber die Grenzen zwischen dem strafbaren und dem bloß civilrechtlich zu verfolgenden Betrug, Zeitschrift für Civilrecht und Prozeß, NF 14 (1857), S. 401）、さらに可罰的詐欺の抑制を説く。すなわち、現代文明の興隆にとって極めて重要な意味を持つ取引の自由は、詐欺の可罰性が容赦なく拡大されることになれば、耐え難い桎梏を課せられるし、他人の費用で利益を獲得しようとすることは取引において必然的に伴う事柄であって、ある程度の甘言は取引の本質から切り離すことができないからである、という（Christian Reinhold Köstlin, a. a. O., S. 408; ders., VI. Ueber die Grenzen zwischen dem strafbaren und dem bloß civilrechtlich zu verfolgenden Betrug, Zeitschrift für Civilrecht und Prozeß, NF 14 (1857), S. 295）。

② 違法性と責任の分離

　経済的自由主義の影響は、当時の不法論（とりわけ客観的違法論に基づく違法と責任の分離）にも見出すことができる。この問題に関しては、メルケル（Adolf Merkel, 1836‐1896）の主観的違法論とイェーリング（Rudolf von Jhering, 1818‐1892）の客観的違法論が重要である。確かに両者の違法論それ自体は詐欺取消制度と直接の関係を有しないが、しかし特にイェーリングの違法論は民法典成立後における詐欺取消制度の解釈にとって重要な意味を持つため、ここで概観する。

　メルケルによれば、人間の意思に関連させ得ない事柄は自然現象に過ぎず、逆に法の命令は当該命令の作用が期待され得る者においてのみ考えられるのであるから、法の命令に対する違反を意味する不法は帰責能力ある者の意思を前提としてのみ語られ得るのであり、したがって不法は帰責可能性（帰責可能性は責任と同義）[243]という要件を含む[244]、という。メルケルの理解によれば、責任は不法の前提であるから[245]、責任なくして不法は語り得ず、すなわち違法性と責任は必ずしも分離されていない。

　こうしたメルケルの不法論は、イェーリングによって批判されている。イェーリングによれば、例えば他人の物を善意で占有している第三者に対して主張される所有者の請求権においては権利の所在が問題であって、当該占有者の主観的な非難は当該請求権にとって特別な意味を持たず、すなわち過責（主観的な責任要素たる故意・過失）を要しない不法も存在するのであるから（他人物の占拠者が如何なる主観的態度であれ、他人の所有権侵害という違法性が認められるべきことに何ら変わりはない）、過責を不法の唯一の基準へ高めるメルケルの理解は不当である[246]、という。過責を要しない不法を肯定するイェーリングの用語法によれば、過責を要しない不法は客観的不法、過責を要する不法は主

---

243) この点について、Adolf Merkel, Kriminalistishe Abhandlungen, Zur Lehre von den Grundeintheilungen des Unrechts und seiner rechtlichen Folgen, auch als Prolegomena zur Lehre vom strafbaren Betrug, 1867, S. 50 f.; Hans Achenbach, Historische und dogmatische Grundlagen der strafrechtssystematischen Schuldlehre, 1974, S. 24 も参照。
244) Merkel, a. a. O. (Fn. 243), S. 42‐47.
245) Achenbach, a. a. O. (Fn. 243), S. 24.
246) Jhering, a. a. O. (Fn. 214), S. 4‐5.

観的不法として区別される[247]。

イェーリングは、メルケルと異なり、必ずしも過責を不法の前提として理解せず、有責な（主観的な）不法と無責な（客観的な）不法を対置させる[248]。このように、客観的違法論は責任から区別された点が特徴であり、これは責任概念の明確化をも意味する。イェーリングは、責任と法律効果（とりわけ損害賠償）の関係について[249]、次のように述べる。「責任がなければ行為に関する答責性はなく、賠償義務はない。損害が損害賠償を義務づけるのではなく、責任

---

[247] さらに、前者の意味における不法はヘーゲルが理解する犯意なき不法に相当する、という（Jhering, a. a. O. (Fn. 214), S. 5 mit Fußn. 1.）。ヘーゲルの不法論について、前掲注214を参照。イェーリング自身の詐欺論については本書では解明し得なかったが、しかし例えば前述のサヴィニーや裁判例が言う主観的違法はイェーリングの過責を要する主観的違法に相当するであろうし、そうであるなら、ヘーゲルが犯意なき不法から詐欺を分離した理解とも整合的であり、イェーリングの客観的不法とヘーゲルの犯意なき不法が一致することをイェーリング自身が認めているなら、イェーリングの理解においても詐欺は主観的違法に近いことになる。

[248] この点について、Fischer, a. a. O. (Fn. 214), S. 120. ただし、メルケルとイェーリングは、人間の意思と無関係な自然を違法の主体として認めない点では共通している（この点について、Edmund Mezger, Die subjektiven Unrechtselemente, GS 89 (1924), S. 212を参照）。主観的不法と客観的不法を区別するイェーリングは、過責を要しない不法概念を認めるなら、風や雨も不法の主体として認める他なくなる、というメルケルの指摘にも応接し、次のように述べる。例えば雹が私の田畑を荒らしても、これは権利の客体たる財（Gut）が侵害されているに過ぎず、このこと自体は法にとって何の意味も持たないのであるから、このことに対する法的措置も存在しないのであるが、しかし例えば善意で私の物を占有していた第三者が物の返還を拒むならば、そこには私に対抗する人間の意思（menschlichen Willens）が存在し、その人間的意思は私の権利を傷つけているのであるから、これに対しては法的措置が必要であって、以上を要するに客観的不法は過責要素を要しないが、しかし人間の意思という要素を排除しているわけではなく、これを要求する限りにおいて自然現象は不法の主体たり得ない（Jhering, a. a. O. (Fn. 214), S. 6）。この意味においてイェーリング自身の立場は純然たる客観的違法論ではなく、客観的違法論と主観的違法論の中間に位置しており、イェーリングの立場が折衷説と呼ばれる所以である。この点について、末川博『権利侵害論（第2版）』（1971年。初出は1930年）182頁、高橋敏雄『違法性の研究』（1963年）11頁を参照。

[249] Jhering, a. a. O. (Fn. 214), S. 6. これに対して、過責なき権利侵害の効果は、客観的に不適法な物的状態を解消する点にある（Jhering, a. a. O. (Fn. 214), S. 7.）。

[250] Jhering, a. a. O. (Fn. 214), S. 40.

が義務づけるのである」[250]。

損害の発生のみによって賠償責任を肯定する結果責任主義は、経済的自由主義と相容れない。損害賠償義務の前提として過責を求める過責主義は、責任を制約する原理として機能し、経済的自由主義の理念に適合する。イェーリングが展開した過責主義も経済的自由主義が支配した時代の産物であったのである[251]。

イェーリングの違法論は、まず刑法学に強い影響を与え[252]、過責なくして違法性を基礎づける理論は客観的違法論（Lehre von der objektiven Rechtswidrigkeit）と呼ばれ[253]、こうして犯罪を純粋な客観的側面と純粋な主観的側面に区別する基礎が与えられた[254]。さらに、イェーリングの見解が及ぼした影響は私法学においても見出され[255]、広く支持された[256]。そして、客観的不法は、次第に単なる違法性と呼ばれ、主観的不法は過責（故意・過失）と呼ばれ、違法性と過責は対置され[257]、これが後のドイツ民法典へ結実するのであった[258]。

(2) 効果面における影響
① 原状回復（Wiedereinsetzung in den vorigen Stand）の体系的地位

詐欺の悪意要件も、違法と責任の分離も、現代の詐欺取消制度の関係においては要件論に相当する。これに対して、効果論はヴィントシャイト（Bernhard Windscheid, 1817 - 1892）によって展開された。そして、この点にも経済的自由主義の影響が見出されるのである。ヴィントシャイトの主張は当時の支配的見解に対する批判から展開されているから、まず当時の支配的見解を概観する。

---

[251] Gert Brüggemeier, Deliktsrecht, 1986, S. 45; Christian Katzenmeier, Zur neueren dogmengeschichtlichen Entwicklung der Deliktsrechtstatbestände, AcP 203 (2003), S. 91 f. も参照。さらに、ヴィーアッカー・前掲注 51・542 頁も参照。
[252] Achenbach, a. a. O. (Fn. 243), S. 25.
[253] Fischer, a. a. O. (Fn. 214), S. 120 f.
[254] Achenbach, a. a. O. (Fn. 243), S. 25.
[255] 例えば、ヴィントシャイト、デルンブルク、レーゲルスベルガー等が挙げられる。Fischer, a. a. O. (Fn. 214), S. 123 を参照。
[256] この点について、Mezger, a. a. O. (Fn. 248), S. 212 も参照。
[257] Hans Stoll, Zum Rechtfertigungsgrund des verkehrsrichtigen Verhaltens, JZ, 1958, S. 139.
[258] Fischer, a. a. O. (Fn. 214), S. 123 f.; Stoll, a. a. O. (Fn. 257), S. 139.

例えば、サヴィニーは、意思表示あるいは法律行為の有効性の障害に関する概念としてUngültigkeitという概念を用い、さらにUngültigkeitを完全なUngültigkeitと不完全なUngültigkeitへ分け、一方で完全なUngültigkeitを無効（Nichtigkeit）と同置させ、他方で不完全なUngültigkeitに対しては訴権や原状回復を含む様々な内容を取り込み、その総称として取消可能性という名称を与えている[259]。

さらにサヴィニーによると、原状回復の目的は現在の法的状態を変更することによって以前の法的状態を復旧することであるから[260]、以前の法的状態を回復する点において共通する限り、原状回復は訴権（例えばactio doli）と同列に置かれる[261]、という。既に検討したように、ローマ法においてもactio doliとin integrum restitutioは必ずしも常に明確に区別されていたわけではなかった[262]。サヴィニーも、actio doliによって、詐欺を理由とする原状回復の大部分が不要になっている旨を指摘しているのである[263]。

法律効果の内容の類似性のみならず、法律効果の実現方法も類似する。サヴィニーによれば、訴権であれ、原状回復であれ、これら救済手段は裁判で求められなければならない[264]。他の論者においても原状回復を一般的な訴権法に関する民事法理論に割り当てる理解が見られるのであるが（例えば、プフタおよびジンテニス）、しかし原状回復を総則の別章あるいは法体系全体の補遺において扱う論者も存在し（例えばファンゲロウ、ハイゼおよびゾイフェルト）、原状

---

[259] Friedrich Karl von Savigny, System des heutigen Römischen Rechts, 4. Bd., 1841, S. 536. 同書の邦訳としてサヴィニー（小橋一郎 訳）『現代ローマ法体系 第四巻』（2001年）が存在する。

[260] Friedrich Karl von Savigny, System des heutigen Römischen Rechts, 7. Bd., 1848, S. 100. 同書の邦訳としてサヴィニー（小橋一郎 訳）『現代ローマ法体系 第七巻』（2007年）が存在する。以下では、同邦訳書を引用する。

[261] サヴィニー・前掲注260・96頁。

[262] この点について、前述49頁を参照。

[263] サヴィニー・前掲注260・180頁。

[264] 原状回復について、サヴィニー・前掲注260・192頁以下。もっとも、例外的に裁判外の表示によって取消効果が生じ得たことを示唆する見解も存在する（Georg Friedrich Puchta, Pandekten, 3. Aufl., 1845, S. 97を参照（ders., Pandekten, 6. Aufl., 1852, S. 100も参照））。しかし、かかる運用が少なくとも制定法によって認められていたわけではない。

回復の体系的地位は必ずしも明確ではなかった[265]。

② 意思表示による取消可能性

以上の支配的見解に対して、まずヴィントシャイトは、当時において依然として強く残る訴権的色彩を問題視し[266]、裁判上の追求可能性を権利の帰結として捉えることによって、訴権を法的に認められた請求権という表現へ言い換えるべき旨を説いた[267]。

もっとも、現行民法における詐欺を理由とする取消権は請求権ではなく、actio doli それ自体は現行ドイツ民法123条1項における取消権の起源ではなく[268]、取消権の起源は原状回復に遡る。

原状回復（restitutio in integrum; Wiedereinsetzung in den vorigen Stand）について[269]、ヴィントシャイトは、訴権と回復の相違から、支配的見解と異なる理解を示す。すなわち、ヴィントシャイトによれば、従来の体系は回復の理論を一般的訴権法に割り当てるが[270]、しかし訴訟上の救済に関する一般原則よりも回復それ自体の目的が重要であって、それゆえ体系における回復の地位も回復の目的によって決定されるのであり[271]、そして回復の目的は法律事実の法的効果の廃止であるから[272]、回復の理論は法律事実の Ungültigkeit の理論に属する[273]、というのである。

ヴィントシャイトが言う法律事実は、権利の発生・消滅・変更を生ぜしめる個別要素を意味し、法律事実の一種として法律行為が含まれる[274]。そして、

---

[265] 以上の各論者について、Bernhard Windscheid, Lehrbuch des Pandektenrechts, 1. Bd., 1862, S. 274 mit Fußn. 7 の指摘を参照。

[266] 奥田昌道『請求権概念の生成と展開』（1979年）17頁以下。

[267] Bernhard Windscheid und Theodor Muther, Die Actio des römischen Zivilrechts, 1856 (Neudruck 1984), S. 5 f.

[268] この点について、Harder, a. a. O. (Fn. 198), S. 219 も参照。例えば、Kaser, a. a. O. (Fn. 18), S. 149 によれば、actio doli はドイツ民法826条の前身である、という。

[269] Harder, a. a. O. (Fn. 198), S. 218 ff. も参照。

[270] Windscheid und Muther, a. a. O. (Fn. 267), S. 227.

[271] Windscheid und Muther, a. a. O. (Fn. 267), S. 227.

[272] Windscheid und Muther, a. a. O. (Fn. 267), S. 227 f.

[273] Windscheid und Muther, a. a. O. (Fn. 267), S. 228.

ヴィントシャイトによれば、Ungültigkeit は法律行為の取消可能性（あるいは無効）を導き、その原因として詐欺が考えられ、取消可能性を実現する方法として法律行為の解消を求める方法が存在し[275]、この法的効力を奪う原理が原状回復であって、その要件として財産的不利益は必要ではなく、さらに原状回復は裁判官の判決ではなく、私的行為[276]によって効力が生じる[277]、というのである。

裁判官の判決を介さない取消可能性の実現が認められた点は重要であり、このことは経済的自由主義の発露としても評価できるであろう[278]。そして、ヴィントシャイトの影響はザクセン民法典（1863年に公布、1865年に施行）においても見られる[279]。同法典は詐欺の効力について、次のように規定した[280]。

> 第3編債権法833条：一方の契約締結者が他方の契約締結者によって詐欺により契約を締結させられたなら、その者は契約を存続させるか、または契約を取り消すことができる。第三者の詐欺は、他方当事者が契約の成立に際して第三者の詐欺を認識していた場合を除き、被詐欺者に詐欺に基づく契約の取消権を与えない[281]。

---

[274] Bernhard Windscheid, Lehrbuch des Pandektenrechts, 1. Bd., 7. Aufl., 1891, S. 163-166.
[275] Windscheid, a. a. O. (Fn. 274), S. 218-221 u. 324-333.
[276] 私的行為（Privatthätigkeit）の意味は必ずしも明確ではないものの、ヴィントシャイトは法律行為を私的意思表示（Privatwillenserklärung）として定義しているから、ヴィントシャイトが言う私的行為は裁判所という国家機関を介さず実現する行為という程度の意味であろう。
[277] Windscheid, a. a. O. (Fn. 265), S. 272-276.
[278] 本田・前掲注198・237頁、Heinz Hübner, Subjektivismus in der Entwicklung des Privatrechts, in: Festschrift für Max Kaser zum 70. Geburtstag, 1976, S. 725 を参照。当時の自由主義は経済基盤と密接な関係を有していた。この点について、ハロルド・ラスキ（石上良平 訳）『ヨーロッパ自由主義の発達』（1951年）249頁以下を参照。
[279] 当時の法文化や立法に及ぼしたヴィントシャイトの影響力について、ヴィーアッカー・前掲注51・532頁以下を参照。
[280] 以下の条文について、Neudrucke privatrechtlicher Kodifikationen und Entwürfe des 19. Jahrhunderts, 4. Bd., 1973 を参照した。
[281] Wird eine der vertragschließenden Personen von der anderen zur Eingehung des

同849条：無効な契約は、無効の表示を必要とすることなく、最初から法的効力を有さない。取消しは、取消権者が相手方に対して契約を取り消す旨を表示するときに初めて生じ、契約は双方当事者のために解消する[282]。

ザクセン民法典はドイツ法典の先駆であったこと[283]、ヴィントシャイトがザクセン民法典の起草に対して影響を与えていたこと[284]、そしてヴィントシャイトがドイツ民法典の第一委員会の委員として参画していたことに鑑みても、ザクセン民法典の詐欺取消規定がドイツ民法典へ流入された可能性は十分に考えられる[285]。

ただし、ザクセン民法典によれば、例えば錯誤は第1編総則規定における法律行為領域に規定されたが、しかし詐欺取消制度は第3編「債権法」の第1部「債権一般」における第3章「債権の発生」に規定されている。これは、現在のドイツ民法典の体系と異なる。さらに、詐欺を理由とする救済根拠の理解も問題である。確かにザクセン民法典の詐欺は、要件として財産的損失を要しない[286]。これは現行ドイツ民法典における詐欺取消制度の解釈と異ならないが、しかしザクセン民法典（91条）[287]はプロイセン一般ラント法（1編4章4条）[288]

 Vertrages durch Betrug vermocht, so kann sie bei dem Vertrage stehen bleiben oder denselben anfechten. Der Betrug eines Dritten giebt dem Betrogenen kein Recht zu Anfechtung des Vertrages auf Grund des Betruges, ausgenommen wenn der andere Theil bei Eingehung des Vertrages um den Betrugn den Dritten gewußt hat.

282) Ein nichtiger Vertrag hat von Anfang an keine rechtliche Wirkung, ohne daß es einer Nichtigkeitsreklärung bedarf. Die Anfechtung gilt erst als geschehen, wenn der dazu Berechtigte dem Anderen gegenüber erklärt, daß er den Vertrag anfechte, und es löst sich dann der Vertrag für beide Theile auf.

283) ヴィーアッカー・前掲注51・559頁。

284) この点について、Harder, a. a. O. (Fn. 198), S. 214 u. 218 を参照。

285) Harder, a. a. O. (Fn. 198), S. 221 は、この点を示唆する。

286) この点について、Marie Raschke, Der Betrug im Civilrecht, 1900, S. 92 を参照。

287) 第1編総則91条：意思表示は、本心（ernstlich）でなければならない；それ以外の法律行為は無効である（Die Willenerklärung muß eine ernstliche sein; außerdem ist das Rechtsgeschäft nichtig.）。

288) プロイセン一般ラント法1編4章4条：意思表示は、自由でなければならず、本心（ernstlich）かつ確実でなければならず、あるいは信頼できなければならない。

と異なり、意思表示が自由でなければならない旨を規定していないため、詐欺取消制度の救済根拠と意思自由の関係は必ずしも明確ではない[289]。この点に関しては、現在の詐欺取消制度へ至る過程において、なお確認されなければならない問題として残る[290]。この点について、引き続き検討する。

---

[289] 現行ドイツ民法典の詐欺取消制度に関する通説によれば、その規範目的が意思決定自由の保護である点に鑑みて、財産的損害を要件として求めない。この点については後述する。

[290] 詐欺と被欺罔者の意思を結び付ける解釈それ自体は存在していた。例えば、モムゼン (Friedrich Mommsen, 1818–1892) は、次のように述べる (Friedrich Mommsen, Ueber die Haftung der Contrahenten bei der Abschließung von Schuldverträgen, 1879, S. 156 f.)。「取消し (Rescission) を求める訴は、非常に多様であって、大抵の事例においては純粋な損害賠償の訴であるように思われる」。しかし、「dolus を理由とする取消しの訴は、原状回復の訴 (Restitutionsklage) である。その訴は、詐欺が相手方の意思に影響を及ぼし、それを断じて容認できない、という観点に立脚している」。それゆえ、「取消しの訴を基礎づけるために、契約の締結が原告の財産の減少を生ぜしめた、ということは必要な」く、すなわち「取消しの訴は契約の締結が買主に積極的な損害を引き起こした、ということを成立要件としないのである」。

これに対して、むしろ民事詐欺の要件として損害を求める裁判例も存在した。例えば、病気に罹患した馬を買わされた原告が dolus を理由として契約を解消し、代金の返還を求めた事案において、ROHG zu Leipzig 23. 3. 1872 (Seuffert's Archiv 30, 192) は、財産的損害 (Vermögensschaden) が dolus の成立要件および取消権 (Rescissionsrecht) の成立要件であること、そして専門家の鑑定によれば本件の馬が売買価格より高く評価されていることを確認し、ゆえに財産的損害を欠く本件においては訴の利益も欠ける旨を説示して、原告の訴を退けた。

損害要件を重視する解釈は、原因を与える悪意 (欺罔なかりせば契約を締結していなかったであろう場合の詐欺) と偶然に生じる悪意 (欺罔が存在しなくても契約は締結していたであろうが、しかし当該内容あるいは当該条件では締結していなかったであろう場合の詐欺) という区別からも間接的に窺われる。既に確認したように、この区別は解釈学派によって導入された (前掲注64を参照)。この区別によれば、前者においてのみ取消権は認められ、それ以外は損害賠償しか認められない。この区別は19世紀においても維持され、この区別が争われる事案も少なくなかった。そして、その大半は偶然に生じる悪意しか認められず、効果として損害賠償しか認められなかった (例えば、OAG. zu Dresden 24. 7. 1847, Seuffert's Archiv 2, 216.; OAG. zu Oldenburg 24. 4. 1872, Seuffert's Archiv 27, 189.; RG 19. 3. 1880, Seuffert's Archiv 36, S. 11.; RG 27. 1. 1881, Seuffert's Archiv 36, S. 264.; RG 10. 1. 1888, Seuffert's Archiv 43, 270. ただし、RDHG. zu Leipzig 27. 9. 1878, Seuffert's 34, S. 216 は、取消しを認める。OG. zu Wolfenbüttel. 28. 6.

第2款　ドイツ民法典の成立過程

第1項　詐欺取消規定の立法過程

(1) 詐欺取消制度の起源と意義

① プロイセンの影響

　後述するように、悪意の欺罔を理由として意思表示による取消可能性を認める現行ドイツ民法典123条1項の規範目的は、被欺罔者の意思決定自由の保護として理解されている。悪意という要件や取消可能性という効果については、19世紀における議論を通じて確認した。欺罔行為についても dolus の概念から、その概要を知ることができた。残る問題は、同条項の規範目的を意思決定自由の保護として理解する考え方の由来である。この規範目的は、ローマ法のdolus 理論では説明できず、むしろプロイセン一般ラント法の理解に近い。この問題について引き続き検討する。ただし、その前提として、立法前夜におけるプロイセンの影響について確認しなければならない。

　プロイセンは経済的自由主義を背景として躍進を果たしたものの[291]、ドイ

1878, Seuffert's Archiv 35, S. 154 および ROHG. zu Leipzig 16. 5. 1879, Seuffert's Archiv 36, S. 12 は必ずしも明確ではないが、しかし前者は建物の瑕疵の事案であり（少なくとも損害は認定され得る）、後者においては actio doli が提起されている）。

　取消権の前提として損害の発生が要求されるなら、少なくとも詐欺取消制度における保護法益は意思決定自由たり得ず、これはプロイセン一般ラント法の理解に反するし（この点について、Meisner, Das Preußische Allgemeine Landrecht und der Entwurf des Deutschen bürgerlichen Gesetzbuchs, 1890, S. 75 を参照）、現行ドイツ民法典の解釈にも反する。現行ドイツ民法典成立の後の裁判所は、現行ドイツ民法典が当該区別を採用していない点を理由として、原因を与える悪意と偶然に生じる悪意という区別を否定する。この点は後述する。

　ただし、現行ドイツ民法典における詐欺取消制度と契約締結上の過失法理との確定基準として原因を与える悪意と偶然に生じる悪意という区別を援用する論者も存在する（Stephan Lorenz, Vertragsaufhebung wegen culpa in contrahendo: Schutz der Entscheidungsfreiheit oder des Vermögens?, ZIP 1998, S. 1056）。この問題も後述する。

291)　その状況について、Helmut Böhme, Prolegomena zu einer Sozial- und Wirtschaftsgeschichte Deutschlands im 19. und 20. Jahrhundert, 1968, S. 57 ff. 同書の邦訳として、ヘ

ツ全体という観点から捉えるなら、プロイセン一般ラント法は特別法に過ぎなかった[292]。ところが、ドイツ国内における商取引や法律家の交流が意識され、ドイツにおける一般民法が求められ始め[293]、民法草案の起草が各邦の代表者から成る連邦参議院によって第一委員会に託された。その出身構成員は当時の各邦における力関係に応じて、プロイセンが最多の4人、その他はバーデンの2人、バイエルンの2人、ザクセンの1人、ヴュルテンベルクの1人、そしてエルザス・ロートリンゲンの1人であった[294]。このことから既に、立法過程において与えるであろうプロイセンの影響が窺われる。もっとも、本書において確認されるべき問題は、その影響と詐欺取消制度との関係である。

まず、部分草案から確認する。総則編の部分草案起草者として、バーデン出身のゲープハルト（Albert Gebhard, 1832 - 1907）が選出された。既に確認したように、バーデン地方法はフランス民法典の翻訳と若干の補充条項を加えた法典であった[295]。つまり、バーデン地方法はドイツにおいては「外国法」であったため、バーデンはプロイセンによる法統一に反対する理由を有さず、さらにゲープハルト自身は部分草案の起草者として選出される以前からプロイセンの法律家と交流を持ち、ゲープハルトは第一委員会におけるプロイセン委員の強い影響下に置かれていたため、ゲープハルトはプロイセンの潜在的な支持者として理解されていた[296]。そして、ゲープハルトは、普通法における詐欺取

ルムート・ベーメ（大野英二・藤本建夫 訳）『現代ドイツ社会経済史序説』（1976年）が存在する（ただし、同邦訳書の底本は1972年の第4版）。以下では、同邦訳書を引用する）。さらに、プロイセンは、1867年に北ドイツ連邦という形において部分的統一を実現し、北ドイツ連邦憲法をも制定したのであり、この憲法によればプロイセン王が軍事・外交の全権および連邦宰相の任命権を有していた（ベーメ・前掲・81頁の注10）。

292) クラウス・ルーイク（佐々木有司 訳）「プロイセン私法学の創始者としての後期パンデクテン法学者ハインリヒ・デルンブルク」日本法学61巻3号（1996年）138頁を参照。
293) この点について、Katzenmeier, a. a. O. (Fn. 251), S. 80.
294) 連邦参議院は1871年に成立したドイツ帝国憲法において規定され、そして同憲法は前述した北ドイツ連邦憲法を引き継いでおり、すなわちプロイセンの影響力も引き継がれている。この点について、石部雅亮「ドイツ民法典編纂史概説」石部雅亮（編）『ドイツ民法典の編纂と法学』（1999年）9頁以下も参照。委員会の構成について、平田公夫「ドイツ民法典を創った人びと（1）」岡山大学教育学部研究集録（1981年）56号67頁も参照。
295) バーデンとフランスの関係について、前述79-80頁を参照。

消制度の支配的理論としてプロイセン一般ラント法を挙げ、これに従う旨を述べて[297]、部分草案における詐欺取消制度を次のように規定した。

　部分草案総則編101条1項[298]：誰かある者が他人によって違法に根拠のある恐怖の惹起を通じて意思表示をさせられ、あるいは詐欺（Betrug）を通じて意思表示をさせられた場合は、その意思表示は直接に作用する取消しに服する。

　まず意思表示による取消可能性が認められている点が注目される。ところで、ゲープハルトの部分草案を補助する担当者がザクセンから選任されていた[299]。既に確認したように、プロイセン一般ラント法において認められていなかった意思表示による取消可能性は、ザクセン民法典において認められていたのであった[300]。

---

296)　この点について、Karlheinz Muscheler, Die Rolle Badens in der Entstehungsgeschichte des Bürgerlichen Gesetzbuchs, 1993, S. 22 u. 37 および Werner Schubert, Die Vorlagen der Redaktoren für die erste Kommission zur Ausarbeitung des Entwurfs eines Bürgerlichen Gesetzbuches, Allgemeiner Teil 1, hgg. von, 1981, S. XV を参照。確かにゲープハルトの人事に関しては異論も出たのであるが、しかしプロイセン出身のパーペ（第一委員会の委員長）はゲープハルトの起用を支持した（Schubert, a. a. O.）。ゲープハルトと同様にバーデン出身であったヴィントシャイトも、自身の『Lehrbuch des Pandektenrechts, 1. Bd., 7. Aufl., 1891』をパーペに捧げており、その関係が窺われる。

297)　Albert Gebhard, Die Vorlagen der Redaktoren für die erste Kommission zur Ausarbeitung des Entwurfs eines Bürgerlichen Gesetzbuches, Allgemeiner Teil 1, hgg. von Werner Schubert, 1981, S. 135.

298)　Ist Jemand zur Abgabe einer Willenserklärung von einem Anderen widerrechtlich durch Erregung einer gegründeten Fucht bewogen oder durch Betrug verleitet worden, so ist die Willenserklärung unmittelbar wirkender Anfechtung unterworfen.

299)　Schubert, a. a. O. (Fn. 296), S. XV.

300)　この点について、前述96-98頁を参照。バーデンにおいてフランス法の影響が見られた点も、既に確認した（前述80頁）。ゲープハルトは、取消可能性の理解について、フランス法の影響も示唆する（Albert Gebhard, Vorentwürfe der Redaktoren zum BGB, Allgemeiner Teil 2, hrsg. von Werner Schubert, 1981, S. 148-150）。フランス法における取消可能性に関しては、ヴィントシャイトの研究も存在していた（Bernhard Windscheid, Zur Lehre des Code Napoleon von der Ungültigkeit der Rechtsgeschäfte, 1847

このように意思表示による取消可能性は認められたものの、依然として詐欺取消制度の規範目的に関しては部分草案においても十分に語られていない[301]。これは続く第一草案において明確化する。

② 詐欺取消制度の規範目的

第一委員会はプロイセン選出の委員によって主導され、しかもヴィントシャイトが途中で委員を辞し、その一票がプロイセン側に与えられた[302]。こうして、プロイセン勢が過半数を占め、第一草案においてもプロイセン法に傾斜する可能性が十分に存在していた[303]。そして、部分草案に基づく第一草案103条1項は次のように規定された。

　　第一草案103条1項[304]：誰かある者が強迫によって、または詐欺（Betrug）によって違法に意思表示を為さしめられた場合、その者はその意思表

　（Nachdruck 1969），S. 44を参照）。既に確認したように、ザクセン民法典において意思表示による取消可能性が規定された経緯においては、そこにヴィントシャイトの影響が見られ（前述96 - 97頁）、さらにヴィントシャイトがゲープハルトと同様にバーデン出身であった点も、ドイツ民法典の取消可能性に関するフランス法の影響を窺わせる。この点に鑑みても、フランス法の理論の影響を検討することは本書でも重要な意味を持つはずであるが、しかし立ち入れなかった。なお、大木雅夫「独仏法学交流の史的素描」上智法学論集19巻2・3合併号（1976年）94頁によれば、ヴィントシャイトは「当時としてはフランス法を最もよく知っていたドイツ人のひとりであり、当初は、ラインのフランス法地域をドイツ法学に結合する諸関連を確認しようと企てていた人である。しかしその後パンデクテン学の構築に没頭して、フランス法の研究を放棄した」、という。

301)　詐欺取消制度の規範目的に関しては、後述するように、フランス法ではなく、自然法学説から連なるプロイセン一般ラント法の影響が大きいであろう。

302)　第一委員会は主としてパーペを含む4名のプロイセン出身者とヴィントシャイトによって主導されたようであり（石部・前掲注294・24頁）、ヴィントシャイトの欠員分の一票は議長のパーペに与えられた（Werner Schubert, Preußens Pläne zur Vereinheitlichung des Zivilrechts nach der Reichsgründung, SZ（Ger.）96（1979）, S. 247 mit Fußn. 16）。

303)　この点について、石部・前掲注294・30頁も参照。

304)　„Ist Jemand zur Abgabe einer Willenerklärung von einem Anderen widerrechtlich durch Drohung oder durch Betrug bestimmt worden, so kann er die Willenserklärung anfechten."

示を取り消すことができる。

　部分草案の起草者と同様に、第一草案理由書は、プロイセン一般ラント法に従う旨を宣言し、さらに同法が違法に干渉されていない自由な意思決定（Die freie, d.h. nicht rechtwidrig beeinflußte Willensentscheidung）を法律行為の構成要件要素として捉える立法例である点を確認した上で、第一草案の立場について次のように述べる。

　「意思決定の自由は意思表示の有効性の前提であ」り、「法秩序は、法律行為領域における自由な自己決定（die freie Selbstbestimmung）が違法な方法で干渉されることを許すことができない」[305]。

　違法に干渉されていない自由な意思決定が有効な意思表示の前提として宣言され、こうした理由書の説明から詐欺取消制度が被欺罔者の観点から捉えられていること、さらに意思決定自由が違法評価の対象として捉えられ得ることが理解される。
　しかし、同条項は、その後の立法過程において文言の変遷が見られ、とりわけ悪意の要件[306]と違法性の要件[307]に関して修正されている。こうした修正

---

[305] Motive zu dem Entwurfe eines Bürgerlichen Gesetzbuches für das Deutsche Reich, I. Bd., 1888, S. 204 u. 206（以下では、「Motive Ⅰ」として引用する）。
　　この時から、第一草案103条に由来する現行規定123条1項が意思決定自由を保護する規範であることは、現在に至るまで、争われていない。先の理由書の一節は、その根拠として現在も頻繁に引用されている。「123条は法律行為上の意思決定の自由を保護せんとする（理由書第一巻204頁……を参照）。同規定は、意思形成が欺罔および強制から自由に行われた場合に限り、私的自治によって前提とされる法律行為上の自己決定が効力あらしめられる、という考え方に依拠しているのである。同規定は――刑法263条（詐欺）および刑法253条（恐喝）と異なり――財産を保護しているのではなく、したがって財産的損害を要件としていない」（Heinz Palm, in; Ermann Handkommentar zum Bürgerlichen Gesetzbuch, 1. Bd., 12. Aufl., 2008, S. 296）。その他に、例えばErnst A. Kramer, in; Münchener Kommentar zum Bürgerlichen Gesetzbuch, 1. Bd., 5. Aufl., 2006, S. 1401も参照。

[306] 現行ドイツ民法典123条1項の悪意要件を、民法典における故意ドグマの一端を成す

は詐欺取消制度の態度決定にも関わる問題であるから、この点について引き続き検討する。

(2) 詐欺取消制度における文言の変遷
① 悪意の要件

　第一草案の規定から判明するように、同草案においては詐欺という表現が用いられていた。ところが、刑法においても詐欺という文言が用いられていたから、刑事詐欺と民事詐欺の区別という観点から、第一草案が「詐欺（Betrug）」という文言を採用したこと自体が批判の対象となった。

　例えば、刑法学者のリスト（Franz von Liszt, 1851-1919）によれば、刑法学における詐欺は本質的に悪意の欺罔（arglistige Täuschung）に基づく財産的被害を意味するのであるが、しかし詐欺取消制度における詐欺は財産的損害を要せず、この意味における詐欺は財産的損害へ至る以前の悪意の欺罔それ自体を意味し、それゆえ刑法の意味における詐欺と本質的に異なる[308]、という。こうして、リストは、詐欺取消制度の意味における詐欺と刑法における詐欺を区別するために、第一草案が用いた詐欺という表現に代えて、悪意の欺罔（arglistige Täuschung）という表現の使用を提案している[309]。

　リストのみならず、チーテルマン（Ernst Zitelmann, 1852-1923）も草案の文言を問題視し、リストと同様に民法の取消制度における詐欺の要件として詐欺者の貪欲な意図や財産的侵害を求めず、悪意の欺罔という表現を用いれば足りる旨を述べている[310]。

　　　ものとして理解する見解も存在し、このことは詐欺取消制度と契約締結上の過失法理の競合問題においても重要な意味を持つ。この点は後述する。
[307]　現行ドイツ民法典123条1項の規定上、違法性の要件は強迫にのみ関係し、悪意の欺罔に関係していないように見えるが、しかし現在の解釈においては悪意の欺罔が要件として違法性を要する点について異論は見られず、ゆえに違法性は悪意の欺罔に関しても解釈論として重要な意味を持つ。この点は後述する。
[308]　Franz von Liszt, Die Grenzgebiete zwischen Privatrecht und Strafrecht. Kriminalistische Bedenken gegen den Entwurf eines Bürgerlichen Gesetzbuches für das Deutsche Reich, 1889, S. 22-25.
[309]　Liszt, a. a. O. (Fn. 308), S. 25.

リストとチーテルマンの批判が影響してか、第二委員会は第一草案103条における詐欺という表現を悪意の欺罔という表現へ変更し、第二草案98条1項を次のように規定した。

第二草案98条1項：悪意の欺罔または強迫によって違法に（widerrechtlich）意思表示を為さしめられた者は、その表示を取り消すことができる[311]。

第二委員会は、修正理由としてリストやチーテルマンと同様の指摘、すなわち民事詐欺と刑事詐欺の区別および詐欺取消制度における財産的損害の不要を挙げている[312]。ここに、リストとチーテルマンによる批判の影響が窺われる[313]。

ところで、悪意の欺罔という概念が刑事詐欺の立法過程において登場し、刑事詐欺の可罰性を制限するために援用された概念であったことは、既に確認した[314]。悪意の欺罔という表現を持ち出したリストの趣旨が詐欺概念の限定も含意していたか否か、は必ずしも明確ではない。しかし、少なくとも第二委員会が第一草案を実質的に修正する目的を有していなかった点は、留意されなければならない[315]。つまり、民法における詐欺取消制度の規範目的は、たとえ悪意の文言が加わろうとも、依然として意思決定自由の保護である（少なくとも第二委員会は、この理解を修正していないし、変更していない）。

---

310) Ernst Zitelmann, Die Rechtsgeschäfte im Entwurf eines Bürgerlichen Gesetzbuches für das Deutsche Reich, 2. Theil, 1890, S. 43.
311) „Wer zur Abgabe einer Willenserklärung durch arglistige Täuschung oder durch Drohung widerrechtlich bestimmt worden ist, kann die Erklärung anfechten."
312) Protokolle der Kommission für die zweite Lefung des Entwurfs des Bürgerlichen Gesetzbuchs, 1. Bd., 1897, S. 119（以下では、「Protokolle Ⅰ」として引用する）.
313) Wiebke Reitemeier, Täuschungen vor Abschluß von Arbeitsverträgen: Zum Verhältnis zwischen dem Straftatbestand des Betruges und dem Anfechtungsrecht wegen arglistiger Täuschung（§§263 Abs. 1 StGB, 123 Abs. 1 Alt. 1 BGB), 2001, S. 74.; Hannes Rösler, Arglist im Schuldvertragrecht, AcP 207（2007), S. 572 は、第二委員会に対するリストないしチーテルマンの批判の影響を指摘する。
314) この点について、前述89頁を参照。
315) 第二委員会は、基本的に第一草案の理解を踏襲する旨を述べている（Protokolle Ⅰ, S. 119)。Reitemeier, a. a. O.（Fn. 313), S. 75 も参照。

② 違法性の要件

既に確認したように、第二草案 98 条 1 項の規定によれば、違法性要件は悪意の欺罔と強迫の両者に妥当しているように見える。ところが、帝国議会の審議において、違法性要件を強迫の直前に置くことが決定された[316]。

悪意の欺罔により、または違法に (widerrechtlich) 強迫により意思表示を為さしめられた者は、その意思表示を取り消すことができる[317]。

かかる帝国議会の提案内容は、そのまま現在の民法における詐欺取消制度として規定された。

民法 123 条 1 項：悪意の欺罔により、または違法に強迫により意思表示を為さしめられた者は、その意思表示を取り消すことができる[318]。

最終的に、悪意は詐欺特有の要件として、そして違法性は強迫特有の要件として確定された。ただし、悪意の欺罔が違法性要件を持たない理由は、悪意の欺罔が違法性と無関係であるからではなく[319]、悪意の欺罔は当然に違法であるからである[320]。むしろ問題は、違法性と悪意の関係であり、さらに悪意と意思決定自由の関係である。

---

316) Benno Mugdan, Die gesammten Materialien Bürgerlichen Gesetzbuch für das Deutsche Reich, 1. Bd., 1978, S. 965 によると「強迫によって違法に (durch Drohung widerrechtlich)」の代わりに「違法に強迫によって (widerrechtlich durch Drohung)」と定めるべきだとする提案が満場一致の承認を得て可決された。

317) Wer zur Abgabe einer Willenserklärung durch arglistige Täuschung oder widerrechtlich durch Drohung bestimmt worden ist, kann die Erkläruug anfechten.

318) 同上。

319) このことは、刑法が犯罪を定める各条文において必ずしも違法性の要件を明記していなくても、当然に違法性が語られることを想起すれば、理解されるであろう。

320) むしろ、悪意の欺罔に違法性の要件が付されなかった理由について、「悪意の欺罔の違法性は自明のことであるから」(Mugdan, a. a. O. (Fn. 316), S. 965)、という。ならば強迫の違法性要件は何を意味するのか、この意味の違法性と悪意の欺罔は如何なる関係にあるのか。この点は後述する。

既に確認したように、自然法学説に依拠したプロイセン一般ラント法を否定するサヴィニーの詐欺論によれば、詐欺の局面において意思決定自由の侵害は語られず、むしろ詐欺の違法性は欺罔行為によって基礎づけられる旨が確認されていたのであり、それに続く学説および判例も欺罔者の主観的違法性を重視していた[321]。この理解を維持するなら、123条1項における悪意要件も違法性を基礎づける要件として重要な意味を持つのであろう。

　しかし、既に確認したように、この時期には違法性と責任を分離する客観的違法論が確立され始めていたのであり、主観的要件の悪意によって違法性を基礎づける解釈は客観的違法論に反している。さらに、民法の起草者は、プロイセン一般ラント法の理解に依拠し、詐欺取消制度の規範目的を意思決定自由の保護として理解している。客観的違法論に依拠し、かつ意思決定自由を重視するなら、違法性の根拠は意思決定自由に対する侵害に求められることになる。この理解によれば、被欺罔者の保護の可能性を悪意に限定する理由は存在せず、もし悪意に限定するのであれば、さらなる説明が必要となる。

　要するに、問題は、ドイツ民法123条1項における違法性の根拠は悪意であるか意思決定自由であるか、意思決定自由は悪意の侵害によってのみ保護される性質の法益であるか、過失の侵害によっても保護される性質の法益であるか、という点である。

　ところが、こうした問題に関して起草者の理解は必ずしも明確ではなく、少なくとも詐欺取消制度の立法過程からは窺い知ることはできない。

　これに対して、不法行為法の立法過程においては、違法性と過責（故意・過失）あるいは意思決定自由の要保護性について語られている。そこで、この点を確認するべく、不法行為法の立法過程を続けて概観する。

第2項　不法行為規定の立法過程

　詐欺取消制度の立法過程において残された問題は、いずれも自由意思に関係する問題である。それゆえ、まず民法が予定している自由意思について、確認されなければならない。民法における自由意思が語られる局面は、主として2

---

[321]　この点について、前述87－88頁を参照。

つに分かれる。第一は行為能力あるいは責任能力における自由意思であり、第二は不法行為法において法益として列挙される自由意思である。その意味と内容について、まず前者から検討する。

(1) 民法典における自由意思——責任根拠の自由意思
① 「理性の使用」
民法典における重要な自由意思の規定として、まず能力に関する諸規定が挙げられる。例えば、第一草案は、行為能力を次のように規定していた。

　　第一草案708条：理性の使用を奪われていた者が他人に損害を加えた場合、その者は責を負わない。しかし、自ら引き起こした酩酊によって理性の使用が排除された場合には、損害について責を負う322)。

かつて普通法は、法律行為能力と不法行為能力の双方を含む概念として、行為能力（Handlungsfähigkeit）という概念を用いていた。しかし、この意味における行為能力は法的行為（juristische Handlung）を為し得る能力という程度の意味しか持たず、法律行為能力と不法行為能力は曖昧に結び付けられ、能力概念として不十分であった。それゆえ、民法典は、普通法の行為能力概念を採用せず、不法行為能力（Deliktfähigkeit）と意思表示を為し得る能力としてのみ理解される法律行為能力（Geschäftsfähigkeit）323) に分けたのであった324)。ただし、両者は本質的に同一であって、それゆえ法律行為能力に関しても不法行為能力規定と類似した内容の規定が設けられた325)。

---

322)　Hat eine Person, während sie des Vernunftgebrauches beraubt war, einem Anderen einen Schaden zugefügt, so ist sie hierfür nicht verantwortlich. Sie ist jedoch für den Schaden verantwortlich, wenn der Vernunftgebrauch durch selbstverschuldete Betrunkenheit ausgeschlossen war.

323)　Geschäftsfähigkeit は行為能力と訳されることがある（例えば、柚木馨『現代外國法典叢書　獨逸民法〔I〕民法總則』（1938年）163頁以下）。しかし、Handlungsfähigkeit と区別するために、本書では Geschäftsfähigkeit を法律行為能力と訳す。

324)　Ludwig Enneccerus und Hans Carl Nipperdey, Allgemeiner Teil des Bürgerlichen Rechts, Halbb. 2, 15. Aufl., 1960, S. 869 mit Fußn. 1.

第一草案64条1項：幼少期の者は、法律行為無能力である[326]。

同条2項：このことは、一時的であれ、理性の使用が奪われていた者にも、その状態の期間は妥当し、精神病の故に禁治産宣告を受けた者にも、当該宣告が存続する限り、妥当する[327]。

以上の如く、不法行為法能力規定および法律行為法能力規定は「理性の使用を奪われていた者」という共通の表現を用いている。ところが、これら能力規定は、第二草案において、「理性の使用」から「自由な意思決定」という表現へ修正される。

② 「自由な意思決定」
「理性の使用」から「自由な意思決定」へ修正された規定として、まず第二草案750条が挙げられる。次のような規定であった。

第二草案750条：無意識の状態または自由な意思決定を排除する精神活動の病的な障害の状態において他人に損害を加えた者は、その損害について責を負わない。誰かある者が自らアルコール飲料または類似する手段によって、この種の一時的な状態にいた場合、過責がない場合を除いて、その状態において違法に惹起された損害に関して、その者が過失の責に任ぜられる場合と同様に、責を負う[328]。

---

325) 確かに不法行為能力と法律行為能力は分離されたが、しかし民法典の理解は行為能力概念によって法律行為能力と不法行為能力を包摂していた普通法の理論から逸脱しているわけではなく、普通法理論を修正したに過ぎない（Enneccerus und Nipperdey, a. a. O. (Fn. 324), S. 869 mit Fußn. 1.)。
326) Eine Person, welche im Kindesalter steht, ist geschäftsunfähig.
327) Daselbe gilt von einer Person, welche des Vernunftgebrauches, wenn auch nur vorübergehend, beraubt ist, für die Dauer dieses Zustandes, ingleichen von einer Person, welche wegen Geisteskrankheit entmündigt ist, solange die Entmündigung besteht.
328) Wer im Zustande der Bewußtlosigkeit oder in einem die freie Willensbestimmung ausschließenden Zustande krankhafter Störung der Geistesthätigkeit einem Anderen

もちろん、行為能力規定の修正は不法行為能力のみならず、法律行為能力規定にも及び、次のように修正された。

　第二草案78条：以下の各号の者は法律行為無能力である。1号　7歳未満の者。2号　自由な意思決定を排除する精神活動の病的な障害にある者。3号　精神病を理由として禁治産宣告を受けた者[329]。

第二草案750条および78条は、ほとんど変更されず、それぞれ次のように現行規定として確定されている。

　現行規定827条：無意識の状態または自由な意思決定を排除する精神活動の病的な障害の状態において他人に損害を加えた者は、その損害について責を負わない。その者が自らアルコール飲料または類似する手段によって、この種の一時的な状態にいた場合、その状態に際して違法に惹起した損害について、過失の責に任ぜられる場合と同様に、責を負う；その状態に過責なく陥った場合は、責を負わない[330]。

　Schaden zufügt ist für den Schaden nicht verantwortlich. Hat sich Jemand durch geistige Getränke oder ähnliche Mittel in einen vorübergehenden Zustand dieser Art versetzt, so ist er für einen in demselben widerrechtlich verursachten Schaden in gleicher Weise verantwortlich, wie wenn ihm Fahrlässigkeit zur Last fiele, es sei denn, daß er ohne Verschulden in den Zustand geraten ist.

[329]　Geschäftsunfähig ist: 1. wer das siebente Lebensjahr nicht vollendet hat; 2. wer sich in einem Zustande krankhafter Störung der Geistesthätigkeit befindet, durch den seine freie Willensbestimmung ausgeschlossen wird; 3. wer wegen Geisteskrankheit entmündigt ist.

[330]　Wer im Zustande der Bewußtlosigkeit oder in einem die freie Willensbestimmung ausschließenden Zustand krankhafter Störung der Geistesthätigkeit einem Anderen Schaden zufügt, ist für den Schaden nicht verantwortlich. Hat er sich durch geistige Getränke oder ähnliche Mittel in einen vorübergehenden Zustand dieser Art versetzt, so ist er für einen Schaden, den er diesem Zustande widerrechtlich verursacht, in gleicher Weise verantwortlich, wie wenn ihm Fahrlässigkeit zur Last fiele; die Verantwortlichkeit tritt nicht ein, wenn er ohne Verschulden in den Zustand geraten ist.

現行規定104条2号：自由な意思決定を排除する状態が精神活動の病的障害の本質からして一時的ではない限りで、自由な意思決定を排除する精神活動に病的障害ある状態にある者は、法律行為無能力である[331]。

このように、「理性の使用」という用語に代えて、「自由な意思決定」という表現が用いられるようになった。問題は、その由来と修正理由である。この表現の由来は刑事責任能力を定めた帝国刑法51条[332]であり、起草者は民法の行為能力規定を刑法の責任能力規定に従わせたのである[333]。そして、起草者は、その修正理由として、草案規定が意思的側面を軽視し過ぎている点を挙げ[334]、さらに帝国刑法51条の規定方式を採用することによって、私法規定を解釈する際に豊富な刑法学説を利用し得る点を挙げている[335]。

刑法の責任能力規定が援用されている点に鑑みても、現行規定827条および104条2号の意味における自由意思は、責任を基礎づける前提として意味を持つ内容であって、いわば責任根拠の自由意思として理解できるであろう。とこ

---

[331] Geschäftsunfähig ist: 2. wer sich in einem die freie Willensbestimmung ausschliessenden Zustande krankhafter Störung der Geistestätigkeit befindet, sofern nicht der Zustand seiner Natur nach ein vorübergehender ist.

[332] 行為者が行為を犯した時点で、その自由な意思決定を排除せしめる無意識または精神活動の病的障害の状態にいた場合、可罰的行為は存在しない（Eine strafbare Hanlung ist nicht vorhanden, wenn der Thäter zur Zeit der Begehung der Handlung sich in einem Zustande von Bewußtlosigkeit oder krankhafter Störung der Geistesthätigkeit bestand, durch welchen seine freie Willensbestimmung ausgeschlossen war.)。

[333] Benno Mugdan, Die gesammten Materialien zum Bürgerlichen Gesetzbuch für das Deutsche Reich, 2. Bd., 1899, S. 1084.

[334] 「第1草案においてはドイツ普通法学の伝統にしたがい単に『理性使用をなし得ない者』として構成されていたが、この構成は知的側面に傾きすぎて意思的側面を顧慮しない不当のものとして第2委員会で棄てられ、責任能力に関する刑法51条旧規定（1933年改正までのもの）にならい、現行法のように改められた」（山田晟・村上淳一（編）『ドイツ法講義』（1974年）96-97頁）。こうした起草者の態度は、民法典が主知主義ではなく、主意主義に依拠していることを物語るであろう。主知主義と主意主義について、前述56-59頁および57頁の注86を参照。

[335] Mugdan, a. a. O. (Fn. 316), S. 673. 上山泰「行為能力制度史論序説——ドイツにおける法の変遷を素材として」法学政治学論究23号（1994年）174頁も参照。

ろが、民法が予定している自由意思は、責任根拠の自由意思のみではない。この点について、続けて検討する。

(2) もう一つの自由意思——違法根拠の自由意思
① 「違法根拠の自由意思」の意味
　ドイツ民法典における三大不法行為構成要件の一つ 823 条 1 項は、次のように規定されている。

　　現行規定 823 条 1 項：故意または過失により他人の生命、身体、健康、自由、所有権またはその他の権利を違法に侵害する者は、その他人に対してそのことによって生じた損害を賠償する義務を負う[336]。

　同条項によれば、自由は過失によって侵害され得る権利として規定されている[337]。ただし、自由概念の定義は与えられていない[338]。立法者は最後まで、民法における自由の概念について明確な定義を与えなかったのである[339]。
　こうした立法者の態度に対しては、既に批判が提起されていた。例えばリストの批判によれば、自由に対する犯罪を規定した刑法 239 条は自由の剥奪 (Freiheitsentziehung) を処罰しているのであるが、しかし民法 823 条 1 項における自由の意味を自由の剥奪[340]に限定する理由は存在せず、それゆえ民法

---

[336]　Wer vorsätzlich oder fahrlässig das Leben, den Körper, die Gesundheit, die Freiheit, das Eigenthum oder ein sonstiges Recht eines Anderen widerrechtlich verletzt, ist dem Anderen zum Ersatze des daraus entstehenden Schadens verpflichtet.

[337]　第一草案理由書によれば、これまで生命、身体、健康、自由および名誉の権利性は必ずしも確立されず、その保護も往々にして不十分であったから、それら法益の権利性を明記することによって、その保護の可能性に疑義を差し挟む余地を解消し、もって十分なる保護を目指したのである、という (Mugdan, a. a. O. (Fn. 333), S. 406)。

[338]　この点について、Erwin Deutsch, Freiheit und Freiheitsverletzung im Haftungsrecht, Festschrift für Fritz Hauß zum 70. Geburtstag, 1978, S. 48 を参照。

[339]　この点について、Jörn Eckert, Der Begriff Freiheit im Recht der unerlaubten Handlungen, JuS 1994, S. 629 も参照。

[340]　現行 823 条 1 項の他に、現行 845 条 (847 条 1 項も同旨。同条項の検討は省略) も自由について規定している。

823条1項の自由は広く妨害なき意思決定（ungestörte Willensbestimmung）として理解され、その侵害は如何なる方法であれ、823条1項の規定に服するのである[341]、という。

リストが意思決定自由を重視する理由は必ずしも明確ではないが、しかしリストの法思想は明らかに啓蒙主義の理念を反映している[342]。リストによれば、法は全て人間の生活利益を保護するために存在し[343]、人の利益（Interessen）は法によって保護され、こうして法的に保護された利益は法益と呼ばれるのであり、そして法益という概念は刑法学のみならず一般的法理論にとっても根本的な意義を有するのである[344]、という。

　現行845条1文：人を殺害した場合、身体または健康を侵害した場合、ならびに自由を剥奪した事案において、被害者が法律により第三者に対して第三者の家事または業務において労務を給付する義務を負う場合、賠償義務者は第三者に対して、その免れた労務について金銭定期金を支払うことによって賠償することを要す。
　この条文の文言から判るように、自由の「剥奪」が規定されている。この自由を身体的自由に限定し、このことから823条1項の自由も身体的自由に限定すべき旨を説く見解も見られる（Richard Maschke, Boykott, Sperre und Aussperrung, 1911, S. 54）。しかし、同条の自由の概念は立法過程においても明確ではなく、少なくとも現行845条1文（第一草案727条1項1文）は損害賠償義務の特別な拡張事例を規定しているのであるから、かかる規定の制限的自由概念から現行823条1項（第一草案704条2項）の自由概念を推論することはできず（Wolfgang Leinemann, Der Begriff Freiheit nach §823 Abs. 1 BGB, 1969, S. 56.; Eckert, a. a. O. (Fn. 339), S. 629）、現行823条1項における自由を身体的な活動の自由に限定すべき根拠は立法過程から見出されず（Deutsch, a. a. O. (Fn. 338), S. 48）、たとえ現行845条における自由が身体的自由の意味であったとしても、これは現行823条1項の自由と区別されているのであり、後者においては広義の自由概念（例えば、意思決定自由）が根底に置かれている（Eckert, a. a. O. (Fn. 339), S. 629）、という考え方も主張されている。

[341] Franz von Liszt, Die Deliktsobligationen im System des Bürgerlichen Gesetzbuchs, 1898, S. 24.
[342] この点について、Knut Amelung, Rechtsgüterschutz und Schutz der Gesellschaft, 1972, S. 69を参照。さらに、「リスト及彼の後繼者に其聲を見出したものは後期啓蒙期の思想である」（佐伯千仭「犯罪の行爲者の本質」法学論叢28巻3号（1932年）122頁）。
[343] Franz von Liszt, Der Begriff des Rechtsgutes im Strafrecht und in der Encyklopädie der Rechtswissenschaft, ZStW 8 (1888), S. 141 f.
[344] Franz von Liszt, Rechtsgut und Handlungsbegriff im Bindingschen Handbuche, ZStW 6 (1885), S. 672 - 673.

法の目的が法益の保護であるなら、法益の保護に欠ける事態は法に違背する事態であり、違法である。すなわち、リストによれば、「犯罪は……法的に保護された利益に対する攻撃として違法である」[345]。しかも、リストによれば、「刑事不法は、その種類に関して、民事不法と異ならないのである」[346]。

　法益の侵害が違法性を基礎づけ、この点に関して民事と刑事に差異が存在しないなら、823条1項において法益として認められる意思決定自由に対する侵害も違法性を基礎づける[347]。この意味における自由意思は、その特徴として権利性を帯び、その反面として被侵害性も備え、外在的な侵害を通じて違法性の評価を受ける対象であって、いわば違法根拠の自由意思であり、前述した責任根拠の自由意思から区別されなければならないであろう。

　続く問題は自由意思の要保護性である。故意と過失を区別しない823条1項において列挙された自由として意思決定自由が含まれるなら、意思決定自由は過失行為によって害され得る性質の法益を意味するはずである。ならば、同じ法益を保護する123条1項の悪意の要件は不当ではないか、という疑問が生じる。これは民法における過責（故意・過失）の問題も関係するため、この点について引き続き検討する。

②「違法根拠の自由意思」の要保護性

　法益の侵害を違法性の根拠として認める理解は客観的違法論の帰結であり[348]、客観的違法論によれば故意の法益侵害と過失の法益侵害は違法性の程

---

345) Franz von Liszt, Lehrbuch des Deutschen Strafrechts, 9. Aufl., 1899, S. 133.
346) Franz von Liszt, Der Zweckgedanke im Strafrecht, ZStW 3 (1883), S. 23 f. リストによれば、刑法の犯罪と民法の不法行為は法律効果において差異が生じるに過ぎず、不法の点において異ならない、という（Liszt, a. a. O. (Fn. 345), S. 187 mit Fußn. 1）。
347) リストも、法的に保護された利益の侵害が違法を基礎づける原理は私法においても妥当する旨を説いている（Liszt, a. a. O (Fn. 308), S. 34.）。
348) 既に確認したように、客観的違法論は、メルケルが提唱した主観的違法論に対する反論としてイェーリングによって展開されたのであった（この点について、前述91-93頁）。そして、リストは、イェーリングとメルケルから学んでいる（Gerd Kleinheyer-Jan Schröder (Hrsg.), Deutsche und Europäische Juristen aus neun Jahrhunderten, 5. Aufl., 2008, S. 258)。

度において差異を生ぜしめない。ならば、同じ法益を保護する123条1項の詐欺取消制度においても過失による意思決定自由の侵害の可能性が認められるはずであり、その要件も故意ではなく、過失で足りるはずではないか[349]。ただし、こうした疑問は、故意と過失の区別が民法において特別な意味を与えられている場合には成り立たない（123条1項の故意は特別な意味を持つ要件として正当化される余地が生まれるから）。そこで、この点に関して、立法者の理解を確認する。

債務法の部分草案を担当したキューベル（Franz Philipp Friedrich von Kübel, 1819-1884）は、不法行為の一般原則規定を次のように起草した。

部分草案1条1項：誰かある者が意図または過失に基づく違法な行為または不作為によって他人に損害を加えた場合、その他人に対して損害賠償義務を負う[350]。

キューベルの理解によれば、ローマ法における不法行為の効果は刑罰的性質を備えていたが、しかし行為者に対する制裁と被害者に対する補償は今や異なる法秩序の任務であり、賠償義務の目的は被害者が受けた損害の補填であって、それゆえ私法上の保護に値する利益の侵害は原則として全て賠償されるべきであるが、しかし外部的な原因に基づく損害を全て行為者に負わせることは妥当ではなく、したがって客観的な権利侵害に加えて、過責（Verschulden）[351]を要求する原則を採用する[352]、という。

既に指摘したように、過責主義は経済的自由主義と密接に関係している[353]。

---

349) 客観的違法論は123条においても妥当する。この点について、例えばArthur Menge, Der Begriff der Widerrechtlichkeit bei der Drohung im §123 B. G. B., 1906, S. 16を参照。
350) Hat Jemand durch eine widerrechtliche Handlung oder Unterlassung aus Absicht oder aus Fahrlässigkeit einem Anderen einen Schaden zugefügt, so ist er diesem zum Schadensersatz verpflichtet.
351) 過責は、故意および過失を含めた概念である（Motive I, S. 281.）。
352) Franz Philipp von Kübel, Recht der Schuldverhältnisse Teil 1, in: Die Vorlagen der Redaktoren für die erste Kommission zur Ausarbeitung des Entwurfs eines Bürgerlichen Gesetzbuches, hgg. von Wener Schubert, 1980, S. 658-661.
353) この点について、前述93頁を参照。

過責主義は、法益保護を担う民法において、一方の法益保護と他方の行為自由（Handlungsfreiheit）の妥協を意味するのである354)。それゆえ、相手方の行為自由を確保する要素として機能する限り、故意および過失の間に差異は存在しないはずである355)。

そして続く第一委員会も、意図（Absicht）という表現を故意（Vorsatz）という表現へ変更した以外はキューベルの理解と異ならない356)。むしろ、その後の審議過程（とりわけ第二草案の以降）357)においては経済的自由主義の理念

---

354)「ドイツ不法行為法は、『違法性』と『過責』との峻別・対置という構成に立脚しており」、「いわゆる過責主義（Verschuldensprinzip）=『過失責任の原則』という経済的自由主義のイデオロギーに支えられて」いる（平井宜雄『損害賠償法の理論』（1971年）346-348頁）。さらに、Manfred Löwisch, in: Staudingers Kommentar zum Bürgerlichen Gesetzbuch mit Einführungsgesetz und Nebensgesetzen, 2004, S. 282 も参照。

355) 例えば、起草者は、民法と刑法の分離を認め、過責の種類や程度に応じて損害賠償義務の範囲を区分することを否定している。理由書によれば、かかる区分を採用すれば、民事効果を決する際に、道徳的あるいは刑法的観点を引き込まざるを得なくなる、という（Motive II, S. 17 f.）。

もっとも、道徳的あるいは刑法的観点を民法へ持ち込むことが、なぜ問題であるのか、ということ自体も一応は問題である。この問題に対しては、次のような解答を与えることができるであろう（この点について August Geyer, Soll der Ersatz des Schadens Strafausschließungsgrund sein?, GS 21（1869）, S. 1 ff. を参照）。まず、民事的効果と刑事的効果が接近すれば、「損害賠償は刑罰を阻却する」という発想が生まれる。損害賠償が刑罰を阻却することは、換言するなら、有産者の行為（だけ）が常に不可罰化され得る点が憂慮され、さらに犯罪の予防効果も低減する。しかも、結果を伴う害悪の大きい既遂は損害賠償によって不可罰化し得るが、しかし結果を伴わない害悪の小さい未遂は損害賠償によって不可罰化し得ず、害悪の大きい既遂は損害賠償で済むのに対して、害悪の小さい未遂は損害賠償より強力な刑罰という法律効果を避けることができない、という不均衡を生み出す。以上の如く、道徳的あるいは刑法的観点を民法へ持ち込むことは、道義的観点からも刑事政策的観点からも、問題を生ぜしめるのである。

356) Horst Heinrich Jakobs und Werner Schubert, Die Beratung des Bürgerlichen Gesetzbuchs in systematischer Zusammenstellung der unveröffentlichten Quellen, Recht der Schuldverhältnisse III, 1983, S. 874.

357) 確かに第一草案も、部分草案に比べれば、制限された一般条項主義を採用していた。しかし、一般条項として規定された第一草案704条および705条における違法性要件の内容は制限されていなかったから、結果的に両条は包括的な侵害禁止規定として理解され得たのである。この点について、Katzenmeier, a. a. O.（Fn. 251）, S. 104 を参照。

が徹底され、キューベルが提案した一般条項規定は修正され[358]、個別構成要件主義が採用された[359]。こうして、一般条項規定は三大不法行為構成要件（823条1項、823条2項および826条）へ分化し、そして現在に至るのである。823条1項は前掲した。823条2項および826条は、次のように規定されている。

　現行規定823条2項：他人を保護する目的の法律に違反する者も、同様の義務を負う。当該法律の内容によれば、過責がなくても当該法律に違反し得る場合は、過責がある場合に限り、賠償義務が生じる[360]。

　現行規定826条：善良の風俗に反する方法で他人に対して故意に損害を加える者は、その他人に損害を賠償する義務を負う[361]。

一方で経済的自由主義の理念は一般条項主義から個別構成要件主義へ変更せしめたが、しかし他方で経済的自由主義は過責原則の根拠でもあった[362]。それゆえ、個別要件主義の採用は故意と過失の理解を変じるわけではなく[363]、

---

[358] 個人の自由を可能な限り制約しないことが国民経済全体に資する、という経済的自由主義の観念は不法行為の一般条項主義と相容れない、という理解が存在していたからであった。この点について、Katzenmeier, a. a. O. (Fn. 251), S. 103 を参照。

[359] 第二委員会は、裁判官に対して予め客観的な基準を明示すべきこと、損害賠償請求権の過度な認容を回避すべきこと等の理由から、一般条項規定に反対した（Protokolle der Kommission für die zweite Lesung des Entwürfs des Bürgerlichen Gesetzbuchs, 2. Bd., 1898, S. 571 f. (以下では Protokolle II として引用する))。

[360] Die gleiche Verpflichtung trifft denjenigen, welcher gegen ein den Schutz eines anderen bezweckendes Gesetz verstößt. Ist nach dem Inhalt des Gesetzes ein Verstoß gegen dieses auch ohne Verschulden möglich, so tritt die Ersatzpflicht nur im Falle des Verschuldens ein.

[361] Wer in einer gegen die guten Sitten verstoßenden Weise einem Anderen vorsätzlich Schaden zufügt, ist dem Anderen zum Ersatze des Schadens verpflichtet.

[362] それゆえ、第二委員会も過責主義は維持し、次のように述べている。結果主義（Veranlassungsprinzip）と異なり、過責主義は各人の法領域を画定する決定的な意義を有するのであり、むしろ、この原則を踏み外せば、取引の発展を阻害することになるであろう（Protokolle II, S. 568 f.)。

[363] 要するに、第二草案における修正は、基本的に不法行為責任の射程範囲を制限したに

やはり故意または過失は加害者の行為自由を確保する要件に過ぎず、両者の間に差異は見出されない。確かに 826 条は故意に限定されているが、しかし 826 条でさえ、その第一草案（705 条）の段階においては故意に限定されていたわけではなかった[364]。そもそも、立法過程の議論を前提とする限り、826 条の規定と 123 条の問題は切り離して考えることができるはずである。

　過責（故意または過失）の意義が加害者の行為自由の確保であり、しかも 823 条 1 項において被害者の意思決定自由の保護と加害者の行為自由の確保を調整する要件として過失が設定され、さらに意思決定自由が過失行為によって侵害され得ることも承認され、そして 123 条 1 項における「悪意」という表現が刑事詐欺と区別するため（だけ）に導入された要件であるなら、123 条 1 項における悪意を故意として理解する解釈は明らかに欺罔者の側の行為自由へ偏重し過ぎである。

　ところが、次章において検討するように、学説および判例は詐欺取消制度における悪意要件を故意へ読み替え、これを堅持したことで、この故意要件は違法根拠の自由意思に対する救済の桎梏となった。しかし他方で、その反省から故意要件の緩和を図る種々の議論（とりわけ契約締結上の過失法理）が展開されることにもなる。かように転回する詐欺取消制度の議論について、章を改めて検討する。

　　過ぎず、第一草案と根本的な相違点は存在しないのである。この点について、Hans Stoll, Richterliche Fortbildung und gesetzliche Überarbeitung des Deliktsrechts, 1984, S. 27.; Katzenmeier, a. a. O. (Fn. 251), S. 112 も参照。

364) 第一草案 705 条：一般的自由によりそれ自体は許される行為も、それが他人に損害を与え、その実行が善良な風俗に反するときは、違法と見なされる。

　これに対して、確かに、第二委員会においては、不誠実な行為による他人の利益領域に対する侵害が過失によって生じることは稀である、という理由から故意に限定された（Protokolle Ⅱ, S. 576 を参照）。しかし、この第二委員会の理解を民法の理解として受け取るならば、823 条 1 項は存立し得ないのであって、それゆえ第二委員会の上記説明から民法における故意の特別な機能を読み取ることはできないであろう。

第 2 章　詐欺の違法性と責任

第1節　転回する自由意思の要保護性

第1款　責任要件と違法評価

第1項　責任要件の違法化

(1) 法益の要保護性と責任の要件
① 規範目的の帰結と要件

かつて啓蒙期自然法学説は被欺罔者の決定自由侵害を民事詐欺の救済根拠として理解し、かかる理解はプロイセン一般ラント法へ受け継がれたのであるが、しかしサヴィニーの歴史法学派はプロイセン一般ラント法の理解を退け、民事詐欺の理解は再びローマ法に依拠されることになった。これにより、普通法における民事詐欺は、詐欺者の反良俗性ないし不法性として出現したのである[1]。

ところが、ドイツ民法典の制定過程においては委員会の多数を占めたプロイセン出身者が影響を与えた。このことを理由書における次の一節が端的に表現している。「法秩序は、法律行為領域における自由な自己決定が違法な方法で干渉されることを許すことができない」[2]。かかる理解から、現行民法が法律行為の前提として自由な意思を求めていること[3]、そして詐欺取消制度たる123条1項の目的が意思決定自由の保護であることが導かれる[4]。すなわち、

---

1) 前述84-88頁を参照。
2) Motive zu dem Entwurfe eines Bürgerlichen Gesetzbuches für das Deutsche Reich, I. Band, 1888, S. 204.
3) Ludwig Enneccerus und H. O. Lehmann, Das Bürgerliche Recht, 1. Bd., 2. Aufl., 1901, S. 203 f.; Gottlieb Planck, Bürgerliches Gesetzbuch nebst Einführungsgesetz, 1. Bd., 3. Aufl., 1903, S. 220.; Andreas von Tuhr, Der Allgemeine Teil des Deutschen Bürgerlichen Rechts, 2. Band. 1 Hälfte, 1914, S. 603.
4) Josef Kohler, Lehrbuch des Bürgerlichen Rechts, 1. Bd., 1906, S. 515.; Theodor Loewnfeld und Erwin Riezler, in: Staudingers Kommentar zum Bürgerlichen Gesetzbuch und

現行民法における民事詐欺は意思自由の許されない侵害（unerlaubte Verletzung der Willensfreiheit）として出現するのであり[5]、「悪意の欺罔および強迫を理由とする取消しは、意思自由（Willensfreiheit）を不穏当な干渉から保護するために規定されているのである」[6]。こうして、詐欺と決定自由を結び付けた啓蒙期自然法学説の理解は、民法典の成立によって復活したのである。

意思決定自由の保護という123条1項の規範目的は、一方で悪意を故意へ読み替える解釈[7]を導き、さらに他方で欺罔者の責任能力の否定という解釈[8]

---

dem Einführungsgesetze, 1. Bd., 7. /8. Aufl., 1912, S. 474.

5) P. Siméon, Lehrbuch des Bürgerliches Rechtes, 1. Bd., 4 Aufl., 1908, S. 184 mit Fußn. 8.
6) Tuhr, a. a. O. (Fn. 3), S. 614.
7) 123条1項の悪意という要件は、その語感から、道徳的非難可能性の要素を連想させる。実際に、例えば相手方の幸福のために犯された欺罔（例：足の不自由な友人を気の毒に思い、性能を偽り、この友人に車椅子を買わせる等）は、道徳的非難可能性の欠如を理由として、悪意が排除されることを認める見解も存在していた。しかし、他人が与える幸福を被欺罔者が受け入れなければならない理由はなく（Johannes Biermann, Bürgerliches Recht, 1. Bd., 1908, S. 250）、本当に相手方の幸福になるなら、被欺罔者は取消権を主張しないのであって、「相手方の幸福のため」という理由は大抵は言い訳に過ぎない（Werner Flume, Allgemeiner Teil des bürgerlichen Rechts, 2. Bd., Das Rechtsgeschäft, 3. Aufl., 1979, S. 543. Hans Christoph Grigoleit, Vorvertragliche Informationshaftung, 1997, S. 19も参照）。そもそも、123条1項の規範目的が意思決定自由の保護であるなら、欺罔者の道徳的善悪は問題にならないはずである（この点について、Karl Larenz und Manfred Wolf, Allgemeiner Teil des Bürgerlichen Rechts, 9. Aufl., 2004, S. 684 ff. その他に、Wolfgang Hefermehl, in: Soergel Kommentar, 13. Aufl., 1999, S. 107 f. も参照）。それゆえ、たとえ他人の利益になることを企図した欺罔であっても、悪意は排除されない、という解釈が民法典の成立当初から多数であった（Planck, a. a. O. (Fn. 3), S. 220.; Heinrich Dernburg, Die allgemeine Lehren des bürgerlichen Rechts des Deutschen Reichs und Preußens, 1906, S. 493. かかる解釈は、現在も変わらない。例えば、Othmar Jauernig, in: Jauernig Bürgerliches Gesetzbuch, 10. Aufl., 2003, S. 64.; Dieter Medicus, Allgemeiner Teil des BGB, 8. Aufl., 2002, S. 309.; Ernst A. Kramer, in: Münchener Kommentar zum Bürgerlichen Gesetzbuch, 1. Bd., 4. Aufl., 2001, S. 1168.; Larenz und Wolf, a. a. O., S. 686.; Hefermehl, a. a. O. を参照）。こうして、「悪意の（arglistig）」という形容詞は、故意要件の単なる強調として理解され（Eduard Hölder, Kommentar zum Allgemeinen Theil des Bürgerlichen Gesetzbuchs, 1900, S. 273）、123条1項における悪意は次第に単なる故意（Vorsatz）として扱われ（RG 3. 4. 1909 (JW 1909, S. 308) も参照）、こうした理解は現在でも通説である（例えば、Ulrich von Lübtow, Zur Anfechtung von

をも導いた[9]。しかし、故意と責任能力の関係については疑問が残る[10]。すな

Willenserklärungen wegen arglistiger Täuschung, in: Entwicklungsten- denzen im Wirtschafts und Unternehmensrecht Festschrift für Horst Bartholomeyczik, 1973, S. 269.; Jauernig, a. a. O.; Kramer, a. a. O.; Wiebke Reitemeier, Täuschungen vor Abschluß von Arbeitsverträgen: Zum Verhältnis zwischen dem Straftatbestand des Betruges und dem Anfechtungsrecht wegen arglistiger Täuschung (§§ 263 Abs. 1 StGB, 123 Abs. 1 Alt. 1 BGB), 2001, S. 150 f. を参照）。

8) 123条1項において要求されていない能力は、不法行為能力（Deliktsfähigkeit）である（Planck, a. a. O.（Fn. 3), S. 220.; Biermann, a. a. O.（Fn. 7), S. 251.; Tuhr, a. a. O.（Fn. 3), S. 603)。ただし、既に確認したように、ドイツ民法典は、普通法時代の行為能力概念を二分し、一方を法律行為能力として、他方を不法行為能力として規定したものの、両者に重大な相違は認められなかった（前述108-109頁を参照）。ここで問われるべき問題は、123条1項において要求されない行為能力と同条項において要求される故意の関係である。ドイツ民法学においては、責任能力（Schuldfähigkeit）または不法行為能力（Deliktsfähigkeit）という表現の他に、帰責能力（Zurechnungsfähigkeit）、過責能力（Verschuldensfähigkeit; Verschuldungsfähigkeit）、有責能力（Haftungsfähingkeit）、答責能力（Verantwortungsfähigkeit）あるいは判断能力（Urteilsfähigkeit）という語も用いられているが、しかし必ずしも厳密に使い分けられていない（この点について、Erwin Deutsch, Haftungsrecht, 1. Bd., 1976, S. 299 f. も参照）。以下では123条1項において要求されていない能力要件を、単に責任能力と表記する。

9) さらに、原因を与えた悪意と偶然に生じる悪意という区別も否定された（この区別について前述52頁の注64および前述98頁の注290を参照）。居住目的の不動産が売買されたものの、一部分が使用できず、このことを秘匿した被告の詐欺を理由として本件契約を取り消した原告に対して、本件の詐欺は売買価格の設定に影響したに過ぎない「偶然に生じる悪意（dolus incidens）」である旨の抗弁を被告が主張した事例において、RG 6. 7. 1910（Seuffert's 66, 178; RG 6. 7. 1910, JW 1910, 799）は、民法において原因を与えた悪意と偶然に生じる悪意が区別されておらず、その区別の根拠を123条に求めることもできない旨を判示し、被告の主張を退けた。

偶然に生じる悪意（dolus incidens）は、詐欺が存在しなくても、契約は締結されていたであろうが、しかし当該条件では締結されず、他の条件において締結されていた類の詐欺を意味する。これは一見すると、意思決定自由に影響を与えていない詐欺という印象を与え、誤解を生み易い。しかし、意思決定自由の侵害の有無は意思表示に関係し、当該条件における意思表示と当該条件と異なる意思表示は別の意思表示であって、つまり偶然に生じる悪意における意思表示も意思決定自由を害された意思表示である点において何ら異ならない。意思表示ないし法律行為という概念それ自体が必ずしも重要視されていなかったローマ法においては原因を与える悪意と偶然に生じる悪意は意味を持つ区別であったのかもしれないが、しかし意思表示を法律行為の構成要素として捉える現

わち、仮に故意が責任要素であり、かつ責任能力が責任の前提であるならば、責任能力が要求されない123条1項において故意を要求する解釈は矛盾するのではないか、あるいは責任能力が要求されない123条1項において責任要素の故意を要求する意味は何であるか[11]、という疑問である。

行ドイツ民法が同法123条1項の目的を意思決定自由の保護として理解する限り、そして当該規範目的から見る限り、原因を与える悪意と偶然に生じる悪意を区別する理由は存在しない。RG 6. 7. 1910 は、このような観点から理解することができるであろう(この区別を否定する点について、Hefermehl, a. a. O. (Fn. 7), S. 100 も参照。dolus causam dans と dolus incidens という区別が人身売買に関する法源——例えば D. 4, 3, 7 pr.; D. 19. 1. 11. 5.——に依拠されている点に鑑みて、こうした取引観念が現在においては妥当し得ない旨を説き、この区別を批判する理解も見られた。Sprenger, Ueber dolus causam dans und incidens, AcP 88 (1898), S. 370 mit Fußn. 22 を参照)。さらに、例えば、「契約違反が重大である場合にのみ契約を解消し、それによって契約から解放される権利を当事者に与えるべきで、違反がそれほど重大ではないならば、損害賠償若しくは代金減額によって損害が塡補されることで十分であるとの考え方」は契約法の領域において見られ(この点について、山田到史子「契約解除における『重大な契約違反』と帰責事由——一九八〇年国際動産売買契約に関する国連条約に示唆を得て(一)」民商法雑誌110巻3号(1994年)279頁を参照)、原因を与えた悪意と偶然に生じる悪意という区別の発想に近い。しかし、こうした契約法における発想は、当事者の意思の瑕疵から離れた問題であり、少なくとも他方当事者によって侵害された意思が解除の可否を決しているわけではない。この点からも、意思決定自由を重視する法律行為法の詐欺取消制度において、原因を与えた悪意と偶然に生じる悪意という区別が否定されたことが理解される。

10) 故意について、民法典における過責(故意と過失)主義が法益保護と行為自由の妥協の産物であり、823条1項の自由に含まれる意思決定自由が過失行為の侵害からも保護され得る性質であり、この法益の保護と加害者の行為自由の確保は過失を通じて釣り合わされるのであるならば、同じ法益を保護する123条1項において故意が要求されることは不均衡ではないか、という疑問が生じるのであり、この点は既に指摘した(前述114‐116頁。823条1項における自由に意思決定の自由を含める見解は、民法典成立当初においても、有力な立場であった。例えば、Gottlieb Planck, Bürgerliches Gesetzbuch nebst Einführungsgesetz, 2. Bd., 1900, S. 607.; ders, Der Begriff der Widerrechtlichkeit im §123 des Bürgerlichen Gesetzbuchs, in: Festgabe der Göttinger Juristen-Fakultät für Ferdinand Regelsberger zum 70 Geburtstage, 1901, S. 162; Karl Rober-Theodor Engelmann, Staudingers Kommentar zum Bürgerlichen Gesetzbuch und dem Einführungsgesetze, 2. Bd., 5. /6. Aufl., 1910, S. 1594 が挙げられる。

11) 例えばエンデマンによれば、123条1項においては被欺罔者の立場が重要であり、欺罔行為が結果的として表意者に影響を与えた点が重視されなければならず、欺罔者の有

こうした疑問は、詐欺取消制度の規範目的の理解へ跳ね返る問題であり、重要である。この点について、引き続き検討する。

② 詐欺取消制度の責任要件

当時の故意は責任要素として理解され、責任能力も当然に責任論の問題であるから、まず当時の責任論を検討する。既に確認したように、民法典の起草者は、民法の能力規定について刑法の規定を参照し、その理由および利点として刑法学説の参照可能性を挙げていたから[12]、民法における責任論の範を当時の刑事責任論に求めることは許されるであろう。

刑法の犯罪論体系において責任概念に確固たる意義を初めて与えたビンディング（Karl Binding）に続いて、いわゆる心理的責任論がリストによって主張された[13]。リストの理解によれば、法的な答責性と結び付く結果を行為者と主観的に関連させることが責任を意味し、帰責能力は責任の前提である[14]、という。

ところが、民法典が施行されて間もなく、心理的責任論に対して批判が提起された。いわゆる規範的責任論を展開したフランク（Reinhard Frank）によれば、精神病者でさえ行為を意欲し、犯罪要件を表象することが可能であるから、帰責能力[15]を故意の前提として理解することはできない、という[16]。さらに、

責（Haftung）・答責性（Verantwortlichkeit）あるいは過責（Verschulden）・悪しき意図（böse Absicht）は重要ではない、という（F. Endemann, Lehrbuch des Bürgerlichen Rechts, 1. Bd., 9. Aufl., 1903, S. 355）。

12) 前述 111–112 頁を参照。

13) この点について、Hans Achenbach, Historische und dogmatische Grundlagen der strafrechtssystematischen Schuldlehre, 1974, S. 37 u. 42 を参照。

14) Franz von Liszt, Lehrbuch des Deutschen Strafrechts, 9. Aufl., 1899, S. 158 mit Fußn. 3. さらに、この理解は私法においても妥当する、という。Franz v. Liszt, Die Deliktsobligationen im System des Bürgerlichen Gesetzbuchs, 1898, S. 46.

15) 責任（Schuld）と帰責（Zurechnung）について、「軌範的責任論の創唱者であるフランクは、1907年の論文において、"Schuldfähigkeit" という語をしりぞけ、"Zurechnungsfähigkeit" でなければならぬとしたのであった。しかし、これは『責任』の要素として、故意・過失のほか、『帰責能力』および『附随事情』があるということを指摘し、『責任』は一つの『綜合概念』であるとしたところからきている」（小野清一郎「責任能力の

フランクによれば、実際の責任の評価に際しては故意および過失のみならず、その外部に存する付随事情も斟酌されているはずである[17]、という。こうしてフランクは、帰責能力を責任の前提ではなく、責任の構成要素として理解し、しかも帰責能力・過責（故意および過失）・付随事情を責任要素として捉え、責任概念の全構成要素を端的に非難可能性（Vorwerfbarkeit）と呼び、責任を非難可能性として理解するのである[18]。

フランクの規範的責任論は、後に様々な展開を辿る。例えば、規範的責任要素が加えられることによって責任が悪しき意思として捉えられ、あるいは規範的責任要素として違法性の意識ないし期待可能性が包含されることになった[19]。例えば、ドーナ（Alexander Graf zu Dohna）は、フランクの見解を引用し、良俗的非難を基礎づけることが責任の本質を成す旨を述べている[20]。

さて、問題は、「責任能力を責任の前提として理解する立場」と「責任能力を責任の一要素として理解する立場」が、それぞれ123条1項における責任能力の要否と関連して如何なる帰結を導くか、である。この問題に関して、前者の立場は比較的に明確である。責任能力は責任の要素を構成する故意・過失の前提であるから、責任能力を要求しない123条1項において故意を維持することは論理的に難しい。

これに対して、「責任能力は責任『要素』だとする見解は、責任能力も、違法の意識の可能性や期待可能性と同じく、行為の属性であり、故意・過失があるにもかかわらず、その非難可能性を『阻却』させる要素だとする。この見解を徹底すると、責任能力は、違法の意識の可能性・期待可能性に解消させられ

　人間学的解明（一）」ジュリスト367号（1967年）88頁）。
16) Reinhard Frank, Über den Aufbau des Schuldbegriffs, in: Festschirft für die juristische Fakultät in Giessen zum Universitätsjubiläum, 1907, S. 8.
17) 例えば、十分な休憩時間を得た後に軌道係として転轍器の操作を誤る者は、11時間の勤務を経た後に同一の過誤を犯した同僚よりも重い責任を負うべきように感じられる、という場合である（Frank, a. a. O. (Fn. 16), S. 5）。
18) Frank, a. a. O. (Fn. 16), S. 9 - 11.
19) この点について、Achenbach, a. a. O. (Fn. 13), S. 113 f. u. 143 ff. を参照。
20) Alexander Graf zu Dohna, Zum neuesten Stande der Schuldlehre, ZStW 32 (1911), S. 326.

てしまうであろう」[21]。この理解に従うなら、123条1項において責任能力が要求されていなくても、これに代えて違法性の意識を要求するならば[22]、故意要件は維持され得る。

　ところが、123条1項において違法性の意識は必ずしも要求されていない。例えばトゥール（Andreas von Tuhr）は、フランクおよびドーナの見解を引用し、人の悪しき意思に対して非難が向けられる点を指摘し、そして一般論として故意の要件として違法性の意識を求める[23]。しかし、123条1項に関するトゥールの解釈によれば、同条項においては取消可能性の根拠が決断の自由に対する干渉に求められ、ゆえに決して欺罔者の行為態様に現れる違法性や良俗的非難性に求められるわけではなく、したがって欺罔者が自己の行為の許されざることを意識している（Unzulässigkeit seiner Handlung sich bewußt）必要はない[24]、というのである。123条1項の解釈として違法性の意識が要求されないことは、その他の学説および裁判例も認めている[25]。

　以上の検討から、123条1項において一般的な責任論が妥当しないこと、同条項の責任が刑事責任および不法行為責任と異なることが理解される。もっとも、たとえ123条1項が一般的な責任論に服さないとしても、同条項の故意を責任要素として理解する限り、やはり責任能力の要件を否定することは矛盾であろう[26]。

---

21) 平野龍一『刑法　総論　II』（1975年）281頁。
22) 例えば、Gerda Müller, Praktische Auswirkungen der Schuldtheorie im Zivilrecht － der Irrtum über die Widerrechtlichkeit －, 1972, S. 68 は、違法性の意識を123条1項における悪意の必要的構成要素として認める。ただし、こうした理解はローマ法の dolus malus を継承した規範として123条1項を理解するものであり、123条1項に関する支配的見解と相容れない、という点には留意されるべきである。
23) Andreas von Tuhr, Der Allgemeine Teil des Deutschen Bürgerlichen Rechts, 2. Bd., 2 Hälfte, 1918, S. 481 - 484.
24) Tuhr, a. a. O. (Fn. 3), S. 603 f.
25) 例えば、Ernst Heller, Der privatrechtliche Schutz der Freiheit, 1917, S. 64. さらに、RG 22. 10. 1910（Seuffert's Archiv 66, S. 385.）も、強迫の事案においてではあるが、しかし違法性の意識を要求することが123条の解釈として是認され得ない旨を表示する。
26) 「責任能力がなければ責任が阻却されるという意味で、責任能力が責任の要件（Merkmal）であることは、いずれの見解をとっても変りはない」からである（平野・前掲注

このことを踏まえて、残される解釈の余地を想定するなら[27]、第一に123条1項において「責任能力が要求されない」意味を「違法性の意識が要求されない」意味として捉え直す可能性（123条1項においてやはり責任能力は必要であるが、しかし違法性の意識は不要、という意味）と第二に故意を責任要素として理解しない可能性が考えられる。第一の解釈によれば、意思決定自由の保護という123条1項の規範目的を維持しつつ、故意と責任能力の問題から生じる矛盾を回避でき、欺罔者の行為自由に対しても応分の配慮を払うことができる。

ところが、その後の議論は第二の解釈と結び付いた。次第に意思決定自由の要保護性が狭められ、しかも違法性の主観化に伴い故意の意味も変じ始めたことによって、123条1項における故意を違法要素として理解する可能性が開かれたのである[28]。かかる経緯について、引き続き検討する。

(2) 法益の要保護性と違法の評価
① 自由概念の制限

123条1項の規範目的が意思決定自由の保護であること、この目的と要件論が連動していることを確認した。これは、意思決定自由の価値が高く評価されていたことを示唆している。ところが、「故意を違法要素として理解する可能性」は、意思決定自由を違法根拠の座から引き下ろすことを意味する。これは、

21・281頁）。

[27] 確かに通説は123条1項において責任能力を要件として求めないのであるが、しかし、その意義について必ずしも十分に検討されているわけではない。この点について、例えばGrigoleit, a. a. O. (Fn. 7), S. 130 も参照。グリゴライトは、責任能力の否定に関連して自然的故意について語る。自然的故意の問題点については後述する。

[28] 例えばヴェルツェルが展開する行為無価値論においては、一方で故意は専ら違法要素として扱われ、他方で「ウェルツェルの体系においても、責任能力や違法性の意識ないしその可能性は『責任』の要素とされている」（小野・前掲注15・88頁）。この立場の問題点は、この立場が123条1項の解釈と結び付くことによって同条項において責任を語る要素が全て否定される点、この立場から帰結される責任説が民法の通説たる故意説と相容れない点、そして行為無価値論と123条1項の規範目的が両立し得ない点にある。責任説は故意と違法性の意識を分離する立場を意味し（故意を責任から分離し得る）、故意説は両者を分離しない立場を意味する（故意は責任要素たり続ける）。この点も含めて、後述する。

意思決定自由の価値を低く評価する理解へ連なる。そして、かかる理解は、民法典成立後の裁判例や同裁判例後の学説からも窺われる。そこで、故意を違法要素の関連を問う前提として、自由概念を巡る動向について以下の裁判例を確認する[29]。

RG 11. 4. 1901（RGZ 48, S. 114）。運送業に関して原告と競合していた被告は、自身および原告の取引関係者に対して、原告と取引しないよう求める旨を「要望」し、これを原告は圧力として捉え、823条1項における自由の侵害を訴えた。RGは、「民法823条1項の規定に関して、同規定の『自由』という表現が如何に解釈され、如何に画定されていようとも（フォン・リスト『民法体系における不法行為債務（Die Deliktsobligationen im System des Bürgerlichen Gesetzbuchs）』3章24頁、プランク『民法典（Bürgerliches Gesetzbuch）』第2巻823条607頁注2aを参照）、特別な権利が行為者に帰属していない限り、他人の自由な意思決定に何らかの影響を与える干渉の全てを自由侵害の概念に含めて、それを上記法律の意味における違法として見なすことは許されない」という説示を加え、1896年の不正競争禁圧法（das Gesetz zur Bekämpfung des unlautere Wettbewerbes）の趣旨や民法の諸規定に鑑みて、不正競争の可能性を確認するために、本件を差し戻した。

前章において指摘したように、19世紀の中葉から興隆した経済的自由主義は70年代ないし80年代には終息し始めていたのであるが、しかし裁判所は自由思想を維持し続け[30]、特別法において禁じられていない限り、如何なる競

---

[29] 以下の裁判例は、いずれも自由な意思決定あるいは自由な意思活動の意義について必ずしも言明しているわけではなく、自由概念を身体的活動の自由に限定したわけでもない。しかし、裁判所が自由概念を制限しようとしていたこと、そして責任法における自由の画定問題が初めて検討されたことは確かである（この点について、Erwin Deutsch, Freiheit und Freiheitsverletzung im Haftungsrecht, Festchrift für Fritz Hauß zum 70. Geburtstag, 1978, S. 51.; Jörn Eckert, Der Begriff Freiheit im Recht der unerlaubten Handlungen, JuS 1994, S. 629）。

[30] 裁判所は、契約による営業の自由の制限を認め、カルテルの合法性も認めた（こうした裁判例について、村上淳一『ドイツ市民法史』（1985年）221頁以下を参照）。カルテ

争も許される、という立場を崩さなかった[31]。これに対して、こうした裁判所の傾向を修正するべく、1896年に不正競争禁圧法（das Gesetz zur Bekämpfung des unlautere Wettbewerbes）が制定された[32]。

もっとも、同法は経済的自由を絶対的に禁圧する趣旨ではなかった。それゆえ、裁判所にとっては、確かに不正競争の防止は課題であったが、しかし経済的自由と他の法益の調整も課題であった。そして、本件の裁判所は経済的自由と意思決定自由を比較し、前者を優越させる余地を残したのである[33]。このことは、経済的自由を重視していた従前の裁判所の立場から容易に理解される帰結であろう。引き続き裁判例を確認する。

　　RG 27. 2. 1904（RGZ 58, S. 24）。織物製品に関する実用新案を有していた被告は、これを模造した原告に対して、刑事告訴による威嚇を通じて模造を禁止させたのであるが、しかし被告の実用新案は保護力を備えず、かくして原告は自由侵害を理由として損害賠償を求めた。RGは、著名な論者が自由の内容として意思決定自由を含めていること、しかし意思決定自由の侵害を直ちに違法として理解できないこと、そして確かに本件における被告の言動は問題を残さないわけではないが、しかし原告の落ち度も無視できないこと等を指摘し、民法254条[34]の適用可能性を検討するために、事案を差し戻

　　ル協定は、個人の合意と同視されていたのである（グスタフ・シュトルパー他（坂井榮八郎 訳）『現代ドイツ経済史』（1969年）50頁）。
31)　Wolfgang Fikentscher, Wettbewerb und gewerblicher Rechtsschutz, 1958, S. 134. 同書の邦訳として、W・フィケンチャー（丹宗昭信 監訳）『競争と産業上の権利保護——西ドイツ競争制限禁止法の工業所有法・不正競争防止法との関係についての考察』（1980年）が存在する。
32)　同法の起草者によると、同法は民法に対する特別法の関係にあり、同法による保護が不十分である場合に、補充的に民法が適用される（Fikentscher, a. a. O.（Fn. 31）, S. 135）。RG 11. 4. 1901も、その旨を説いている。
33)　Deutsch, a. a. O.（Fn. 29）, S. 51も、同判決が営業の自由または競争の自由を保護財として考慮していた旨を指摘する。
34)　254条1項：損害が発生した際に被害者の過責が協働して作用していた場合には、賠償義務ならびに給付されるべき賠償の範囲は、とりわけ当該損害の如何なる部分が主に一方または他方当事者によって引き起こされたのか、という事情を勘案して決定される。

した。

　本判決は、むしろ原告の落ち度にも注目し、さらに254条の適用可能性をも示唆している。このことから、安易に被告による自由権の侵害を肯定しなかったこと、つまり自由概念が制限されたことも理解できる。もちろん、本件の事案の特殊性を無視することはできないが、しかし本件は前述 RG 11. 4. 1901 を踏襲した内容として理解され得るであろう[35]。

　以上の裁判例の動向に伴い、学説も動き始めた。例えば、エルトマン（Paul Oertmann）は、RG 11. 4. 1901 および RG 27. 2. 1904 を引用しつつ、自由概念の限定を説き、不法行為の成立を制限する解釈を展開する。すなわち、エルトマンによれば、823条1項における自由に意思決定の自由が含まれるならば、自由概念は際限なく拡大するであろうし、そもそも民法における自由は生命・身体・健康という純粋な人身的財産と関連しているのであるから、自由も純粋に人身的に解釈されるべきであり、したがって823条1項の自由は身体的活動の自由として解釈されるべきである[36]、というのである。

　ところで、エルトマンが自由概念の制限を主張する根拠は民法の規定や文言のみならず、その背景として労働問題が存在していたことも見逃せない。かつて1845年のプロイセン工業条令は労働休止の約定や工場労働者等の団結を禁じていたが、しかし19世紀の中葉から経済的自由主義が興隆していたプロイセンにおいて次第に労働者の制約が解除され始め、例えば1869年に制定された営業条例は（一定の制約が付されつつも）ストライキやロックアウトを許容した[37]。つまり、エルトマンは、一方で営業条例によって許容されている労働争議が、他方において民法の損害賠償義務によって抑制される点に不合理を見出し[38]、ゆえに自由概念を制約することによって労働争議を理由とする不法

---

35) 前掲注33の指摘は、同判決も含めている。さらに、本判決は（必ずしも自由概念に関連する説示の箇所においてではないものの）前述の RG 11. 4. 1901 を引用している。
36) Paul Oertmann, Verh. des 28. DJT, Gutachten II, 1906, S. 57 f.
37) 以上について、シュトルパー他・前掲注30・53頁、横井芳弘「ドイツにおける労働争議の法理」季刊労働法15号（1955年）121頁以下、久保敬治『ドイツ労働法の展開過程』（1960年）226頁以下、西谷敏「ドイツ争議権理論史に関する一考察――ストライキの民事責任を中心として（上）」法学論叢87巻2号（1970年）33頁以下を参照。

行為の成立の制約を説いたのであった。
　エルトマンの見解と同様の理解を示す裁判例も登場し、例えば最上級審判例として次の事例が挙げられる。

　　RG 17. 9. 1908（JW 1908, S. 679）。原告によって雇用されている労働者が労働争議を起こした。ある雑誌が、この労働争議を支持し、さらに奨励する内容の記事を掲載した。この雑誌に対して、この記事による営業の制限ないし自由の侵害を理由として原告が損害賠償を求めた。RGは、前出のRG 11. 4. 1901 および RG 27. 2. 1904 も引用しつつ、本件における原告の自由に対する侵害が存在しなかった旨を判示し、原告の訴を退けた。

　エルトマンの見解を前提として考えるなら、本判決が自由を制限することによって賠償義務の可能性を抑制したことも理解できるであろう。
　エルトマンの影響は、それ以降の他の学説へ及んだ。エルトマンの見解は823条1項の自由に意思決定の自由を含める当時の有力な傾向を転換させ、この時から823条1項における自由を身体的活動の自由としてのみ理解する立場が確立し、通説として現在に至るのである[39]。
　問題は、以上の展開から導かれる帰結である。すなわち、823条1項における自由が身体的自由に限定されるなら、その結果として意思決定自由は過失行為から保護されず[40]、むしろ意思決定自由の保護は主として123条1項・823条2項・826条に限定され[41]、その結果として意思決定自由の保護は必ず故意を伴うことになる[42]。民法典における契約前の誤誘導に関係する規定は故意

---

38)　この点について、Oertmann, a. a. O.（Fn. 36）, S. 50 を参照。
39)　エルトマンの見解は、823条1項の自由概念に関する通説の創始者として理解されている（この点について、Eckert, a. a. O.（Fn. 29）, S. 630 を参照）。
40)　「欺罔または強迫による意思の違法な干渉は、823条1項の意味における自由の侵害ではない」（Tuhr, a. a. O.（Fn. 3）, S. 626）。
41)　例えば Biermann, a. a. O.（Fn. 7）, S. 255.; Siméon, a. a. O.（Fn. 5）, S. 186.; Loewnfeld und Riezler, a. a. O.（Fn. 4）, S. 483 f. を参照。
42)　悪意の欺罔と関連する823条2項における保護法規は、刑法263条の詐欺罪である（Biermann, a. a. O.（Fn. 7）, S. 255.; Loewnfeld und Riezler, a. a. O.（Fn. 4）, S. 483 f.;

の誤誘導に限定され[43]、かくして123条の故意要件は民法典における故意ドグマの個別的発現に過ぎない、という理解を生み出す前提が与えられたのである[44]。

② 主観的違法要素

むろん労働者の保護も重要であるが、しかし意思決定自由の要保護性の低下が詐欺と無関係な諸事例に起因していたことにも留意されるべきである。つまり、以上の自由概念を巡る動向は、123条の枠組において意思決定自由の要保護性を制約し、かつ要件として故意を維持する解釈を説得的に説明できるわけではない。

既に確認したように、民法典は客観的違法論を採用し、このことは123条においても妥当し[45]、ゆえに故意の意思決定自由侵害も過失の意思決定自由侵害も違法性の程度に関して異ならないはずであって、つまり従来の客観的違法論を維持する限り、意思決定自由の侵害態様を故意に限定する解釈は難しいは

  Tuhr, a. a. O. (Fn. 3), S. 626 mit Fußn. 134.)。刑事詐欺は過失を理由として処罰されないから、故意に限定される (Grigoleit, a. a. O. (Fn. 7), S. 23 ff. も参照)。

  そして、123条1項と競合する826条の良俗違反規定も、相手方の損害に向けられた故意を必要とする (Tuhr, a. a. O. (Fn. 3), S. 626 mit Fußn. 135.; Grigoleit, a. a. O. (Fn. 7), S. 19 ff. も参照)。

43) Grigoleit, a. a. O. (Fn. 7), S. 37.
44) Hans Christoph Grigoleit, Neuere Tendenz zur schadensrechtlichen Vertragsaufhebung, NJW 1999, S. 902. グリゴライトによれば、故意を要求することは民法123条の特性ではなく、契約前の誤誘導に関係する民法の他の規定にも妥当し、その規定として823条2項・826条・463条（債務法改正前）・676条が挙げられる、という。823条2項は保護法規たる刑法263条の関係から欺罔者の（単なる故意のみならず）利得意図が要求され、826条は反良俗性の要件として侵害故意が必要となり、契約前の誤れる情報に基づく行動を規制する463条2項も故意（瑕疵の悪意による沈黙）を前提にしているし、676条も過失責任を排除している。このように民法は過失による誤誘導の責任を排除しているのであり、このことから民法における故意ドグマの存在が認められ、123条の故意要件は民法の故意ドグマの個別的発現に過ぎない、という (Grigoleit, a. a. O. (Fn. 7), S. 19-37; ders., a. a. O. (Fn. 44), S. 902)。
45) この点について、例えば Arthur Menge, Der Begriff der Widerrechtlichkeit bei der Drohung im §123 B. G. B., Inaugural-Dissertation, 1906, S. 16 を参照。

ずである。

ところが、次第に違法論それ自体に変化が見られ始めた。主観的違法要素[46]の発見が客観的違法論を修正する契機を与えたのである[47]。違法性を客観的に捉える客観的違法論は、主観的違法要素を肯定することによって、その内部において主観化する余地が生じ、主観的な故意を違法性の要素として理解する道が開かれたのである。

主観的違法要素論は意外にも、民法学から展開された。フィッシャー（Hans Albrecht Fischer）によれば、823条と226条（権利濫用）[48]を対比するなら、一方で他人の所有権を侵害する行為は違法として評価され（不法行為）、他方で自己の権利の行使に際して他人の所有権を侵害する行為は違法として評価されないが（単なる権利の行使）、しかし他人を害する目的しか有さない権利の行使に際して他人の所有権を侵害する行為（権利濫用）は違法として評価されるのであるから、違法性から主観的要素を完全に排除することはできず、行為者の非難すべき目的（Zwecke）それ自体が違法性を引き起こすのである[49]、と

---

46) 「從來『客觀的なものを違法性に、主觀的なものを責任性に』夫々配分・歸屬せしめることが客觀的違法論からする原則的見解であるとされていた。從つて、この立場からは、主觀的違法要素という用語やこれによつて表示されている概念は明かに形容矛盾を犯すものであり、また自己矛盾の内容を湛える概念だとされることは殆ど概念必然的な歸結であつた筈である。けれども、右の公式的見解にとらわれず、虚心に違法性に影響を及ぼすべき要素を直視する時は、客觀違法論の前提内部においても、主觀的要素と雖も、これあることによつて始めて違法性の存否を確定し、又はその程度を加減するもののあることが近時ようやく認められるに至り、既に今日では通説的見解を形成するまでになつてきたのである。これが主觀的違法要素であつて……（中略）……この要素の發見と理論的基礎づけは、直接には違法論の深化に基づくことはいうまでもないが、他面において、心理的責任論から規範的責任論への責任理論の深化・發展とも無關係ではなく、互に自己の立場に忠實なることが飜つて他を補強する所以ともなり、ついに最近の目的的行爲論によつて自覺的に兩者の關係が着目され」た（中義勝『刑事法學辭典（増補版）』瀧川幸辰（編）（1957年）408-409頁）。

47) この点について、Claus Roxin, Strafrecht Allgemeiner Teil, 1. Bd., 3. Aufl., 1997, S. 228 も参照。同書の邦訳として、ロクシン（町野朔・吉田宣之 監訳）『刑法総論 第一巻（第三版）翻訳第一分冊』（2003年）が存在する。以下では、同邦訳書を引用する。

48) 民法226条：権利の行使は、それが他人に害を加える目的しか有し得なかったときは、これを許さず。

いう。さらにフィッシャーによれば、主観的違法要素は826条や227条（正当防衛）[50]においても見出され、すなわち826条における良俗違反は単なる故意ではない主観的違法性を意味し[51]、正当防衛においても違法性の阻却または不阻却は外部的構成要件ではなく、目的によって決せられ、防衛目的が手段を神聖化する[52]、というのである。

　フィッシャーが説く主観的違法要素論によれば、故意は単なる責任要素を意味せず、主観的違法要素という性質を帯び得る。ならば、123条1項の要件として要求される故意は主観的違法要素であるか。このことが次いで問題となる。

　まず、フィッシャーによれば、123条と違法性の関係について次のように述べる。「強迫または悪意（Arglist）によって意思表示を為すべく決定することは、違法である」[53]。フィッシャー自身が述べていたように、「行為者の非難すべき目的（Zwecke）それ自体が違法性を引き起こす」。つまり、この目的性は主観的違法要素性を判断する際の重要な要因として考えられる。そして、この目的性と123条1項における故意の関連は、裁判所によって既に認められていた。

　RG 3. 4. 1909（JW 1909, S. 308）は売買契約の事例（詳細は不明）において、次のように判示していた。「悪意の欺罔とは、意思決定に干渉する目的（Zweck）で、欺罔者自身によって惹起された錯誤または既に存在した錯誤を故意に利用し、そのことによって錯誤者の意思表示に干渉することである」。

この説示によれば、悪意の欺罔は目的性を備えた行為として理解されている。学説も、この目的性を要求する。例えば、「民法の意味において、欺罔は、他

---

49) Hans Albrecht Fischer, Die Rechtswidrigkeit mit besonderer Berücksichtigung des Privatrechts, 1911 (Neudruck 1966), S. 138 u. 147.
50) 227条1項：正当防衛によって為された行為は違法にあらず。
51) Fischer, a. a. O. (Fn. 49), S. 147. その他に、例えばエルトマンも826条の違法性について、次のように述べている。「826条の諸事例においては、違法性という客観的要素は、故意という主観的要素に基づいて初めて生じるであろう」（Paul Oertmann, Sittenwidrige Handlungen, DJZ 1903, S. 328）。
52) Fischer, a. a. O. (Fn. 49), S 138 u. 293.
53) Fischer, a. a. O. (Fn. 49), S. 113.

人の意思を決定する目的（Zwecke）で、錯誤という手段によって遂行される行為である」[54]、「悪意の欺罔という概念は、刑法の意味における詐欺の概念と同様に、錯誤惹起の目的（Zwecke）で、誤れる事実の虚構または正しい事実の隠蔽を知りつつ為すことを要する」[55]、「欺罔は、悪意たるためには、相手方を欺罔者によって望まれた法律行為へ誘う目的（Zwecke）で行われなければならない」[56]。

　判例および学説が説く「目的」が主観的違法要素を意味し得るならば、確かに123条1項において責任能力を要求しなくても、故意を要件として維持する理由を正当化できる（例えば、123条1項は全く責任を問わないが、しかし法律効果の発動条件として違法性は必要であり、この違法性を満たす要件として故意が求められる、と説明すれば良い）。

　ところが、主観的違法要素は行為無価値論と接合的であることが最大の問題点である。両者の関係については続く第2項における検討へ譲るものの、行為無価値論と123条1項が結び付くことによって同条項の規範目的は意思決定自由の保護から欺罔者の制裁へ転化し得る[57]。意思決定自由の保護という規範

---

54)　Hölder, a. a. O. (Fn. 7), S. 272.
55)　Loewnfeld und Riezler, a. a. O. (Fn. 4), S. 480.
56)　Tuhr, a. a. O. (Fn. 3), S. 606.
57)　「結果無価値とは、犯罪の実体を法益侵害（ないしその危険をも含む）と考える近代刑法学の伝統的立場を指すのに対し、行為無価値とは、犯罪の実質が法益侵害に尽きるものではなく、むしろ、法益侵害をもたらす行為自体がもつ性格に着目し、その規範違反性、秩序違反性あるいは常規逸脱性こそが実質であるとみる考え方を指す、とするのが一般である。従って、この対立は、ひいては刑法の機能が何であるのか——前者からすれば、それは、法益ないし生活利益の保護であるのに対し、後者からは、規範あるいは秩序の内容を示して人々の行動をそれによらしめることとなる——という、根本的な問題に連なるとされるのである」（真鍋毅「行為無価値と結果無価値」中山研一・西原春夫・藤木英雄・西澤浩一（編）『現代刑法講座　第2巻　違法と責任』（1979年）18頁）。123条1項においても違法論を語る場合、これは同条項の規範目的の理解に影響を与えることになる。
　後述するように、行為無価値論は、行為者の主観的態様から違法性を導き出し、その違法性に関する基本理念を示す語として「社会的相当性」という語を用いる。個人の主観的態様と全体的評価を意味する「社会的相当性」は一見すると結び付かないように思われるが、しかし、そうではない。確かに、後者は特に違法性阻却の場面において意味

目的から導かれた責任能力要件の否定を正当化するために主観的違法要素を肯定することで、その前提となる規範目的が変容してしまうのである。次いで、この問題について検討する。

第2項　違法対象の主観化――ナチス思想の影響

(1) 刑法学における違法論
① 結果無価値論

　主観的違法要素は 123 条 1 項において問題を残す理論ではあったが、しかし主観的違法要素論それ自体は刑法学へ受け継がれ、さらに発展した。これに連なる議論は法体系の全体に及ぶ違法論として重要性を有するため、引き続き刑法学における議論を確認する。

　まず、主観的違法要素を独立の課題として初めて研究したメツガー（Edmund Mezger）の見解を確認する。客観的違法論（不法を原則として客観的に、責任を原則として主観的に捉える立場)[58] に依拠するメツガーによれば、確かに不法は客観的な利益侵害であるが、しかし利益侵害が主観的な意思方向と常に無関係というわけではなく、むしろ繊細かつ複雑な人間の利益活動を専ら外部から捉えることはできないのであって、その限度において主観的違法要素が考慮されなければならず、例えば欺罔者の利得意図を要する詐欺罪（刑法 263 条）は超過的内心傾向を伴う犯罪であり、利得意図は欺罔者の不法な意図を意味するのであって、それゆえ詐欺罪は主観的違法要素を備える犯罪として理解される[59]、

　を持ち、つまり権利侵害の事態が生じても、社会的相当性を理由として違法性は否定され、この意味において消極的に作用している。しかし、その反射的作用として積極的に違法性を基礎づける要素として行為者の主観的態様が求められ、あるいは当該態様の程度を推し量る基準として社会的相当性が意味を持ち得る場面も考えられ得るのであり（とりわけ過失の義務の設定）、行為者の主観的態様と「社会的相当性」は関連している。そして、行為無価値論において行為者の主観的態様を重視する点が詐欺取消制度の故意要件の問題と関係し、行為無価値論において被侵害権利を重視しない点が詐欺取消制度における意思決定自由の要保護性の問題と関係する。この点を含めて、引き続き検討する。

58)　Edmund Mezger, Die subjektiven Unrechtselemente, GS 89 (1924), S. 257.
59)　Mezger, a. a. O. (Fn. 58), S. 259 ff.; ders., Strafrecht, II. Besonder Teil, 5. Aufl., 1956, S. 181 も参照。

という。さらに、メッガーは、不法評価の対象、すなわち（権利侵害であれ、損害発生であれ）結果を生ぜしめない未遂においても、主観的違法要素を認める[60]。

こうした刑法学の理解に対して、まず123条1項においては意思決定自由の侵害の有無が重要であるから、悪意の欺罔は成立要件として財産的不利益または利得意図もしくは加害意図を要しない。このことは123条1項における悪意の欺罔が財産犯たる性質を有する刑事詐欺から区別される特徴として理解されている[61]。そもそも、民事詐欺と刑事詐欺を区別するために、悪意の欺罔という表現が起草過程において導入されたのであった[62]。さらに、123条1項は取消権の要件として意思表示の存在を要求するのであるから、同条項において未遂を語る余地は皆無であろう[63]。

ところが、既に確認したように、123条1項における悪意の欺罔は目的性という要素と結び付くことによって著しく主観性が強調される可能性を残していた（これは、「他人の意思を決定する目的（Zwecke）」であり、「錯誤惹起の目的（Zwecke）」であり、「法律行為へ誘う目的（Zwecke）」であった）[64]。しかも、確かに民法における悪意の欺罔は財産犯ではないから、利得意図を要しないが、しかし123条1項においても意思表示の存在は必要である。すなわち、民事詐欺における目的性を強調すれば、欺罔者の終局的な目的は意思表示の獲得として理解され得るのであり[65]、結果の性質は異なるものの（財産的利得か、意思

---

60) Edmund Mezger, Moderne Wege der Strafrechtsdogmatik, 3. Aufl., 1949, S. 27.
61) 例えば、Planck, a. a. O. (Fn. 3), S. 220.; Kohler, a. a. O. (Fn. 4), S. 522.; Biermann, a. a. O. (Fn. 7), S. 250.; Paul Oertmann, Kommentar zum Bürgerlichen Gesetzbuche und seinen Nebengesetzen, 1. Bd., 2. Aufl., 1908, S. 379.; Loewnfeld und Riezler, a. a. O. (Fn. 4), S. 480.; Tuhr, a. a. O. (Fn. 3), S. 614.
62) この点について、前述104-105頁を参照。
63) そもそも民法では原則として未遂を語る余地が存在しないのであり、この点について Hans Welzel, Studien zum System des Strafrechts, ZStW 58 (1939), S. 508.; Manfred Wolf, in: Soergel Kommentar zum bürgerliches Gesetzbuch, 2/1. Bd., 11. Aufl., 1986, S. 752 を参照。
64) この点について、前述134-136頁。
65) 例えば、Lübtow, a. a. O. (Fn. 7), S. 259 によれば、「意思表示が欺罔の目的である。それゆえ、被欺罔者が実行へ移すことになるような錯誤に基づく意思決定を引き起こす意

表示か)、123条1項においても欺罔者の利得意図を語り得る余地が生まれ、したがって主観的違法要素も正当化され得る。

ならば、123条1項における悪意の欺罔も、主観的違法要素を要する概念として理解されるべきなのであろうか。しかし、メツガーが主観的違法要素を例外として位置づけた理由は、その根底に置かれている法の目的に関する理解と密接に関係しており、この点は無視されてはならない。すなわち、メツガーによれば、「不法の実質的内容は、人間的利益の侵害である。法は全て人のために在り、人が法のために在るわけではない」のであり[66]、「刑法においては、保護思想が第一義であり続ける」[67]、というのである[68]。

法益保護の観点に立つなら、違法性の対象は法益の侵害に求められ、その評価は客観的でなければならず、主観的違法要素は例外でなければならない。それゆえ、メツガーの理解によれば、故意それ自体は決して主観的違法要素ではないのである[69]。この理解に従うなら、123条の規範目的が意思決定自由という法益の保護である限り、やはり同条においても主観的違法要素の存在は否定されなければならない。

② 行為無価値論

主観的違法要素を例外として捉えるメツガーの見解に反して、これを例外として捉えず、むしろ故意それ自体を主観的違法要素として理解する立場がヴェルツェル(Hans Welzel)によって唱えられた[70]。この見解によれば、123条1

図のもとで、故意に基づく錯誤の惹起を語ることができるのである」。
66) Mezger, a. a. O. (Fn. 58), S. 248.
67) Edmund Mezger, Straftat als Ganzes, ZStW 57 (1938), S. 696.
68) その後に展開されるメツガーによる法益概念の拡張あるいは精神化も注目されるが、しかし本書では触れることができない(その理由の第一は私の能力的限界であり、第二は本書では結果無価値論の原則的立場と行為無価値論の原則的立場を示すことができれば十分であるからである。仮にメツガー自身の立場が後のナチス思想と親近性を帯びるに至る可能性と問題性を含んでいたのであるならば、その原因の一端はメツガーが主観的違法要素を例外的であれ許容した点に求められるべきであって、結果無価値論それ自体に内在する問題として理解されるべきではない)。その後のメツガーの理解については、伊東研祐『法益概念史研究』(1984年)155頁以下を参照。
69) Mezger, a. a. O. (Fn. 60), S. 27.

項において故意を要求する限り、やはり同条項において主観的違法要素を肯定する余地が生じる。しかし、これが認められれば、123条1項の規範目的は変容を迫られるであろう。そこで、ヴェルツェルが説く違法論の内容と背景について、引き続き検討する。

まず、ヴェルツェルの違法論の内容を確認する。ヴェルツェルによれば、確かに従来の客観的違法論に従う限り、法益侵害は常に違法であるが、しかし法が法益侵害を全て客観的不法として禁ずるなら、あらゆる社会的生活は直ちに停止する他なく、それゆえ従前の理解は不適切であるのみならず、そもそも共同体秩序において許される行為は社会的に相当な行為（sozialadäquate Handlungen）として不法ではなく、例えば鉄道運行は社会的に相当な活動であって、要するに「社会的相当性（または許された危険）を超え出る行為が初めて違法として考慮されるのである」[71]、という[72]。

社会的相当な行為あるいは許された危険における行為は適法である、という認識に基づいて行為無価値という発想が生まれ、これと対置される伝統的な違法論は結果無価値と呼ばれ、こうして行為無価値論と結果無価値論が対立し始めたのであった[73]。

従来の違法論に依拠しないヴェルツェルの見解は法の目的に関する理解にも反映されている。すなわち、ヴェルツェルによれば、刑法の第一次的任務は具

---

70) この点について、Mezger, a. a. O. (Fn. 60), S. 22 を参照。

71) Welzel, a. a. O. (Fn. 63), S. 516 ff.

72) 構成要件に該当する違法かつ有責な「行為」を犯罪として定義するなら、この「行為」は結果を含む広義の行為を意味し、「結果」を含むのであるから、これが違法であることは（結果無価値論であれ、行為無価値論であれ）当然である。むしろ、行為無価値論が違法評価の対象として理解する「行為」は構成要件において語られる（結果を惹起する）行為であって、この意味における行為は狭義の行為を意味し、「結果」の評価を含まないのであるから、この意味の行為は結果無価値論によれば何ら違法ではない（それゆえ、結果無価値論によれば、故意によって引き起こされる結果も、過失によって引き起こされる結果も違法であることに変わりなく、故意と過失は違法性に関して差を生じない）。念のため、付言した次第である。

73) この点について、Hans Welzel, Das neue Bild des Strafrechtssystems, 4. Aufl., 1961, S. 9も参照。なお、同書の邦訳として、ハンス・ヴェルツェル（福田平・大塚仁 訳）『目的的行為論序説──刑法体系の新様相』（1974年）がある。

体的な法益保護ではなく、社会倫理的な心情（行為の）価値の保護であって、法益保護は消極的予防的な目的設定に過ぎない[74]、というのである[75]。

　被害者の法益侵害を違法として理解するのではなく、社会規範から逸脱する加害者の行為を違法として捉える行為無価値論によれば、刑法の目的は有害な行為に対する制裁である[76]。それゆえ、違法評価の対象が加害者の主観へ移ることは当然の帰結であろう。すなわち、ヴェルツェルによれば、刑法の対象は第一義的に目的的（目的活動的）行為であり、「その目的性という要素が刑法的不法に属し」、ゆえに「目的的目的活動性の要素たる故意が不法構成要件に属する」のであって[77]、こうして故意は本質的不法要素であり、不法は人的な（personales）行為不法である[78]、という。

　以上がヴェルツェルの違法論の概要である。この違法論によれば欺罔者の故意が違法要素として理解され、その反射的作用として意思決定自由は違法根拠の座から降ろされる。これは123条1項の規範目的に関する従前の理解を揺るがすものである。しかも、さらに問題はヴェルツェルの違法論の背景であり、その背景としてナチス思想が関係していたことは看過し得ない。この点について、引き続き検討する。

---

[74]　Hans Welzel, Das deutsche Strafrecht, 6. Aufl., 1958, S. 2 ff.
[75]　違法性の対象の評価を客観性に求めつつ（この意味において客観的違法論は維持される）、違法性の評価の対象を主観性に求める（故意を違法要素として理解する）立場は、果たして伝統的な「客観的」違法論の枠内において語られ得るのであろうか、という疑問が存在する。むしろ、ヴェルツェルの理解は主観的違法論者のメルケルの理解（メルケルについて前述91頁）と近接性を有し、そしてメルケルも刑法の目的を法に対する誠実の訓育として理解していた（この点について、ゲルハルト・ドルンザイファー（川端　博　訳）「アドルフ・メルケルの法理論と刑法解釈学」法律論叢53巻5・6合併号（1981年）158頁、167頁以下および178頁を参照）。
[76]　この点について、Tilman Repgen, Staudingers Kommentar zum Bürgerlichen Gesetzbuch mit Einführungsgesetz und Nebengesetzen, 2004, S. 787 も参照。
[77]　Welzel, a. a. O. (Fn. 63), S. 518 f.
[78]　Welzel, a. a. O. (Fn. 73), S. 27.

(2) ナチス期の法思想
①「公益は私益に優先す」

　世界的工業国として発展していた20世紀初頭のドイツは、1914年の第一次世界大戦を通じて政治的経済的体制を変じ始め、自由経済から次第に国家統制へ移行し、さらに基幹産業の社会化も進められ（例えば鉄道・都市交通・水道・ガス等）、とりわけ鉄道は当時としては世界最大の統一的鉄道企業体を形成していた[79]。

　確かにドイツ経済は一時的に回復したのであるが、しかし1920年代末から発生した経済恐慌によって失業者の数が増大し、失業者の救済対策に失敗した政府から国民は離れ、1930年以降の選挙において左右両極の革命政党が多数を占める事態が生じた。そして、その一極の政党が国民社会主義労働党（Nationalsozialistische Deutsche Arbeiterpartei）、すなわちナチスであり、1933年にヒトラーが首相として任命され、ナチス政権が成立したのである[80]。

　ところで、ヴェルツェルによれば、鉄道運行は社会的に相当な行為であり、違法性が否定される。既に指摘したように、ナチスが台頭する以前から鉄道運営は最大規模の国家事業であったのであり、鉄道事業に基づく行為の違法性を否定することは鉄道事業に基づく犯罪の成立の抑制を意味し、鉄道事業の保護へ連なる。つまり、ヴェルツェルの行為無価値論は、被害者の個別的法益よりも、鉄道事業という全体的利益を優先する見解であって、ここにナチスの共同体思想が窺われるのである[81]。

---

79) 以上について、ヘルムート・ベーメ（大野英二・藤本建夫 訳）『現代ドイツ社会経済史序説』（1976年）128-129頁、フリッツ・ハルトゥング（成瀬治・坂井栄八郎 訳）『ドイツ国制史』（1980年）429頁、シュトルパー・前掲注30・58-67頁および113-114頁、ハンス=ウルリヒ・ヴェーラー（大野英二・肥前榮一 訳）『ドイツ帝国　1871-1918年』（2000年）288頁、Mary Fulbrook, A Concise History of Germany, 2nd ed., 2004, pp. 150-155（同書の邦訳として、メアリー・フルブロック（高田有現・高野淳 訳）『ドイツの歴史』（2005年）が存在する）。

80) 以上について、ベーメ・前掲注79・146-149頁、ハルトゥング・前掲注79・466頁、シュトルパー他・前掲注30・132-134頁。

81) いわゆる具体的秩序論とナチス思想の関係は、既に様々に論じられている。ヴェルツェルも次のように述べる。「具体的秩序の思想は、法律において、また法律を通じて、常に、具体的民族共同体という現実の生きた価値に遡る」（Hans Welzel, Naturalismus und

第1節　転回する自由意思の要保護性　143

　ナチス思想は、ナチス綱領 24 条において端的に示されている。同条は次のように規定する。「我が民族の継続的復興は、ただ次の原則に基づいて内部から行われ得る。すなわち、公益は私益に優先す」[82]。

　かかる思想の影響は、私法の領域においても見られた。シュトル（Heinrich Stoll）は「公益は私益に優先す」というナチス綱領を最高原理として掲げ[83]、これに基づいて民法典における基本原理の刷新を説く[84]。例えば、損害賠償に関して、シュトルによれば、刑法のみならず、民法の損害賠償も贖罪思想を持ち、損害賠償の目的は共同体秩序の違反によって害された法感情の満足であって、さらに過責の程度に応じた責任の量定も許されるが、しかし共同体利益を僅かでも害する損害賠償は許されない[85]、という。

　既に確認したように、民法典の立法者は、民法を解釈する際に道義的あるいは刑法的観点が入り込む余地を排除するために、過責の程度に応じた責任の量定を否定していた[86]。立法者の意思に反するシュトルの理解は、まさに従来の法原則を変更した内容であったのである。

　さらに、民法の役割と刑法の役割を明確に区別しないシュトルの理解は、法の目的として法益の保護を必ずしも重視しない立場へ連なり、その意味においてヴェルツェルの立場へ接近するのであり、実際にシュトルの不法論は明らかに行為無価値を示している。シュトルは次のように述べる。不法（Unrecht）は、「法秩序に違反する人間の行為を意味し、その行為が他人の権利または法益の侵害を引き起こすのであって、それゆえ損害賠償を義務づける」[87]。

　　Wertphilosophie im Strafrecht, 1935, S. 76）。やはり、「ヴェルツェルの法思想が、ナチスの民族全體主義の影響をうけていたことは否定しえない」（内藤謙「目的的行爲論の法思想史的考察（一）」刑法雑誌 9 巻 1 号（1958 年）33 頁）。
82）　Gottfried Feder, Das Programm der N. S. D. A. P. und seine weltanschaulichen Grundgedanken, 178. Aufl., S. 18.
83）　Heinrich Stoll, Die nationale Revolution und das bürgerliche Recht, DJZ 1933, S. 1231.
84）　Heinrich Stoll, Vertrag und Unrecht, 1. Halbband, 2. Aufl., 1937, S. V（Vorwort）.
85）　Heinrich Stoll, Vertrag und Unrecht, 2. Halbband, 1936, S. 202.
86）　その理由も含めて、この点について前述 116 頁の注 355 を参照。
87）　Stoll, a. a. O.（Fn. 84）, S. 5.「法益の侵害」という結果から切り離された「人間の行為」が不法として理解されている。

② ナチス思想と自由意思

　従来の原則の変更は、損害賠償法の領域に限られない。シュトルは、私的自治に関しても、共同体思想に基づいた理解を示す。すなわち、シュトルによれば、自由主義の時代においては当事者意思の実現が法の最高任務であったが、しかしナチス思想における個人は共同体という大きな連鎖の一連結に過ぎず、当事者の意思も共同体義務に従属させることが重要であり、したがって私的自治の承認は共同体に対する義務と拘束を意味する、というのである[88]。

　この意味における私的自治は共同体全体の利益を確保および増進する限度において認められるものであり、その限度において自己決定も認められる[89]。しかし、それは、あくまでも共同体に対する義務あるいは自己責任を明確化する必要性に基づくものであり、このことをラーレンツ（Karl Larenz）が端的に指摘している。すなわち、「ナチス思想は各民族構成員の意思を、自発性を、排除しない。ナチス思想は彼に答責を求めているのであって、それゆえ彼には義務を基礎づける真正なる一定の決定自由が与えられねばならないのである」[90]。

　この意味における「決定自由」が責任を基礎づける意味の自由意思、すなわち責任根拠の自由意思であることは明白である。しかも、この自由意思は、共同体のために、その限度において、認められるに過ぎない。このような法思想が支配する状況において[91]、すなわち一方で法の目的を法益保護に求めない行為無価値論が有力化し、他方で共同体利益を前提としてのみ私的自治が肯定される状況において、個人の自由が尊重されるはずがなく、まして個人的法益を意味する違法根拠の自由意思が認められるはずもなかった[92]。

---

88) Heinrich Stoll, Gemeinschaftsgedanke und Schuldvertrag, DJZ, 1936, S. 420.; ders., a. a. O. (Fn. 84), S. 6.
89) Stoll, a. a. O. (Fn. 84), S. 6.
90) Karl Larenz, Die Wandlung des Vertragsbegriffs, Deutsches Recht, 1935, S. 491.
91) 「新たな精神は私法を貫き、ここでも各個人から共同体へ、許された意思力から義務の拘束を生み出す根拠へ、個人的利益の利己的追求から民族および民族同胞に対する信義へ、すなわちドイツ共同体法へ導くのである」（Stoll, a. a. O. (Fn. 84), S. 5.）。
92) 「〈責任ある自由〉の議論は、ワイマール期の反自由主義的な思潮である『保守革命』の思想家たちの言説の中にしばしば検出されるものであって、ラーレンツと同時代に流行した一つの自由の見方といえる」（森田修「ラーレンツの手品——法律行為論の展開と

問題は、こうした当時の支配的理解と 123 条 1 項の関係である。例えば、ヴェルツェルが主張する違法論が 123 条 1 項においても支持されるなら、故意は主観的違法要素として正当化され、その反面として意思決定自由の保護という規範目的は没却されるであろう。この問題は戦前において必ずしも明確ではなかったため[93]、ゆえに引き続き戦後の議論を検討する。

第 2 款　意思決定自由の再評価

第 1 項　行為無価値論の継承

(1) 戦後の状況
① 民法学における行為無価値
戦後のドイツでは人権尊重の気運が高まり、これに伴い民法の解釈において

『ナチス私法学』(2・完)」法学協会雑誌 124 巻 4 号（2007 年）13 頁）。この時代においては、意思表示における意思は、必ずしも表意者の自由な意思を意味しなかった。この意味において、ナチス時代において登場した「妥当の表示」理論が表示主義と親和的であった点も理解できる（森田修「ラーレンツの手品——法律行為論の展開と『ナチス私法学』(1)」法学協会雑誌 124 巻 3 号（2007 年）39 頁）。ところで、ここまで検討したように、結果無価値論と行為無価値論の相違は、前者における違法の評価対象の客観性と後者における違法の評価対象の主観性であった。ただし、前者の客観性は被害者を基点として理解され、後者の主観性は加害者を基点として理解されている点に留意されるべきである。すなわち、結果無価値論の客観性と意思表示の解釈に関する表示主義は共通性を有さず、むしろ意思という観点から捉えるならば、結果無価値の客観性（詐欺取消制度における被欺罔者の違法根拠の自由意思）と意思表示の解釈に関する意思主義（表意者の意思）が共通性を有する。これに対して、意思表示の解釈に関する表示主義と行為無価値論は、その判断基準たる「社会的相当性」という点において共通性を有する。

93)　当時の支配的理解と 123 条 1 項の関係は、必ずしも明確ではない。この関係を窺わせる事例それ自体が少ない。特殊な事例として、例えば非アーリア人（ナチス思想の人種論における一分類の非アーリア人は劣等人種とされた）がナチスの機関紙と広告契約を締結したが、しかし同機関紙が当該広告を掲載せず、本件の非アーリア人が損害賠償を求めた事案において、AG. Jena 14. 9. 1937 (JW 1937 S. 3306) は、非アーリア人が自己の人的属性を契約締結時に告げなかった点を捉えて、123 条の適用可能性を示唆しつつも、むしろ本件においては第一義的に 138 条が適用されるべき旨を述べ、本来的な契約の不成立を認めて、賠償請求を退けている。

も人格権の保護を求める見解が打ち出された。例えば、コーイング（Helmut Coing）によれば、民法における人格的利益の保護は823条1項あるいは823条2項に限られないし、826条における不法行為も人間的尊厳に対する侵害行為として理解することで人間的尊厳に対して私法的保護を与え得る可能性が広く開かれ、826条の故意要件も未必の故意（dolus eventualis）として理解すれば、各規定間の要件格差は縮小され得るのであり、人格権は人間の尊厳として顧慮される個人的私権として広く保護されるべきである[94]、という。

さらに、人格権の保護に関して重要な意味を持つ基本法が1949年にドイツ連邦共和国基本法として制定された。例えば、基本法2条1項は次のように規定された。

　　2条1項：何人も、他人の権利を害さず、かつ憲法適合的秩序または良俗法規に反せざる限り、自己の人格の自由な発展の権利を有する[95]。

同条項の解釈によれば、人格の自由な発展の権利は原則として全く任意の自由な意思決定（freiem Willensentschluß）に従い作為または不作為を為し得る権利を意味する[96]。確かに人格の自由な発展の権利性について当時の学説は必ずしも一致していなかったが[97]、しかし前述のコーイングも823条1項の自由の解釈として意思自由を含めていたのであって[98]、意思決定自由の要保護性に関する議論は戦前とは異なる様子を見せ始めていた。

---

94) Helmut Coing, Das Grundrecht der Menschenwürde, der strafrechtliche Schutz der Menschlichkeit und das Persönlichkeitsrecht des bürgerlichen Rechts, Süddeutsche Juristen-Zeitung, 1947, S. 641 - 645.

95) Jeder hat das Recht auf die freie Entfaltung seiner Persönlichkeit, soweit er nicht die Rechte anderer verletzt und nicht gegen die verfassungsmäßige Ordnung oder das Sittengesetz verstößt.

96) Hermann von Mangoldt und Friedrich Klein, Das Bonner Grundgesetz, 1. Bd., 2. Aufl., 1957, S. 171.

97) この点について、赤坂正浩「人格の自由な発展の権利」法学50巻7号（1987年）1203頁以下を参照。

98) Coing, a. a. O. (Fn. 94), S. 641. ただし、詐欺の保護法益として自由意思が語られているわけではない。

自然法思想の復活や人格権の高揚は確かにナチス法学に対する反省現象ではあったが、しかし必ずしもナチス私法学の反省を意味したわけではなかった[99]。しかも、市場経済においては未だ国家の関与が強く残る分野も少なからず存在し（例えば鉄道等）、戦後の経済再建・経済成長を達成する前提として経済界全体の利益が優先された[100]。こうして、「法益の侵害を全て違法として評価すれば、社会は停止するであろう」というヴェルツェルの行為無価値論は生き残り、社会的相当性の理論および同理論と結び付く目的的行為論は、個人的利益を制約する法理論として、戦後においても維持されたのである。

　そして、民法学者も社会的相当性の理論を支持した。例えば、ニッパーダイ（Hans Carl Nipperdey）である[101]。19世紀の個人主義的・自由主義的法秩序に強く影響された損害賠償法を疑問視するニッパーダイによれば、人の行為の実質は共同生活を通じて理解されるのであるから、ある行為の不法性も人間生活における良俗的秩序に基づいて決定され、一般的な社会秩序に反する行為、つまり社会的相当性を逸脱する行為が違法であって、これは刑法において妥当している原則であるが、しかし民法においても妥当する[102]、という[103]。

---

[99]　この点について、戦後ドイツにおけるコーイングの活躍を含めて、五十嵐清「ファシズムと法学者——ナチス私法学の功罪を中心に」北大法学論集14巻3・4合併号（1964年）418-421頁を参照。

[100]　シュトルパー他・前掲注30・235頁以下、277頁以下、296頁以下を参照。

[101]　Rudolf Wiethölter, Der Rechtfertigungsgrund des verkehrsrichtigen Verhaltens, 1960, S. 9を参照。ニッパーダイの見解の紹介として、藪重夫「現代刑法理論（目的的行為論）と民法における違法・責任理論」今村成和・小山昇・矢田俊隆（編）『法学政治学論集』（1960年）83頁以下、前田達明『不法行為帰責論』（1978年）18頁以下がある。

[102]　Ludwig Enneccerus und Hans Carl Nipperdey, Allgemeiner Teil des Bürgerlichen Rechts, Halbb. 2, 14. Aufl., 1955, S. 913-918.

[103]　ニッパーダイはヴェルツェルの目的的行為論を支持し、不法論のみならず、過責概念も法の全領域に妥当する一般理論として理解している。すなわち、ニッパーダイによれば、旧来の学説は過責概念（故意および過失）を責任の要素として理解するが、しかし目的的行為論に従うなら故意および過失は不法構成要件に属し、それゆえ故意と過失は責任から厳格に区別されるから、残る責任非難の要件は帰責能力および違法性の意識であって、これは故意と違法性の意識を分離する責任説を意味し、ヴェルツェルも支持する刑法の有力説であって、この立場は民法においても支持されるべきである、という（Enneccerus und Nipperdey, a. a. O. (Fn. 102), S. 924-933 und mit Fußn. 10）。ニッパーダイにとって、

ニッパーダイの見解は批判を受け[104]、必ずしも支配的見解を形成したわけではなかったが、しかしニッパーダイの理解に依拠した裁判例[105]が登場し[106]、さらにヴェルツェルも同判決を支持したことで[107]、次第に社会的相当性の理論ないし行為無価値論は民法学において無視できない影響力を及ぼし始めた。

　　法秩序は統一的に形成されており、それゆえ法および不法は普遍的に妥当する概念である、という理解が前提であるのである（Enneccerus und Nipperdey, a. a. O. (Fn. 102), S. 919）。
[104]　特に重要な批判は、目的的行為論を支持する刑法学者のニーゼ（Werner Niese）によるものである。ニーゼによれば、社会倫理的な基本評価から離反した悪しき意思を問う刑法において目的的行為論が支持される理由は、刑法では故意犯と過失犯に対して異なる種類と範囲の刑罰が科され、ゆえに個々の事案に応じて不法と責任を推し量る必要が存在しているからであり、そして目的的行為論から必然的に帰結される責任説は故意の不法と過失の不法を区別し得る点において刑法の要請に適合するからであるが、しかし民法の目的は損害の調整であり、故意と過失に応じて法律効果を区別しないのであるから、このことから民法において責任説を採用する理由が存在せず、むしろ民法は結果無価値を重視しているのであるから、ニッパーダイの見解は妥当ではない、という（Werner Niese, Die moderne Strafrechtsdogmatik und das Zivilrecht, JZ 1956, S. 460－464. ニッパーダイに対するニーゼの批判について、中谷瑾子・宮澤浩一「現代刑法理論と民法──ニーゼのニッパーダイ批判をめぐって（一）（二・完）」法学研究30巻7号（1957年）49頁以下・8号61頁以下。さらに、藪・前掲注101・119頁以下、五十嵐清「刑法理論と民法理論──その関係についての一考察」ジュリスト313号（1965年）35頁も参照）。責任説については、後述する。
[105]　例えば、BGH 4. 3. 1957（BGHZ 24, 21）。同判決の紹介として、藪・前掲注101・105頁以下、前田・前掲注101・21頁以下がある。
[106]　この判決に対する学説の評価の大勢は、この判決がヴェルツェルによって主張された社会的相当性の理論に依拠していることを肯定する。例えば、Franz Wieacker, Rechtswidrigkeit und Fahrlässigkeit im Bürgerlichen Recht, JZ 1957, S. 535 f.; Heinz Bindokat, Mehrerlei Unrecht?, JZ 1958, S. 553.; Erich May, Das verkehrsrichtige Verhalten als Rechtfertigungsgrund, NJW 1958, S. 1264.; Heinrich Lehmann, Allgemeiner Teil des Bürgerlichen Gesetzbuches, 1. Bd., 14. Aufl., 1963, S. 327 ff.
[107]　BGH 4. 3. 1957は踏切事故の事案であり、既に社会的に相当な行為の例として鉄道を挙げていたヴェルツェルは同判決に基づいて社会的相当性の理論が一般的法原則であること、そして同理論が刑法のみならず、全法秩序において妥当することを主張する（Welzel, a. a. O. (Fn. 74), S. 74）。

第 1 節　転回する自由意思の要保護性　149

② 労働法学における行為無価値

　行為無価値論の影響は、民法学に止まらず、労働法学においても見られる。既に確認したように、戦後のドイツにおける経済状況は経済界全体の利益を優先する傾向を有した[108]。このような社会的市場経済の影響は、例えば賃金の上昇は社会全体の経済にとって不利益である、という考え方とも結び付く。当時の労働法学界の権威でもあったニッパーダイ[109]は、社会的相当性の理論を民法のみならず、労働法の領域へも取り込み、争議行為の違法性を社会的相当性を通じて判断する解釈を展開したのである[110]。

　ニッパーダイは、社会的相当性の原則を一般的法原理として理解し[111]、さらに前述した戦前における自由権に関する裁判例をも援用しつつ[112]、次のように述べる。かつて RG が判断したように、民法 823 条 1 項における自由は意思決定自由を含まず、それゆえ確かに同条項の自由侵害は労働争議によって生じないのであるが、しかし同条項の「その他の権利」として認められている営業権の侵害を理由として労働争議に対する 823 条 1 項の適用は可能であって、その際に重要な意味を持つ基準が社会的相当性であり、すなわち労働争議が全て違法を意味するのではなく、社会的相当性を逸脱した労働争議が違法であり、民法 823 条 1 項に基づく賠償義務に服する[113]。

　こうした社会的相当性の理論を介したニッパーダイの争議行為論は、一見すると使用者の営業権と労働者の争議行為権が比較考量される構図である。しかし、ニッパーダイの理解によれば、まず「民法 823 条 1 項に服する権利の侵害は、それ自体として構成要件に該当し、かつ違法であ」り[114]、つまり争議行

---

108)　この点について、前述 147 頁を参照。
109)　この点について、五十嵐・前掲注 99・412－413 頁を参照。
110)　争議行為の違法性とニッパーダイの理解について、喜多實「争議行為のいわゆる民刑事免責の法構造」一橋論叢 57 巻 5 号（1967 年）602 頁以下。
111)　Alfred Hueck und Hans Carl Nipperdey, Lehrbuch des Arbeitsrechts, 2. Bd., 6. Aufl., 1957, S. 638. ヴェルツェルの見解も引用されている。Hueck und Nipperdey, a. a. O., S. 639 mit Fußn. 34 を参照。
112)　これらの裁判例について、前述 129－132 頁を参照。
113)　Hueck und Nipperdey, a. a. O.（Fn. 111), S. 632－639.
114)　Hueck und Nipperdey, a. a. O.（Fn. 111), S. 640.

為は原則として違法であって、例外的として社会的相当性概念を通じて争議行為の違法性が阻却されるのである[115]。

以上の如く、社会的相当性ないし行為無価値の考え方は、刑法以外の他の法領域へも引き継がれた。問題は、その解釈論的影響である。前述したメッガーとヴェルツェルの対立においても確認したように、結果無価値論は法益の保護と結び付き、行為無価値論においては制裁の観点が重視される。民法においても行為価値論に依拠するならば、制裁の観点が強調されるであろう[116]。その影響が詐欺取消制度においても見られるか否か、について引き続き確認する。

(2) 悪意の欺罔と行為無価値論
① 違法論と正当防衛

行為無価値論が民法へ流入した影響は、123条1項における悪意の欺罔においても見られる。そして、悪意の欺罔と違法性の関係を意識させる契機を与えた裁判例として、次の事案が重要である。

BAG 22. 9. 1961（AP Nr. 15 §123 BGB Bl. 1253＝NJW 1962, S. 74）は、労働契約の締結時に被告（使用者）が妊娠の有無を尋ね、これを原告（被用者）は秘匿し、後に被告が悪意の欺罔を理由として当該契約を取り消した事案において、あらゆる虚偽の回答が悪意の欺罔を構成するわけではないが、しかし妊娠の有無に関する質問は許された質問であり、ゆえに本件において悪意の欺罔が成立する旨を説示した。

本判決は、悪意の欺罔が場合によっては許容され得る余地を示唆した[117]。

---

115) ニッパーダイは、ヴェルツェルの文献を引用した後に続けて、社会的相当性の概念を特別な正当化事由として示している。Hueck und Nipperdey, a. a. O. (Fn. 111), S. 639 mit Fußn. 34 を参照。

116) Manfred Löwisch, in: Staudingers Kommentar zum Bürgerlichen Gesetzbuch mit Einführungsgesetz und Nebensgesetzen, 2004, S. 282.

117) 本判決も引用している BAG 5. 12. 1957（NJW 1958, 516）においては、前科に関する質問は許されない質問として理解され、この質問に対する虚偽の回答は悪意の欺罔として認められなかった。使用者の質問権を認めるべき必要性も確かに存在するのであるが、

これは、いわば「嘘をつく権利」を認める可能性を残すものであり、この点を批判する見解が存在する[118]。しかし、使用者の質問が被用者のプライバシーを侵害している点も同時に顧慮されるべきであろう[119]。この点に鑑みて、正当防衛の判断を通じて悪意の欺罔を評価すべき旨を唱える学説が登場した。すなわち、ノイマン＝デュースベルク（Neumann-Duesberg）によれば、被用者の側のプライバシーを考えるなら、許されない質問に対する正当防衛として悪意の欺罔が認められるべきであり、そして正当防衛によって違法性が阻却され、このことによって悪意の欺罔は正当化されるのであり、したがって取消権も否定される[120]、という。

この理解によれば、少なくとも、「嘘をつく権利」という表現を回避した解決が可能である[121]。しかし、ノイマン＝デュースベルクの理解を「悪意の欺罔と違法性」の関係から眺めるならば、防衛意思の要否という重要論点が出現する。既に確認したように、主観的違法要素論は正当防衛の問題としても登場

しかし他方において被用者のプライバシーを保護する必要も存在するのであり、基本法が保護する人格権の問題も含めて労働法における一個の論点を形成している（例えば、Florence Beck, „Fragerecht" und „Recht zur Lüge", 2004 を参照（特に S. 75 ff.））。

男女の平等的取扱に関するヨーロッパ共同体指令（1976 年）以降は、妊娠に関する質問も許されない質問として理解されている。この点は後述する。

[118] ラーレンツは、ある質問に対する単なる沈黙が当該質問内容の告白に等しく、ゆえに単なる沈黙が質問に対する防御として十分ではなく、質問に対する回答を拒絶することによって不利益を被る可能性が存することを指摘しつつも、しかし「たとえ限定的であっても、嘘をつく権利を承認することは、甚大なる法的不安定を来たし、とりわけ信頼の激しい動揺を招く」点を重視し、悪意の欺罔が許容される可能性を認めない（Karl Larenz, Anm. zu AP Nr. 15 §123 BGB Bl., S. 1256）。

[119] ドイツの裁判例の類型として、悪意の欺罔が争われる他の一般的な事案と異なり、労働契約と保険契約に関しては、経済的弱者たる被用者が欺罔者として登場し、経済的強者たる使用者が被欺罔者として登場する、という特徴が認められる。この点は、悪意の欺罔の捉え方にも影響しているように思われる。この点は、後述する。

[120] Neumann-Duesberg, Rechtswidrigkeitserfordernis und Rechtswidrigkeitsausschluß (Notwehr) in Täuschungstatbestand des §123 BGB, JR 1967, S. 2 f.

[121] 123 条 1 項における悪意の欺罔と正当防衛の問題と解決方法は、その他の学説でも受け入れられている。例えば、Lübtow, a. a. O. (Fn. 7), S. 275.; Hans Brox, Handkommentar zum Bürgerlichen Gesetzbuch, 1. Bd., 7. Aufl., 1981, S. 183.; Kramer, a. a. O. (Fn. 7), S. 1168 を参照。

し、その初期の提唱者のフィッシャーは、違法性の阻却または不阻却に関して行為者の目的の重要性を説き、主観的正当化要素として正当防衛の意思を要求していた[122]。そして、主観的違法要素は行為無価値論と密接に関係していたのであり、ヴェルツェルは原則として故意を主観的違法要素として理解し、結果無価値論と行為無価値論の対立が生み出されたのであった。すなわち、防衛意思の要否という問題は、違法論の対立へ還元されるのである[123]。問題は、この対立が123条1項の悪意の欺罔において如何なる意味を持つか、である。

② 正当防衛論の影響

既に確認したように、結果無価値論に依拠するメッガーは刑法の第一義的任務を法益の保護として理解していたのであり、これに対して行為無価値論を展開したヴェルツェルは刑法の第一次的任務を社会倫理的な心情的価値の保護に求めた[124]。すなわち、防衛意思の要否の問題は規範目的の理解にも影響する。例えば、防衛意思の要件化に対して結果無価値論者が抱く危惧感の背景には、民法の損害賠償法は損害を調整することが任務であって、悪しき意思に私的刑罰を科すことが任務ではない、という理解が存在しているのである[125]。

---

[122] 前述137頁を参照。

[123] 防衛の意思を要求する立場は、「違法性の判断は、客観面・主観面の両方からなされなければならない、という違法二元論ないし行為無価値論からの帰結であり、故意を積極的な主観的違法要素（主観的構成要件要素）とする立場と裏腹の関係にある」のに対して、防衛の意思を要求しない立場は、「違法性の判断は客観的でなければならない、という結果無価値論からの帰結であり、故意をもっぱら責任要素とする立場に通ずる」（浅田和茂『刑法総論』（2005年）227頁）。つまり、ここまで検討してきた違法論は正当防衛の問題と密接に関連しているのであって、このことを前提として、続けて123条1項と違法論の関係について確認する。

民法学における正当防衛の議論は、刑法学説から影響を受けている（この点について、Repgen, a. a. O. (Fn. 76), S. 793）。それゆえ、正当防衛と違法性に関する刑法学の議論を、民法学において否定する理由は存しないであろう。

[124] この点について、前述139頁および141頁を参照。

[125] この点について、Johann Braun, Subjektive Rechtfertigungselemente im Zivilrecht?, NJW 1998, S. 942.; Repgen, a. a. O. (Fn. 76), S. 787 も参照。

結果無価値論の立場から見れば、防衛の意思を要求する立場は防衛の意思を持たざる防衛者の悪しき意思を理由として、この防衛者に損害賠償義務を負担させる理解に等しく、

つまり、123条1項における悪意の欺罔と正当防衛の関係を議論する重要な意味は、正当防衛の意思の要否の問題を通じて、同条項の規範目的の理解に影響が及ぶ点に存する。そこで、123条1項における防衛意思の要否に関して、再びノイマン＝デュースベルクの見解を確認する。ノイマン＝デュースベルクによれば、悪意の欺罔による正当防衛の成否は欺罔の目的（Zweck）を通じて決せられる[126]、という。このことからノイマン＝デュースベルクが防衛の意思を要求していること、それゆえノイマン＝デュースベルクが既に行為無価値論へ傾斜していることが推察される[127]。そして、ノイマン＝デュースベルクは次のように述べる。「法が取消可能性という極めて重大なる制裁（Sanktion）を当事者の特定の振る舞いへ下す理由があるとするなら、それは当該当事者の振る舞い方が法によって拒否されるからであり、つまり違法であるからに他ならない」[128]。

　防衛の意思を要求するノイマン＝デュースベルクの理解から、行為無価値論

　こうした解釈は正当防衛の際に要求される防衛意思という主観的要素が良俗的評価と結び付く危険性としても映る（Braun, a. a. O., S. 942; Helmut Grothe, Münchener Kommentar zum Bürgerlichen Gesetzbuch, 1. Band, 5. Auflage, 2006, S. 2529 を参照）。それゆえ、結果無価値論者は、原則として正当防衛に際して防衛意思を要求せず、客観的な正当防衛状況によって結果無価値が除去されることを認めるのである（Jauernig, a. a. O. (Fn. 7), S. 151 u. 248 も参照）。ただし結果発生を違法性の判断要素として理解する結果無価値論によれば、正当防衛時における攻撃者の行為は結果不法論の違法性判断の対象である結果を惹起していないから、227条2項（：正当防衛は、現在の違法な攻撃から自己または第三者を回避するために必要な防衛である）における「違法な攻撃」の要件を満たさない。そこで、結果無価値論は、現に発生した結果のみならず、差し迫る結果（bevorstehende Erfolg）ないし法益の危殆化（Rechtsgutsgefährdung）を違法性の判断要素として理解する（この点について、Wolfgang Münzberg, Verhalten und Erfolg als Grundlangen der Rechtswidrigkeit und Haftung, 1966, S. 345 mit Fußn. 702.; Grothe, a. a. O., S. 2524.; Repgen, a. a. O. (Fn. 76), S. 787 を参照）。

126) Neumann-Duesberg, a. a. O. (Fn. 120), S. 3.
127) ノイマン＝デュースベルクは、結果不法と行為不法を区別する必要性がない旨を指摘し、Münzberg, a. a. O. (Fn. 125) を引用する（Neumann-Duesberg, a. a. O. (Fn. 120), S. 3 mit Fußn. 2)。ミュンツベルクの立場は、違法性を行為に関連づける理論であり、すなわち行為無価値論に依拠している（この点について、Erwin Deutsch, Fahrlässigkeit und erforderliche Sorgfalt, 2. Aufl., 1995, S. 447 mit Fußn. 129 を参照）。
128) Neumann-Duesberg, a. a. O. (Fn. 120), S. 2.

が123条1項へ入り込み、法律効果の制裁的側面が重視され、違法性は行為の関連において捉えられていることが判明するであろう。しかし、その反面として、意思決定自由の保護という123条1項の規範目的は後退する。このことは、詐欺取消制度において行為無価値論を支持する帰結として留意されなければならない[129]。

---

[129] 例えば、シュトル (Hans Stoll) も、123条を端的に行為関連的不法の形式として捉え、同条において行為無価値の理論が顧慮される旨を説く。Hans Stoll, Zum Rechtfertigungsgrund des verkehrsrichtigen Verhaltens, JZ, 1958, S. 143.

　ここで、123条1項の強迫に関連する違法性要件について確認しておく。同条項の違法性要件が強迫にのみ関連することは立法過程において確認された（前述106頁を参照）。この点について、ノイマン＝デュースベルクによれば、日々の生活においては健全な強迫が存在し得るから、これを除くために、立法者は強迫に関しては違法性要件を設けたのであろう、という (Neumann-Duesberg, a. a. O. (Fn. 120), S. 2)。例えば、訴の提起は一定の圧力を伴うが、しかし債務を履行しない債務者に対して訴を提起することは法が認めているのであり、かかる法的制度の利用それ自体は強迫ではなく、違法でもない (Flume, a. a. O. (Fn. 7), S. 535.; Kramer, a. a. O. (Fn. 7), S. 1187.)。しかし、例えば、ある銀行が自己の債務者Aの交換手形（資金調達を目的として振り出され、双方が切り合う手形。騎乗手形とも呼ぶ）を告発する代わりに、Aの妻に対してAの連帯保証を引き受けるように迫る場合は、強迫の成立が考えられる。このような事案において、原審は強迫を認めたが、しかしBGH 23. 9. 1957 (BGHZ 25, 217) は強迫を否定した。その理由について裁判所によれば、自己の発言が他人の意思自由に許されない方法で干渉している、という意識が強迫者に欠けていたからである、という。かかる裁判所の立場に対して、123条は被強迫者の自由な意思決定を保護しているのであるから、違法性も客観的に決せられる、つまり被強迫者の決定自由の客観的侵害が重要である、という学説の批判も見受けられる (Johannes Karakatsanes, Die Widerrechtlichkeit in §123 BGB, 1974, S. 133.; Werner Lorenz, JZ, 1963, S. 319 f. を参照)。しかし、裁判所と同様に、強迫者の主観を重視するなら、強迫における違法性は典型的な結果不法として理解されないのである (Stephan Lorenz, Der Schutz vor dem unerwünschten Vertrag, 1997, S. 352.)。

　123条1項それ自体が行為無価値論に服するなら、欺罔における悪意要件と強迫における違法性要件は実質的に異ならない。すなわち、行為無価値論によれば、一方で強迫が持たない悪意要件は主観的違法要素として理解され、他方で悪意の欺罔が持たない違法性要件も主観的違法要素を意味するからである。123条1項の構成要件を、故意の欺罔または違法な強迫 (vorsätzliche Täuschung oder widerrechtliche Drohung) として表記する者も存在する (例えば、Dieter Medicus, Die Lösung vom unerwünschten Schuldvertrag, JuS, 1988, S. 4を参照。メディクスも123条1項における悪意の欺罔を行為不法論に基づいて解釈している。この点は後述する)。

第2項　法益保護の背景と方法

(1) 法益保護の背景
① 個人保護の社会的要請

123条1項における悪意の欺罔という概念は、それ自体が既に行為者の悪質性を連想させ、しかも行為無価値論と結び付くことによって意思決定自由の保護という123条1項の規範目的さえも後退させてしまう。

こうした理解は、確かに1960年代において妥当していた。しかし、他方で1960年前後から消費者問題も表面化し、法益の保護を志向させる重要な契機が生じた[130]。このことは、123条1項における悪意の欺罔に関する解釈にも影響を及ぼしたのである。

社会的経済的関係の変化は人間像を変容させ、生活関係を自ら形成する個人の観念は社会的影響や経済力によって左右される大衆的人間という姿へ変容し、契約当事者間の力の均衡は崩れ、こうして自己責任に基づいて利益調整する前提は次第に失われ始めていた[131]。こうした事態は労働問題においても重要な意味を持つであろうが、しかし、集団的色彩が強い労働問題と異なり、消費者問題は個々人の取引関係の観点から捉えられるものであるからこそ、個人の意思が重視される契機も十分に存在していたのである[132]。

---

[130] この点について、例えばトーマス・ライザー（吉野一 訳）「最近十年間の西ドイツにおける契約法領域の立法および法律学の社会的変化への対応」法学研究（明治学院大学）27巻（1981年）175頁以下を参照。Holger Fleischer, Konkurrenzprobleme um die culpa in contrahendo: Fahrlässige Irreführung versus arglistige Täuschung, AcP 200 (2000), S. 103 も参照。

[131] Manfred Wolf, Rechtsgeschäftliche Entscheidungsfreiheit und vertraglicher Interessenausgleich, 1970, S. 1.

[132] もっとも、労働問題からも自由意思を強調する見解は説かれていた。例えば、ラム（Thilo Ramm）によれば、「個人にとって意思形成の自由は、その人格と直接的に結び付く。意思形成の自由を喪失することは奴隷状態よりも低く見られる状態へ成り下がることを意味するが、しかし奴隷は自分の意思によって自由を奪い取ることができるのに対して、意思形成の可能性が奪われている者には意思形成の機会さえ失われているのであ」り、「基本法2条において規定されている個人の行為自由は、個人の決定自由または意思形成の自由（Entscheidungs-oder Willensbildungsfreiheit）を確実ならしめる保証で

もちろん、例えば経済的な力関係の不均衡に基づく契約は 138 条[133] によって、あるいは取引約款に基づく不公平な契約は 242 条[134] によって、一応の解決を図ることが可能であった。ところが、共通原理の欠如が問題として残されていた。そして、こうした共通原理を求める前提として、私的自治ないし自己決定が強調され始めたのである[135]。

私的自治それ自体は、既に以前から承認されている民法の基本原理である。しかし、単なる私的自治の承認は、たとえ不本意な意思表示であったとしても、私的自治的意思を理由として当該意思の有効性を導き出すことができ、むしろ経済的強者の利器と化す[136]。それゆえ、形式的な私的自治ではなく、法律行為を実現する前提として求められるべき自己決定の力（Macht zur Selbstbestimmung）を保証する実質的私的自治が要請された[137]。

この方向性を重視する代表的論者としてフルーメ（Werner Flume）が挙げられる。フルーメは、自己決定を為し得る力が存在して初めて私的自治が実現され得る旨を確認し、さらに意思の重要性を説く[138]。フルーメによれば、私的自治は基本法 2 条によって保障された基本原理であり、そして「私的自治を承認することは、次なる原則の承認を意味する：意思は理性に代わりて立つ（stat

---

あり、行為自由が意思形成の自由なくして想像し得ない如く、逆に意思形成の自由も行為自由なくして思考し得ないのである」、という（Thilo Ramm, Die Freiheit der Willensbildung-ein Grundprinzip der Rechtsordnung, NJW 1962, S. 465 - 469）。

ただし、ラムの主眼は、むしろ、個人の意思決定自由それ自体ではなく、労働者団体の意思形成自由であり、個人の意思決定自由が基本権として保護される帰結を団結体内部の意思形成自由の保護へ及ぼす点に存する（この点について、Ramm, a. a. O., S. 467 f. u. S. 470）。個人は統一単体であるが、しかし団体は解体可能性を有するのであって、両者は区別されるべきである、という反論の可能性をラム自身も示唆している（Ramm, a. a. O., S. 468 u. S. 470）。それゆえ、ラムの議論は、純粋に個人の意思決定自由を尊重する議論へ必ずしも直結しない。

133) 138 条 1 項：善良の風俗に反する法律行為は、無効である。
134) 242 条：債務者は、取引通念に鑑みて信義誠実に適うべく給付を為す義務を負う。
135) この点について、Wolf, a. a. O. (Fn. 131), S. 1 - 3 を参照。
136) この点に関して、Günther Hönn, Zur Problematik der Privatautonomie, Jura, 1984, S. 62 を参照。
137) この点について、Hönn, a. a. O. (Fn. 136), S. 72.
138) Flume, a. a. O. (Fn. 7), S. 10.

pro ratione voluntas)」[139]。

　既に確認したように、基本法2条の自由には、意思決定自由が含まれていた[140]。このことから、私的自治と意思決定自由が密接に関連していること、自己決定の権利性が示唆されていること、そして以降の展開として意思決定自由が強調されることも予想される。

　これに加えて注目される点は、stat pro ratione voluntas が私的自治の承認を意味する原則として理解されている点である。既に確認したように、理性より意思を重視する立場は主意主義を意味し、例えば民法典の起草者も同様の態度を示していたのであった[141]。

　問題は、こうした立場が123条1項における悪意の欺罔に関する解釈に及ぼす影響である。この点について、引き続き検討する。

② 規範目的の再評価

　確かに、これまで検討したように、戦前・戦後を通じて、違法性の主観化に伴い、詐欺取消制度から欺罔者に対する非難を見出す立場が有力化し、これは一方で行為無価値論と結び付き、かつて説かれたサヴィニーの見解へ接近しつつ、他方で詐欺を自由意思の侵害として捉えた啓蒙期自然法学説および民法典の起草者の理解から乖離していた。しかし、これに対してフルーメは再び意思を重視する立場を示した。

　フルーメの立場は異説ではなかった。フルーメと同様に、決定自由を私的自治的な自己決定の表出として捉えるヴォルフ（Manfred Wolf）は、例えばサヴィニーが展開した行為者の違法性を重視する理論を批判し、むしろ意思形成に対する妨害という観点から理解すべき旨を説き[142]、次のように述べる。「民法

---

139) Werner Flume, Rechtsgeschäft und Privatautonomie, in: Hundert Jahre deutsches Rechtsleben, 1. Bd., 1960, S. 136‐141. フルーメの法律行為論について、例えば高橋三知雄「Flume の法律行為論」法学論集16巻4・5・6号（1966年）433頁以下、吉岡祥充「W・フルーメの法律行為論に関する一考察――ラーレンツ行為基礎論との比較を通して（1）（2・完）」法学雑誌31巻3・4号（1985年）777頁以下・32巻2号（1985年）257頁以下を参照。

140) 前述146頁を参照。

141) 前述111頁および同頁の注334を参照。

典は、サヴィニーの如く強迫の違法性を、その反良俗性に依拠しているのではない。むしろ、民法典は、その点に関する根拠を、意思自由の侵害に見出しているのである」[143]。

ヴォルフが理解する自由意思は、単なる責任根拠の自由意思に止まらず、違法根拠の自由意思を意味する。違法根拠の自由意思は既にリストによって示唆されていたものの、リストの見解は主として不法行為法において展開されていたのであって[144]、これに対してヴォルフが理解する自由意思は明らかに法律行為法に位置する違法根拠の自由意思を意味している。

確かにヴォルフはサヴィニーの強迫理論を取り上げている。しかし既に確認したように、サヴィニー説における強迫と違法性の関係は詐欺に関しても妥当していたのであって[145]、ゆえにヴォルフの理解は詐欺(民法典における悪意の欺罔)にも妥当するはずであり、少なくともヴォルフは詐欺を別異に扱う意図を示していない[146]。

既に確認したように、サヴィニーは自然法学説から生まれたプロイセン一般ラント法を批判し、欺罔行為の違法性を重視していたのであって、被欺罔者の自由意思に対する侵害から違法性を捉えていたわけではなかった[147]。この意味においてサヴィニーの立場は、戦前・戦後における行為無価値論の理解に近い。もちろん、サヴィニーが個人意思の自由と詐欺取消制度の法律効果を結び

---

142) Wolf, a. a. O. (Fn. 131), S. 80 u. S. 114.
143) Wolf, a. a. O. (Fn. 131), S. 113.
144) この点について、前述113‐114頁を参照。
145) この点について、前述85頁の注224を参照。
146) Manfred Wolf, Rechtsgeschäftslehre, in: Grundlagen des Vertrags- und Schuldrechts, mit Beiträgen von Volker Emmerich, Walter Gerhardt, Wolfgang Grunsky, Diether Huhn, Eike Schmidt, Otto Tempel und Manfred Wolf, 1974, S. 108 ff. を見る限り、ヴォルフが特に強迫を取り上げている理由は、123条1項の違法性要件に求められるように思われる。既に確認したように、123条1項における強迫は独自の違法性要件を備え、これが主観的違法要素として作用し得たのであった(この点について、前述154頁の注129を参照)。つまり、違法性要件を持つ123条1項の強迫においてさえ、意思自由の侵害を違法性の根拠として捉えることができるのであるなら、違法性要件を持たざる悪意の欺罔においても同じ解釈が妥当するはずである。
147) この点について、前述84‐85頁を参照。

付けなかった主たる理由はサヴィニーが依拠するローマ法に求められるであろうが、しかし他の理由としてサヴィニーが自由意思を責任根拠としてのみ理解し、違法根拠として作用する自由意思を把握していなかった点にも求められるであろう[148]。ゆえに、その逆、つまり意思決定自由という被侵害権利の要保護性を強調する理解によれば、決定自由が違法性の評価へ含まれ、行為無価値的発想から結果無価値的発想へ転換されることになる。この理解に従うなら、取消権は制裁として看做されず[149]、123条において行為不法や欺罔者の処罰を語ることも否定されるのである[150]。

　もっとも、自由意思を強調するフルーメとヴォルフの理解は、必ずしも123条1項の具体的な要件論へ反映されていない。欺罔者から被欺罔者へ解釈の視点が移るなら、それに応じて要件が変化（とりわけ緩和）されて然るべきであるが、しかしフルーメとヴォルフにおいて、そのような具体的な解釈論は展開されていない。この意味において当時の学説の動向は法益を保護すべき背景と必要の説明に止まる。

　むしろ、実際的に要件を緩和する契機は、裁判所によって与えられた。まず、裁判所は契約締結上の過失法理を通じて123条1項における悪意の欺罔を補完する理解を示した。ただし、法益保護の方法として重要な意味を持つ同法理の目的は当初は必ずしも自由意思の保護という観点から捉えられていたわけではなかった。その結果、同法理と123条1項の関係が問われ、債務法の改正にも及ぶ種々の議論を呼んだ。この点について、引き続き検討する。

(2) 法益保護の方法——契約締結上の過失
① 画定問題
　社会の複雑化によって詐欺を受け易い状況が形成される一方で、詐欺者の故

---

148) サヴィニーは個人の自由意思を否定していたわけではなく、むしろ自由意思を法律行為論の前提として捉えていたが、しかし自由意思は強迫または詐欺によって害されないものとして理解していた。この点について、前述85頁の注225を参照。
149) この点について、Lübtow, a. a. O. (Fn. 7), S. 274.
150) この点について、Michael Lehmann, Vertragsanbahnung durch Werbung, 1981, S. 138.

意の証明が人の精神内部の立証であることはローマ法の時代から何ら変わらず、その立証は依然として困難である[151]。それゆえ、123条1項において意思決定自由の保護を志向する前提として、同条項における故意要件の克服が重要な課題として残る。

故意要件を克服する方法を大別するなら、証明それ自体を簡易化する方法[152]と要件を緩和する方法が考えられ得る。後者に関しては、さらに、契約締結上の過失法理を援用する方法[153]と、同条項における故意概念を拡張する方法が考えられる。ここでは、まず契約締結上の過失法理を援用した裁判例について確認する（故意概念の拡張に関しては後述する）。

契約締結上の過失法理を援用した裁判例として、BGH 31. 2. 1962（NJW 1962, 1196）が著名である。

> 被告は新しい旋盤を購入する際に原告の代理人から新旋盤を旧旋盤の設置場所に設置し得る旨の説明を受けたのであるが、しかし実際は設置不可能であったのであり、新旋盤の引取を拒絶した被告の代金支払義務の有無が争わ

---

[151] 喩えるなら、「悪魔の証明」（probatio diabolica）である（Theodor Süss, Vorvertragliche Anzeigepflicht, insbesondere bei der Krankenversicherung, VersR 1952, S. 186）。

[152] 例えば、一応の証明である。悪意の欺罔に関する一応の証明について、判例は確立していない。この点は後述する。

[153] 123条1項と契約締結上の過失法理の関係は既に紹介されている。例えば、藤田寿夫「説明義務違反と法解釈方法論——詐欺規定と評価矛盾するか？」神戸学院法学7巻1・2号（1997年）1頁以下、同「取引交渉過程上の法的責任」伊藤進・國井和郎・堀龍兒・新美育文（編）『現代取引法の基礎的課題』（1999年）533頁以下、潮見佳男「ドイツにおける情報提供義務論の展開（一）」法学論叢45巻2号（1999年）1頁以下（同論文を収めた『契約法理の現代化』（2004年）142頁以下）、川角由和「ドイツ債務法の現代化と『契約締結上の過失』（culpa in contrahendo）」川角由和・中田邦博・潮見佳男・松岡久和（編）『ヨーロッパ私法の動向と課題』（2003年）211頁以下、古谷貴之「ドイツ情報提供責任論の展開——制度間競合論の視点から」同志社法学59巻3号（2007年）95頁以下、内山敏和「意思形成過程における損害賠償法の役割についての一考察——損害賠償法と法律行為法・その1」早稲田法学84巻3号（2009年）303頁以下。本書は上記の先行業績に依拠しており、重複は可能な限り避けるが、しかし分析が重複しない限度においては重複も厭わず、検討を続ける。

[154] Dieter Medicus, Grenzen der Haftung für culpa in contrahendo, JuS 1965, S. 214 u. 218.

れた。BGH 31. 2. 1962 は、次のように述べて、過失による欺罔を理由に、被告の売買代金支払義務を否定した。すなわち、過失による被欺罔者に困難な悪意の証明を行わせる理由は存在せず、確かに契約締結上の過失法理の効果は損害賠償であるものの、この意味の損害賠償は債務法上の義務を解放させる請求権に過ぎず、123 条 1 項における悪意の欺罔に基づく取消可能性と結果において異ならない（123 条 1 項と契約締結上の過失法理の相違は、前者が物権的効果を有する点において残る）。

　123 条 1 項を契約締結上の過失法理によって補完することは、要件面を考えれば、過失の詐欺を肯定するに等しい。この点を疑問視したメディクス（Dieter Medicus）は、次のように述べて、BGH 31. 2. 1962 を批判する。すなわち、もしも同法理の安易な適用を許せば、123 条が要求する悪意（故意）要件は空洞化されてしまい、確かに有責な言動に対して何ら制裁（Sanktion）が加えられないことに反発する法感情が存在するかもしれないが、しかし、そのことを理由として同法理の無差別な適用を認めることはできない[154]、という。

　既に違法論の検討において確認したように、制裁の強調は行為無価値論の傾向を有し、さらに行為無価値論にとって故意は重要な違法要素であった。メディクスも 123 条 1 項と制裁の問題を結び付け、しかも 123 条 1 項における故意要件の空洞化を懸念しているのであり、さらにメディクスは同条項における故意を「故意の不法（vorsätzliches Unrecht）」として理解している[155]。すなわち、過失の詐欺を実質的に認める BGH 31. 2. 1962 に対してメディクスが批判を加える背景には、行為無価値論の発想が控えているのである。

　行為無価値論が 123 条 1 項と結び付けば、意思決定自由の保護という同条項の規範目的が後退することも既に確認した。確かに、BGH 31. 2. 1962 が意思決定自由の保護という観点から契約締結上の過失法理を援用したのか否か、は必ずしも明確ではない。しかし、確かな事は、契約締結上の過失法理を通じて 123 条 1 項の要件を緩和した BGH 31. 2. 1962 から、被欺罔者を過失の欺罔から救済すべき必要性が認められる、という点である[156]。このことは、BGH 31. 2.

---

155) Medicus, a. a. O. (Fn. 154), S. 209.

1962に続く裁判例（例えば、BGH 11. 5. 1979（NJW 1979, 1983）およびBGH 17. 4. 1986（WM 1986, S. 1032））[157]が、契約締結上の過失法理の適用を肯定し続けた事実からも理解されるであろう。

②「契約締結上の過失」の立法化

　意思決定自由を過失行為からも保護すべき要請は、まず不法行為法の領域において見られた。既に確認したように、支配的見解は823条1項における自由概念から精神的自由を排除していたが、しかしこれに異を唱える学説が登場し、例えばヴォルフ（Ernst Wolf）[158]やエッケルト（Jörn Eckert）[159]は823条1項における自由として決定自由を認めるのである。

　そして、意思決定自由の要保護性を重視する理解は、123条1項と契約締結上の過失法理を巡る議論においても見られ始める。まず、裁判例として、BGH 26. 9. 1997（NJW 1998, S. 302; MDR 1998, S. 25; JZ 1998, S. 1173）が重要である。

　買主の原告は不動産売買契約に際して売買代金の支払が賃料や税制措置によって補われ得る旨の説明を仲介人（被告の履行補助者）から受けたが、しかし実際は原告が代金の一部を支出しなければならなかったのであり、原告が被告に対して損害賠償を求める訴を提起した事案において、BGH 26. 9. 1997は次のように説示した。法律行為領域における自由な自己決定を保護する123条1項において損害の発生は要しないが、しかし契約締結上の過失法理による契約解消は「損害」の発生が必要であり、その「損害」の有無は基本的に差額説によって判断されるものの、たとえ売買目的物が価格相当分の価値を有していても、相手方の有責な義務違反なかりせば、被害者は当該

---

156)　「自己決定に対する過失の干渉を顧慮すべき根本的な法倫理的要請が窺われるのである」（Lorenz, a. a. O. (Fn. 129), S. 332）。

157)　BGH 11. 5. 1979は強迫の事案において取消期間経過後（民法124条1項：123条による取消可能な意思表示の取消しは、1年以内にのみ為すことができる）も契約締結上の過失法理に基づいて契約の履行を拒絶し得る旨を説き、BGH 17. 4. 1986は契約締結上の過失に基づく損害賠償が認容された事案において同法理に基づいて責を負うべき人的範囲を123条に基づいて決定されるべき旨を説示している。この点からも、契約締結上の過失法理と123条における取消可能性が接近していることが理解できる。

契約を締結していなかったであろう事案においては、その目的物が被害者にとって無用であることが「損害」を意味するのである。

本判決は、一見すると、契約締結上の過失法理の保護目的から意思決定自由の保護を排除している。しかし、本判決が説示する損害概念は財産的減少を問わないから、本判決が理解する契約締結上の過失に基づく保護は実質的に財産と無関係である[160]。つまり結果的に、BGH 26. 9. 1997 は契約締結上の過失法理によって意思決定自由が保護されることを認めた裁判例として理解される可能性を秘めていたのである[161]。

実際に、BGH 26. 9. 1997 以降の学説は、その可能性を受け、契約締結上の過失法理を通じて意思決定自由の保護を図る解釈を積極的に展開する。例えば、ローレンツ（Stephan Lorenz）とグリゴライト（Hans Christoph Grigoleit）は、両者とも契約締結上の過失法理の意義として意思決定自由の保護を含める[162]。既に確認したように、意思決定自由の重要性はフルーメやヴォルフによって説

---

[158] ヴォルフによると、同条項における自由を身体的自由に限れば、人格的発展にとって根本たる人間の絶対的権利は否定されてしまい、決定自由を絶対権として保護しないことは基本法２条に違反する、という（Ernst Wolf, Lehrbuch des Schuldrechts, 2. Bd.: besonderer Teil, 1978, S. 520.; ders., Allgemeiner Teil des bürgerlichen Rechts, 3. Aufl., 1982, S. 131 u. 135）。基本法２条について、前述 146 頁。

[159] エッケルトによれば、行為の自由は決定の自由が前提であるから、内面的な決定の自由が認められなければ行為の自由は無意味であり、「823 条１項の意味における自由は、特定の作為決定および不作為決定の自由と、この決定に対応した作為および不作為の自由——決定の自由——として理解されるべきである」、という（Eckert, a. a. O. (Fn. 29), S. 631）。しかも、エッケルトによれば、かかる解釈は民法典成立当初の支配的見解、例えばリストの見解にも符合する、という（Eckert, a. a. O.）。エッケルトがリストの見解に言及している箇所は a. a. O., S. 629。リストの見解について、前述 113 - 114 頁を参照。

[160] Carsten Nickel, Die Rechtsfolgen der culpa in contrahendo, 2004, S. 181.

[161] この点について、Fleischer, a. a. O. (Fn. 130), S. 113.; Nickel, a. a. O. (Fn. 160), S. 184 も参照。

[162] Lorenz, a. a. O. (Fn. 129), S. 388; Grigoleit, a. a. O. (Fn. 7), S. 67 f.「学説においては——一見する限り——St. ローレンツとグリゴライトのみが明瞭に、契約締結前の説明義務が意思決定自由——『法律行為上の決定自由』または『意思自由』を保護している、という前提から出発している」(Nickel, a. a. O. (Fn. 160), S. 185）。

かれていたのであり、ローレンツもグリゴライトもフルーメとヴォルフの見解を引用している[163]。このことから、契約締結上の過失法理を通じて意思決定自由の保護が求められた理由も理解されるであろう。

こうした判例および学説の動向を背景として、過失による意思決定自由侵害を保護する必要性は、2002年から施行された改正債務法にも反映された。まず241条に新しく第2項が加えられ、同項は債務関係における相手方の権利（Rechte）、法益（Rechtsgüter）および利益（Interessen）の保護を規定し[164]、この意味における「利益」は決定自由も含めた全種類の利益として理解され[165]、

　　ところで、ローレンツは、123条1項における悪意の欺罔に基づく取消可能性と契約締結上の過失法理の画定基準として、原因を与える悪意（dolus causam dans）と偶然に生ずる悪意（dolus causam incidens）の区別を援用する。ローレンツの理解によれば、悪意の欺罔を理由とする取消可能性は偶然に生ずる悪意においても原因を与える悪意においても認められ、これに対して契約締結上の過失法理は原因を与える悪意が存在する場合にだけ、認められる。ローレンツによれば、悪意の欺罔に基づく取消可能性は法倫理的に特に重要な意思決定の干渉を類型的に保護し、これに対して債務法における保護制度は個別化された保護を与えるに過ぎず、ゆえに契約締結上の過失法理に基づいて契約の解消を導くならば、厳格な成立要件を求めることが説得的である、という（Stephan Lorenz, Vertragsaufhebung wegen culpa in contrahendo: Schutz der Entscheidungsfreiheit oder des Vermögens?, ZIP 1998, S. 1056）。既に確認したように、解釈学派以来の詐欺法理として、原因を与える悪意が存在する場合にだけ取消可能性が認められ、偶然に生ずる悪意が存在するに過ぎない場合は損害賠償しか認められない（前述52頁の注64、98頁の注290および123頁の注9）。これに対して、ローレンツの理解によれば、原因を与える悪意が存在する場合にしか損害賠償は認められないのであり、すなわち伝統的な詐欺法理と比べて適用される法律効果が逆転している。つまり、ローレンツの理解によれば、「偶然に生ずる悪意」であっても、123条1項の射程に入るので、意思決定自由の保護の可能性は伝統的理解よりもローレンツの理解において高まる。こうした相違も、伝統的理解と現代における意思決定自由の要保護性に対する理解の相違の現れであろう。

163）　Lorenz, a. a. O.（Fn. 129）, S. 15; Grigoleit, a. a. O.（Fn. 7）, S. 34 ff.
164）　241条2項：債務関係（Schuldverhältnis）は、その内容に従い、全当事者に他方当事者の権利、法益および利益を顧慮すべき義務を負わせることがある。
　　同条項および以下の注において掲げるドイツ債務法現代化法の邦訳として、半田吉信『ドイツ債務法現代化法概説』（2003年）433頁以下も参照した（初出は「ドイツ債務法現代化法（邦訳）」千葉大学法学論集17巻1号（2002年）41頁以下。
165）　Claus-Wilhelm Canaris, Die Reform des Rechts der Leistungsstörungen, JZ 2001, S. 519. この利益の侵害として財産的損害も要求されない。この点については、AnwK-

しかも当該利益は新311条2項によって契約の準備または類似する取引上の接触においても保護されるのであり[166]、すなわち意思決定自由が契約締結上の過失法理によって保護される旨が立法化されたのである[167]。

既に検討したように、リストは法的に保護される利益を法益として理解し、その侵害を違法として捉え、そして法益に自由意思を含めていた[168]。かかる自由意思の要保護性が、ようやく約100年後の債務法改正において立法化されたのである。かつてメディクスは行為無価値の見地から、123条1項における悪意の欺罔を契約締結上の過失によって補完させる解釈を批判したが[169]、かような批判は不適当であったことになる。

ここで改めて確認したい。ここまで123条1項と行為無価値論の関係を論じてきた理由は、同条項の解釈として責任能力が要求されていない意味を解明するためであった[170]（のみならず、行為無価値論に対する批判それ自体も企図されている）。その意味の可能性として、第一に違法性の意識が要求されない意味として捉え直す可能性（123条1項において責任能力は必要であるが、しかし違法性の意識は不要、という意味）と第二に故意を責任要素として理解しない可能性が考えられた。行為無価値論と結び付く第二の可能性が否定されるならば、残る可能性は第一の解釈である。それゆえ、123条1項において責任能力を要求しない支配的見解の意味は、故意を違法要素として理解する意味ではなく、違法性の意識を要求しない意味として解釈されるべきである。そして、このことは同時に、故意が責任要素として理解される意味も持つ[171]。

BGB/Peter Krebs, Schuldrecht Bd. 2 Teilband 1, S. 709 を参照。

166) 311条2項：241条2項に応じた義務を伴う債務関係は、1　契約交渉の開始、2　何らかの法律行為的関係に鑑みて一方当事者が他方当事者に対してその権利、法益および利益に影響を及ぼし得る契約の勧誘または類似する法律行為的な接触によっても生じる。

167) 改正後の債務法規定において「契約締結上の過失」という文言は用いられていないが、しかし241条および311条が契約締結上の過失法理による保護を規定した規範として理解されている点について、Canaris, a. a. O. (Fn. 165), S. 519; Bernd Mertens, Culpa in contrahendo beim zustande gekommenen Kaufvertrag nach der Schuldrechtsreform, AcP 203 (2003), S. 818 等を参照。

168) 前述113-114頁を参照。
169) この点について、前述161頁。
170) この点について、前述122-125頁。

このように、123条1項における責任能力の問題に関しては、一応の説明が与えられ得る。しかし、故意が維持されること自体に疑問が残る。「123条1項によって保護される法益（Rechtsgut）は、『法律行為の領域における自由な自己決定（die freie Selbstbestimmung auf rechtsgeschäftlichem Gebiete）』である」[172]のであれば、なぜ123条1項においては故意が要件でなければならないのか。意思決定自由の要保護性が認められ、しかも823条1項や241条・311条と同じ法益の保護を規定しているならば、123条1項における故意は不当ではないか[173]。こうした疑問に応えるかのように、実際にドイツの裁判所は、一方で契約締結上の過失法理を援用しつつ、さらに他方で後述のように123条1項の故意要件をも緩和している。日本民法典96条1項の解釈を考えるならば、契約締結上の過失法理ではなく[174]、むしろ故意要件の緩和こそが有益な示唆となるはずである。ゆえに、ドイツ民法123条1項における故意の問題について、引き続き検討する。

---

[171] この点は、後述の自然的故意の問題においても触れる。

[172] Ernst A. Kramer, in; Münchener Kommentar zum Bürgerlichen Gesetzbuch, 1. Bd., 5. Aufl., 2006, S. 1401.

[173] 「表示義務者が民法123条を援用するだけで自己の過失行為に関する答責を免れ得ることに、正義の衡量は耐えられない。有責に行為する契約当事者と責任なくして誤誘導せられた契約相手方の関係においては、我々には専ら後者を保護する必要があるように思われるのである」（Fleischer, a. a. O.（Fn. 130）, S. 101）。つまり、故意要件は、相手方の過失行為のリスクを被欺罔者が負担しなければならない、という結論を正当化してしまうものであって、不当である。

[174] 「制定法の定めるところでない culpa in contrahendo 理論に拠ることこそ、邪道と観ぜられたとしても、これを不当とすることはできまい」（石田喜久夫「信義則上の義務違反による契約不成立と不法行為責任」民商法雑誌89巻2号（1983年）291頁）あるいは「契約締結上の過失でカバーされると言われている問題はあまりにも雑多である。また、このようなドイツ製の理論を導入しなければならない必然性が日本にはない」（大村敦志『消費者法（第2版）』（2003年）88頁）という理解が存在している点に鑑みるならば、尚更である。

第 2 節　保護の範囲と限界

第 1 款　故意と過失の境界

第 1 項　故意の構造

　123 条 1 項における悪意の欺罔は契約締結上の過失法理によって補完され、その保護対象として意思決定自由が含められた。ならば、同じ法益を保護する 123 条 1 項の故意要件は不当な桎梏ではないか。後述するように、ドイツの裁判所は同条項の故意の緩和を図る。ただし、同条項は明文において悪意を求めているため、故意要件の緩和には制約が伴う。これは故意と過失の限界という問題を含み、この問題が違法性と責任を巡る問題へ、ひいては詐欺取消制度の理解へ帰着するため[175]、故意要件の緩和を図る裁判例を検討する前提として、

---

[175]　過失を心理要素として理解するなら、本来的に心理要素として理解されている故意と過失が連続性を持ち、両者が境界を接していることは当然の帰結である。もっとも、このことは、過失を心理要素として捉えなくても同様である。すなわち、「過失は『故意マイナス何ものか』ではなく、故意とは『別のもの』だとする見解もある。別のものだとすると、故意と過失との中間に、そのどちらでもないという事態がありうるはずであり、また故意でも過失でもあるという事態もありうるはずであるが、論者もそういう事態は認めないようである。そうだとすれば、故意と過失とが境を接することに、かわりはない」（平野龍一『刑法総論　I』（1972 年）181 頁）。故意と過失が境界を接しているならば、その限界が問われなければならず、これは故意と過失の限界の問題として今なお論じられ、そして学説の対立を代表する立場として意思説（故意を狭く捉える立場）と表象説（故意を広く捉える立場）が存在する。
　この対立が本研究において重要な意味を持つ理由は、2 つ挙げられる。第一は、故意と過失の限界の問題が故意と過失の中間領域を故意へ割り振るか、過失へ割り振るか、という問題を意味するからである。故意を狭く捉える学説（例えば意思説）の「過失」と、故意を広く捉える学説（例えば表象説）の「故意」は（部分的に）重複し得る。このような事態が仮に 123 条 1 項の枠組において認められるなら（特に同条項の故意が表象説の意味であるなら）、それは同条項における悪意要件の実質的な過失化に他ならない。

まず故意の構造それ自体を知る必要がある。そこで、裁判例を検討する前提として、故意一般の構造を概観し[176]、次いで悪意概念を確認する。

(1) 故意一般の構造
① 知的要素と意的要素

故意は、構成要件実現の認識（Wissen）および意欲（Wollen）として定義される[177]。構成要件実現の認識に関係する部分は知的要素（intellektuelle Element）と呼ばれ、構成要件実現の意欲に関係する部分は意的要素（voluntative Element）と呼ばれる[178]。

知的要素は、事実の認識と違法の認識に区別される。事実の認識として、行

　第二の理由は、意思説と表象説の問題が違法性と責任の問題へ連なるからである。すなわち、「意思説と表象説との対立は、故意を違法要素とするか否かに関係する。学説の分布を見る限り、故意を違法要素とする場合には意思説をとらざるをえないと考えられているようである。対偶は、表象説が、故意をもっぱら責任要素とする体系としか結合しないということである」（高山佳奈子『故意と違法性の意識』（1999 年）142 頁）。既に確認したように、123 条 1 項において責任能力を要求しない通説的解釈の意味は違法性の意識を要求しない意味として理解されるべきであったのであり、これは故意を責任要素として理解する立場へ連なるが（前述 125-128 頁）、しかし故意を違法要素として捉える立場はヴェルツェルの行為無価値論から導かれる帰結であり、これは 123 条 1 項の規範目的と相容れないのであった（前述 139-141 頁）。すなわち、123 条 1 項において要求される故意が意思説の意味か、表象説の意味か、という問題は、123 条 1 項の違法性および責任を理解する前提として重要な意味を持つのである。

176) 故意の理解について民法学と刑法学において大差はない（むしろ、民法学が刑法学を参照している点が少なくない）。この点について、Peter Hanau, in: Münchener Kommentar zum Bürgerlichen Gesetzbuch, 2. Bd., 3. Aufl., 1994, S. 825.; Reitemeier, a. a. O. (Fn. 7), S. 151 を参照。それゆえ、以下では、刑法学の文献も引用する。

177) この故意の定義は、基本的に、民法学と刑法学において一致する。Adolf Schönke und Horst Schröder, Strafgesetzbuch, 12 Aufl., 1965, S. 396.; Hanau, a. a. O. (Fn. 176), S. 825. Peter Cramer und Detlev Sternberg-Lieben, Strafgesetzbuch, 26. Aufl., 2001, S. 248 も参照。

　ただし、後述するように、意欲の部分（＝意的要素）の要否は見解が分かれるものの、これを要求する立場を前提として説明する。

178) Hanau, a. a. O. (Fn. 176), S. 826 ff u. 829 ff. その他に、前原宏一「故意概念における意的要素――ドイツにおける議論の現状」行動科学研究 51 号（1999 年）165 頁も参照。

為者は特定の行態・法益の侵害・損害の発生[179]および因果関係[180]を認識していなければならない。違法の認識として、違法性の意識（Bewßtsein der Rechtswidrigkeit）を求める立場も見られる[181]。故意の知的要素として違法性の意識は必然ではないものの[182]、違法性の意識[183]は規範的責任論と密接な関係を有し[184]、そして民法の支配的見解は違法性の意識を故意の成立要件として要求する[185]。故意の要件として違法性の意識を求める理解は故意説と呼ばれ、民法学における通説は故意説であり、民法における故意は違法性に帰属せず[186]、故意は最も重要な責任形式（Schuldform）として理解されている[187]。

故意の意的要素は、故意の知的要素と異なり、構成要件実現の意欲である[188]。ところで、この意的要素は必然ではなく、その要否を巡り意思説と表象説が対立している。意的要素を故意の要素として認める立場は、意思説と呼ばれている。意思説を修正し[189]、意欲（Wollen）の程度を緩和した認容（Einwilligung）を要求する立場も存在する[190]。これは認容説と呼ばれている。意思説ないし

---

[179] Peter Hanau, in: Münchener Kommentar zum Bürgerlichen Gesetzbuch, 2. Bd., 2. Aufl., 1985, S. 661.

[180] Ludwig Enneccerus und Hans Carl Nipperdey, Lehrbuch des Bürgerlichen Rechts, 1. Bd., 2. Halbband, 1960, S. 1304.

[181] Josef Esser, Schuldrecht, 2. Aufl., 1960, S. 196.

[182] 特に123条1項に関連して、前述127頁。

[183] 違法性の意識とは、自己の行為の法的無価値（違法性）を認識すること、あるいは行為者が違法性を予想していることである（Esser, a. a. O. (Fn. 181), §54; Löwisch, a. a. O. (Fn. 116), S. 297）。

[184] この点について、前述126頁。

[185] Hanau, a. a. O. (Fn. 176), S. 826.; Löwisch, a. a. O. (Fn. 116), S. 288.

[186] Hanau, a. a. O. (Fn. 176), S. 817.

[187] Wolf, a. a. O. (Fn. 63), S. 752.; Hanau, a. a. O. (Fn. 176), S. 825. それゆえ、違法性の意識を欠けば、故意は問題ではなく、過失責任が問われるのみである（Tuhr, a. a. O. (Fn. 23), S. 484.; Esser, a. a. O. (Fn. 181), S. 197.; Wolf, a. a. O. (Fn. 63), S. 755）。

[188] Hanau, a. a. O. (Fn. 176), S. 829. 故意の理解に関する民事学説と刑事学説の最大の相違点は、違法性の意識を故意に含めるか否か、という点である。既に指摘したように、違法性の意識を故意に含める立場は故意説であり、民法学説の通説である。刑法学説の通説は違法性の意識を故意に含めず、これは責任説と呼ばれる。

[189] この点については、Esser, a. a. O. (Fn. 181), S. 199.

[190] Esser, a. a. O. (Fn. 181), S. 199.; Löwisch, a. a. O. (Fn. 116), S. 288.

認容説と異なり、意的要素を認めない立場が表象説である。意的要素の有無が意思説と表象説を分けるのであるから、意的要素を要する前者の故意は狭く、意的要素を要しない後者の故意は広い。換言するなら、後者の故意の一部は前者の過失の一部と重なる。この点は、あらためて後述する。

②　**故意の種類**

故意の種類として、意図・直接的故意・未必の故意が存在する[191]。最も強い故意の形式は意図（Absicht）である[192]。意図とは、行為者が構成要件の実現を目的として意識して目指すことであり[193]、結果を追求することである[194]。行為者が追求する結果は最終目的である必要はないものの、単なる付随的結果では足りない[195]。このように、意図の本質は、行為者が結果を狙う、という点にある[196]。それゆえ、意図の中心は結果の意欲、すなわち意的要素である[197]。この意味の意図として利得意図や侵害意図が含まれるが、しかし既に確認したように、123条1項において利得意図や侵害意図は要求されていない[198]。

次の直接的故意（direkte Vorsatz）は、たとえ結果を意図していなくても、行為者が結果を行為の必然的な帰結として予見していることを意味する[199]。意図と異なり、直接的故意の中心は知的要素であって[200]、直接的故意におい

---

[191]　Max Vollkommer, in: Jauernig Bürgerliches Gesetzbuch, 10. Aufl., 2003, S. 249.
[192]　Wolf, a. a. O. (Fn. 63), S. 758.
[193]　Wolf, a. a. O. (Fn. 63), S. 758.
[194]　Löwisch, a. a. O. (Fn. 116), S. 296.
[195]　Wolf, a. a. O. (Fn. 63), S. 758.; Eduard Dreher und Herbert Tröndle, Strafgesetzbuch, 47. Aufl., 1995, S. 98.
[196]　Hans Heinrichs Jescheck und Thomas Weigend, Lehrbuch des Strafrechts Allgemeiner Teil, 5. Aufl., 1996, S. 293. 同書の邦訳として、イェシェック＝ヴァイゲント（西原春夫　監訳）『ドイツ刑法総論（第5版）』（1999年）が存在する。以下では、同邦訳書を引用する。
[197]　イェシェック＝ヴァイゲント・前掲注196・221頁。Dreher und Tröndle, a. a. O. (Fn. 195), S. 97 も参照。
[198]　この点について、前述138頁を参照。
[199]　Löwisch, a. a. O. (Fn. 116), S. 296.; Vollkommer, a. a. O. (Fn. 191), S. 249.
[200]　イェシェック＝ヴァイゲント・前掲注196・223頁。
[201]　Dreher und Tröndle, a. a. O. (Fn. 195), S. 98.

て行為者が構成要件の実現を追求しているか否か、は重要ではない[201]。

　最後の未必の故意（bedingte Vorsatz; dolus eventualis）は、結果を必然的な帰結として予見しているわけではないが（この点において直接的故意と異なる）、しかし行為者が結果を行為の帰結として可能だと予見し、かつ結果の惹起を認容していることを意味する[202]。未必の故意は、結果を追求しているわけでもなく、結果を確実に認識しているわけでもない[203]。それゆえ、未必の故意は、意図よりも意的要素の程度が低く、直接的故意よりも知的要素の程度が低い[204]。未必の故意における違法性の意識も、他の故意の種類よりも緩和された程度で足りる[205]。

　未必の故意は基本的に過失と接している。そして、過失は二種に大別され、認識ある過失（bewußter Fahrlässigkeit）と認識なき過失（unbewußter Fahrlässigkeit）に分けられる[206]。行為者が結果発生の可能性を想定しつつも、結果の不発生を信じていたなら、これは認識ある過失である[207]。これに対して、行為者が結果発生の可能性を認識せず、注意を払えば結果を認識および回避し得たなら、これは認識なき過失である[208]。

　意的要素を求める立場によれば、行為者が結果の発生を甘受していたか（未必の故意）、それとも結果の不発生を前提にしていたか（認識ある過失）、つまり意的要素の有無によって未必の故意と認識ある過失は区別され得る[209]。意的要素を求めない立場によれば、結果発生に対する認識の程度（その確実性から可能性まで）によって区別する他ない。ただし、結果発生の可能性の予見は認識と不知（Unkenntnis）の中間的段階に位置し、結果発生の可能性の予見のみによって故意と過失を判別することは（実際は）[210] 難しい[211]。

202）　Löwisch, a. a. O. (Fn. 116), S. 296.; Vollkommer, a. a. O. (Fn. 191), S. 249.
203）　イェシェック＝ヴァイゲント・前掲注196・224頁。
204）　Wolf, a. a. O. (Fn. 63), S. 758.
205）　Löwisch, a. a. O. (Fn. 116), S. 288.
206）　Christian Grüneberg, in: Bamberger/Roth Kommentar zum Bürgerlichen Gesetzbuch, 1. Bd., 2003, S. 919.
207）　Grüneberg, a. a. O. (Fn. 206), S. 919.
208）　Grüneberg, a. a. O. (Fn. 206), S. 919.
209）　Esser, a. a. O. (Fn. 181), S. 199. Löwisch, a. a. O. (Fn. 116), S. 287 も参照。

(2) 悪意概念の構造
① 二段の故意

　故意は構成要件の認識および認容であり、行為者は知的要素たる事実の認識として特定の行為、法益の侵害および結果の発生を認識していなければならず、加えて因果関係の認識も求められるから、特定の行為と結果の発生との因果関係も認識しなければならない。さらに意的要素も認めるなら、そうした認識に加えて、意欲ないし認容も必要である。

　以上の故意一般の理解に従うなら、まず事実の認識に関して123条1項における悪意＝故意[212]の対象は、欺罔行為（特定の行為）、意思決定自由の侵害（法益の侵害）、意思表示（結果の発生）である。ところで、同条項における欺罔は、正しい事実の虚構または誤れる事実の隠蔽[213]によって故意に被欺罔者をして意思表示を為さしめるために、故意に錯誤を惹起または維持することを意味する[214]。「ために」という表現から理解されるように、相手方をして意思表示させる故意は、錯誤を惹起する故意と密接に結び付いている[215]。つまり、欺罔の故意[216]は欺罔から意思表示に至る二重の因果関係[217]（欺罔行為が錯誤の原

---

[210] 裁判所は123条1項における悪意の欺罔が争われる事案において、未必の故意を認め、しかも必ずしも意的要素を求めない。こうした裁判所の立場において注目される点は、故意要件の実質的な過失化が実現されている点である。この点は後述する。

[211] Wolf, a. a. O. (Fn. 63), S. 773.

[212] 各学説の故意の表現について、例えばLübtow, a. a. O. (Fn. 7), S. 251 ff. を参照。もっとも、細かい表現の相違は基本的に意味を持たない（表現の相違は見られるものの、その内容は実質的に同じ）。

[213] 刑法263条の詐欺規定を参照する見解も存在する。例えば、Holger Wendtland, in: Bamberger und Roth Kommentar zum Bürgerlichen Gesetzbuch, 1. Bd., 2003, S. 355.

[214] 例えば、Karl Larenz, Allgemeiner Teil des deutschen bürgerlichen Rechts, 1967, S. 398 f.; Brox, a. a. O. (Fn. 121), S. 181 ff.; Jauernig, a. a. O. (Fn. 7), S. 63.; Wendtland, a. a. O. (Fn. 213), S. 357.; Larenz und Wolf, a. a. O. (Fn. 7), S. 684 ff.; Reinhard Singer und Barbara von Finckenstein, in: Staudingers Kommentar zum Bürgerlichen Gesetzbuch mit Einführungsgesetz und Nebengesetzen, 1. Buch, 2004, S. 597.; Kramer, a. a. O. (Fn. 172), S. 1403 f. なお、「故意に」という表現は、論者によって異なる。この点について、Lübtow, a. a. O. (Fn. 7), S. 251 ff. も参照。例えば、Flume, a. a. O. (Fn. 7), S. 541 は、「故意に」ではなく、「意識的に（bewußt）」という表現を用いる。

[215] この点について、Lübtow, a. a. O. (Fn. 7), S. 259.; Brox, a. a. O. (Fn. 121), S. 184 も参照。

因であり、かかる錯誤の結果が意思表示）を結ぶ二個の故意を包摂している（欺罔によって錯誤を惹起する故意および当該錯誤によって被欺罔者をして意思表示を為さしめる故意）[218]。こうした二個の故意が二段の故意を構成し[219]、この故意の内容として因果関係の認識（故意一般における「因果関係の認識」の部分）が既に含まれている。123条1項における悪意の欺罔に関する諸学説を見る限り、故意の意的要素の認定は必ずしも明確ではないが、しかし意的要素を要求する理解が暗黙の前提である可能性は否定できない[220]。

② 二段「目」の故意

123条1項における悪意の欺罔は、少なくとも二個の主観的要件を要する。例えば二段目の故意（相手方をして意思表示させる故意）を重視し、意思表示の獲得を欺罔の目的として強調する見解も存在する[221]。この意味における悪意は意図として理解され得る[222]。既に確認したように、意図は最も強い意的要

---

216) この他に、欺罔意思（Täuschungswille）という表現が用いられることもある（例えば、Brox, a. a. O. (Fn. 121), S. 184）。

217) こうした表現を用いる見解として、Kramer, a. a. O. (Fn. 172), S. 1406.

218) Lübtow, a. a. O. (Fn. 7), S. 258 f. も参照。

219) ドイツにおいて「二段の故意」という表現は見られないが、しかし例えばドイツ刑法263条の詐欺罪における故意は欺罔によって錯誤を惹起する故意および当該錯誤によって被欺罔者をして財産を処分せしめる故意のみならず、自己または第三者をして不法な財産的利益を獲得させる意図（利得意図）を要し（Schönke und Schröder, a. a. O. (Fn. 177), S. 1170）、この利得意図を加えて「三重の意識（dreifaches Bewußtsein）」という表現が用いられることもある（Dreher und Tröndle, a. a. O. (Fn. 195), S. 1307）。これに倣えば、利得意図を要しない123条1項における悪意の欺罔について必要な故意は二重（二段）の故意である。

220) 例えば、Larenz, a. a. O. (Fn. 214), S. 398 f.; Larenz und Wolf, a. a. O. (Fn. 7), S. 684 ff. は、「故意に」という表現に加えて、「意欲して（gewollten）」という表現も併記している。あるいは端的に、「民法においては故意が意的要素を含むことは争われておらず、つまり主張せられた事実の不正確性、錯誤惹起および因果関係を欺罔者が起こり得ることとして認識しているのみならず、甘受していなければならないことは争われていない」という指摘も見られる（Florian Faust, Anmerkung zu BGH 7. 6. 2006, JZ 2007, S. 102 f.）。後述の注227も参照。

221) 例えば、Larenz, a. a. O. (Fn. 214), S. 399.; Medicus, a. a. O. (Fn. 7), S. 308.

222) かく解する学説として、Lübtow, a. a. O. (Fn. 7), S. 259を参照。

素の発現形態である[223]。このことから、二段目の故意が欺罔者の側から見た詐欺解釈に基づく要件であることも理解される。

　しかし、二段目の故意は、必ずしも詐欺に特有の要件ではない。欺罔者に限らず、およそ契約当事者であるなら、相手方をして肯かせたい（例えば売主は、買主に「買う」と言わせたいし、その「意図」で買主と接する）からである。このことは、法律行為が原則として故意行為である点からも理解されるであろう（他方、錯誤は過例外的な過失行為）。それゆえ、二段目の故意を取消可能性の要件として求める解釈は疑問であり、たとえ二段目の故意を要求するとしても、その立証は容易でなければならないはずである（逆に、その不存在は欺罔者側の契約の意思の欠如を意味し、そもそも法律行為の不成立であって、取り消すまでもない）。

　しかも、123条1項の規範目的が意思決定自由である点に鑑みれば、二段目の故意を問う理由は存しない。一段目の故意における錯誤の惹起が、既に意思決定自由を害しているからである[224]。

　加えて、意思決定自由の侵害を重視するなら、欺罔者の意的要素（結果の意欲ないし認容）は重要ではないはずである。欺罔者が意的要素を有していなくても、意思決定自由は害され得るからである。さらに、意思決定自由の侵害を重視するなら、欺罔者の故意として未必の故意を否定する理由は存在しないはずである。欺罔者が未必の故意しか有していなくても、意思決定自由は害され得るからである。

　以上を要するに、123条1項の規範目的（意思決定自由の保護）を重視するなら、故意の立証は一段目の故意で足り、さらに故意の種類として最も立証の緩やかな未必の故意で足り、しかも意的要素は不要であるはずである。この点を踏まえて、引き続き裁判例を確認する。

---

223)　この点について、前述170頁を参照。

224)　Ernst Zitelmann, Die Rechtsgeschäfte im Entwurf eines Bürgerlichen Gesetzbuches für das Deutsche Reich (1890), Zweiter Theil, S. 43.「錯誤の惹起が意思決定自由を害する」という理解は、119条以下の錯誤規定が、123条1項と同様に、意思の瑕疵を理由として取消可能性を認めていることから肯定され得る。意思の瑕疵という概念に錯誤および悪意の欺罔が包摂される点について、Flume, a. a. O. (Fn. 7), S. 398 ff. を参照。

第2項　裁判例の検討

(1) 事案の概略
① BGH 8. 5. 1980（NJW 1980, S. 2460）

確かに裁判所は、123条1項の枠組において、過失の欺罔を認めない[225]。しかし、裁判所は未必の故意を認める。そうした裁判例として、例えばBGH 8. 5. 1980（NJW 1980, S. 2460）が挙げられる。本件は、次のような事案であった。

　売主は自己の不動産の管理等を訴外会社に委ね、その間に地下水が何度も当該家屋の地下室に浸入する事態が発生し、その経緯を記した資料を訴外会社は用意したのであるが、しかし売主は同資料を閲覧せず、浸水について無知であった売主は当該不動産を買主へ売却した際に本件不動産に何ら問題が存在しない旨を確約していたのであって、後に浸水について知った買主が売主による悪意の欺罔を理由として意思表示の取消可能性を主張した。BGH 8. 5. 1980 は次のように説示し、売主による悪意の欺罔を認めた。悪意の成立要件は未必の故意で足る。ある事情に関する特定の知識を有している旨を他人に保証する者が実際には当該知識を有していないなら、この者は悪意たり得る。欺罔を基礎づける事情を容易に認識することが可能（möglich）でありながら、かかる事情の不存在を盲目的に保証する者も悪意たり得る。もちろん、「でたらめ（ins Blaue）」に為された保証が全て悪意の非難を基礎づけるわけではない。本件の特徴は、売主は訴外会社の資料に目を通さなかったのであり、売主は完全なる不知（völligen Unkenntnis）であった点である。売買目的物について何も問題がない旨の保証は全く根拠を欠いているのであり、すなわち本件の売買目的物に関する事情について全く知り得なかった、ということを売主は認識していたのである。売主が意識的に（bewußt）不正確な保証を与えた点ではなく、売主が自ら知り得ない事柄を保証した点が問題であったのである。

---

[225] BGH 16. 3. 1977, NJW 1977, 1055（ただし、123条における悪意の欺罔それ自体が争われた事案ではない）。

本判決は、123条1項における悪意として未必の故意で足る旨を認め、そして実際には知らない事実を保証する言明が「でたらめ」な言明として悪意を基礎づける旨を説示している。既に確認したように、未必の故意は最も過失に近い種類の故意である[226]。さらに、「でたらめ」な言明は積極的に欺罔する意思を欠く言明を意味し、これも過失に近い[227]。

未必の故意と「でたらめ」な言明という要素に加えて、本判決は、売買目的物に関する売主の不知をも認定している。本来ならば不知は原則として故意を基礎づけない[228]。つまり、本判決が説示する故意の内容は、かなり過失へ接近しているのである。

② BGH 26. 9. 1997

以上のBGH 8. 5. 1980の他に、例えばBGH 26. 9. 1997 (NJW 1998, S. 302; MDR 1998, S. 25; JZ 1998, S. 1173) も過失に近い故意を認定した事例として挙げられる。本判決は、123条1項と契約締結上の過失法理の関係を検討した際に取り上げた事例でもあり[229]、次のような内容であった。

> 買主の原告は不動産売買契約に際して売買代金の支払が賃料や税制措置によって補われ得る旨の説明を仲介人A（被告の履行補助者）から受けたが、しかし実際は原告が一部を支出しなければならなかった。そこで、原告が被告に対して損害賠償を求める訴を提起した事案において、BGH 26. 9. 1997は、契約締結上の過失法理の適用を肯定した原審の判断を是認し、さらに次のように判示した。Aの過責を肯定する点に異議は唱えられないであろうが、し

---

226) 前述171頁を参照。
227) 「民法においては故意が意的要素を含むことは争われておらず、つまり主張せられた事実の不正確性、錯誤惹起および因果関係を欺罔者が起こり得ることとして認識しているのみならず、甘受していなければならないことは争われていない。しかし、かかる意的要素は、でたらめな主張の場合には、しばしば存在しない。……（中略）……つまり、伝えられた情報の不正確性について、未必の故意が存在するのではなく、悪意非難を帰せられない認識ある過失が存在するに過ぎないのである」(Faust, a. a. O. (Fn. 220), S. 102 f.)。
228) この点について、Wolf, a. a. O. (Fn. 63), S. 773を参照。
229) この裁判例について、前述162-163頁を参照。

かしAは過失ではなく、故意の非難を受けるべきである。本件の如く、確たる根拠なく「でたらめ（ins Blaue）」に誤れる言明を為す者は、その言明の不正確性の可能性（Möglichkeit）を考慮に入れているのであるから、未必の故意に基づいて行動しているのである。

本判決は、原審が契約締結上の過失法理を肯定した点を認めつつ、あえて故意を認定している。そして、本判決においては、当該言明の不正確性の可能性（Möglichkeit）を認識していることが、未必の故意として認定されている。構成要件に該当する結果を可能性として認識することは認識ある過失の特徴でもある[230]。つまり、本判決は、故意の認定を過失へ変更したのではなく、原審が下した過失の認定を故意へ拡大したのである。これは、本判決の故意の射程が原審の過失にまで及ぶことを意味する。

③ BGH 7. 6. 2006

ところで、BGH 8. 5. 1980 および BGH 26. 9. 1997 は、不動産売買という点において共通する。それゆえ、財産価値の規模に鑑みて、裁判所は故意の認定を特別に緩和した、という見方も不可能ではないであろう。しかし、故意と過失の限界が微妙な裁判例は、不動産売買の事例に限られない。そのような事例として、例えば BGH 7. 6. 2006（JZ 2007, S. 98）が挙げられる。

原告は被告から中古車を購入した際に、被告の従業員Bから、当該中古車が無事故車である旨の説明を受けていたのであるが、しかし原告が当該中古車を引き受けた後で、当該中古車は事故車であったことが判明し、原告は悪意の欺罔を理由として本件売買契約を取り消した。なお、被告の他の従業員は当該中古車が事故車であることを本件売買契約締結以前から認識していたが、しかしBは認識していなかった。BGH 7. 6. 2006 は、次のように述べて、Bの悪意を肯定した。不正確な表示を、その不正確性を認識しつつ為す者は、悪意である。これは未必の故意で足る。事実的な根拠なく「でたらめ

---

230) Wolf, a. a. O. (Fn. 63), S. 773.

に(ins Blaue hinein)」誤れる言明を為す者は悪意に行動しているのである。これは、確立した判例である。本件のBは、当該自動車を自ら検査せず、それにもかかわらず当該自動車が無事故である旨を保証したのである。それゆえ、Bは、悪意の非難を受けるべきである(なお、Bが犯した悪意の欺罔は、166条1項[231]に従い、被告へ帰責される)。

本判決においても未必の故意が認められ、「でたらめ」な言明によって故意が肯定されている。本判決が前述のBGH 8. 5. 1980およびBGH 26. 9. 1997を踏襲していることは容易に理解できる。本判決が説示する故意の内容も、やはり過失に近いのである。

(2) 可能性説の意義
① 裁判所の立場

まず前述の諸裁判例からは、二段目の故意が要求されていないことが理解される。いずれの裁判例も当該言明の不正確性の認識を通じて故意を認定しているのであり、これは欺罔によって錯誤を惹起する故意と同義である[232]。つまり、先の諸判決が説示する故意は一段目の故意に相当し、二段目の故意に相当する部分(錯誤に基づく意思表示を求める部分)は主観的要件に反映されていない。既に指摘したように、錯誤の惹起が既に意思決定自由を害しているのであるから、意思決定自由保護の観点によれば、最終的に欺罔者が被欺罔者をして意思表示させる故意を有していたか否か、を問う理由は存しない。もっとも、取消権の前提として意思表示は存在しなければならないから[233]、前述の諸裁判例によれば、不正確な言明によって誘発された(=因果関係の原因たる錯誤の結果に相当する)被欺罔者の意思表示の存在は取消権を発動せしめる客観的要件と

---

[231] 166条1項:意思表示の法律効果が意思の瑕疵または一定の事情を知ることもしくは知るべかりしことによって影響を受ける場合、代理人その人ではなく、本人その人を考慮する。

[232] この点について、例えば、Larenz und Wolf, a. a. O. (Fn. 7), S. 686.; Kramer, a. a. O. (Fn. 172), S. 1403 f. を参照。

[233] Brox, a. a. O. (Fn. 121), S. 181.

して理解されることになるであろう[234]。

　次いで前述の諸裁判例からは、意的要素が要求されていないことが理解される。ところで、BGH 7. 6. 2006 の原審は、本判決と同様に、結果的に原告の請求を認容していた。しかし、原審は、本判決と異なり、Bの「悪意」の責任を肯定していたわけではなかった。原審の判断によれば、本件において当該中古車が無事故である旨を記載した書類が存在し、しかもBは当該書類の記載を信頼してしまったのであって、要するにBは過失であったのである[235]。

　既に指摘したように、先のBGH 26. 9. 1997 も、原審と判断を異にしていた。このような事態、つまり見解の相違に応じて故意と過失の射程が重複し得る事態は、未必の故意と認識ある過失の画定問題を想起すれば、容易に理解できる[236]。

　故意犯処罰が原則である刑法とは異なり、民法における責任要件は故意または過失であるから、これまで民法学は故意と過失の画定問題に立ち入らなかった[237]。しかし、123条1項の要件から過失が排除され、故意に限定されるなら、問題状況は（原則として故意犯を処罰する）刑法と異ならない。すなわち、未必の故意と認識ある過失の画定問題は123条1項の事案においても生じ得るのであり[238]、このことは実際に前述の諸裁判例を通じても確認できるであろう。

　確かに、「未必の故意」である限り、これは故意であり、過失ではない。しかし、故意の内実の把握は必ずしも一様ではない。既に確認したように、故意に関する学説は、故意に意的要素を認める学説と認めない学説が別れ、意的要素を認める立場を意思説（ないし認容説）と呼ばれ、これに対して意的要素を認めない立場は表象説（Vorstellungstheorie）と呼ばれる。前述の諸裁判例においては、欺罔を基礎づける事情に関する確実な知識なくして虚偽の言明を為し

---

[234]　客観的要件たる意思表示の存在について、Lübtow, a. a. O.（Fn. 7）, S. 255 ff. も参照。
[235]　この点について、Faust, a. a. O.（Fn. 220）, S. 103.
[236]　未必の故意と認識ある過失は境を接している。イェシェック＝ヴァイゲント・前掲注196・225頁。
[237]　この点について、例えば、Wiethölter, a. a. O.（Fn. 101）, S. 59 を参照。
[238]　この点について、Claus-Wilhelm Canaris, Die Gegenleistungskondiktion, in: Festschrift für Wener Lorenz zum 70. Geburtstag, 1991, S. 41.; Hannes Rösler, Arglist im Schuldvertragrecht, AcP 207（2007）, S. 607 を参照。

たことが故意として認定されていたのであり、ここに意的要素は見出されない。すなわち、この意味において、前述の諸裁判例は表象説に依拠しているのである。問題は、123条1項における悪意ないし故意を表象説から捉えることが何を意味するか、である。

② **可能性説における故意**

表象説は、結果の表象のみで故意の成立を認める[239]。この表象説は、意思説の対極に位置する[240]。そして、この表象説を徹底した立場が存在する。この立場は可能性説（Möglichkeitstheorie）と呼ばれる[241]。可能性説によると、結果発生の可能性を表象すれば、少なくとも未必の故意が認められる[242]。とりわけ、BGH 8. 5. 1980およびBGH 26. 9. 1997において示された故意の内容は、認識の可能性であった。すなわち、BGH 8. 5. 1980およびBGH 26. 9. 1997は、可能性説に依拠しているのである[243]。

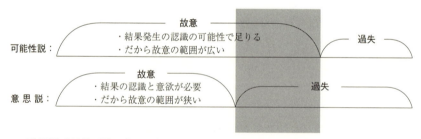

・可能性説と意思説は対極に位置。前者の故意の一部は後者の過失に相当。
・あらためて前掲注 175 も参照

可能性説に従うなら、故意の内容として意的要素は求められず、しかも故意の内容は結果発生の可能性の認識のみで満たされるから、故意と過失は知

---

239) Hanau, a. a. O. (Fn. 179), 1985, S. 664.
240) ロクシン・前掲注47・481頁。
241) ロクシン・前掲注47・482頁。
242) ロクシン・前掲注47・482頁。
243) この点について、Peter Mankowski, Beseitigungsrechte, 2003, S. 339 mit Fußn. 228 も参照。

(Kenntnis）または不知（Unkenntnis）によって区別される[244]。それゆえ、可能性説によれば、従来の意味における認識ある過失は否定され、これは不知として扱われ[245]、可能性説における過失は全て認識なき過失（unbewußte Fahrlässigkeit）として理解される[246]。要するに、可能性説における故意は意思説（ないし認容説）における故意より広く、換言するなら、可能性説における未必の故意は意思説（ないし認容説）における過失の領域に食い込んでいる。それゆえ、可能性説を採用する BGH 8. 5. 1980 および BGH 26. 9. 1997 において理解されている故意は過失に相当し得るのである（2006 年判決も、ほとんど同じ結論に至る）[247]。

　刑法学において可能性説が説かれた本来の契機は、たとえ結果発生の認容を欠いていても、当該行為者を故意犯として処罰すべき法感情が存在していたからである[248]。このことは、123 条 1 項と契約締結上の過失法理の関係においても妥当するであろう。契約締結上の過失法理によって 123 条 1 項における故意要件の緩和が図られた背景にも、過失の欺罔に起因する被害者を救済すべき法倫理的必要性が存在していたからである[249]。もっとも、判例および学説は 123 条 1 項における明文の悪意要件を無視できないため、正面から過失の欺罔を肯定することができず、ゆえに契約締結上の過失法理あるいは故意概念の緩和に依拠する解釈を展開したのであろう。

　以上を要するに、123 条 1 項において可能性説を採用する意義は、過失の欺罔に起因する被欺罔者を救済し、同時に過失に相当する態様を「故意」として記述し得る点に存する。先の BGH 8. 5. 1980 および BGH 26. 9. 1997 が可能性説を採用した理由も、この点に求められる[250]。こうした裁判所の解釈は、意

---

244)　Eberhard Schmidhäuser, Zum Begriff der bewußten Fahrlässigkeit, Goltdammer's Archiv für Strafrect, 1957, S. 312.
245)　Schmidhäuser, a. a. O. (Fn. 244), S. 312.
246)　Horst Schröder, Aufbau und Grenzen des Vorsatzbegriffs, in: Festschrift für Wilhelm Sauer zu seinem 70. Geburtstag, 1949, S. 245.
247)　前掲注 225 を参照。
248)　Schmidhäuser, a. a. O. (Fn. 244), S. 307.
249)　この点について、前述 162 頁の注 156 を参照。
250)　これらの裁判所が故意要件の厳格性を緩和している旨を指摘する見解として、例えば

思決定自由の保護という123条1項の規範目的および契約締結上の過失法理の展開に鑑みて、十分に理解できるものである。

第2款　民事詐欺の違法性と責任

第1項　原則——作為

(1) 民事詐欺の違法性

① 違法性の根拠

かつて123条1項は行為無価値論と結び付き、欺罔者に対する制裁の側面が強調され、その反面として意思決定自由の保護という側面は軽視された。しかし、1960年代頃から次第に各人の実質的な自己決定の重要性が再認識され、判例および学説は123条1項を契約締結上の過失法理によって補完し、意思決定自由の保護を拡大したのであった。そして、このような傾向は、やはり123条1項それ自体の解釈とも無関係ではなかった。すなわち、裁判所は、同条項の悪意要件に鑑みて、形式的に故意という体裁を維持しつつも、実質的に過失へ近づける解釈を展開してきたのである。

123条1項の悪意要件を実質的に過失へ拡大することは、同条項に代えて契約締結上の過失を適用する如く、法益保護に資する。既に確認したように、法益保護の重視は結果無価値論に連なり[251]、これに対して行為無価値論は法の第一義的任務を必ずしも法益保護に求めないのであった[252]。確かに、かつて

　　Lorenz, a. a. O. (Fn. 129), S. 315 f. を参照。
　　ロクシン・前掲注47・483頁は、表象説や可能性説に対して、「故意をもっぱら知的要素へと縮減する解釈は、あまりに主知主義的である」という批判を提起する。本書は、123条1項の意思決定自由の保護という規範目的と主知主義が相容れない旨を、各箇所において指摘した（前述57頁の注86、86頁の注226および156 - 157頁）。ならば、詐欺取消制度において意思決定自由の保護という規範目的を維持することと、欺罔者の故意の解釈として表象説あるいは可能性説を採用することは矛盾するのであろうか。これは矛盾ではない。その理由については後述271 - 272頁を参照。

251)　この点について、前述137 - 139頁を参照。
252)　この点について、前述139 - 141頁を参照。

第2節　保護の範囲と限界　183

BGH 4. 3. 1957（BGHZ 24, 21）は行為無価値に依拠し[253]、この判決に賛同した学説も少なからず存在した。そして、故意を構成要件要素として理解する目的的行為論も一定の支持を受け、これに伴い民法の役割として制裁を認める見解が登場し、かかる理解は123条1項の解釈にも影響を与えたのであった[254]。

しかし、当時においても多数説は依然として結果無価値に依拠していたのであって[255]、この傾向は現在も同様である[256]。BGH 4. 3. 1957以降の裁判所が違法性の問題に関して基本的な立場を示していない点[257]を捉え、長期間に亘る裁判所の沈黙を行為無価値の放棄として評価する見解さえ存在するのである[258]。

結果無価値を支持する背景には、たとえ刑法が有害なる行為の制裁を目的にしているとしても、民法の役割から制裁の要素は排除され、民法の任務は財貨秩序の妨害に対応する調整体系である、という理解が存在している[259]。民法と刑法の差異は、規範の服従か、それとも法益の帰属か、という問題へ帰着する[260]。そして、私法において制裁が問題とならないのであれば、法益侵害ないし法益侵害の危険が違法性基準として措定されることは当然の帰結である[261]。なればこそ、民法学の支配的見解は、故意を責任形式として理解し、かつ故意を違法性に帰属させないのである[262]。

「意思表示は法律行為の手段であり、法律行為は私的自治の手段である」[263]。

---

253) この点について、前述147-148頁および同頁の注105を参照。
254) この点について、前述152-153頁を参照。
255) この点について、Hanau, a. a. O.（Fn. 176）, S. 817を参照。
256) 例えば、Arndt Teichmann, in: Jauernig Bürgerliches Gesetzbuch, 10. Aufl., 2003, S. 1027を参照。
257) この点について、Erwin Detsch, Fahrlässigkeit und erforderliche Sorgfalt, 2. Aufl., 1995, S. 444.
258) Hanau, a. a. O.（Fn. 176）, S. 817. それ以外にも、例えばBGH 12. 7. 1996（NJW 1996, 3205）を引用しつつ、行為無価値論が裁判所によって拒絶されたという見方を示す見解も存在する（Repgen, a. a. O.（Fn. 76）, S. 786）。
259) Repgen, a. a. O.（Fn. 76）, S. 787.
260) Robert Battes, in: Ermann Handkommentar zum Bürgerlichen Gesetzbuch, 1. Bd., 1981, S. 637.
261) Repgen, a. a. O.（Fn. 76）, S. 787.
262) この点について、前述169頁およびHanau, a. a. O.（Fn. 176）, S. 817も参照。
263) Medicus, a. a. O.（Fn. 7）, S. 75.

そして、「123条1項によって保護される法益は、『法律行為領域における自由な自己決定』であ」り[264]、「123条は、法律行為上の意思決定の自由を保護する目的を有する」[265]。私的自治にとって法的に保護された自由が重要な法益であり、故意が違法性を基礎づけないなら（行為無価値を採用しないなら）、意思決定自由が違法根拠の自由意思として違法性を基礎づけ、それによって123条1項における悪意の欺罔を理由とする取消可能性は正当化されるのである。

② 保護の限界

確かに意思決定自由は重要な法益であるが、しかし「一方の自由が他方の不自由を意味する」[266]ことも忘れてはならないであろう。結果無価値論に依拠し、被欺罔者の意思決定自由の保護を説く場合であっても、欺罔者の法益を無視することはできない。それゆえ、利益考量は避けられず、これによって意思決定自由の要保護性も確定される。問題は、違法根拠の自由意思が置かれる一方の天秤に対して、他方の天秤に何を置くか、である。

行為無価値論が用いる社会的相当性の理論によれば、他方の天秤に「社会的な」または「全体的な」という形容詞が付される大きな利益が置かれる。このことが意思決定自由という個人の法益を軽んじる原因であったのであり、問題であった。

本来的に民法における過責（故意または過失）は、行為者の行為自由を確保する要件であった[267]。123条1項において過責を要求するなら、他方の天秤に置かれる法益は行為者の行為自由であろう。ただし、故意を介した行為自由の確保と過失を介した行為自由の確保は、その確保の程度が異なり、むろん前者は後者に比べて行為自由の確保の程度が拡大する。123条1項の故意は、まさに故意を介した行為自由の法益性を正当化する要因であったのであり、このことが意思決定自由の要保護性を低減せしめる原因であった。そこで、学説および判例は、123条1項を契約締結上の過失によって補完する議論を通じて、

---

[264] Kramer, a. a. O.（Fn. 172), S. 1401.
[265] Andreas Feuerborn, in: Anwaltkommentar, 2005, S. 507.
[266] Medicus, a. a. O.（Fn. 7), S. 75.
[267] この点について、前述115-118頁を参照。

あるいは同条項における故意要件の緩和を通じて、意思決定自由の要保護性の確保に努めた。こうした解釈は、見方を変えるなら、一方当事者の意思決定自由と釣り合う他方当事者の法益を、過失を介した行為自由へ引き下げる努力でもあったのである。両者の法益は過失によって釣り合い、意思決定自由は過失の侵害によっても違法性を基礎づけ得るのである。

(2) 民事詐欺の責任
① 責任要件の内容

意思決定自由の保護を求める立場は故意の違法要素化を否定し、さらに故意を過失へ近づける。もっとも、「過責、すなわち故意および過失は、責任の根拠であり、限界でもある」[268]。欺罔者側の行為自由を確保するためには123条1項においても過失は要求されなければならない。

確かに123条1項の枠組において、過失の要件化を明示的に認める見解は見当たらない。しかし、学説は、過失の要件化を暗に示唆している。例えば、ある学説は、123条1項の故意について、自然的故意（natürliche Vorsatz）[269] あるいは過責非難なき自然的意識（natürliches Bewußtsein ohne Verschuldensvorwurf）[270] という表現を用いる。自然的故意という概念は、帰責無能力者（責任無能力者）でさえ持ち得る自然的意味における故意（Vorsatz in natürlichem Sinne）を意味する[271]。それゆえ、精神病者や児童（Kinder）も、自然的故意を持ち得る[272]。この意味における自然的故意は、認識ある行為の際の故意として理解されている[273]。例えば、不注意から人間を轢く自動車運転者は、自動車それ自体については「故意に」運転している[274]。死を引き起こすモルヒ

---

268) Erwin Deutsch, Die Fahrlässigkeit im neuen Schuldrecht, AcP 202 (2002), S. 893.
269) Grigoleit, a. a. O. (Fn. 7), S. 18.; Mankowski, a. a. O. (Fn. 243), S. 340.
270) Larenz und Wolf, a. a. O. (Fn. 7), S. 686.
271) Schönke und Schröder, a. a. O. (Fn. 177), S. 411.
272) Friedrich Schaffstein, Rechtswidrigkeit und Schuld im Aufbau des neuen Strafrechtssystems, ZStW. 57, S. 314.
273) Schönke und Schröder, a. a. O. (Fn. 177), S. 411.
274) Arthur Kaufmann, Das Schuldprinzip, 2. Aufl., 1976, S. 156. なお、同書の邦訳として、アルトゥール・カウフマン（甲斐克則 訳）『責任原理 刑法的・法哲学的研究』（2000年）

ネの注射を何も知らずに打つ看護師でさえ注射それ自体は「故意に」注射している[275]。つまり、自然的故意は法的意味における故意ではなく[276]、厳密には責任形式の故意でもない[277]。自然的故意は、本質的な価値内容を奪われた概念であるのである[278]。自然的故意は法的な評価を受けない概念であるが故に他の法的概念と明確に区別することが難しく、それゆえ自然的故意は認識なき過失に基づく行為にも存在することが認められている[279]。

123条に関する民法学説が自然的故意という表現を如何なる意味において用いているか、は必ずしも明確ではない。しかし、自然的故意という表現は、123条1項における悪意の欺罔に関する近時の動向に鑑みれば、故意要件の緩和を示唆する表現として捉えることができよう[280]。この意味においても、123条1項における責任要件は、過失に近い故意として理解できるであろう。

② 責任能力の要否

123条1項における故意を違法要素ではなく、責任要件として理解するなら、責任能力要件も必要であろう。しかし、既に確認したように、通説の理解によれば、123条1項の要件として責任能力は要求されていない[281]。この問題に関して、私は既に二個の可能性を提示していた。すなわち、第一は123条1項において責任能力が要求されない解釈の意味を違法性の意識が要求されない意

が存在する。
275) Kaufmann, a. a. O. (Fn. 274), S. 156.
276) Schönke und Schröder, a. a. O. (Fn. 177), S. 1376.
277) Schönke und Schröder, a. a. O. (Fn. 177), S. 411. 少なくとも民法における故意は責任形式として理解されている。この点について、前述169頁を参照。
278) Mezger, a. a. O (Fn. 60), S. 34.
279) Kaufmann, a. a. O. (Fn. 274), S. 156.
280) 自然的故意という表現を用いるグリゴライトは、既に確認したように、契約締結上の過失法理によって123条1項を補完する解釈を展開し、同法理の保護目的として意思決定自由を含めていた(前述163-164頁。Nickel, a. a. O. (Fn. 160), S. 185も参照)。さらに、過責非難なき自然的意識という表現を用いるヴォルフは、既に確認したように、サヴィニーの如く欺罔者の反良俗性を問うのではなく、123条1項における意思決定自由の要保護性を説いていたのである(前述157-158頁)。
281) この点について、前述122-123頁。

味として捉え直す可能性（123条1項において責任能力は必要であるが、しかし違法性の意識は不要、という意味）であり、第二は故意を責任要素として理解しない可能性である[282]。

既に検討したように、その後の学説は第二の可能性を選択したのであり、すなわち目的的行為論ないし行為無価値論に基づいて故意を違法要素として理解したのであった。しかし、こうした解釈の不当性については、これまで本書において確認してきた。それゆえ、残される選択肢は第一の可能性である。

ところで、自然的故意の概念は、かつて目的的行為論者によっても支持されていた。例えば目的的行為論者のニーゼは、自然的故意を、dolusから違法性の意識を排除した概念として捉える（これは責任説の帰結でもあり、つまり故意を構成要件要素として理解する結果として故意と違法性の意識が分離され、違法性の意識は責任要素として残される）[283]。

ところが、例えばBGH 18. 3. 1952（BGHSt 2, 194）[284]は、ニーゼの理解に反して、次のように説示した。

「刑罰は責任を前提とする。責任とは非難可能性のことである。責任という無価値判断によって、行為者には、適法に振る舞い、適法に決断し得たにもかかわらず、不法な決断を下し、法に適うべく振る舞わなかったことが非難される。人が良俗的な成熟に達するや否や、自由で良俗的に自己決定する資質が刑法51条において列挙されている病的事象によって一時的に麻痺せられ、または長期に亘り破壊されていない限り、人は自由で答責的で良俗的に自己決定する資質を有し、それゆえ法に適い、かつ不法に抗う決断を下し、自身の振る舞いを法的当為の規範に従わせ、そして法的禁止を回避する能力を有する点に、責任非難の内的根拠がある。人が自由で答責的で良俗的な自己決定に際し法に与し、不法に抗う決断を下すための前提は、法と不法の認識である。自ら自由に決断した事柄が不法であることを知る者は、それにも

---

[282] その理由も含めて、前述125-128頁。
[283] Werner Niese, Finalität, Vorsatz und Fahrlässigkeit, 1951, S. 13 f.
[284] 同判決の紹介として、金澤文雄「ハンス・ヴェルツェルの『責任説』の人間学的基礎」岡山商科大学法学論叢4号（1996）16頁以下がある。

かかわらず行為する場合に、有責に行動しているのである」。

　本判決によれば、責任非難を基礎づける要素として違法性の意識が要求されるのであり、すなわち自然的故意の概念は（少なくとも部分的に）否定された[285]。確かに、刑法の領域においては、自然的故意の概念は維持し得ないのかもしれない。しかし、前述の残された第一の可能性によれば、123条1項において責任能力を要求されない意義は違法性の意識を要しない意味として理解される。しかも、この理解によれば、123条1項における故意とdolusとの相違を強調することができ、同条項の規範目的にも適うであろう。

　以上を要するに、123条1項における責任要件として（過失に相当する）故意と責任能力が要求される。確かに、責任能力の要否を除いて、同条項の責任要件の問題についてドイツ民法学は特に言及しておらず、本書において導き出された結論も各論点における帰結の総合に過ぎない。しかし、ドイツ法を検討する目的は、日本民法96条1項の詐欺解釈に対する示唆を得ることであり、この目的の達成にとって十分な根拠は得られたはずである。

第2項　例外——不作為

(1) 不作為の特殊性

　ここまで本書にて引用した裁判例は、主として作為の詐欺の事案であった。法益たる違法根拠の自由意思を保護する観点から、契約締結上の過失法理による補完、あるいは故意概念の緩和等が議論された。ところが、作為の詐欺に対して、不作為の欺罔は既に存在する錯誤の維持または強化であり[286]、つまり不作為の詐欺における被欺罔者の錯誤は欺罔者によって惹起されるわけではなく、すなわち不作為の詐欺における欺罔者は一見すると意思決定自由を害して

---

[285]　例えば、カウフマン（Arthur Kaufmann）も、刑法の故意は規範的内容を有し、純粋なる心理学的な要素ではなく、社会生活における行為事情の意味を明確に理解する者だけが刑法の意味における故意行為を為し得るのであるから、刑法における故意を自然的故意としてのみ捉える立場は正当ではない、という（Kaufmann, a. a. O. (Fn. 274), S. 135）。

[286]　Larenz, a. a. O. (Fn. 214), S. 398.; Medicus, a. a. O. (Fn. 7), S. 308.; Kramer, a. a. O. (Fn. 172), S. 1403 f. u. S. 1408.

いない[287]。こうした不作為の特性は、不作為の事例と作為の事例において如何なる相違を生み出すのであろうか[288]。この点を確認するため、まず不作為一般について確認し、次いで不作為の欺罔に関する若干の裁判例を検討する。

① 不作為一般

不作為それ自体は結果を生ぜしめない[289]。それゆえ、不作為を如何にして作為の結果惹起と同置するか、が問題である[290]。ところで、不作為は、真正不作為と不真正不作為の二種に分かれる[291]。真正不作為と不真正不作為は、当該法規が不作為構成要件を含むか否か、によって区別される[292]。そして、特に刑法学においては真正不作為は法によって求められている行為の不履行それ自体を意味し、つまり真正不作為は特定の結果の発生を要しない[293]。それゆえ、作為と不作為の同置は、むしろ不真正不作為において問題となる[294]。

---

[287] 一方当事者の錯誤を他方当事者が認識していたとしても、これは一方当事者の単なる錯誤に過ぎず、私的自治に基づく自己責任の帰結である。Singer und Finckenstein, a. a. O. (Fn. 214), S. 600 も参照。

[288] 例えば、カナーリス（Claus-Wilhelm Canaris）は、123条1項における悪意の欺罔と契約締結上の過失法理の関係について議論される契機を与えたBGH 31. 2. 1962（NJW 1962, S. 1196）に関して（この一連の議論は前述160‐162頁）、この事例が不作為の事例であったなら、異なる判断が下され得た可能性を示唆する（Claus-Wilhelm Canaris, Wandlungen des Schuldvertragsrechts-Tendenzen zu seiner „Materialisierung", AcP 200（2000), S. 313 f.）。

[289] Ernst Wolf, Die Lehre von der Handlung, AcP 170 (1970), S. 221 f.

[290] イェシェック＝ヴァイゲント・前掲注196・470頁。

[291] イェシェック＝ヴァイゲント・前掲注196・473頁。

[292] Walter Stree, in: Schönke und Schröder Strafgesetzbuch Kommentar, 27. Aufl., 2006, S. 214.

[293] 例えば、救助の真正不作為を定める刑法323c条（災害または公共の危険もしくは急迫に際して、救助が必要であり、しかも当該事情から救助が期待され、とりわけ自己の身に重大な危険が及ぶわけでもなく、他の重大な義務違反を犯す可能性も存在しないにもかかわらず、救助を行わない者は、一年未満の自由刑または罰金刑に処す）の違反者が結果（例えば、被災者の死亡）を回避し得たか否か、は問われない。イェシェック＝ヴァイゲント・前掲注196・473頁。刑法323c条が真正不作為犯を定めた規定である点について、Cramer und Sternberg-Lieben, a. a. O. (Fn. 177), S. 2630 を参照。

[294] この点について、イェシェック＝ヴァイゲント・前掲注196・483頁。

不真正不作為は、結果を回避すべき作為義務を負う場合に限り、作為と同置される[295]。この結果回避義務は、保証人的地位から生じる[296]。そして、保証人的地位は、法律、契約または先行行為に基づく[297]。例えば、刑法263条の詐欺罪における不作為は不真正不作為犯であり、それゆえ保証人的義務を前提とする[298]。なお、行為者は自己の作為義務から帰結される構成要件該当の状況を認識していなければならない[299]。そして、この不作為者が構成要件の実現を可能として考え(さらに、意的要素を求めるなら、それを認容すれば)、未必の故意が認められる[300]。

民法123条1項は基本的に作為構成要件として理解されているから、同条項における不作為は不真正不作為であり[301]、同条項における不作為の欺罔は作為の欺罔と同置させる前提として作為義務を要する[302](これに対して、123条1項と同様に悪意要件を定めていた(旧)463条2項[303]は、悪意の秘匿という不作

---

[295] Deutsch, a. a. O. (Fn. 8), S. 125.; Bernhard Drees, in: Ermann Handkommentar zum Bürgerlichen Gesetzbuch, 1. Bd., 1981, S. 2141. 刑法13条1項も、その旨を定める。刑法13条1項:刑法の構成要件に該当する結果の回避を怠る者は、本法に従い、その者が結果の不発生に関して法的な義務を負い、その不作為が作為による法律上の構成要件の実現に相当する場合にのみ、可罰的である。

[296] Deutsch, a. a. O. (Fn. 8), S. 127.; Repgen, a. a. O. (Fn. 76), S. 784. イェシェック=ヴァイゲント・前掲注196・483頁も参照。

[297] Repgen, a. a. O. (Fn. 76), S. 784. イェシェック=ヴァイゲント・前掲注196・483頁も参照。

[298] Cramer und Sternberg-Lieben, a. a. O. (Fn. 177), S. 2194 f. もっとも、判例は、信義誠実を説明義務の根拠として認めることもある (Cramer und Sternberg-Lieben, a. a. O. (Fn. 177), S. 197)。

[299] Cramer und Sternberg-Lieben, a. a. O. (Fn. 177), S. 288.

[300] Cramer und Sternberg-Lieben, a. a. O. (Fn. 177), S. 289.

[301] この点について、Holger Fleischer, Informationsasymmetrie im Vertragsrecht, 2001, S. 489.; Rösler, a. a. O. (Fn. 238), S. 569を参照。

[302] 例えば、Wolfgang Hefermehl, in: Soergel Kommentar zum Bürgerliches Gesetzbuch, 1. Bd., 10. Aufl., 1967, S. 494.; Flume, a. a. O. (Fn. 7), S. 541.; Brox, a. a. O. (Fn. 123), S. 183.; Medicus, a. a. O. (Fn. 7), S. 311.; Jauernig, a. a. O. (Fn. 7), S. 63.

[303] 463条1項:売買目的物が購入時点において保証された性質を欠く場合、買主は解除または代金減額に代えて不履行を理由とする損害賠償を請求することができる。
同条2項:売主が欠陥を悪意に秘匿した (arglistig verschwiegen hat) 場合も、同様

為構成要件を含むから、同条項における不作為は真正不作為である）[304]。123条1項において作為義務の違反を通じて作為と不作為が同置されるなら[305]、同義務違反が意思決定自由の侵害を意味するはずであり[306]、不作為においても意思決定自由が違法性の根拠であるはずである[307]。そして、かかる意思決定自由の侵害が123条1項における構成要件の実現に相当するのであるから、

である。

[304] Fleischer, a. a. O. (Fn. 301), S. 489. もっとも、従来の解釈は123条1項と（旧）463条2項の構造的差異に注目せず、両者を同列に扱い、それゆえ一般的に（旧）463条2項における悪意の秘匿においても作為義務の存在が問われていた（Fleischer, a. a. O., S. 488 f. を参照）。悪意要件を有する（旧）463条2項は、123条1項と並び、民法典における故意ドグマを形成する一規範として理解されていたし（Grigoleit, a. a. O. (Fn. 7), S. 25 ff.; ders., a. a. O. (Fn. 44), S. 902. Mertens, a. a. O. (Fn. 167), S. 848 mit Fußn. 79 も参照）、両規範が競合することも一般に認められていたのであり（Peter Derleder, Sachmängel-und Arglisthaftung nach neuem Schuldrecht, NJW 2004, S. 970 を参照）、こうした事情が123条1項と（旧）463条2項とを区別させなかったのかもしれない。しかし、（旧）463条2項は債務法の改正によって削除され、物の瑕疵については新たに434条によって、権利の瑕疵について新たに435条によって規定された。両条は悪意要件を備えず、ゆえに民法典における故意ドグマの一部は既に破られている。加えて、両条の解釈に関する学説の動向として、123条1項と異なり、説明義務の存在を問わない見解が少なくない点も注目される（この点について Florian Faust, in: Bamberger/Roth Kommentar zum Bürgerlichen Gesetzbuch, 1. Bd., 2003, S. 1643）。このように理解するなら、434条と435条を真正不作為の規定として、123条を不真正不作為の規定として把握することができるであろう（Rösler, a. a. O. (Fn. 238), S. 569 mit Fußn. 16 も参照）。

[305] 一般的法原則によれば、説明義務の不作為は、欺罔者が説明すべき法的義務を負う場合に限り、積極的欺罔として評価され、同置される、という。例えば、Hefermehl, a. a. O. (Fn. 302), S. 494.; Peter Bydlinski, Bürgerliches Recht, 1. Bd., 2000, S. 140 を参照。

[306] 既に存在する意思決定自由の侵害の「利用」も、自由な意思決定に対する不当な影響である（Larenz und Wolf, a. a. O. (Fn. 7), S. 758）。

[307] 123条1項の目的は意思決定自由であるから、同条項において問われる作為義務も意思決定自由の保護を目指した義務であるはずである（意思決定自由を保護する義務として説明義務を捉えている見解として、Nickel, a. a. O. (Fn. 160), S. 178 および S. 179 mit Fußn. 522 において挙げられている文献も参照）。それゆえ、不作為の詐欺においても違法性の根拠は違法根拠の自由意思として理解することができるであろう。もっとも、作為の詐欺に比べて行為無価値的発想が強まることは否定できない。不作為一般の問題として、橋本佳幸『責任法の多元的構造　不作為不法行為・危険責任をめぐって』（2006年）24頁も参照。

「作為義務の不履行なかりせば被欺罔者は意思表示していなかったであろう」ことを不作為の欺罔者が認識していれば、故意が認められ、場合によっては未必の故意も肯定されるであろう。

不作為の欺罔の事案において問われる作為義務は正確な情報を提供すべき義務を意味し、これは一般に説明義務と呼ばれる[308]。他方で、作為の欺罔を不正確な情報を提供しない不作為義務の違反として理解することも可能であり、この意味の不作為義務は一般に真実義務と呼ばれる[309]。そして、両者を合わせて、一般に情報提供義務と呼ばれる[310]。ここでは不作為の欺罔に関する議論である旨を強調するためにも、以下では主として説明義務という文言を用いる。

以上の理解を前提として、続いて123条1項における悪意の欺罔が争われた不作為の事例を検討する[311]。

② 不作為の欺罔の事例

不作為の欺罔の事案として、BGH 28. 4. 1971（NJW 1971, S. 1795）を取り上げる。次のような事案であった。

　運送業を営む被告は化学液体の運送用タンクとタンクトレーラーを原告に注文し、原告は被告へ本件タンクおよびタンク車を引き渡したのであるが、

---

308) Grigoleit, a. a. O. (Fn. 7), S. 4.; Singer und Finckenstein, a. a. O. (Fn. 214), S. 599 ff. も参照。
309) Grigoleit, a. a. O. (Fn. 7), S. 4.; Kramer, a. a. O. (Fn. 172), S. 1407.
310) Grigoleit, a. a. O. (Fn. 7), S. 4.; Mertens, a. a. O. (Fn. 167), S. 819 も参照。
311) もちろん、各契約類型に応じた区別は必要であろう（この点について Kramer, a. a. O. (Fn. 172), S. 1408 を参照。例えば ders., S. 1408 ff. によれば売買契約、労働契約、その他の契約という区別が示されている）。実際に各契約類型において不作為の詐欺が持つ意味は異なる。そこで本書においても、まず売買契約を取り上げ、これと区別して労働契約および保険契約について検討する。123条1項における悪意の欺罔が争われた不作為の事例については内山敏和「情報格差と詐欺の実相――ドイツにおける沈黙による詐欺の検討を通じて (1)・(2)・(3)・(4)・(5)・(6)・(7・完)」早稲田大学大学院法研論集111号1頁以下（2004年）・113号1頁以下・114号1頁以下・115号1頁以下・116号27頁以下（2005年）・117号19頁以下・119号1頁以下（2006年）が詳細であり、本書では必要な限度の検討に止める。

しかし当該タンクの積載量がトレーラーの積載量を超過し、タンクを完全に満たすことができず、このことによってブレーキやカーブの際に増水振動が生じ、安全に運行し得ないことが判明し、被告は悪意の欺罔を理由として当該契約を取り消した。BGH 28. 4. 1971 は、次のように判示した。原審の理解によれば、商取引の際は売主は買主に対して説明義務を負わない、という。このこと自体は正しい。しかし、売買法をも支配する信義誠実の原則によれば、他方当事者の決断にとって重要になる事実を買主に告げるべき義務を売主は負う。本件タンクの液体運搬の適性に関して原告が少なくとも疑問に感じていたなら、原告は沈黙してはならず、信義誠実に従い説明義務を負うのである。そして、悪意は、相手方が欺罔なかりせば意思表示を為さなかったであろうこと、または当該の合意内容では為さなかったであろうことを意識していれば足りる。かかる意識は、未必の故意で満たされる。なお、原審は被欺罔者の過失を指摘しているが、しかし 123 条 1 項において被欺罔者の過失は問題にならない。

BGH 28. 4. 1971 の特徴は、第一に故意の内容が可能性説に近い点であり[312]、第二に被欺罔者の落ち度を問わない旨が説示されている点であり、第三に信義則から説明義務が肯定されている点である。まず、第二点は意思決定自由保護の観点から説明できるし[313]、このことから第一点も説明できるであろうから[314]、第一点と第二点は 123 条 1 項における悪意の欺罔が争われた作為の事例と異ならない内容である。さらに、BGH 28. 4. 1971 が説示する故意の内容も、基本的に不作為一般において確認した内容に相当し、問題ない。

問題は第三点である。もっとも、説明義務の存在が肯定され、その違反も肯定されているから、同義務違反が意思決定自由侵害の行為と同置され、違法性

---

[312] Mankowski, a. a. O. (Fn. 243), S. 339 は、本判決を可能性説を採用した事例として理解する。

[313] 学説も、被欺罔者の落ち度を問わない。例えば、Jauernig, a. a. O. (Fn. 7), S. 63.; Feuerborn, a. a. O. (Fn. 265), S. 516.; Kramer, a. a. O. (Fn. 172), S. 1406 を参照。

[314] 意思決定自由の保護を重視するなら故意の立証は軽減されなければならず、そして可能性説の故意は過失に近く、その立証は他の見解の故意より容易である点について、前述 179-182 頁を参照。

も肯定されるであろう。むしろ、問題は、同義務の根拠である。BGH 28. 4. 1971 は信義則を援用し、説明義務の存在を肯定する[315]。しかし、作為義務の根拠を信義則に求める限り、説明義務の存否は個別事例に応じて判断される他なく[316]、定式性を欠き、不安定となる。

もっとも、BGH 28. 4. 1971 は、信義則のみならず、「本件タンクの液体運搬の適性に関して原告が少なくとも疑問に感じていたなら、原告は沈黙してはならず、信義誠実に従い説明義務を負う」という説示を加えることによって、説明義務と売主の認識の関係を示唆している。この点については、例えばBGH 20. 10. 2000（NJW 2001, S. 64）においても、次のように判示されている。

　　原告が被告から購入した土地は被告の前所有者が操業していた金属加工工場の影響によって汚染されていたのであり、この点に関して原告が被告の説明義務違反を理由とする悪意の欺罔に基づいて本件契約を取り消した。欺罔を否定した原審と異なり、BGH 20. 10. 2000 は、買主にとって重要な意味を持つ事柄の通知を取引通念によれば買主が期待し得る場合には、この点について売主は開示義務を負い、さらに売主が廃棄物を認識していたなら、土壌汚染に関する疑念を買主に伝えるのみでは説明義務は果たされない旨を指摘して、事案を原審へ差し戻した。

BGH 20. 10. 2000 は、買主の決断を左右し得る事項に関する通知を買主が期待し得る場合に、説明義務が認められる旨を説示する[317]。しかし、その判断は「取引通念」に従うのであり、信義則に依拠する帰結と変わらない。ただし、

---

[315] これが民法典成立以降の判例の傾向である点について、Singer und Finckenstein, a. a. O. (Fn. 214), S. 600 を参照。

[316] この点について、Dieter Giesen, Anmerkung zu BGH 28. 4. 1971, NJW 1971, S. 1798 を参照。その他に、Hefermehl, a. a. O. (Fn. 302), S. 494 も参照。

[317] これは他の裁判例においても同様の説示が少なからず見られ、123 条 1 項における悪意の欺罔が争われる不作為の裁判例においては「開示されるべき事情が相手方の決定にとって重要であることおよび信義則上その開示が期待されることの 2 点が重視されている」という（内山敏和「情報格差と詐欺の実相――ドイツにおける沈黙による詐欺の検討を通じて（5）」早稲田大学大学院法研論集 117 号（2005 年）44 - 45 頁）。

BGH 20. 10. 2000 においても、BGH 28. 4. 1971 と同様に、買主の決断を左右し得る事項に関する売主の認識、つまり廃棄物に関する売主の認識が指摘されている。

確かに、説明義務の根拠を、裁判所は明示的に提示していない。しかし、BGH 28. 4. 1971 にせよ、BGH 20. 10. 2000 にせよ、裁判所が説明義務を語る前提として、買主の決断を左右し得る事項に関する売主の認識が言及されている。本来ならば、こうした認識は既に故意に含まれているはずである。要するに、裁判所の理解によれば、売主の故意それ自体が説明義務の根拠であって、しかし単なる故意ではなく、「買主の決断を左右し得る事項」という制約が伴い、かかる制約が説明義務を（信義則上）正当化し[318]、この制約は「でたらめな」（確実な事実の認識を欠く）言明によって故意が基礎づけられる作為の事例[319]と異なる不作為の詐欺の特有の限界として理解されることになる[320]。

---

[318] 学説も、私的自治が十分に機能し得ない局面において説明義務が顧慮される旨を説く（Singer und Finckenstein, a. a. O. (Fn. 214), S. 601）。この意味における局面は、「買主の決断を左右し得る事項」を買主が認識していない事態を意味するであろう。さらに学説は、被欺罔者の意思決定にとって本質的な事情に関する秘匿を欺罔として理解する（Singer und Finckenstein, a. a. O. (Fn. 214), S. 599）。加えて、学説は故意も要求するのであるから、つまり学説の理解においても、欺罔者が「買主の決断を左右し得る事項」を認識していれば、説明義務が顧慮され、その義務が違反されれば、欺罔が成立するのである。故意が義務を制限する機能を有する点について、Grigoleit, a. a. O. (Fn. 7), S. 31 ff. を参照。

不作為一般の問題として、過失の不作為に関して作為義務の問題を過失概念へ解消あるいは引き寄せる見解が存在する（橋本佳幸『責任法の多元的構造　不作為不法行為・危険責任をめぐって』（2006 年）22 頁以下を参照）。これに倣えば、故意の不作為に関しても作為義務の問題を故意概念へ解消あるいは引き寄せる理解は不可能ではない（故意の不作為について、橋本佳幸『責任法の多元的構造　不作為不法行為・危険責任をめぐって』（2006 年）33 頁の注（19）を参照。ただし、橋本自身は、過失の不作為について作為義務の問題を過失へ解消させず、独自の問題として捉え、さらに故意の不作為についても故意概念へ解消させない）。この意味においても、やはり行為無価値へ接近するが、しかし不作為の問題においても結果無価値が重視されるべきであり、この点について前掲注 307 を参照。

[319] 作為の事例については、特に前述 175 - 178 頁を参照。

[320] 不作為の問題の出発点は「不作為それ自体は意思決定自由を侵害しない」という点であり、この点は不作為の要件と作為の要件を区別する十分な理由たり得るであろう。

(2) 作為義務に関する原則と例外

① 説明義務の根拠と配分

確かに不作為においては、説明義務に関して一定の制約を伴う。しかし、その他の点に関して、不作為の事例と作為の事例においては、大きな差異は認められない。ただし、ここまで検討した不作為の事例は売買契約に関する事例であり、その他の事例に関する検証が残されている。

ところで、説明義務を無批判に認めることは、自ら得た情報に基づく利益の獲得を不当に制約し、妥当ではない[321]。確かに、不作為の欺罔を基礎づけ得る説明義務の存否の判断は、有利な情報を持つ当事者の利益追求と有利な情報を持たざる当事者の利益保護を画定する問題として理解され[322]、123条1項は情報の均等化に努める民法の規範として理解される[323]。しかし、とりわけ現代の情報化社会においては、自ら努力して情報を獲得した者の利益を無視することはできないであろう[324]。

そこで、一部の学説は、保証人的地位や信頼関係ではなく、情報の経済的な財という側面に着目し、かかる見地から説明義務の根拠を議論し始めた[325]。この見地によれば、情報の獲得へ向けた投資の意義やフリーライダーの排除等

---

[321] Giesen, a. a. O. (Fn. 316), S. 1797 f. を参照。

[322] この点について、例えば、Harry Westermann, in: Erman Handkommentar zum Bürgerlichen Gesetzbuch, 1. Bd., 4. Aufl., 1967, S. 140.

[323] Fleischer, a. a. O. (Fn. 301), S. 234.

[324] この点について、Mankowski, a. a. O. (Fn. 243), S. 315 も参照。加えて、次のような事情も無視できない。「契約の取消・無効の場合は、別に元の状態に戻るだけのようにも見えるかもしれないが、より積極的なペナルティとして働くこともある。情報を隠していた側は、当該情報を知られた上に、何も無かった状態に戻されるから、いわばただで情報を取り上げられた形になるからである」(藤田友敬・松村敏弘「取引前の情報開示と法的ルール」北大法学論集52巻6号 (2002年) 2088頁)。

[325] 契約当事者にとって重要な事情を事前に突き止め、そして起こり得る将来の全事情を想定した完全な契約を作り出すことは、膨大な情報費用および交渉費用を要する。それゆえ、より十分な情報を有する当事者に説明義務を課すことによって、取引費用は低減し、分配効率は上昇し、そして市場効果も高まる。問題は、如何にして費用負担を軽減し、そして効率的な財貨交換を可能ならしめるか、である。Michael Adams, Irrtümer und Offenbarungspflichten im Vertragsrecht, AcP 186 (1986), S. 453–458; Fleischer, a. a. O. (Fn. 130), S. 102.; Mankowski, a. a. O. (Fn. 243), S. 310 u. 315 を参照。

も考慮され、説明義務は表示受領者（例えば、ある商品の売主）が当該情報（その商品の状態など）を表示者（その商品の買主）よりも安価で入手することができ、この表示受領者が最安価情報提供者である場合に限り、効果的になる[326]、という。

　とりわけ情報費用の負担という観点を重視するなら、契約の重要部分に関わる情報を無償で取得ないし提供し得る者が説明義務を負うべきである、という結論へ至るであろう。そのような事案類型として、例えば保険契約と労働契約が考えられる。とりわけ被保険者自身および被用者自身の情報は基本的に人的属性に関係しているから、こうした情報は投資を要することなく既に被保険者および被用者によって保持されている[327]。しかも、売買等の単発的な交換契約と異なり、保険契約あるいは労働契約が一定程度の長期に亘る継続的契約である点に鑑みれば、被保険者自身および被用者自身の人的属性に関する情報は、当該被保険者および被用者の信頼性を判断するためにも、重要な意味を持つ[328]。費用を要せず取得された情報であるとしても、必ずしも開示されるべきではないが、しかし説明義務は肯定され易いであろう[329]。

　こうして、保険契約における被保険者と労働契約における被用者は、比較的容易に説明義務を課されるはずである。問題は、このことが果たして123条1項の事案において妥当しているのか否か、である。引き続き、この点について検討する。

② 保険契約と労働契約

　まず、保険契約の事案を検討する。123条1項における悪意の欺罔が争われた事案として、例えばBGH 13. 5. 1957（NJW 1957, S. 988）が挙げられる。

> 保険契約の締結に際して原告の被保険者が虚偽の申告を為したか否か、が

---

[326] この点について、Mankowski, a. a. O.（Fn. 243), S. 310-316.
[327] Mankowski, a. a. O.（Fn. 243), S. 323 ff.
[328] Mankowski, a. a. O.（Fn. 243), S. 323.; Hans-Martin Pawlowski, Allgemeiner Teil des BGB, 7. Aufl., 2003, S. 267 も参照。
[329] Mankowski, a. a. O.（Fn. 243), S. 325.

争われ（虚偽の内容は明確ではない）、被告の保険者が原告の悪意の欺罔を理由として本件契約の取消可能性を主張し、これに加えて一応の証明による立証の緩和をも求めた事案において、BGH 13. 5. 1957 は次のように説示し、被告の請求を退けた。民法123条における悪意に基づく意思決定という概念は相手方を錯誤に陥れる認識（Bewußtsein）および意欲（Willen）が成立要件であり、かかる成立要件は悪意の欺罔に基づく保険契約にも同じく妥当し、そして民法123条に関する成立要件の立証責任は全て取消者が負うのであり、申込の際の質問に対して故意に誤れる返答を与えた被保険者は保険者の意思形成に関しても悪意であった、という一般的経験則は存在せず、一応の証明は認められない。

保険契約の締結に際して保険者が被保険者に対して質問する内容（例えば既往症の有無）は基本的に被保険者にしか知り得ず、しかも被保険者にとっては費用を要しない情報である。つまり、説明義務の効率的分配を考えれば、被保険者の説明義務および同義務違反は肯定され易いはずである。しかし、本判決が説示する故意の内容は意思説である[330]。これは既に検討した可能性説と対極に位置する見解であって[331]、意思説に依拠する故意の立証は可能性説に依拠する故意の立証よりも難しい。このことから、本件の裁判所が詐欺の成立に消極的であることが窺われ、本判決は一応の証明という立証の簡易化をも認めなかったのである。問題は、その理由である。

保険契約の事案は、123条1項における悪意の欺罔が争われる典型的な事案と異なる。例えば、典型的な消費者の事例は基本的に消費者（被詐欺者）と事業者（詐欺者）という構図である[332]。ところが、BGH 13. 5. 1957 においては経済的弱者が欺罔者として登場する事案であり、裁判所としては要件の立証を

---

330) 意思説について、前述169頁を参照。
331) この点について、前述180頁を参照。
332) その他の特殊性としては、例えば生命保険を締結した欺罔者たる被保険者が死亡することによって被保険者本人を尋問することができなくなること、さらに被保険者の欺罔に起因するリスクは（例えば保険料の調整によって）他の被保険者に分配することも可能であること等が考えられる（Süss, a. a. O. (Fn. 151), S. 185; Herbert Haasen, Zur Beweislast bei der Anfechtung wegen arglistiger Täuschung, VersR 1954, S. 483）。

厳格に求めることによって被保険者が十分な立証なしに詐欺者として見なされる事態を阻止したかったのかもしれない[333]。あるいは、保険者の立証責任の緩和は結果として保険金支払義務の免除を意味するから、これに乗じた保険者による無分別な顧客獲得活動の助長が懸念されたのかもしれない。例えば、保険契約の締結に際して保険の販売員が健康状態に関して正確に回答する必要なき旨を告げることによって被保険者を勧誘しておきながら、契約締結後に発覚した被保険者の健康障害を理由として被保険者の悪意の欺罔に基づいて当該契約の取消可能性を求めた事案において、BGH 20. 11. 1990（NJW-RR 1991, S. 411）は悪意の欺罔に関する主観的成立要件の確認が不十分である旨を判示し、事案を差し戻している。

　123条1項における悪意の欺罔が争われる労働契約の事案も経済的弱者が欺罔者として登場する点において、保険契約と同様である。両者の相違は、例えば前述した BAG 22. 9. 1961（AP Nr. 15 §123 BGB Bl. 1253＝NJW 1962, S. 74）[334]において明らかなように、労働契約の事案においては被用者のプライバシーが関係している点である[335]。裁判所は、例えば労働契約の締結に際して前科について質問された被用者が虚偽の回答を為した事案において悪意の欺罔の成立を否定し（BAG 5. 12. 1957（NJW 1958, S. 516））[336]、これに対して妊娠

---

333)　この点について、Emil Böhmer, Zur Anfechtung von Versicherungsverträgen nach §123 BGB, MDR 1958, S. 208 も参照。

334)　この事案について、前述150頁を参照。

335)　この点について、例えば Beck, a. a. O. (Fn. 117), S. 17 f. も参照。

336)　もちろん、前科に関する質問が全て許されないわけではない。例えば、次のような事例が挙げられる。かつて飲酒運転に基づく前科を持つ原告が被告国から前科の有無について何度も質問されていたものの、この前科を秘して、最終的に警察公務員として採用され、その後に当該前科の存在が判明し、被告国は悪意の欺罔を理由として雇用契約を取り消した事案において、BAG 20. 5. 1999（NJW 1999, S. 3653）は次のように述べた。民法123条1項に基づく取消権は、許された方法で提起された質問に対して真実に反する回答が為されれば、正当化される。ところで、基本法33条2項によれば、ドイツ人は全て、自己の適性、才能および専門的能力に応じて、あらゆる公共の職務に等しく門戸が開かれている。それゆえ、公共職務の希望者の採用は、適正等の特別な要件が前提である。こうした適性に関しては、職務上の任務を憲法の諸原則に基づいて引き受け、市民の自由権を擁護し、法治国家規則を遵守できる能力と内なる覚悟が含まれる。これを知る必要が存在する限度において、使用者は採用に際して前科について質問することが

について質問された被用者が虚偽の回答を為した事案において悪意の欺罔の成立を否定しなかった（BAG 22. 9. 1961）。

もっとも、確かに当時の裁判所は妊娠に関する質問を必ずしも許されない質問として理解しなかったのであるが、しかしドイツは男女の平等的取扱に関するヨーロッパ共同体指令（1976年）に基づいて労働法に関するヨーロッパ共同体適合法（1980年）を制定し[337]、これに基づいて新たに611a条[338]を規定した[339]。同条によれば原則として妊娠を理由とする採用拒否は許されず、その後の裁判所も妊娠に関する質問を原則として許さない態度を示した。

例えば、原告が労働契約の締結に際して妊娠していない旨を被告に告げたが、しかし後に原告の妊娠が確認され、被告は悪意の欺罔を理由として当該労働契約を取り消した事案において、BAG 6. 2. 2003（MDR 2003, S. 996）は次のように述べた。

> ヨーロッパ共同体指令の目的に従うなら、一時的な活動障害は重要ではなく、母体の保護に必要な時間が経過した後に当該妊婦が再び就業し得るならば、妊娠に関する質問は許されない。

許される。そして、飲酒運転を理由とした原告の前科は、自動車運転に関する原告の適性を疑わせるものである。

337) この経緯および同指令の内容について、例えば Peter Hanau, in: Ermann Handkommentar zum Bürgerlichen Gesetzbuch, 1. Bd., 8. Aufl., 1989, S. 1607 を参照。

338) 611a条1項：使用者は、合意または措置の際に、とりわけ労働関係の形成、昇進、命令または告知の際に、被用者の性別を理由として当該被用者を不利に扱ってはならない。しかし、ある合意または措置が被用者によって果たされるべき業務の種類にとって重要であり、特定の性別が当該業務の不可欠な前提である場合に限り、性別を理由とする異なる取り扱いは許される。訴訟に際して被用者が性別を理由とする不利な取り扱いを推定させる事実を提示した場合、使用者は、性別に関連しない実際的な根拠に基づいて異なる取り扱いが正当化されること、または当該性別が果たされるべき業務の不可欠な前提であることを立証しなければならない。

339) 611a条は611b条と共に既に存在せず、両規定は現在の612a条に統合されている（この点について、Rudi Müller-Glöge, in: Münchener Kommentar zum Bürgerlichen Gesetzbuch, 4. Bd., 5. Aufl., 2009, S. 357 を参照）。

保険契約における既往症と同様に、労働契約における前科ないし妊娠の事実は、原則として被用者しか知り得ない情報であり、しかも当該被用者にとって当該情報の取得は費用を要さない。それゆえ、被用者の説明義務は肯定され易いはずである。ところが、123条1項における悪意の欺罔が争われる労働契約においては、保険契約と同様に、裁判所は被用者の説明義務について慎重な態度を見せる。

　以上を要するに、不作為の事例は作為の事例と異なる考慮を要し、不作為の事例の中で特に異なる処理を受ける類型が存在する。こうした類型は欺罔者の属性（経済的弱者が欺罔者）や保護法益の種類（プライバシーの問題）[340]が他の事例と異なるものであり、こうした類型においては本書において検討した123条1項における悪意の欺罔に関する諸原則は必ずしも妥当しない。個別に検討を加えた所以である。

---

340) とりわけ労働契約の類型に関しては、使用者の質問権と被用者の嘘をつく権利の対立として表現されることもある。例えば、Mankowski, a. a. O.（Fn. 243）, S. 335; Kramer, a. a. O.（Fn. 172）, S. 1405 を参照。

第2部　日本法

第1章　民事詐欺論の展開

第1節　日本民法と自然法

　本書はドイツ法の考察としてローマ法から出発した。ユスティニアヌス帝によってローマ法大全が編纂され（529年から534年）、このローマ法大全からdolusの法理を知ることができた。当時のdolusの法理は、被害者の救済ではなく、むしろ加害者に対する制裁として機能していた。しかし、数世紀を経て次第に強まった自然法の影響から、被欺罔者の意思決定自由の観点に基づいて詐欺が捉えられ、そして現行ドイツ民法典123条1項は意思決定自由を保護する規範として理解されている。こうしたドイツ法の背景と日本法は如何に異なるか、その差異は如何なる形において現れているか、という点を確認することが日本法における第一の検討課題である。

第1款　詐欺の前史

第1項　19世紀以前の詐欺論

(1) 封建体制の時代
① 儒教の精神と自由
　日本における古来の詐欺法理は、ローマ法のdolusと同様に、被害者の救済という観点よりも加害者の制裁という側面が強かった。まず、詐欺に関連する法として、718年に選定された養老律令が存在する[1]。律令においては既に儒教の影響が顕著に見られ、律令の特色は教令教化であり[2]、律令の目的は勧善

---

[1] これは10巻から成り、その第8巻の内容が詐欺律（あるいは詐偽律）であった（佐々波與佐次郎『日本刑事法制史』(1967年) 433頁。養老律令の前身は大宝律令であり、大宝律令は唐律を母法として成立した継受法であった（佐々波・前掲・42頁）。大宝律令は法典として亡逸し、現在に伝わる律令が養老律令である。この点について、石井良助『日本法制史概説』(1994年) 63頁を参照。

[2] この点について、石井・前掲注1・70頁を参照。

懲悪であって3)、律が懲悪を意味したのである4)。律令的な法思想においては民事の法規範は刑事の法体系に埋没せられ5)、ゆえに民事詐欺の性格を把握することは必ずしも容易ではなかった6)。

鎌倉幕府の時代には、式目という法形式が登場する。前述した律令の目的は勧善懲悪であったが、しかし式目の目的は裁判の必要性であって、すなわち律令と式目の相違は道徳と道理の相違であった7)。そして、この道理に合わない事柄は非道・無理・理不尽等と呼ばれ、こうした道理に合わない事柄を強いて行うことが当時において「自由」を意味した8)。この意味における「自由」は道理の蹂躙であり、権威の軽視であり、恣意の発現であって、現代において理解される意味の自由を含むものではなかった9)。

こうした事情は江戸時代においても変わらない。江戸時代における儒教は封建教学として支配的地位を占め、法の目的は専ら社会秩序の維持であった10)。封建社会は鎖国の実現によっても堅持され11)、その結果として当時の諸外国の法文化ないし法思想は、ほとんど日本へ流入しなかった12)。

以上を要するに、少なくとも明治維新の以前において個人の権利を保護する法は存在せず13)、当時の一般人の権利観念も極めて乏しく14)、権利意識を観

---

3) 牧健二『改訂　日本法制史概論』(1935年) 52頁。
4) 「律は違犯を責めるものである」(石井・前掲注1・70頁)。ただし、養老律令における律の大半は亡逸し、詐欺律も現存していない(石井・前掲注1・64頁)。
5) 福島正夫「明治初年における西欧法の継受と日本の法および法学」同(編)『仁井田陞博士追悼論文集　第3巻　日本法とアジア』(1970年) 166頁。
6) 犯罪と不法行為も、明確に分化していなかった(石井・前掲注1・174頁)。牧健二『改訂　日本法制史概論(第10版)』(1942年) 108頁によれば、両情和同という両当事者の自由な合意が詐偽によって害された契約は取消可能であった、という。しかし、そのことを裏付ける史料は、必ずしも明確ではない。
7) 牧健二「御成敗式目と道理の意識」法学論叢39巻2号(1938年) 2頁を参照。
8) 牧・前掲注7・41頁を参照。
9) 牧・前掲注7・41頁を参照。自由は、鎌倉時代以降において、我儘勝手あるいは独断という意味として用いられていた(渡部萬藏『現行法律語の史的考察』58頁(1930年))。
10) この点について、石井・前掲注1・378-379頁を参照。
11) この点について、例えば井上清『日本の歴史　上』(1963年) 283頁。
12) この点について、水田義雄『西欧法事始』(1967年) 25頁を参照。
13) 井上正一「佛國民法ノ我國ニ及ホシタル影響」法理研究會(編)『佛蘭西民法百年紀念

念し難い状況から法益保護という発想が生まれるはずはなく、自由意思の侵害を詐欺の被侵害権利として捉える法思想も存在しなかったのである[15]。

② 翻訳語の「権利」と「自由」

今日の意味における「権利」と「自由」は開国を契機として、そして翻訳語として導入された。鎖国政策は1854年に破られ、開国によって日本と諸外国の人的交流は激しく増大し、西洋文化に対する関心も高まり始めた[16]。例えば、西周（1829-1897）、津田真一郎（1829-1902）および加藤弘之（1836-1916）等は、当時の蘭学者たる箕作阮甫（1799-1863；箕作麟祥の祖父）から教授され、後に西と津田は幕府の留学生として1862年にオランダのライデン大学へ留学し[17]、加藤は洋書調所の教官としてドイツ語を学び始める[18]。その他にも、福沢諭吉（1834-1901）は1861年に欧州6カ国へ翻訳方として随行し[19]、箕作麟祥（1846-1897）は1867年のパリ万国博覧会の随行員としてフランスへ派遣されている[20]。

留学から帰還した西と津田はライデン大学の教授フィッセリング（Simon Vissering, 1818-1888）から受けた口授の筆記を翻訳し、「権利」という言葉を

論集』（1905年）54頁。小野清一郎「日本法理の自覺的展開（上）」法律時報14巻3号（1942年）22頁も参照。

14) 「從來我邦ニ於テハ、普天ノ下、王土ニアラザルナク、卒土ノ濱、王臣ニアラザルナク、人民ノ生命、身體、財産、榮譽、自由ハ皆ナ君主ノ許容ニヨリテ之ヲ享有スルモノト心得、毫モ之ヲ己レノ權利ナリト思惟スル感情トテハアラサリシナリ」（穂積陳重「權利ノ感想」法學協会雑誌55号（1888年）340-341頁）。井上・前掲注13・55頁。小野・前掲注13・22頁も参照。

15) 「徳川封建体制下において、拘束の欠如としての感性的自由が自己決定としての理性的自由に転化する機会はついに到来しなかつたということが出来る」（丸山真男『戦中と戦後の間』（1976年。初出は「帝国大学新聞」1947年8月21日号）303頁）。

16) この点について、水田・前掲注12・1-34頁を参照。

17) この点について、水田・前掲注12・35頁以下を参照。

18) ドイツ語の本格的な研究の動機は、1860年（万延1）にプロイセンと締結された日普条約であった。この点について、沼田次郎『幕末洋学史』（1952年）229-230頁を参照。

19) この点について、水田・前掲注12・45頁を参照。

20) 水田・前掲注12・49頁は、このことを日本におけるフランス法翻訳事業の起源として理解し得る旨を指摘する。

紹介している[21]。こうして、「権利」の語は、西および津田によって定着されることになった[22]。

これに対して、「自由」という言葉は福沢によって用いられ始めた。福沢は、欧州随行の収穫として、『西洋事情』（初編は1866年）を世に送り出し、西洋の法思想を伝えている[23]。そして、福沢は、自由という語について次のように述べる。「自主任意自由の字は我儘放盪にて國法をも恐れずとの義に非らず總て其國に居り人と交て氣兼ね遠慮なく自か丈け存分のことをなすべしとの趣意なり英語に之を『フリードム』又は『リベルチ』と云ふ未だ的當の譯字あらず」[24]。この意味における「自由」は必ずしも身体的自由のみならず、精神的自由をも含み得ることが窺われ、古来日本から伝わる意味の「自由」と明らかに異なり、福沢を通じて自由の「新」思想が伝播されたのであった[25]。

ただし、詐欺論と自由意思の問題は、依然として明確ではなかった。例えば、西は、フィッセリングから、性法（自然法）の口授も受け、これを筆記していた。

---

[21] 西および津田は、英語のrightに相当するオランダ語のregtの訳語として、権あるいは権利という語を用いている。この点について、中田薫『法制史論集　第三巻　下』（1943年）1163頁および柳父章『翻訳語成立事情』（1982年）162頁を参照。

　津田は、Burgerlyk regtの訳語として、民法という言葉を鋳造した。「民法と云ふ語は津田眞道先生（當時眞一郎）が慶應四年戊辰の年に創制せられ」、「獨り『民法』だけは初めから一度も變つたことが無く又他の名稱が案出されたことも無かつた」（穂積陳重『法窓夜話（第9版）』（1927年）173-174頁）。

[22] ただし、翻訳された「権」の内容は、必ずしも今日の「権利」の意味内容に限定されていたわけではなかった。この点も含めて、柳父章『翻訳とはなにか　日本語と翻訳文化』（1976年）64頁および76頁以下を参照。

[23] この点について、水田・前掲注12・45頁を参照。

[24] これは、『福澤全集　第一巻』（1898年）「西洋事情初編　巻之一」の13頁から引用した。さらに、福沢は、西洋事情の第二編において、次のようにも述べる。「自由とは一身の好むま、に事を爲して窮屈なる思なきを云ふ古人の語に一身を自由にして自から守るは萬人に具はりたる天性にて人情に近ければ家財富貴を保つよりも重きことなり」、「此自由の字義は初篇巻之一第七葉の割註にも云へる如く決して我儘放盪の趣意に非らず他を害して私を利するの義にも非らず唯心身の働を逞して人々互に相妨けず以て一身の幸福を致すを云ふなり」（これは、『福澤全集　第一巻』（1898年）「西洋事情二編　例言」の3頁および4頁から引用した）。

[25] この点について、穂積・前掲注21・199頁。

そして、これは神田孝平（1830-1898）によって『性法略』（1871年＝明治4）として訳出されている。この性法略によれば契約成立の一要件として「雙方契約ノ意志湊合」が求められ、性法略の「第十四編　契約ヨリ生スル人身上ノ權ヲ論ス」において詐欺は次のように伝えられている。「第十五條　一方若シ詐術ヲ以テ他ノ一方ヲ欺キ一時心服セシムルカ如キハ意志湊合ト爲ス可ラス」[26]。

確かに詐欺が契約の不成立を導く要因として理解されていることは窺われるが、しかし詐欺が意思に及ぼす影響と法律効果の関係は必ずしも明らかではなく、この関係を論じた見解の登場はボワソナードを待たなければならなかった。この点について、引き続き検討する。

(2) フランス法の影響
① ボワソナードの自然法論

明治政府は、江戸幕府が米・露・蘭・英・仏と締結した通商航海条約（いわゆる不平等条約）を撤廃する前提として、法典を整備する必要に迫られていた[27]。当時の西欧文化の中心はフランスであったため、既にオランダ法を学んでいた日本は、その母法たるフランス法へ目を転じた[28]。

まず、政府は滞仏経験を有する箕作麟祥にフランス法の翻訳を命じたのであるが、しかし当時の日本において未だ西洋の法思想を十分に理解し得る基礎が形成されておらず[29]、このことは箕作も同様であって、フランス法を取り入れる作業は必ずしも順調ではなかった[30]。そこで、政府は、1873年（明治6）

---

26) これは、『明治文化全集　第十三巻　法律篇』（1957年）「性法略」の12頁から引用した。
27) 石井良助「『民法決議』解題」木村毅（編）『明治文化全集　第十三巻　法律篇（改版）』（1957年）39頁、中村菊男『新版　近代日本の法的形成』（1963年）33頁を参照。
28) この点について、福島正夫「法の継受と社会＝経済の近代化（二）」比較法学4巻（1968年）3頁。箕作より以前に、幕末において既に駐仏全権大使としてパリへ赴任していた栗本鋤雲も、フランス法の重要性を日本へ伝えた人物として重要である。この点について、中田薫「佛蘭西法輸入ノ先驅」法学志林18巻9号（1916年）1頁以下を参照。
29) 例えば、箕作はdroit civilの訳字として「民権」という語を提示したのであるが、しかし民権という新しい熟語が十分に理解されず、他の者から「民が権を有するとは何の事だ」という詰問を受けた、という逸話が残されている。穂積・前掲注21・212頁および福島・前掲注28・9頁も参照。
30) この点について、大久保泰甫『日本近代法の父　ボワソナアド』（1977年）33頁を参照。

にフランスからボワソナード（Gustave Emil Boissonade de Fontarabie, 1825-1910）を招聘したのであった[31]。

日本法に与えたボワソナードの影響については、もはや多言を要しないであろう。それゆえ、本書の課題と関連する限度において、ボワソナードの自然法論を概観し[32]、次いで旧民法の規定を確認する[33]。

まずボワソナードによれば、契約は義務の原因であり、契約が義務の原因である理由は当該契約が債務者の意思に基づいて生じるからであり、そして債務者が拘束される理由は自ら自由に契約し、自ら拘束し得る能力を有するからである[34]、という。

この説明から、契約に由来する諸種の責任を基礎づける要素として自由意思が考えられていることが読み取れる。問題は、自由意思と詐欺の関係である。

ボワソナードによれば、錯誤あるいは強暴は承諾の瑕瑾を構成するが、しかし詐欺は錯誤を生ずるに過ぎないため、とりわけ性法の観点から論ずるならば、詐欺は承諾の瑕瑾を成さない[35]、という。

---

[31] この点について、梅溪昇『お雇い外国人　明治日本の脇役たち』（2007年）82-83頁を参照。

[32] 検討の素材として、ボワソナードの性法講義を取り上げる。この性法講義の内容はフランス実定法概念に近く（この点について、池田真朗「ボワソナード『自然法講義（性法講義）』の再検討」法学研究55巻8号（1982年）2頁および11頁以下を参照）、旧民法典の起草過程を検討する前提として、この性法講義を概観しておくことが望ましいからである。

[33] 民法96条の沿革的研究として、柳澤秀吉「登記の公信力と民法九四条二項、九六条三項の意味」法学志林70巻1号（1972年）71頁以下、松尾弘「権利移転原因の失効と第三者の対抗要件――虚偽表示、詐欺取消および解除を中心として」一橋論叢102巻1号（1989年）78頁以下、中舎寛樹「民法九六条三項の意義――起草過程からみた取消の効果への疑問」南山法学15巻3・4号（1992年）15頁以下、田中教雄「日本民法九六条（詐欺・強迫）の立法過程――不当な勧誘に対処する手がかりとして」香川法学13巻4号（1994年）515頁以下、武川幸嗣「法律行為の取消における第三者保護の法律構成序説――民法九六条三項の意義と法理を中心に」法学研究69巻1号（1996年）513頁以下が存在する。民法96条に関する立法過程の詳細は、これらの諸研究に譲る。本書では、とりわけ詐欺と自由意思の観点から、必要な限度の概略に止める。

[34] ボワソナード（井上操 訳）『校訂増補　性法講義（復刻版）』（1881年）34頁。

[35] ボワソナード・前掲注34・34頁、69頁、112頁および117頁。もちろん、ボワソナー

ボワソナードにとって、詐欺は、錯誤と異なり、契約を解消させる原因ではない。すなわち、ボワソナードが理解する詐欺は、そもそも自由意思と関係しない。既に確認したように、詐欺と自由意思の結び付きは啓蒙期自然法学説において登場し、詐欺による自由意思の侵害が被欺罔者の救済の理由として理解されていた[36]。しかし、そもそもボワソナードの自然法論は、啓蒙期自然法学説に依拠していない[37]。このことからも、ボワソナードが被欺罔者の救済根拠を意思決定自由の侵害に求めなかった理由の一端が理解されよう。

　ならば、ボワソナードは詐欺を理由とする私法の救済の根拠を何に求めるのか。この点は必ずしも明確ではない。ただし、フランス法における伝統的見解は、詐欺が無効を導く理由を、詐欺者の不誠実に対する制裁に求める[38]。この点に関する伝統的解釈をボワソナードも引き継いでいるようであり[39]、そしてボワソナードの詐欺論もフランスにおける伝統的見解に従う内容であることが推察されるのである[40]。

　以上のボワソナードの詐欺理解は、同じく啓蒙期自然法学説に依拠しなかっ

　　ドは、フランス法において詐欺が第三の承諾の瑕瑾として扱われている点も指摘している（ボワソナード・前掲注34・116頁）。なお、フランス民法の詐欺は次のように規定されている（以下の条文は、田中周友『現代外国法典叢書仏蘭西民法〔Ⅲ〕財産取得法（2）［復刻版］』（1988年）16頁以下から引用した）。
　　　　1116条1項：詐欺ハ當事者ノ一方ニ依リテ實行サレタル術策ガ、此等術策無カリセバ、他ノ當事者ハ契約セザルベカリシコトノ明カナルトキハ、之ヲ合意無効ノ原因トス
36）　この点について、前述73-74頁を参照。
37）　この点について、田中耕太郎「ボアッソナードの法律哲學――特に其の自然法思想に就て」福井勇二郎（編）『杉山教授還暦祝賀論文集』（1942年）40頁を参照。
38）　例えばドマとポティエ、そして彼ら以降のフランス法学者の詐欺論について、山下純司「情報の収集と錯誤の利用――契約締結過程における法律行為法の存在意義（1）」法学協会雑誌119巻5号（2002年）51頁を参照。
39）　この点について、武川・前掲注33・523頁も参照。
40）　ボワソナードによれば、詐欺は「全ク害アルヘク而シテ惡意ニテ即チ債主ヲ害スルノ意アリテ爲シタル所爲」であり（ボワソナード・前掲注34・145頁）、「詐詭ノ本人ハ締約人ニ起セシ損害ヲ償ハサル可カラス」、（ボワソナード・前掲注34・117頁）、そして「他人ニ害ヲ爲セシトキ裁判所ノ命ヲ以テ」「其損害ヲ償ハシメ」る「類ハ之ヲ民事ノ制裁ト云フ」（ボワソナード・前掲注34・4頁）。

たサヴィニーの詐欺理解と少なからず共通する。サヴィニーも、詐欺が自由意思の有効性に影響を与えない点を指摘し、ゆえに詐欺を意思決定自由の侵害として捉えず、むしろ詐欺に基づく法律効果の根拠[41]を詐欺者の違法性あるいは反良俗性に求めていたのであった[42]。

---

41) 法律効果に関しても、両者の理解は近い。サヴィニーは、詐欺が原状回復を導き得る点を認めつつも、actio doli に基づく損害賠償によって代替されている旨を述べていた（前述 94 頁）。ボワソナードも、旧民法（財産編）312 条 3 項の「補償ノ名義」に関して、次のように述べている。「詐欺ノ為メ補償ノ名義ヲ以テ合意ヲ取消スモ其取消ハ承諾ノ瑕疵アリタルカ為メ言渡ス所ノ取消ト同一ノ性質ヲ有スルモノニ非ス」、「詐欺ノ補償訴権ハ専ラ対人訴権ナルカ故ニ単ニ損害賠償ノ債権ニ過キス」（星野英一（編）『ボワソナード民法典資料集成Ⅱ　後期Ⅳ　民法理由書　第 2 巻　財産編人権部』（2001 年）74－75 頁）。

42) 既に指摘したように、サヴィニーが詐欺取消制度における法律効果の根拠として意思を重視しない理由について、彼の主知主義と表示主義が考えられた（前述 85 頁の注 225 および 86 頁の注 226 を参照）。ところで、ボワソナードはカトリック教徒であり、彼の自然法はトマス・アクィナスの自然法理論に依拠している、という（田中・前掲注 37・8 頁の注（1）、17 頁、21－22 頁、23 頁の注（1）および 40 頁）。トマス・アクィナスが主知主義であった点も既に確認した（前述 57 頁の注 86）。サヴィニーもボワソナードも意思の意義を否定するわけではないが、しかし意思に優越する要素を認める点において共通し、これが両者の詐欺解釈において制裁的要素を強調させている一要因となっている。しかも、このことは日本民法典起草者および同法典成立後の諸論者においても見られる日本民法学の傾向でもあり、この点は後述する。

　中舎・前掲注 33・41－42 頁によると、「ボアソナードのような詐欺の理解が現在の解釈論に与える最大の影響となりうるのは、取消の機会の拡大ということかもしれない。というのは、ボアソナードの理論を進めてゆけば、詐欺の程度が重大であり、被詐欺者に損害が生じていさえすれば、たとえそれが被詐欺者に錯誤をもたらしたことを立証しなくとも『取消』（原状回復と損害賠償）を認めるという議論につながる可能性があるからである」、という。しかし、「詐欺の程度が重大であり、被詐欺者に損害が生じてい（る）」という立証が極めて困難である点が詐欺取消制度の最大の課題であり、本書の出発点でもある。結局、中舎が指摘する可能性は、詐欺の立証の難易度を錯誤の立証の難易度より下げない限り、開かれない。ところが、ボワソナードの詐欺論は、こうした難易度の引き下げを容易に認めない内容なのであるから、ボワソナードの詐欺論から「取消の機会の拡大」を導き出すことは難しいはずである。

② 旧民法典における詐欺

　詐欺を制裁の対象として捉え、詐欺と自由意思を結び付けないボワソナードの詐欺論は、もちろん彼が起草した旧民法典へ反映されている。旧民法典は1890年（明23）に公布され、同法における詐欺は次のように規定された。

　　旧民法（財産編）312条1項：詐欺ハ承諾ヲ阻却セス又其瑕疵ヲ成サス但詐欺カ錯誤ヲ惹起シ其錯誤ノミヲ以テ前三条ニ記載セル如ク承諾ヲ阻却シ又ハ其瑕疵ヲ成ストキハ此限ニ在ラス

　詐欺が承諾を阻却しない点は、前述の性法講義において述べられていた。性法講義において言及されていなかった詐欺の他の性質として、ボワソナードは旧民法の起草過程において、詐欺が故意の行為であること[43]、そして詐欺が常に悪しき意味において用いられていることを指摘している[44]。この点から、旧民法における詐欺も、被欺罔者の救済規定ではなく、欺罔者の制裁規定として理解されていることが窺われる。

　この点に関しては、不法行為規定も重要である。旧民法（財産編）は、その第二部第一章「第三節　不正ノ損害即チ犯罪及ヒ准犯罪」の370条において、詐欺不法行為を規定した。

　　旧民法（財産編）370条1項：過失又ハ懈怠ニ因リテ他人ニ損害ヲ加ヘタル者ハ其賠償ヲ為ス責ニ任ス
　　同条2項：此損害ノ所為カ有意ニ出テタルトキハ其所為ハ民事ノ犯罪ヲ成シ無意ニ出テタルトキハ准犯罪ヲ成ス
　　同条3項：犯罪及ヒ准犯罪ノ責任ノ広狭ハ合意ノ履行ニ於ケル詐欺及ヒ過

---

[43] 「詐欺即故意ノ損害」（星野英一（編）『ボワソナード民法典資料集成後期Ⅰ-Ⅱ　ボワソナード氏起稿　再閲修正　民法草案註釈　第二編　人権ノ部　Ⅱ』（2000年）307頁）。この引用部分における詐欺は、不法行為の詐欺を意味している。もっとも、ボワソナードは、そもそも詐欺を承諾の瑕疵の原因として理解せず、原則として損害賠償の対象として理解している。

[44] 星野英一（編）『ボワソナード民法典資料集成前期Ⅰ　ボワソナード氏起稿　註釈　民法草案　財産編　第2巻（24～70）』（1999年）388頁。

失ノ責任ニ関スル次章第二節[45]ノ規定ニ従フ

　ボワソナードによれば、確かに民事の犯罪は未だ刑事犯罪を構成しない行為を意味するのであるが、しかし実際的に観察すれば、民事の犯罪が同時に刑事の犯罪たることは決して少なくない[46]、という。さらに、旧民法の不法行為法における保護法益が具体的財産に限定されている点も重要である（これは、自由意思が詐欺の保護法益として認められていなかったことを意味する）。すなわち、民事責任は「他人ノ財産ニ及ヒタルモノニ限ル」のであって、「被害者ノ資産ニ間接ニ多少ノ損害ヲ及ホシタルトキニアラサレハ之カ為メ金銭上ノ賠償ヲ認ムルコトヲ得ス」[47]。

　以上を要するに、確かにフランス法の輸入によって次第に私法的権利の観念が日本においても普及し始める契機が与えられたのであるが[48]、しかし少なくとも旧民法の詐欺の理論はドイツ的啓蒙期自然法学説と異なり、旧民法においては詐欺の犯罪的性質が重視され、さらに不法行為の保護法益として精神的自由は含まれず、このことから旧民法において被欺罔者の保護より欺罔者の制裁が重視されていたこと[49]、そして詐欺を意思決定自由（被害者の法益）の侵害として捉えられていなかったことが理解されるのである[50]。

---

45)　この「次章第二節」は、民法財産編第二部人権及ヒ義務の「第二章　義務ノ効力」における「第二節　損害賠償ノ訴権」を指す。
46)　星野・前掲注41・329-330頁。
47)　星野・前掲注41・322-323頁。
48)　この点について、井上・前掲注13・75頁。
49)　「沿革的には、詐欺を相手方の不法行為に対する制裁という行為態様の悪性の観点から正当化することも可能であり、旧民法の規定はこのような性格を有した」（森田宏樹「『合意の瑕疵』の構造とその拡張理論（2）」NBL 483号（1991年）56頁）。
50)　以上の理解の他に、例えば既に指摘したように、ドイツ民法典成立後の判例は、いわゆる原因を与える悪意と偶然に生じる悪意の区別を否定し、その理由は被欺罔者の意思決定自由の保護に求められ得た（前述123頁の注9）。これに対して、ボワソナードは当該区別を維持していたようである（この点について、松尾・前掲注33・88頁を参照）。

第2項　民法典の成立

(1) 自然法的啓蒙思想の可能性
① 自然法論と進化主義の影響

当時の日本の思想界において、ドイツの自然法学が紹介されていなかったわけではない。例えば、加藤弘之は、18世紀のプロイセンの哲学者ヴォルフ[51]等の見解を引用し、いわゆる天賦人権論を展開していた。加藤によれば、例えば自由権は安寧幸福を求める最重要の天賦の権利であり、君主政府の権外に属する事柄である[52]、という。こうした啓蒙思想の高揚に伴い、いわゆる自由民権運動が活発化したことは周知であろう。

ところが、人間の権利と自由を求める自由民権運動は専制権力に対する抵抗の運動でもあり[53]、これはフランス革命を想起させ[54]、しかも各人が天賦の人権として権利を行使し得る体制においては家父長制あるいは絶対主義的天皇制が崩れ去る可能性があった[55]。これを危惧した時の政府[56]は自由民権運動の弾圧に乗り出し[57]、さらに天皇が国家統治の全権を総覧する君主主権主義に立脚した明治憲法[58]を作り出した。こうして、ついに自然法的啓蒙思想は

---

51) ヴォルフの見解について、前述70-71頁を参照。
52) 加藤弘之「国体新論」植手通有（編）『日本の名著34　西周　加藤弘之（再版）』（1997年。「国体新論」の初出は1875年）394-395頁。
53) 後藤靖『自由民権　明治の革命と反革命』（1972年）3頁。
54) この点について、井上清『日本の歴史　中』（1965年）184頁を参照。
55) この点について、有地亨「明治民法起草の方針などに関する若干の資料とその検討」法政研究37巻1・2合併号（1971年）120-121頁を参照。
56) いわゆる御雇い外国人として招聘されていたドイツの学者ロェスラー（Hermann Roesler, 1834-1894）の影響も重要であろう。この点について、井上清「日本人のフランス革命観——自由民権運動期を中心に」同『井上清史論集2　自由民権』（2003年。同論文の初出は1959年）177頁以下、ヨハネス・ジーメス（高橋憲一　訳）「ヘルマン・ロェスラーと日本における独逸国法の採用」ソフィア（上智大学）10巻1号（1961年）6-9頁、古川純「3　明治憲法制定をめぐる法思想」小林直樹・水本浩（編）『現代日本の法思想　近代法一〇〇年の歩みに学ぶ』（1976年）41-42頁、梅溪・前掲注31・91頁以下を参照。
57) 色川大吉『自由民権』（1981年）146頁以下を参照。
58) 「明治憲法の全體を通じて其の根柢を爲して居た最も重要な基本主義とも謂ふべきもの

機能せず[59]、プロイセン的自然法も発展しなかったのである[60]。

そして、このことは、前述の加藤弘之に関しても妥当する。加藤は、1881年に東京帝国大学の総理として就任し、その際に天賦人権論を展開した自身の著書(『真政大意』および『国体新論』)の絶版を内務卿へ願い出て、しかも翌年に出版された『人権新説』において天賦人権論の批判を開始している[61]。加藤によれば、人類も動植物と同様に体質・心性において祖先・父母の遺伝を受け、ゆえに各人の体質・心性において必ず優劣の差が生まれ、したがって人類が全て生まれながらに平等均一の権利を有する旨を説く天賦人権論は不当・矛盾であって、人類の権利は専制治者によって初めて設けられる[62]、という。

加藤は、その変説の根拠として、ダーウィンやスペンサーの進化主義を挙げている[63]。もっとも、その根拠が何であれ、加藤の言説においては、私権(あるいは民権)に対する国権の優位が説かれているのであって[64]、加藤の天賦人権論批判は他の天賦人権論者から痛烈な批判を受けた。そもそも、批判の以前に、加藤の変説それ自体が曲学阿権として非難されたのであった[65]。

　　は、君主主義主義即ち萬世一系の天皇が國家統治の全權を總攬したまふことに在つた」(美濃部達吉『日本國憲法原論』(1948年)100頁)。すなわち、明治憲法は絶対主義的天皇制を表現した法制度であり(宮川澄『旧民法と明治民法』(1965年)208頁)、天賦人権思想を排除し、いわば国賦人権思想に立脚していたのである(佐藤幸治『憲法(第三版)』(1995年)71頁)。

59) この点について、田中浩「明治前期におけるヨーロッパ政治思想の受容にかんする一考察——加藤弘之の『人権新説』をてがかりに」家永三郎(編)『明治国家の法と思想』(1966年)660頁。

60) この点について、福島・前掲注5・174頁も参照。

61) 植手通有(編)『日本の名著34　西周　加藤弘之(再版)』(1997年)519頁の年譜。

62) 加藤弘之「人権新説」植手通有(編)『日本の名著34　西周　加藤弘之(再版)』(1997年。「人権新説」の初出は1882年)422頁および446頁。

63) 「ダルウィンならびにスペンセル等の進化主義の書を読むおよび〔余の四十歳ごろのことなりき〕、吾人人類が本来特殊の生物にあらず、進化によりてはじめて吾人人類となりしものなるゆえんを知りしかば、ひとり吾人人類にのみ天賦人権なるものの存すべき道理なきゆえんをますます明瞭に知了し」た(加藤弘之「経歴談」植手通有(編)『日本の名著34　西周　加藤弘之(再版)』(1997年。「経歴談」の初出は1896年)488頁)。

64) 中村雄二郎『近代日本における制度と思想』(1967年)219頁。

65) この点について、穂積陳重『続法窓夜話』(1980年。初出は1936年)146頁。加藤は、

ところが、進化主義に基づく加藤の天賦人権論批判は、当時の有力な法学者から支持を受けた。この点は旧民法典に代わる現行民法典を理解する前提としても重要であり、引き続き検討する。

② **法学者に与えた影響**

進化主義に基づく天賦人権否定論者の一人として、穂積陳重が挙げられる[66]。穂積は次のように述べる。「法律學ハ現時既ニ一大革命ノ時期ニ達シタリ、吾人ハ最早自然法ナル空理ノ上ニ法學ノ樓閣ヲ築ク能ハサルナリ……（中略）……スペンサー氏進化説ヲ大成シテ進化哲學ヲ興シテヨリ大ニ學問世界ヲ震動セリ、抑モ進化説ノ興レルハ實ニ學問上ノ一大革命ニシテ、一切ノ學科多少其影響ヲ蒙ラサル者ナシ」[67]。

自然法が否定されるなら、これに依拠する旧民法が否定されることも当然であった。いわゆる法典論争も相俟って、最終的に旧民法は公布されなかったのである[68]。法典論争を英法派と仏法派の対立として捉える見方も考えられるが[69]、

『人権新説』の最後を次の一文で閉じている。「余は今日の民権者流がつとめて急躁過激を避け、もっぱら着実敦厚の風を養い、真に社会の優者となりて、永く皇室の羽翼たらんことを希望せざるをえざるなり」（加藤・前掲注62・462頁）。

66) 穂積陳重と加藤弘之の関係、とりわけ加藤が穂積に与えた影響について、白羽祐三「民法典論争の理論的性格——民法起草者・穂積陳重論」法学新報100巻1号（1994年）28頁を参照。

67) 穂積陳重「法律學ノ一大革命」法学協会雑誌7巻（1889年）6-7頁。穂積自身は、加藤に対して向けられた曲学阿権という批判の不当性を訴えている（穂積・前掲注65・146頁）。

68) この点について、例えば宮川・前掲注58・74頁も参照。

69) 例えば、穂積・前掲注21・337-338頁。さらに、現民法の起草委員補助を務めた仁井田益太郎も、法典論争について次のように述べる。「私の感じた所では、此の爭ひは佛法派と英法派との爭ひです。歴史派と自然法派との爭と云つたような高尚な爭ひではない。見様に依れば一種の勢力爭ひである。なぜかといふと、英法派はボアソナードの作つた佛法系の法典が嫌ひで——元來法典は嫌ひな所へ持つて來て——佛法派に都合の好いやうな舊民法は大嫌ひである。……（中略）……あの時の法典の斷行、延期の爭は、法學界始まつて以來の事だと思はれる位ひ熱心にやつたのです。一種の生命線と云つた關係があつて、法典實施を斷行されては英吉利法律學校が無くなつて了ふと云ふ騒ぎです」（仁井田益太郎・穂積重遠・平野義太郎「仁井田博士に民法典編纂事情を聴く座談會」法律

しかし仏法派の富井政章も旧民法典の施行に反対し、そして穂積と同様に自然法をも否定していたのである[70]。

自然法の否定という立場から導かれる他の意味について[71]、本書では詳細に立ち入ることができない[72]。ここで確認しておきたい事柄は、自然法を否

時報10巻7号（1938年）15‐16頁）。

70) 富井によれば、「自然法と云ふ考が……天賦人権と云ふ考が始終となつて居る此自然法と云ふ考は今日の學問の上から見れば全く歴史上……歴史上の遺物である、既に十八世紀の夢と消えた考である」（「貴族院に於ける舊民法延期案に關する富井先生の賛成演説」杉山直治郎（編）『富井男爵追悼集』（1936年）159‐160頁から引用した）、という。なお、富井とスペンサーの影響を受けた穂積の関係について、大河純夫「富井政章と法典編纂論」立命館法学231・232号（1993年）322頁も参照。

71) 当時の日本におけるスペンサーの理解と国家主義・家族主義の関係、さらに自然法を否定する思想と国家主義的法思想の関係について、永井道雄「スペンサー主義の流行——日本とアメリカの場合について」思想393号（1957年）57頁、井ヶ田良治「民法典論争の法思想的構造（続）」思想506号（1966年）1141頁も参照。

穂積陳重の法思想と当時の政治的イデオロギーについて、両者の関連を否定的に解する立場として、例えば穂積重行「明治一〇年代におけるドイツ法の受容——東京大学法学部と穂積陳重」家永三郎（編）『明治国家の法と思想』（1966年）505頁が挙げられる。これに対して、両者の関係性を肯定する見解として、例えば白羽祐三「民法典論争の理論的性格——民法起草者・穂積陳重論」法学新報100巻1号1頁以下（1994年）が挙げられる。

72) 穂積は自然法思想を否定するが、しかし私権を否定するわけではなく、むしろ拡大を説く。「我邦ノ人民ハ動モスレバ、私法上ノ權利ヲ措キ、漫ニ公法上ノ權利ノミヲ擴張セントスルノ傾キアルハ嘆スベキノ至リナラスヤ」、「我邦數百千ノ法律家ハ、公法上ノ權利ヲ主張スルニ先ダチ、或ハ公法上ノ權利ヲ主張スルト共ニ、私法上ノ權利ヲ擴張シ、從來日本人ニ缺亡セル權利ノ感想ヲ發揚興起シ、社會ニ對シ、國家ニ對シ權利思想ノ培養者トナリ、權利思想ノ傳播者トナリ、又權利思想ノ保護者トナルノ大責任ヲ負擔スル者ト稱セザル可ラザルナリ」（穂積陳重「權利ノ感想（前號ノ續）」法学協会雑誌57号（1888年）460‐461頁。

このことは穂積が（フランス法に依拠した）旧民法典を批判した一理由としても理解できる。例えば、穂積は次のように述べている。「近世に至り権利の思想稍發達し、法律は人民の権利を保護する者なりとの主義漸く行はるゝを以て、法律も権利を本位とし、義務を権利の客なりとなすに至れり、故に古代の法典は、皆な義務本位の法典にして近世の法典は概して皆権利本位の法典と謂ふべし、然れども佛蘭西民法等の如きは、其本位未だ一定せず」（穂積陳重「法典論」木村毅（編）『明治文化全集　第十三巻　法律篇（改版）』（1957年）575頁。同書の初出は1890年（明治23）である）。

定する穂積陳重が現民法の不法行為部分、同じく富井政章が法律行為部分の担当者であり、しかも本来的に前者はイギリス法学者、後者はフランス法学者であって、ドイツ法学者ではなく、すなわち立法者が理解する詐欺規定において詐欺と自由意思を結び付けたドイツ啓蒙期自然法学説の法思想は意識されていなかった可能性が高い[73]）、という点である。この点を確認するために、続いて現民法の立法過程を検討する。

(2) 民法典の規定
① 詐欺取消制度

パンデクテン方式が採用された現行民法[74]）の詐欺取消制度は、旧民法と異なり（旧民法は同法312条の詐欺取消制度と同法370条の詐欺不法行為を同一編同一部同一章に置いた）、不法行為法から分離され、総則編へ置かれ、次のように規定された。

　　もっとも、権利の主張を説く者が必ずしも権利の保護を主張する者というわけではない。例えば、穂積八束は、自然法思想を否定し、かつ個人の権利主張の意義を説きつつ、次のように述べる。「社會ノ秩序ハ各人其權利ヲ主張スルニ由リテ維持セラル人カ其權利ヲ主張スルハ社會ニ對スルノ義務ナリ」（「權利ノ主張ハ社會的ノ任務ナリ」穂積重威（編）『穂積八束博士論文集』（1943年）333頁から引用した（初出は1896年）。同335頁によれば「權利ハ法ノ反照ニシテ法ノ外ニ權利ナシ」）。

73)　自由意思に関する穂積陳重と富井政章の理解については、後述する。穂積八束に関して言えば、「穂積は平等関係は不安定で、上下関係・支配服従関係は安定しているという独断的信念に立っている。平等関係は各人の自由意思の結合であるから、自由意思によって解消する、絶対的権力のもとでこの自由意思が抑制される場合にのみ永続的・安定的な結合が得られる、このような社会こそ『生存競争ノ中ニ立チ最適者トシテ永ク繁栄』するという」（長尾龍一「穂積八束」潮見俊隆・利谷信義（編）『日本の法学者』（1975年）108頁）。

74)　穂積はパンデクテン方式を賞賛していた。「獨乙はサビニー氏以來、沿革法律學盛んに行はれ、竟に羅馬式の編纂法は近世の社会に適せざるを悟り、其法典を編纂するに當りて、債權編を以て法典の首部に置き、第一に契約法を載せたるは、實に法典編纂法の一大進歩と稱すべきなり」（穂積・前掲注72・563-564頁）。そして穂積は、法典調査に関する方針意見においても、パンデクテン方式の採用を上申している（穂積・前掲注21・359-360頁）。

96条1項：詐欺又ハ強迫ニ因ル意思表示ハ之ヲ取消スコトヲ得

　確かに現行民法典において見られるフランス法の影響は無視できないが[75]、しかし96条の詐欺取消制度がドイツ民法典第一草案を模倣した規定であることは疑い得ない[76]。既に確認したように、ドイツ民法第一草案は「詐欺」という文言を用い、これに対して第二草案は「詐欺」を「悪意の欺罔」へ変更し、これが現ドイツ民法123条1項に至る[77]。ところが、日本の現民法は依然として「詐欺」という表現を用いているのであって、このことからドイツ民法第一草案の影響が窺われるのである。

　問題は、ドイツ民法第一草案の理由書も参照されたのか、という点である。これは、換言するなら、詐欺と自由意思は結び付けられていたのか、という問題を意味する。既に確認したように、ドイツ民法第一草案の理由書において、「意思決定の自由は意思表示の有効性の前提であ」り、「法秩序は、法律行為領域における自由な自己決定が違法な方法で干渉されることを許すことができない」（ドイツ帝国民法第一草案理由書第1巻204頁）という起草者の態度決定が表明されていた。しかも、この一節が、現在でもドイツ民法における詐欺取消制度（123条1項）の目的を意思決定自由の保護に求める根拠として引用されているのであった[78]。

　ところが、法律行為法の起草担当者たる富井政章は、おそらくドイツ民法第一草案の理由書を参照していない[79]。仮に富井が第一草案理由書を参照して

---

75) 例えば、池田真朗「ボワソナード『自然法講義（性法講義）』の再検討」法学研究55巻8号（1982年）16頁を参照。

76) ドイツ民法を模倣している点は、パンデクテンの採用の他にも、条文の体裁から明白である（ドイツ民法の条文について前述102‐103頁を参照）。旧民法（財産編）312条1項によれば、詐欺によって引き起こされた錯誤の性質に応じて承諾の阻却が認められていた。しかし、現行民法96条が錯誤から独立した意思表示の瑕疵の原因として詐欺を規定していることは一見して明白であり、これは重要な修正理由の一点として挙げられており（廣中俊雄（編）『民法修正案（前三編）の理由書』（1987年）149‐150頁）、もちろんドイツ民法の規定とも合致する。

77) この経緯について、前述104‐106頁を参照。

78) 前述103頁の注305を参照。

79) ドイツ民法第一草案理由書の翻訳は存在していた（1889年に司法省が発行している。

いたとしても、詐欺と自由意思が結び付けられた可能性は低い。既に確認したように、詐欺と自由意思はドイツの啓蒙期自然法学説によって結び付けられたのであるが80)、しかし富井は自然法思想それ自体を否定していたからである81)。

自由意思の否定という点に関しては、富井よりも、穂積において明確である。続いて、この点について確認する。

② 不法行為規定

現行民法の不法行為の一般規定は、次のように規定された82)。

翻訳者は澤井要一)。ドイツ民法の第一草案は起草委員補助の仁井田益太郎が翻訳し、これを仁井田が富井に提出していたから、富井が理由書を参照していたならば、同草案の理由書についても仁井田が関与した可能性が大であるものの、仁井田本人は理由書に関して何ら言及していない(仁井田・穂積・平野・前掲注69・24頁)。富井が参照した資料に関して、岩田新「日本民法學に於ける梅と富井(序説)――富井先生長逝を敬悼の微意に於いて」法学新報46巻1号(1936年)7-8頁および8頁の注7、有地・前掲注55・98頁も参照。「富井先生はドイツ語は読まれなかった。しかし、佛法出でありながら、民法論はドイツの方が上であると考えておられた」(牧野英一(発言)『日本の法学』(1956年)40-41頁)。

80) この点について、前述73-74頁を参照。
81) この点について、前述220頁の注70を参照。少なくとも富井は、責任根拠の意味における自由意思の意義を認めない。「今日ニ至ツテハ最早犯罪ヲ以テ漠然タル自由意思ノ偶發シタル結果トスル如キ考ヘハ通ラヌコト、成リマシタ」(富井政章「刑法學理ノ一新」法学協会雑誌9巻5号(1891年)11頁)。しかも、富井政章『損害賠償法原理』(1895年)4頁においても「所謂權利トハ佛國學者ノ往々唱道スル人間天賦ノ權利又ハ性法上ノ權利ヲ謂フモノニ非ス」という理解が依然として維持されているから、自由意思を被侵害権利として理解する余地は無かったであろう。

後述するように、穂積も自由意思を認めず、この点について少なからず富井は穂積の影響を受けていたようである(この点について、例えば富井政章「法律學ニ關スル説」法学協会雑誌59号(1889年)624-625頁を参照)。

82) 不法行為法の起草過程を扱う文献は少なくないものの、とりわけ違法論の観点から論じた研究として、錦織成史「違法性と過失」星野英一(編)『民法講座 第6巻 事務管理・不当利得・不法行為』(1985年)133頁以下が挙げられる。同・142頁によれば、「わが民法は『違法性』という要件を文言上有するものではないが、違法と有責(Verschulden)という二段階の評価システムを、権利侵害と故意・過失という要件を立てることによって採用するものである、と理解することができる」。既に確認したように、これは客観的違法論を意味する(前述92-93頁を参照)。後述するように、この点は日本民法

709条：故意又ハ過失ニ因リテ他人ノ権利ヲ侵害シタル者ハ之ニ因リテ生シタル損害ヲ賠償スル責ニ任ス

　まず、過失責任主義は、これに対する原因主義が各人の活動を不当に妨害する不適切な原理である旨の理由に基づいて、旧民法と同様に維持された[83]。このことは条文の文言からも明白である。

　次いで起草者は、用語法の修正理由について述べる。例えば、旧民法における「不正ノ損害」という用語は犯罪および准犯罪という用語と関連し、これは民法において適切ではないから、これら諸文言を含む条項を削除する旨が述べられている[84]。

　こうした修正も現行民法の性格を知る前提として重要な意味を有するものの、より重要かつ実質的な修正は「権利」要件に存する。この点について、次のように説明された。「不法行為ニ關スル規定ハ之ニ依リテ既ニ存在セル他人ノ權利ヲ保護スルモノ」であり、「此ニ所謂權利トハ固ヨリ財産上ノ權利ニ限ラサルコトハ本編ノ立法主義ニ照ラシ殊ニ次條ノ明文ニ依リテ疑ヲ容レサル所トス」[85]。

　不法行為法の制度目的が明確に宣言され、しかも保護対象を財産的権利に限定していた旧民法における不法行為法に比べて、権利の範囲が拡大され、その保護の範囲も拡大される旨が確認されている[86]。そして、この説明における「次條ノ明文」は現行民法の710条を意味し、710条は次のように規定された。

710条：他人ノ身体、自由又ハ名誉ヲ害シタル場合ト財産権ヲ害シタル場合トヲ問ハス前条ノ規定ニ依リテ損害賠償ノ責ニ任スル者ハ財産以外ノ損害ニ対シテモ其賠償ヲ為スコトヲ要ス

　　　典成立当初の学説も同様である。
83)　廣中・前掲注76・670頁。
84)　廣中・前掲注76・668-669頁。
85)　廣中・前掲注76・670-671頁。
86)　フランス民法典の本位が不明であること、そして私権が拡張されるべきことを穂積が説いていた点について、前述220頁の注72を参照。

同条について、起草者によれば、「身體ハ勿論自由名譽ノ如キハ社會ノ進歩ト共ニ最モ貴重ナル生存要件ヲ爲スモノナレハ法律ハ宜シク適當ノ方法ヲ盡シテ之ヲ保護スルコトヲ務メサルヘカラ（ス）」、ゆえに本案もドイツ民法第一草案と同様に「身體自由又ハ名譽ニ對スル侵害モ亦財産權ニ對スル侵害ト同シク權利ノ侵害タルコトヲ明示」する[87]、という。

　確かに、権利の概念に関する旧民法と現行民法の相違は明確である。しかし、ドイツ民法の解釈と比較するなら、現行民法の起草者の理解においても不明な点は残る。既に確認したように、ドイツ民法823条1項における自由は、かつて精神的自由を含む概念として理解された[88]。では、日本民法710条における自由は、精神的自由を含むか、それとも身体的自由に限られるか。

　710条それ自体と精神的自由に関連する起草者の理解は必ずしも明確ではないが、しかし穂積は自身が依拠する進化主義に基づいて自由意思を否定する。すなわち、「從來の責任論は人類特別造化説を地盤となし、心理學の自由意志説を基礎となし、自由心と辨識心とを以て支柱となせる建造物なり」、しかし「自由意志責任論の大厦は既に傾きて之を支ふべき一木だにあることなし」、「必竟罪人は自由意思により（古代の責任説によれば天魔の魅入りにより）好んで罪を犯すにあらずして、罪を犯すことを好ましむる身體の組織あるに由るものたるや明かなり」[89]。

　この意味における自由意思が責任根拠の自由意思であることは明白である。これを認めず、さらに自然法思想をも否定する穂積の立場によれば、当然に違法根拠の自由意思も認められていなかったはずである。

　以上を要するに、民法典が成立した時点においても、ついに詐欺と自由意思は結び付けられず、ゆえに詐欺取消制度の意義も依然として不明であり[90]、

---

[87]　廣中・前掲注76・671-672頁。
[88]　もっとも、同法典が成立して間もなく、同条項における自由は身体的自由に限定された概念として理解され、かかる理解が現在も通説および判例であった。この点について、前述128-132頁を参照。
[89]　穂積陳重「責任新説」『穂積陳重遺文集　第二冊』（1932年。同論文の初出は1889年）55頁以下。
[90]　96条2項および3項について付言する。まず2項について、梅謙次郎によれば、「強迫ト詐欺トハ自ラ區別アリ即チ強迫ナルモノハ若シ承諾ヲ爲ササルトキハ一層大ナル損

むしろボワソナードが理解した如く、欺罔者に対する制裁[91]として理解する余地が残されてしまったのである[92]。

ところが、後述するように、その後の学説および判例は、およそ進化主義とは無縁であり、自由意思の理解も立法者の見解と異なる展開を見せ、このことは詐欺論にも影響している。引き続き、この点について検討する。

害、例ヘハ身命ヲ失ヒ若クハ財産ノ大部分ヲ奪ハルルカ如キ危險アルモノナルヲ以テ強迫ニ因リ已ムヲ得スシテ承諾ヲ爲スハ全ク本人ノ眞意ニ出ツルモノニ非ス之ニ反シ詐欺ノ場合ハ縦令欺カレタルニ由ルト雖モ元ト本人ノ任意ニ出テタルモノニシテ嚴酷ニ之ヲ言ヘハ多少ノ過失アルヲ常トスルモノナリ故ニ詐欺ニ遭ヒタル者ト詐欺ニ何等ノ關係ナキ相手方ト孰レヲ保護スヘキカト云ヘハ相手方ヲ保護スヘキコト言フヲ俟タス是レ第九十六條二項ノ規定アル所以ナリ」（梅謙次郎『民法原理　總則編　巻之二』（1904年）400頁）。梅が理解する強迫は意思の瑕疵ではなく、意思の欠缺に相当するし、被欺罔者の落ち度が対比されているのであって、もはや自由意思から説明されていない。ドイツ民法 123 条 1 項では被欺罔者の落ち度は問わない解釈が有力である点について、前述193頁および同頁の注313を参照。3項については、そもそも不明確な点が多い。すなわち、「起草過程における起草者の詐欺の説明は、あいまいなものであり、とくに九六条三項については何らの説明がないまま規定されたものであった」（中舎・前掲注33・33頁）。

91）詐欺取消制度あるいは不法行為法を被欺罔者に対する保護の観点から理解するか、欺罔者に対する制裁の観点から理解するか、は違法論にも関連する問題である。後述するように、例えば我妻栄は違法性の基準として公序良俗を挙げ、そのことが欺罔者に対する制裁の観念を強調させ、その反面として被侵害権利の要保護性の軽視が帰結され、保護の観点は後退することになる。この点に関する起草者の理解について、例えば穂積陳重も「不法」を公序良俗違反として理解していたようである（この点について櫛比昭人「明治民法『不法行為法』における起草者意思の探求――明治民法七〇九条の思想的背景」法学政治学論究 66 号（2005 年）305 頁）。こうした理解においては、やはり保護の観点よりも、制裁の観点が重視されることになる（なお、櫛比・前掲は、穂積と梅謙次郎の見解の相違を説く過程において、少なくとも梅謙次郎は不法行為法の目的を制裁として考えていなかった旨を指摘している。梅の立場については簡単に後述する）。

92）「詐欺や強迫も、その結果表意者の健全な意思形成が妨げられた故にその効力を否定しうるものとする制度とみることのほか、詐欺者、強迫者の不誠実さを咎める制度とみること、さらには、それにより損害をこうむった者を保護する制度とみること、のどれもまったく可能である」（星野英一「契約の成否と同意の範囲についての序論的考察（1）連載にあたって」NBL 469 号（1991 年）11 頁）。詐欺取消制度を制裁として理解する問題性は、序論（前述13-14頁）において指摘したし、ドイツ法における違法論の関係においても確認した。日本法における議論を踏まえた点については、あらためて後述する。

第2款　通説の形成過程

第1項　民法典成立初期の詐欺論

(1) 詐欺の違法要素

　民法典の起草者によれば、96条1項における詐欺取消制度の目的は被欺罔者の意思決定自由の保護ではなかった。当然、この意味における自由意思を違法根拠として理解する余地も存在しなかったのであり、この点においてドイツ民法における詐欺取消制度の理解と大きく異なる。ただし、日本民法典の成立後においてはドイツ民法学の影響が見られ、このことは96条1項における詐欺取消制度の解釈にも関係する。そこで、続いて、民法典成立初期の詐欺論について、不法行為法の議論も参照しつつ、確認する。

① 96条の規範目的

　民法典の成立初期においては、いわゆる附帯私訴の制度が認められていた。それゆえ、96条の詐欺それ自体よりも、むしろ刑事詐欺と民事詐欺の関係という観点から争われる事案が少なくなかった。そして、この関係について、学説および判例は、刑法と民法の役割の相違から[93]、刑事詐欺と民事詐欺の峻

---

93)　学説として例えば、富井政章「解疑　刑事犯罪ヲ構成スヘキ詐欺ニ因ル法律行爲ノ効力」法学志林2巻18号（1901年）76頁。判例として例えば、大審院1903年（明36）5月12日（大審院刑事判決録9輯14巻849頁）によれば、「犯罪行爲ト法律行爲ハ常ニ必ラスシモ絶對的ニ兩立シ得ヘカラサルモノニアラス何トナレハ犯罪行爲ハ國家カ刑罰權ノ運用上公安秩序ヲ維持スルカ爲メニ刑罰ノ制裁ヲ付シタル不法ノ行爲ナルハ論ヲ俟タスト雖モ國家刑罰權ノ目的ハ此行爲ヲナシタル犯人ヲ處罰スルニ因リテ充分ニ貫徹セラレ得ヘク其行爲ヨリ生スル私法上ノ効力如何ハ要スルニ私人相互間ノ利害ニ關スル問題ニシテ其効力ヲ維持スルト否トハ刑罰權ノ實行ニ毫モ影響ヲ及ホスモノニハアラサルヲ以テ或ル行爲カ一方ニ於テ犯罪行爲ヲ構成スルニ拘ハラス他方ニ於テ尚ホ私法上ノ効果ヲ生シ得ヘキモノトナスモ敢テ犯罪行爲ノ觀念並ニ法律行爲ノ性質ニ牴觸スルコトナケレハナリ」（傍点は筆者）。この判決と同趣旨の判断を示す他の裁判例として、大審院1906年（明39）3月10日判決（大審院民事判決録12輯382頁）、大審院1912年（明45）2月12日判決（大審院民事判決録18輯97頁）、大審院1914年（大3）4月21日（法

別（つまり刑事詐欺の成立は必ずしも民事詐欺の成立を意味せず、その逆も然り）を説き、さらに 96 条の詐欺の要件として利得意図あるいは加害意図を要求しなかった[94]。

こうした区別は、刑事詐欺を財産犯として理解し、民事詐欺規定の目的を意思決定自由の保護として理解する立場からも支持できる。実際にドイツにおいては、かかる相違に基づいて刑事詐欺と民事詐欺の要件の相違が認められ、民事詐欺において加害意図あるいは利得意図は要求されていなかったのである[95]。

これに対して、自由意思の意義を重視しなかった日本民法の起草者（穂積と富井）によれば、日本民法 96 条 1 項の詐欺取消制度の目的は被欺罔者の意思決定自由の保護ではなかった。つまり、結果として要件の設定が部分的に同一であっても、その根拠が日・独において異なる、ということである。

もっとも、同じく起草者の梅謙次郎は、96 条の詐欺について、次のように述べる。「當事者カ充分自由ニ其意思ヲ決シタルモノト云フコトヲ得サルカ故ニ意思ニ瑕疵アルモノトシ其法律行爲ヲ取消スコトヲ得ルモノトスル」、そして詐欺者は「故意ニ表意者ヲ欺キ以テ自己ノ利ヲ計ル者ナルカ故ニ其行爲ニ因リテ毫モ表意者ニ損害ヲ蒙ムラシメキニ非ス即チ表意者ヲ助ケテ詐欺者ヲ抑ヘサルヘカラス故ニ詐欺ニ逢ヒタル者ハ其法律行爲ヲ取消スコトヲ得ルモノトセリ」[96]。

確かに、「詐欺者ヲ抑ヘサルヘカラス」という点から、制裁的要素が感じられる。しかし、詐欺と自由意思を結び付け、しかも「表意者ヲ助ケ」る、とい

　　律新聞 941 号 28 頁）、大審院 1922 年（大 11）2 月 3 日（大審院刑事判例集 1 巻 24 頁）、大審院 1923 年（大 12）11 月 21 日判決（大審院刑事判例集 2 巻 823 頁）が挙げられる。
　　もちろん、反対の見解も存在した。「契約ハ當事者雙方ノ法律行爲ニ因リテ成立スルモノナルニ詐欺取財罪ヲ構成する場合ニ於テハ少クトモ詐欺者ノ行爲ハ徹頭徹尾法律行爲ト認ムヘカラサルモノトナルカ故ニ到底契約ノ成立ヲ來スコトナシ」（守谷富之助「詐欺取財罪ト契約」法学志林 2 巻 20 号（1901 年）77-78 頁）。
94）　例えば、川名兼四郎『民法總論』（1906 年）363-364 頁、中島玉吉『民法釋義　巻ノ一』（1911 年）517 頁。さらに、学説は、刑事詐欺と民事詐欺の差異として、民事詐欺の未遂を認めない。例えば、富井政章『民法原論　第一巻』（1904 年）377 頁、川名・前掲・365 頁、中島・前掲・518 頁。この点は、後述するように、違法論と関連し、重要である。
95）　この点について、前述 138 頁を参照。
96）　梅謙次郎『民法要義　巻之一』（1897 年）202 頁。

う観点から詐欺に起因する法律行為の取消可能性を展開する梅の理解は、ボワソナードと異なり[97]、しかもフランス法に依拠した旧民法を否定した穂積と富井の見解とも対称的であり、興味深い。

ただし、梅の理解においても、その自由意思を違法根拠の自由意思として理解し得るか否か、は問題として残る。例えば、梅は、710条の自由として、精神的自由に言及していない[98]。もっとも、この点は当時のドイツ法派においても同様であって、例えば岡松参太郎も710条の自由の例として「不法逮捕、不法監禁」を挙げるのみであり、精神的自由に言及していない[99]。

② 違法根拠の自由意思

ところで、ドイツにおいては、ドイツ民法823条1項に関する初期の支配的見解（例えばリスト）は同条項の自由として精神的自由を含めていた[100]。周知の如く、当時の日本法学に与えたドイツ法学の影響は絶大であって[101]、この

---

[97] 「『ボワツソナード』氏ハ詐欺ノ場合ハ承諾ニ瑕疵ナシト云ヘルモ瑕疵アリト云フコトヲ得ヘシ即チ其意思ハ完全無缺ノモノニ非ス換言スレハ詐欺ニ因リテ意思ヲ生シタルモノナルヲ以テ其意思ニ瑕疵アリト云フコトヲ得ヘシ」（梅・前掲注90・405頁）。

[98] 梅は次のように述べる。「權利ハ敢テ財産權ト云ハサルカ故ニ一切ノ權利ヲ包含スヘシ……（中略）……例ヘハ不法ニ他人ノ自由ヲ拘束シタルトキハ假令之ニ因リテ其ノ者カ金錢ノ損害ヲ受ケサルモ亦賠償ヲ爲スヘキモノトス……（中略）……他ニ其自由ヲ奪ハレタルニ因リ生シタル不愉快ノ感情ヲ金錢ニ見積リ以テ之ヲ賠償セシムルコトヲ得ヘシ」（梅謙次郎『民法要義 卷之三（第31版）』（1910年）885頁）。このように、梅は少なくとも精神的自由について述べていない。自由の剝奪が身体的自由に関係し得る点については、前述112頁の注340を参照。

[99] 岡松参太郎『民法理由 債權編』（1897年）471頁。岡松は、責任能力に関連する議論において、自由意思の概念に関して否定的な見解を示している。その理由について、岡松参太郎「意思能力論（二）」法学協会雑誌33巻11号（1915年）65頁によれば、「自由ナル意思決定ノ能力ナシト云フハ獨民刑ノ採用スル所ナレトモ亦意思ノ方面ニ偏シ正當ト云フヘカラス……（中略）……又此形式ハ哲學上ノ宿命論、不宿命論ニ關係スルノ嫌アルノミナラス……（中略）……其意義不明ニシテ解釋一定セス」。既に確認したように、ドイツ民法草案における当初の規定は「理性の使用」という表現であったが、しかし意的要素を重視するために、ドイツ刑法典の責任能力規定に従い、「自由な意思の行使」という表現へ変更したのであった（前述108-112頁）。こうした相違からも、当時における意思決定自由に対する日・独の理解の相違が窺われる。

[100] この点について、前述113-114頁および124頁の注10を参照。

ことは自由権の解釈においても同様であった。すなわち、日本民法の解釈論は、初期のドイツ学説に依拠し、自由権の内容として精神的自由を肯定すべき旨を説く立場が次第に多数を占めた。例えば、二上兵治によれば、「自由ハリストノ所謂無形法益（unkörperliche Rechtsgüter）ノ一種ニシテ其本質ハ」「他ヨリ拘束ヲ受ケサル權利ナルカ故ニ或學説ノ如ク其目的ヲ身體ノ自由ニ限定スルハ根據ナキ獨斷」であって、精神に対する拘束も自由権の侵害である[102]、という。

日本民法における自由権の解釈とドイツ民法における自由権の解釈の相違は、後者においては次第に自由概念を身体的自由に限定する見解が通説化したのに対して[103]、前者においては自由権を精神的自由にも拡大する解釈が通説化[104]した点である。例えば、末弘厳太郎は、ドイツ民法823条1項における自由が身体的行動の自由に限定されている解釈を紹介しつつ、しかし「凡テ法律ニヨリテ保護セラレタル利益」も含まれるべき旨を説き[105]、次のように述べる。「民法七一〇條ニ所謂自由トハ獨リ身體的自由ノミナラス精神的自由ヲモ包含スルモノニシテ詐欺強迫其他ノ方法ニヨリ意思ノ自由決定（Ungestörte Willensbestimmung）ヲ阻害スル場合ハスヘテ同條及ヒ第七〇九條ニヨリテ不法行爲ノ責任ヲ負擔ス」[106]。

以上の如く、自由な意思決定の法益性は確立され、その自由が詐欺によって侵害される性質の法益として承認された。問題は、これが違法根拠の自由意思として理解され得るか否か、である。ドイツにおいては、違法性と有責性が峻別され、法益侵害を違法として理解したリストは意思決定自由の侵害を違法と

---

101) 「ドイツ法にあらずんば法にあらずというような氣分があった」（末弘厳太郎（発言）『日本の法学』（1956年）40頁）、「ドイツ法にあらずんばというのは三十年代からはじまった。明治三十年には前にもいったように、ドイツ法の卒業生は一人であったが、翌年からは殖え出した。民法の実施と共にドイツ法は隆盛になった」（牧野・前掲注79・40頁）。

102) 二上兵治「自由権」法学新報16巻3号（1906年）41-43頁。

103) この点について、前述128-132頁を参照。

104) 反対説として、睡道文藝「民法判例批評（五）」京都法学会雑誌11巻（1916年）89頁。加えて、同『日本民法要論　第1巻』（1920年）337頁も参照。

105) 末弘厳太郎「双務契約と履行不能（二）」法学協会雑誌34巻4号（1916年）86頁。

106) 末弘・前掲注105・87頁。

して理解した[107]。当時の日本法学は、違法性の理論に関してもドイツ法学から影響を受けた。例えば、二上によれば「不法にあらざる権利侵害なるものなし」[108]、さらに末弘によれば「スヘテ権利侵害ハ違法ナリ」[109]。かかる違法理解は結果無価値論を基礎づける客観的違法論を意味し[110]、同様の見解は他の論者によっても認められていたのであった[111]。

以上を要するに、詐欺によって侵害され得る法益として承認された意思決定自由に対する侵害は違法性を基礎づけるのであって、すなわち違法根拠の自由意思が認められていたのである。

(2) 詐欺の責任要素
① 故意要件の意味

日本民法においても、ドイツ法の解釈と同様に、違法根拠の自由意思は認められた。このことは、ドイツ法学の影響に加えて、当時の個人主義思想あるいは自由主義思想とも無関係ではあるまい。個人の自由を重視する思想は権利の観念を次第に拡大せしめ[112]、「第七百九條ニ權利ト謂フハ固有ノ意義ニ於ケル

---

107) 前述 113-114 頁を参照。
108) 二上は、より詳細に次のように説いていた。「不法を以て権利侵害より獨立せる成立要素と見るは故意又は過失を獨立要素と見ると同様に決して不當なりと云ふことを得ざるなり。只獨逸民法第八百二十三條には故意又は過失と共に不法なる要素を掲くるに反し吾民法第七百九條に於て故意又は過失を擧けて不法を掲けず。蓋しこれ我民法は義務者の心的状態を権利の觀念の内容より除外したけれども不法の問題に關しては権利の觀念に抽象的の性質を與へ従ふて不法にあらざる権利侵害なるものなしと斷定したるなるべし」(二上兵治「権利侵害」法学協会雑誌 23 巻 (1905 年) 200-201 頁)。
109) 末弘が言う「法律ニヨリテ保護セラレタル利益」はリストが言う法益を意味し、リストによれば法益侵害は違法を意味した点について、前述 114 頁を参照。
110) ドイツ法の検討において確認した。この点について、前述 114-115 頁を参照。
111) 例えば、菱谷精吾『不法行爲論』(1908 年) 42 頁によれば、「我民法ニ於テハ不法行爲ハ必ス権利侵害タルニ依リテノミ不法タルモノトナシタル」。さらに、団野新之『増訂改版 損害賠償論 (第五版)』(1916 年) 131 頁によれば、「權利ヲ侵害スルコトハ法律ニ於テ明示又ハ黙示ニ認メタル違法阻却原因ノ存セサル限リ違法ナルコト言ヲ俟タス」。
   なお、菱谷の著書および団野の著書は、末弘によって当時の主要文献として挙げられている (末弘厳太郎「適法行為による『不法行為』」法律時報 5 巻 7 号 (1933 年) 11 頁)。
112) 「個人主義的經濟秩序は、各人を、利潤の追求者にし」、「『有形財の侵害』ばかりでなく、

権利ヨリハ其意義汎ク總テ或人ニ利益アル法律上ノ地位ヲ意味スル」のであり、「第七百九條ニ謂フ所ノ權利侵害ガ次條謂フ所ノ身體、自由及ビ名譽ノ侵害ヲ包含スルモノト解スル」という理解へ至るのである[113]。

ただし、個人的法益の拡大は、各法益の要保護性の平等を必ずしも意味しない。少なくとも 96 条の枠組では、意思決定自由の法益よりも、行為自由に重点が置かれていた。この点について、鳩山秀夫は次のように述べる。「意思表示の効力を問題とするに當りては須らく表意者を以て起點となさざる可らず、他人に於て意思決定の不自由を惹起こしたりという客觀的因果關係あり、之を惹起こさしめんと欲したりという主觀的連絡あらば乃ち他人を措いて表意者を保護するに十分なる理由存す。民法は之を以て當事者の雙方を最も公平に保護し、取引の安全を確保する所以としたるものなり」[114]。

詐欺取消制度の枠組において「取引の安全」は法律行為の効力の維持を意味し、すなわち「取引の安全」の確保が（被欺罔者の意思決定自由[115]に対置される）欺罔者の行為自由の確保を意味することは明白であろう。問題は、それを確保する要件である。「他人に於て意思決定の不自由を」「惹起こさしめんと欲したりという主觀的連絡」は明らかに故意を意味する[116]。故意の維持は過失責任

『無形財の侵害』も損害だとし、而してその各ゝに對して遠慮なく賠償を要求するに至」り、そして「人的利益といはれるものの數が、刻々殖えた。生命・身體・健康・肉體および精神の自由・名譽・貞操・信用・秘密・肖像・氏名、曰く何・曰く何」（栗生武夫『人格權法の發達』（1929 年）の序文）。栗生は個人主義思想を批判しているのであって、このことが逆に当時における個人主義思想の影響を窺わせる。個人主義思想に対する批判的な傾向は特に第一次世界大戦前後から主流を形成し、個人的権利ないし法益の縮小へ向かう。個人主義思想に対する批判が理由であれ、権利ないし法益の縮小は、これを根拠として違法性を基礎づける客観的違法論の変容を迫る。このことによって詐欺の違法性の解釈も変化するのであり、この点も後述する。

113) 鳩山秀夫『日本債権法各論（下）』（1924 年）862 頁。
114) 鳩山秀夫『民法研究 第一巻（總則）』（1925 年。初出は 1910 年）528 頁。同論文は強迫における意思を論じているものの、この点は詐欺にも同じく妥当する旨を説いている（523 頁）。
115) 当時の通説と同様に鳩山も客観的違法論を支持し、自由権を詐欺によって侵害され得る性質の法益として認める。この点について、鳩山・前掲注 114・526 頁および 528 頁、同「債務不履行ト不法行爲トノ競合（質疑解答）」法学志林 18 巻 12 号（1916 年）32 頁を参照。

の排除を意味するから、故意が肯定されない限り、一方で行為自由は保護され、他方で意思決定自由は保護されない。すなわち、96条の詐欺取消制度における故意要件は行為自由の確保を超えて、行為自由の偏重を意味し、その反射的帰結として被欺罔者の法益は軽視されるのであって[117]、鳩山も表意者を起点として捉え得ない旨を指摘していたのであり、さらに次のようにも述べている。「意思表示の効力に影響あらしむるは効果意思決定の不自由ということのみを以て説明するを得ず」[118]。

② 責任能力要件の意味

意思決定自由を軽視する態度は、96条1項における責任能力要件の解釈からも見て取れる。既に確認したように、ドイツの詐欺取消制度において欺罔者の責任能力は要求されなかった。これは、意思決定自由保護というドイツ民法123条1項の規範目的から導かれたのであった[119]。詐欺取消制度において責任能力を要求しない点は日本法の解釈も同様であり、96条1項の詐欺取消制度において責任能力を要求しない解釈は通説であった[120]。しかし、その理由が日本とドイツにおいて異なる。

例えば、鳩山によれば、「詐欺ハ法律行爲ニアラザルヲ以テ固ヨリ詐欺者ハ行爲能力者タルヲ要セズ、又不法行爲タル詐欺ト異リ不法行爲能力者タルコト

---

116) 鳩山の詐欺の故意の定義によれば、「第一ニ相手方ヲ錯誤ニ陥ラシメントスル意思ヲ要ス第二ニ錯誤ヲ利用シテ法律行爲意思ヲ決定セシメントスル意思ヲ要ス」（鳩山秀夫『註釋民法全書第二巻 法律行爲乃至時効』（1922年）163-164頁）。その他に、富井・前掲注94・373頁および375頁、川名・前掲注94・361-362頁、中島・前掲注94・517頁も同様の定義を示している。

117) 「個人主義の時代には却つて人間的人格の保護はなほざりにされ」、「節度なき單なる個人の自由活動の尊重の半面に於て『隣人』が犠牲に供せられる」（来栖三郎「民法における財産法と身分法（三）」法学協会雑誌61巻3号（1943年）35頁）。

118) 鳩山・前掲注114・523頁。さらに鳩山は、例えば95条の錯誤規定に対する批判として同規定おける無効という効果が意思主義に偏している旨を指摘しているのであり（鳩山・前掲注113・364-365頁）、この点からも自由意思を重視しない鳩山の基本的立場を知ることができる。

119) この点について、前述122-123頁を参照。

120) この点について、鳩山・前掲注116・164頁を参照。

ヲ要セズ」[121]、という[122]。確かに要件として責任能力[123]は要求されていないものの、その理由は意思決定自由の要保護性から導かれているわけではないのである。

　以上の日・独の相違は、意思決定自由の要保護性に対する日・独の理解の差異を示している。ところが、責任能力を要求しない解釈それ自体から帰結される問題性が日・独において異ならない点は留意されなければならない。つまり、詐欺取消制度において責任能力が要求されていないなら、責任は問われていないのであるから、責任要件の故意[124]を要求する意味は何か、という疑問が日本民法の解釈においても生じるのである[125]。

　この問題について、当時における民事責任論の代表的論者であった岡松参太郎の理解[126]を通じて、確認する。岡松によれば、「行爲者ノ心狀ヲシテ非難スヘキモノタラシム」要素として、行為の結果の社会的意義に関する認識

---

[121]　鳩山秀夫『日本民法總論（下卷）』（1925 年）373 - 374 頁。

[122]　既に確認したように、法律行為能力と不法行為能力の両概念はドイツ普通法時代の行為能力という包括的概念から派生しているのであって、本来的に同一であった（この点について、前述 108 頁を参照）。こうした理解は、当時の日本民法学においても受け入れられていた。「行爲能力ハ法律上意思活動ノ效果ヲ認メラルル資格ニシテ廣狹二樣ノ意義アリ狹義ニテハ單ニ法律行爲能力ヲ指稱シ廣義ニテハ法律行爲能力、特別行爲能力（兩者ヲ適法行爲能力ト謂フ者アリ）及ヒ不法行爲能力（之ニ對シ責任能力又ハ引責能力ノ語アリ）ヲ總稱ス」（団野・前掲注 111・63 頁）。

[123]　鳩山は不法行為能力という文言を用いているが、しかし他の箇所においては端的に責任能力という文言を用いているから（鳩山・前掲注 116・164 頁）、本書でも 96 条 1 項において要求されない行為能力を意味する語として責任能力の文言を用いる。

[124]　ドイツ法の影響として、日本民法学においても客観的違法論が採用された点は既に確認した（前述 231 頁）。そして、過責（故意・過失）が責任要素である点は、客観的違法論の帰結である。すなわち、「違法ナルコトハ客觀的ニ之ヲ定ムヘキモノナルヲ以テ加害者カ權利ヲ侵害スルモノニ非スト誤信シ侵害行爲ヲ爲シタルトキト雖モ其行爲ハ違法タルヲ失ハス」、そして「責任トハ違法ノ結果ニ對スル行爲者ノ主觀的關係ニシテ一般ニ故意及ヒ過失ハ有責行爲ノ主觀的要件ナリトス」（団野・前掲注 111・131 頁および 162 頁）。客観的違法論に関しては、岡松参太郎『無過失損害賠償責任論』（1953 年。初出は 1916 年）461 頁以下も参照。

[125]　この点に関するドイツ法における問題について、前述 124 頁を参照。

[126]　岡松も通説と同様に客観的違法論を採用しているから（岡松参太郎「意思能力論（五）」法学協会雑誌 34 巻 3 号（1916 年）71 頁）、従前の議論を前提にし得る。

（違法性の意識）127) が必要であり128)、これに対して故意・過失は因果関係の認識として求められ、つまり「故意過失ト云フハ是非ノ判斷ヲ交ヘサル無色ノ觀念」であって、しかも責任能力は責任の前提ではなく、条件の一個であるから、したがって「責任無能力者ニモ故意過失アリ得ル」129)、という。岡松は違法性の意識を要求し、責任を非難可能性として捉えているようであり、つまり規範的責任論に近く、このことは故意を何人も持ち得る概念として捉えている点からも窺われる130)。

確かに、責任無能力者も故意を持ち得るなら131)、96条において責任能力を否定しつつ、故意要件を維持することは一見すると可能である。しかし、責任能力が責任の前提であれ要件であれ、責任能力が存在しなければ、責任が成立しないことに変わりはないのであるから、故意を責任要素として理解する限り、責任能力要件の不要という解釈は故意要件の存在と矛盾する。したがって、残されている選択肢は、96条1項において責任能力を要求するか132)、それとも

---

127) 違法性の意識と行為の結果の社会的意義に関する認識の相違について、岡松の理解において必ずしも明確な区別は示されておらず、むしろ同意義として用いられているように見える（「過責アルニハ行爲ノ結果ノ違法ノ認識又ハ其認識ノ可能アルコトヲ要」す（岡松・前掲注126・84頁))。

128) 岡松・前掲注99「意思能力論（二）」・69-70頁。

129) 岡松・前掲注124・612頁、同・前掲注124・72-75頁。

130) 規範的責任論はフランクによって提唱され、フランクによれば精神病者でさえ行為を意欲し、犯罪要件を表象することが可能であるから、帰責能力を故意の前提として理解することはできず、しかも実際の責任の評価は故意および過失に加えて、その外部に存する付随事情をも斟酌されているはずであり、したがって帰責能力は責任の前提ではなく、責任の一構成要素であり、すなわち帰責能力・過責（故意および過失)・付随事情が責任要素であって、こうした責任概念の全構成要素を非難可能性と呼び、責任を非難可能性として理解するのであった（前述125-126頁)。岡松もフランクの文献を引用している（岡松・前掲注126・74頁)。

131) 責任無能力者も持ち得る故意が自然的故意を意味すること、これを詐欺取消制度の要件として求めることについては既に確認した。この点について、前述185-186頁を参照。自然的故意に関する邦語文献として、鯉淵幸也「酩酊者犯罪における自然的故意、過失の意義　過失殺人、過失致死の概念について」英米法学12号（1961年）39頁以下、西原春夫「ドイツ刑法における酩酊犯罪」日本刑法学会（編）『酩酊と刑事責任』(1959年）36頁以下も参照。

132) 本書では既に責任能力の不要という解釈の意味を違法性の意識が要求されない意味と

96条1項の故意を責任要素として理解しないか、である。

　ドイツ法の検討において確認したように、その後のドイツ学説は、故意の主観的違法化を説き、行為無価値論へ進んだ[133]。つまり、「96条1項の故意を責任要素として理解しない」解釈が選択された。そして、後述するように、日本の学説も結果としてドイツ学説と同様の展開を辿るのであった。この点について、引き続き検討する。

して捉え直す可能性がドイツ民法における詐欺取消制度の解釈として妥当である旨を主張した（つまり責任能力は必要であるが、しかし違法性の意識は不要。前述186－188頁を参照）。一方で欺罔者の非難可能性を問わない解釈は被欺罔者の意思決定自由の保護に資するし、他方で意思決定自由は確かに重要な法益であるが、しかし他の法益から完全に優越した絶対の性質であるはずはなく、むしろ過失責任主義の帰結として他方当事者の行為自由に対する配慮は当然に求められ、ゆえに欺罔者の行為自由の確保を図るなら、行為自由（責任）の範囲を確定する基準として責任能力は必要である、という理解である（ただし、過失責任主義を説くなら、96条1項における意思決定自由と行為自由の衡量要件が、なぜ故意でなければならないのか、という疑問が当然に生じる。私は96条1項の故意要件を否定し、これに代えて過失要件を主張したい。この点は後述する）。

　当時の日本の民法学説においても責任能力を要求すべき旨を説く論者は、少数ではあるものの、存在した。例えば、長島毅『民法總論』（1921年）319頁である。ただし、その理由は私の理解と全く異なる。長島は次のように述べる。「詐欺又ハ強迫ニ不法性ヲ必要ナリトスル以上何故ニ主観的要件ヲ必要トセサルヤ其理由ヲ解スルニ苦シム」。まず長島は主観的要件と違法性を結び付けており、この主観的要件が責任能力を意味するなら、長島は主観的違法論に依拠している。そして、主観的違法論が責任能力を要求することは当然の帰結である（この点について、前述91頁を参照）。しかし、ドイツ民法学も日本民法学も客観的違法論が前提であって、これは本書の前提でもある。

　近時においても、責任能力を要求すべき旨を説く論者が、少数ではあるものの、存在する。例えば、松尾弘『叢書　民法総合判例研究　詐欺・強迫』（2000年）5頁である。松尾は次のように述べる。「詐欺による意思表示の取消が、詐欺者に対する法的サンクションとしての意味も併せもつとの観点（前述一・一）からは、詐欺者に責任能力（七一二条）があることも要求されうるであろう」。この立場が行為無価値論を意味し、詐欺取消制度の理解として不当である点はドイツ法の検討においても確認したものの、その後の日本法の解釈論においても関係する問題であり、この点は後述する。

133)　この点について、前述133－141頁を参照。

第2項　「社会的相当性」に隠されたナチス思想

(1) 権利制約の要請と法理
①「個人」から「社会」へ

　当時の個人主義・自由主義思想は当時の裁判例においても見られ、例えば権利概念に固執する大審院1914年（大正3）7月4日判決[134]（いわゆる雲右衛門事件）が挙げられるであろう（この裁判例は附帯私訴であるが、しかし雲右衛門事件は民事事件としても争われ、大審院1918年（大正7）9月18日判決[135] は自由競争を理由として不法行為の成立を否定している）[136]。

　ところが、第一次世界大戦（1914年から1918年）の前後において、日本資本主義は興隆期の頂点を迎え、その矛盾が露呈し始めた[137]。資本の集中は経済的強者と経済的弱者の階級闘争を急激に発展させ、さらに資本の拡大に伴う企業活動の拡張は市民の生命ないし身体を脅かす弊害を生み出した。こうした事情を背景として、次第に過度な個人主義・自由主義の抑制を求める傾向が生じたのである。例えば、1916年の大阪アルカリ事件[138] および1919年の信玄公旗掛松事件[139] は、第一次世界大戦を前後する異なった社会的背景に基づいて

---

[134]　刑録20輯1360頁。
[135]　民録24輯1710頁。
[136]　例えば我妻栄『事務管理・不当利得・不法行為（復刻版）』（2005年。初版は1937年）123頁の注(1)は、雲右衛門事件を、「自由競争尊重の思想が露骨に現はれて居る」判例として理解している。雲右衛門事件に対する評価として、能見善久「桃中軒雲右衛門事件と明治・大正の不法行為理論」法学会雑誌（学習院大学）44巻2号（2009年）183頁以下、大村敦志「雲右衛門事件(1)――被侵害利益①経済的損害」法学教室349号（2009年）78-79頁も参照。
[137]　「自由經濟の『自由』は、抽象的な形式的自由であり、したがつてその法もまた、そのやうな自由の原理の上に立つて居り、したがつて自由は具體的には強者の自由となつてゐる」（川島武宜「自由経済における法と倫理――民法を中心として（二・完）」法律時報14巻7号（1942年）22頁）。
[138]　大審院1916年（大5）12月22日民録22輯2474頁。本件は、大阪アルカリ株式会社が排出した硫煙によって農作物に被害を受けた農民が、不法行為に基づく損害賠償を求めた事件である。
[139]　大審院1919年（大8）3月3日民録25輯357頁。本件は、鉄道院（国）が運営する汽車の煤煙によって損害を受けた路線の周辺住民が、不法行為に基づく損害賠償を求めた

下された判決として挙げられるであろう[140]。

そして、学説も個人主義・自由主義を否定し、これに代わる法律観を模索し始めた。それまで当時の通説が支持していた客観的違法論は、ドイツ法の検討において既に確認したように、19世紀中葉以降の経済的自由主義が責任の画定を要請し、有責性が過責（故意・過失）という主観的要件と結び付けられ、そして違法性が権利侵害という客観的要件と結び付けられた帰結であった[141]。しかし、この「権利」侵害要件が両方向から批判された。つまり、一方で権利侵害要件の緩和は（被害者側の）個人主義として批判され[142]、他方で権利侵害

事件である。

[140] 大阪アルカリ事件において原告住民の訴は退けられ、信玄公旗掛松事件において原告住民の訴は認容された。もっとも、周知の如く、大阪アルカリ事件の差戻控訴審（大阪控訴院 1919 年（大 8）12 月 27 日法律新聞 1659 号 11 頁）においては、原告住民の訴を認容する判断が示された。信玄公旗掛松事件の判決および大阪アルカリ事件の差戻控訴審は、共に大戦後の 1919 年（大 8）であった。「大正八年が新たなる記憶と印象とを吾人に與ふるは、言ふ迄もなく世界大戰終了の第一年たること是れ也。……（中略）……歐洲大戰が種々なる經濟上の變動を起し、物價の高騰其の極に達して、所謂成金者流の跋扈すると共に、其反面に中等階級以下の生活難を促進し、遂に米騷動なる不祥事を演出したり……（中略）……司法官は或意味に於て人生そのものを取扱ふものなる以上、國民の意思、生活、感情に對して、至大なる注意と理解とを有するものなり、換言すれば裁判は常に民本的裁判ならざるべからず」（法律新聞 1493 号 3 頁（1919 年 1 月））。川井健『民法判例と時代思潮』（1981 年。初出は「判例と時代思潮──民法判例の基礎としての経済・社会の構造」判例時報 830 号（1976 年）9 頁）v 頁も参照。さらに、とりわけ各事件における関係者から社会的背景を見て取る大村敦志「大阪アルカリ事件（4）──社会的な背景」法学教室 346 号（2009 年）59 頁以下、同「信玄公旗掛松事件（2）──社会的な背景」法学教室 348 号（2009 年）34 頁以下も参照。

[141] この点について、前述 91 - 93 頁および 112 - 116 頁を参照。

[142] 前掲注 112 の栗生の引用文（「個人主義的經濟秩序は、各人を、利潤の追求者にし」、「『有形財の侵害』ばかりでなく、『無形財の侵害』も損害だとし、而してその各〻に対して遠慮なく賠償を要求するに至」り、そして「續々新法益が發見された。人的利益といはれるものの數が、刻々殖えた。生命・身體・健康・肉體および精神の自由・名譽・貞操・信用・秘密・肖像・氏名、曰く何・曰く何」）は、次のように続く。「而してその侵害に対しては、損害賠償を要求し、侵害に伴ふ無形の精神的苦痛に對しても、慰藉料を求めた。賠償や慰藉料は、事後の救濟手段であるから、未だ以て私益の保護に足らないとし、豫防的手段の私力的なるものとして新たに緊急避難權を案出し、その公力的なるものとして大いに不作爲の訴を發達させた──すべて我慾の擁護のために」。

要件の固持も（加害者側の）個人主義として批判されたのである[143]。要するに、当時の学説にとって、「権利」を結び付ける思想（いわば権利本位の法律観）が気に入らなかったのである[144]。

こうして、権利と結び付く「個人」が抑制され、これと対置される「社会」の観点が強調され始めたことは[145]、なかば必然であった。そして、「社会」通念を安易に読み込める一般条項が法解釈の基点に置かれたことも、当時において必然的な帰結であった。例えば、牧野英一は次のように述べる。「法律は権利を規定したものではなくして、公の秩序善良の風俗を規定したものになるのである。法規に違反するとは、他人の権利を侵害することではなくして、公の秩序善良の風俗に反して行動することになるのである」[146]。

とりわけ、「法規に違反するとは」「公の秩序善良の風俗に反して行動すること」という理解が、既に行為無価値を示唆している[147]。その後の展開を確認する。

---

143) 例えば、牧野英一は、客観的違法論を支持する鳩山説に対して、次のように述べる。「博士が『苟も客観的に違法なる行為に因りて他人に損害を與ふるときは主観的に過失なきも常に賠償責任を負擔すべきものとせば、人の活動は極めて不自由なるに至るべく』（第848頁）とされて居るのは、明かに自由競争を極限理念とした個人主義的口吻ではあるまいか」（牧野英一『法律に於ける具體的妥當性』（1925年）328頁）。引用文において挙げられている鳩山の文献は、鳩山・前掲注113である。

144) 例えば、権利侵害要件の固持を非難する牧野にとって、権利侵害要件の緩和は一個の解決的解釈であったはずである。しかも、牧野は、こうした方向性を鳩山が志向している点も認めている。しかし、牧野は、「傳統的な意義に於ての権利の観念が非合理的なものであるならば、其の傳統的なものを合理的に全く排斥し、新たに或ものを持つて來る」方向性を求める（牧野・前掲注143・330頁）。法律の文言に拘泥しない解釈的態度から、自由法論の影響も見られる（この点について、常盤敏太「不法行爲の要件としての違法性」法学志林32巻4号（1930年）93頁も参照。牧野とフランス法、デュギーと権利否認論の関連も想起されるのであるが、しかし本書では立ち入れない）。

145) 「個人は、個々の個人でなしに社會の個人である。社會構成の微分子である。故に社會の維持および發展のためには、自我の主張を抑へねばならぬ」（栗生・前掲注112・120頁）。

146) 牧野・前掲注143・349-350頁。

147) 牧野は既に、刑法の分野において、社会通念に依拠した行為の違法性について説いている。「行爲の違法性といふことは論理的に其の内容を定めることができぬ。之は行爲の社會的價値判斷に屬するものであるからである」（牧野英一『行爲の違法（第三版）』（1924年。初出は1916年）はしがき1頁）。

② 大学湯事件――不法行為法の観点から

法律観の変化が表れた裁判例として、大審院 1925 年（大正 14）11 月 28 日判決[148]（いわゆる大学湯事件）が挙げられる。

本件は、大学湯という名称の湯屋業を営む賃借人と同建物の賃貸人が両者の合意に基づいて賃貸借契約を解除したのであるが、しかし賃借人が大学湯の老舗を売却する前に、賃貸人が第三者に同湯屋業を営ませ、これによって営業の利益を喪失した賃借人が損害賠償を求めた事案である。原審は老舗の権利性を否定し、そして不法行為の成立を否定した。しかし、大審院は原審判断を破棄し、次のように述べて事案を差し戻した。「其ノ侵害ノ對象ハ或ハ夫ノ所有權地上權債權無體財産權名譽權等所謂一ノ具體的權利ナルコトアルヘク或ハ此ト同一程度ノ嚴密ナル意味ニ於テハ未タ目スル權利ヲ以テスヘカラサルモ而モ法律上保護セラルル一ノ利益ナルコトアルヘク否詳ク云ハハ吾人ノ法律觀念上其ノ侵害ニ對シ不法行爲ニ基ク救濟ヲ與フルコトヲ必要トスト思惟スル一ノ利益ナルコトアルヘシ」。

本件は権利侵害要件を緩和した事案として紹介されることが少なくない。むろん、それは正当な理解である。しかし既に指摘したように、権利概念の緩和は過度な個人主義として非難される対象であったのであるから、大学湯事件を個人主義・自由主義に依拠した雲右衛門事件と対比して理解するのであれば、むしろ大学湯事件の実質的意義は不法行為を理由とする救済の可否それ自体を社会通念に依拠せしめた点に求められるべきであろう[149]。

そして、このことは本判決も示唆している。本判決によれば、民法の意味における不法行為は「法規違反ノ行爲ヨリ生シタル惡結果ヲ除去スル爲被害者ニ損害賠償請求權ヲ與フルコトカ吾人ノ法律觀念ニ照シテ必要ナリト思惟セラルル場合」であり、適法行為は「共同生活ノ規矩ニ遵ヒテノ行爲ナルニ反シ」、

---

[148] 大審院民事判例集 4 巻 670 頁。
[149] この点について、前田陽一「不法行為における権利侵害・違法性論の系譜と判例理論の展開に関する覚書」能見善久・瀬川信久・佐藤岩昭・森田修（編）『民法学における法と政策』（2007 年）458 頁も参照。

すなわち不法行為は「其ノ準縄ノ外ニ逸スルノ行爲」を意味する。つまり、不法行為の正否を決する重要な点は、緩和された権利概念ではなく、むしろ当該の行為態様が社会通念から逸脱することであることが理解される。確かに、この点に関する事実認定は本判決の説示から直接に窺い知ることはできない。しかし、本判決の事実において「被上告人千太郎及ふなハ上告人カ老舗ヲ有スルコトヲ知リナカラ被上告人梅三郎ト共謀シ老舗ノ賣却ヲ不能ナラシメタ」という悪質な行為態様150) が指摘されている151)。

そして、続く学説も同様の理解を示す152)。例えば木村清司によれば、一方

---

150) つまり、「甲乙間に平穏な賃貸借關係の永續したこと、今日乙が丙にこれを賃貸して利を得て居ること等を綜合考察すれば、乙の行爲は———一面に於て所有權の行使たる形式を備へるにも拘らず、しかもなほ、———公序良俗に違反すること疑がない。そしてこの公序良俗違反の點にその行爲の違法性がもとめられねばならない」(我妻・前掲注136・123頁)。大学湯事件において加害者の主観的態様が重視されている点について、大河純夫「民法七〇九条『権利侵害』再考——法規解釈方法との関連において」河内宏・大久保憲章・采女博文・児島寛・川角由和・田中教雄 (編)『市民法学の歴史的・思想的展開——原島重義先生傘寿』(2006年) 543頁も参照。我妻は詐欺に関する違法性の基準も公序良俗に求める。この点は後述する。

151) ある論者によれば、「本判決は、『権利』にとらわれないという意味で、まさに学説のいう『権利侵害から違法性へ』という図式を確立したことになる」、という (川井健「大学湯事件判決について——不法行為法の体系と課題」星野英一 (編)『現代社会と民法学の動向 (上) 不法行為』(1992年) 127-128頁)。ただし、ここから全く異なる二種の評価が導かれる点に留意されなければならない。第一は、「人々の権利を尊重する態度」という評価である (川井・前掲・127頁)。第二は、「『権利侵害の違法性による置き換え』は、『権利侵害があっても必ずしも違法ではない』というかたちで、かえって法的保護の制限としても機能しうる」という評価である (原島重義「わが国における権利論の推移」法の科学4巻 (1976年) 55頁)。確かに、その後の学説は「権利侵害から違法性へ」進む。しかし、それは第二の意味として評価されなければならない。この点は後述する。

152) 大学湯事件の段階においては、未だ二個の選択肢が与えられていた、という見方も可能である。すなわち、「選択肢のひとつは、『被侵害利益』と『侵害行為の態様』という二つの要素を統合する上位概念として『違法性』要件への移行を主張するもの、他の選択肢は、『権利侵害』要件を従来どおり被侵害利益を中心に考察し、その範囲を具体的『権利』から『法的保護に値する利益』にも拡大するものであった」。ところが、「学説の大勢は、第一の選択肢である『違法性』要件への移行を選択した」(樫見由美子「権利保護と損害賠償制度について——『権利又は法律上保護される利益の侵害』要件に関する考察を通して」能見喜久・瀬川信久・佐藤岩昭・森田修 (編)『民法学における法と政策

で大学湯事件は故意や通謀等の詐害的行為に起因し、他方で大学湯事件において認められた権利は積極的に主張すべき利益なき権利を意味し、すなわち「具體的權利と稱し得ない利益（債權の第三者に對する關係を含む）に就いては行爲者の主觀的狀況が道德的に批難すべき場合にのみ不法行爲の成立あるものと見ることが出來る」[153]、という。木村は、このような解釈の意義として労働問題を取り上げ、かかる解釈を通じて例えば当時の労働組合法が同盟罷業を不法行為として構成していない理由を説明する[154]。

ところで、既に確認したように、労働事件はドイツ民法823条1項における自由概念の制限を招いた一契機であった[155]。自由概念の限定は雇用者側の法益の限定を意味し、すなわち労働者の同盟罷業等による不法行為の成立の制限を意味した。そして、このことは、故意ドグマの形成をも促進した。すなわち、同法同条項の自由の範囲が身体的自由に限定されたことによって、意思決定自由を被侵害利益として理解する詐欺取消制度（ドイツ民法123条）の競合規範が同法823条2項および826条に限定され、かくして詐欺者の主観的態様を故意に限定するドグマが形成されたのであった[156]。

Law and Policy Making in Civil Law』（2007年）499頁）。その理由は、当時における個人主義に対する批判的傾向に加えて、「『権利』の概念は固定的になりやすいのに対して、『違法性』の内容はかなり弾力的・流動的である」という点に求められるのであろう（加藤一郎『不法行為』（1957年）36頁）。こうした発想は、後述の行為無価値論へ通じる。すなわち、行為無価値論の「利点」は、その違法性の判断基準を「社会的相当性」等として理解することによって、ほぼ一般条項の如き運用が可能になる点である（その「利点」は特に過失論において見出され、事案の類型に応じて、過失の義務の設定が変更可能であり、そこに違法性の関連が見られる点について、潮見佳男『民事過失の帰責構造』（1995年）を参照。例えば、同98頁の「注意義務の前倒し現象ないし結果回避義務の予見段階への伸長現象」）。しかし、こうした行為無価値論の「利点」は、行為無価値論に反対する立場から見れば、「その場しのぎ、小手先の解釈」として映る。さらに、行為無価値論の問題は、行為無価値論が「権利」侵害の要件を重視しない反射的作用として、各法益の要保護性が低下する点に存する。むしろ、この点が96条1項の詐欺取消制度における問題点と関係しているのであり、この点について引き続き検討する。

153) 木村清司「不法行爲法に於けるUltima ratio legisとしての反公序良俗性」法学協会雑誌46巻9号（1928年）27頁および31頁。
154) 木村・前掲注153・46-47頁。
155) この点について、前述128-131頁を参照。

こうした故意ドグマの片鱗を、木村も示唆する。すなわち、木村によれば具体的な権利の侵害は過失で足りるが、しかし単なる利益の侵害は故意に基づく公序良俗違反が不法行為の成立要件であり、そして自由権は後者に属する[157]、というのである[158]（これは、少なくともドイツ民法826条における自由権侵害と同質の内容である）。

「個人から社会へ」・「権利侵害から公序良俗へ」という傾向が踏襲され、それに伴い加害者の態度が重視され、その反面として個人的性格の強い自由権の要保護性は縮小されている様子が理解できる[159]。しかも、この傾向は戦前の末期へ向かう過程において、さらに加速する。そして、詐欺を語る枠組において自由権の持つ意義は、ほとんど失われるに至るのである。この点について、引き続き検討する。

---

[156] この点について、前述132-133頁および133頁の注44を参照。

[157] 木村・前掲注153・31頁および38頁。「自由権の内容は全然積極的に保護せらるべき内容を有せず」（木村・前掲注153・40-41頁）。

[158] 一見して、木村説は、いわゆる相関関係説に近い。同説を主張する我妻栄について、木村自身が次のように述べている。「本論稿の成るに就いては我妻東大教授の勘からざる助言、参考書の貸与等に負うところ誠に多い」（木村・前掲注153・48頁の注（43））。

[159] もちろん、社会ないし公序の重視が自由権の制限と結び付く論理的な必然性は存しない（公序に依拠した自由権の保護の可能性は否定されない）。しかし、当時の時代感覚においては、自由を軽視する方向へ事実として働いたのである。このことが詐欺の問題として示唆される事案として、例えば大審院1933年（昭8）6月8日判決（大審院刑事判例集12巻771頁）が挙げられる（ただし、後述の如く、本件は不法行為の詐欺として争われている）。本件は、負債を有する上告人が差押を受け得る自己の不動産を、他の上告人等と共に転売利益を見込み得る土地として詐言し、被上告人をして同土地を購入せしめ、同被上告人から金銭を騙取し、これに対して被上告人が財産的損害賠償および意思決定自由の侵害を理由とする慰謝料を求めた附帯私訴である。原審は、上告人等に対して詐欺罪等の有罪判決を下し、被上告人の請求を認容した。大審院は、この原審判断を支持し、次のように述べた。「第七百十條ニ所謂自由トハ身體的活動ノ自由ノミナラス精神活動ノ自由ヲモ包含スルモノト解スルヲ正當ナリトスルカ故ニ不法行爲者カ本件ニ於ケルカ如ク欺罔手段ニヨリ被害者ノ意思決定ノ自由ヲ害シテ錯誤ニ陷レ財物ヲ騙取シタル案件ニ付テハ被害者ニ於テ之カ爲メ財産上ノ損害ヲ被リタル外特ニ精神上ノ苦痛ヲ被リタル事實ノ存スル限リ不法行爲者ニ對シ財産上ノ損害賠償ノ外慰藉料ヲ請求スルコトヲ得ルモノト解スルヲ妥當ナリトス」、そして「上告人等ノ判示ノ如キ偽計詐術ニ因リ金圓ヲ騙取セラレ之カ爲ニ精神上多大ノ苦痛ヲ受ケタルモノナルコト明ナルカ故ニ原判決カ之ニ對

(2) 違法評価の主観化

①「権利侵害から違法性へ」

権利の概念から離れ、これを端的に違法性へ読み替える議論を展開した末川の『権利侵害論』は周知であろう。そして、末川の権利侵害論も、やはり当時の個人主義あるいは権利本位の法律観に対する批判から生み出されている[160]。末川は次のように述べる。確かに権利概念は法秩序の一部を形成する重要な要素であるが、しかし法秩序の内容は権利に尽きるわけではなく、それゆえ違法性の評価にとって法秩序違反という観点が重要であるから、権利侵害を伴わない行為も違法の評価を受け得るのであって、したがって行為の違法性に重点が置かれ、この意味において権利侵害要件は本質的な意味を有さず、権利侵害は違法行為の徴表に過ぎず、むしろ権利侵害要件は法律全体の立場から加害行為を評価する要素として認められているのであり、決して被害者個人の主観的立場を擁護する前提として認められているわけではない[161]、という。

末川の理論には行為の違法性、つまり行為無価値の要素が強く表われている。そもそも結果無価値論によれば権利侵害それ自体が違法性を意味するのである

シ慰藉料請求権ヲ認メタルハ違法ニ非ス」。

　本件は、裁判所が 710 条の自由として意思決定自由を認め、これを詐欺の被侵害権利として認めた事例として紹介されている。このこと自体は正当である。しかし、附帯私訴の本判決において既に詐欺罪の有罪判決が下されていること、つまり当然に故意の自由権侵害が前提であること、そして本判決が答弁書から「老夫婦カ老後ノ生活資料タル全財産ヲ抛チ知ラス知ラス詐欺ノ深間ニ陥レラレ今後如何ニ處スヘキカ果シテ眞實法律上保護ヲ受クヘキヤヲ思ヒ煩フニ於テハ夜モ眠ル能ハス食モ其ノ咽喉ヲ通ラサルコトアルヘク其ノ心勞ハ公判援用ノ本人ノ供述ニヨリテモ明」という部分を引用していることは看過されてはならないであろう。すなわち、本判決においては、むしろ暴利行為にも似た公序良俗違反性、つまり加害者の悪質性から出発し、これを理由として認められるべき慰謝料を正当化する必要性から精神的自由の存在を肯定したに過ぎない、と見ることも可能である。このことは、裁判所の「精神上多大ノ苦痛」という表現においても示唆されている。

160) この点について、例えば利谷信義・乾昭三・木村静子（編）『法律学と私』（1967 年）169 頁。さらに、末川博『不法行爲並に権利濫用の研究』序および 342 頁（1938 年。初出は「ドイツ民法及びスイス民法における権利濫用に関する規定の成立過程（一）（二）」法学論叢 20 巻 5 号および 6 号（1928 年））も参照。

161) 末川博『権利侵害論（第 2 版）』（1971 年。初版は 1930 年）273‐315 頁。

から、権利侵害要件を違法性へ読み替える末川の理解は既に結果無価値たる余地に乏しく[162]、行為無価値へ至る傾向を示しているのである[163]。

問題は、かかる違法論と詐欺の関係である。個人性の強い法益の要保護性を重視しない末川の理解によれば、例えば 710 条によって規定されている人格的利益は私法的権利として理解する必要性を否定され、ゆえに 710 条は権利侵害なき事例として位置づけられ、詐欺も自由権の侵害として理解されず、すなわち「詐欺によつていかなる権利が侵害されたかを究明しようとするが如きは、要らざる詮索であ」り、「要するに、詐欺の如きはそれ自體違法なのである」[164]、という結論へ到達する[165]。「それ自體違法」の内容は明確ではなく、末川は違法性の評価基準を補充する概念として公序良俗を挙げるものの[166]、それ以上の詳細な詐欺の要件論を示していない。

こうした不明瞭な点は当時においても問題視されていたが[167]、しかし行為の違法性を重視する理解は支持を受け[168]、例えば我妻は違法評価の流動化を

---

[162] 「『権利侵害の違法性による置き換え』は、『権利侵害があっても必ずしも違法ではない』というかたちで、かえって法的保護の制限としても機能しうる」(原島・前掲注 151・55 頁)。

[163] 「『権利侵害』の要件は一面に於て被害者に救済を與ふるを正當とするや否やを決定する標準として定立されたものであるが、同時に他面に於ては加害者をして賠償義務を負擔せしむるを正當とするや否やを決定する標準たるべき役目をもつものである。而して從來の通説は専ら前者の標準として『權利侵害』を見てゐるのに對して、寧ろ之を主として後者の標準に役立てやうと試みてゐるものが末川教授の『權利侵害論』であつて、之によると『權利侵害』は即ち『違法』を意味するものとして理解され、從つて被害者に侵害の客體たる『權利』ありたりや否やが問題とされずに、寧ろ加害行爲が違法であるかどうかが不法行爲となるや否やを決する主たる標準となる」(末弘・前掲注 111・8 頁)。

[164] 末川・前掲注 161・340-343 頁および 361 頁。

[165] 末川は、次のようにも付け加える。「私は自由權というような私法上の人格權を認める必要はないと思うのであるが」、「自由權を認める論者には、詐欺又は強迫による不法行爲の成立を説明するために、人の精神的活動即ち意思決定についてまでも自由權があるというように解する者もあるけれども、法律の關與し得るところの自由の概念をかくの如く擴大することは穏當であるまい」(末川・前掲注 161・352 頁)。

[166] 末川・前掲注 161・223 頁。

[167] 「殊に『權利侵害のない不法行爲』に於て各種の行爲がいささか平面的に並べられて居るやうに感ぜらるゝ」(我妻栄「末川博博士『權利侵害論』」法学協会雑誌 50 巻 6 号 (1932 年) 115 頁)。

強調し[169]、そして相關關係說を展開する。すなわち、我妻によれば、「當該加害行爲の被侵害利益に於ける違法性の強弱と加害行爲の態容に於ける違法性の強弱とを相關的・綜合的に考察して最後の判斷に到著すべきである」[170]、という。

行為の違法性が重視され、違法評価の流動化に基づいて個別の権利性が問われないなら、もちろん詐欺の枠組においては欺罔行為の側面が重視され、詐欺の被侵害権利たる自由権が持つ意味は大きく失われる。すなわち、「詐欺強迫等による加害行爲が違法なのは自由權といふ利益を侵す點に在るのではなく、その行爲が詐欺強迫といふ禁止規定又は公序良俗に反するものなる點に存すると謂はねばならぬ」のであり、「強いて自由權を問題とせず、專ら侵害行爲の態容を理由として違法性を定むべしと謂はねばならない」[171]。

詐欺が争われる局面において自由権の要保護性を認めない我妻にとって、違法根拠の自由意思を認める余地は存しない。むしろ、詐欺の違法性は侵害行為の態様によって決せられ、それは同時に公序良俗違反を意味する。我妻のみならず、前述の牧野、木村そして末川も、違法性の基準として公序良俗を援用していた。ゆえに続く問題は、公序良俗の概念において機能する違法論の内容である。

② 公序良俗と社会的相当性——法律行為論における影響

以上の我妻の理解は不法行為の詐欺が対象であるが[172]、しかし我妻は96条

---

168) 「私も亦權利侵害なる要件は加害行爲の違法性あることを意味すると解する說に從ふ」（我妻・前掲注136・125頁）。
169) 「權利侵害といふ固定的觀念が『違法なる行爲』といふ流動的な觀念に移つた」（我妻・前掲注136・100頁）。
170) 我妻・前掲注136・126頁。
171) 我妻・前掲注136・136頁。
172) ここまで検討した不法行為法の領域における議論については、山本敬三「不法行為法学の再検討と新たな展望——権利論の視点から」法学論叢154巻4・5・6号（2003年）292頁以下も参照。とりわけ末川および我妻の理解において、「『権利本位』の法律観から『社会本位』の法律観へという基本姿勢を容易に読み取ることができ」、「違法性理論は、不法行為法において権利本位の法律観からの転換をはかろうとした」点が確認されている（同302頁以下）。私も、この理解に依拠している。これに加えて、さらに検討される

1項における詐欺の違法性に関しても公序良俗を援用する。すなわち、「違法性あるもの・即ち信義の原則に反する程度のものでなければ詐欺ではな」く、「違法なりや否やは第九〇條について述べたと同一の標準によつて決せらるる」[173]。そして、我妻は、90条の公序良俗について次のように述べる。「『公の秩序』とは國家社會の一般的利益を指し、『善良の風俗』とは社會の一般的道德觀念を指す」が、しかし両者は「大部分に於て一致するのみならず、理論上も明瞭に區別し得ない」から、「行爲の社會的妥當性なる語で兩標準を一括して考へようと思う」[174]。つまり、違法性の基準たる公序良俗は社会的妥当性を通じて判断され、したがって違法性の基準は社会的妥当性に求められるのである。

　ところで、戦前のドイツにおいては、客観的違法論の内部において主観化を推し進めたヴェルツェルが行為無価値論を展開し、故意を違法要素として理解していた。そして、ヴェルツェルは違法性の基準を社会的相当性（sozialen Adäquanz）へ求めたのであった[175]。

　違法性の判断基準に関する我妻とヴェルツェルの類似性は、否定できない。このことは違法評価の主観化（故意の違法要素化）も無関係ではない。確かに、我妻は、詐欺の違法性に関して「自由權を問題とせず、專ら侵害行爲の態容を理由として違法性を定む」べきことを説き、その違法性の基準として公序良俗を挙げるのみで、実質的な要件を示しておらず、とりわけ違法性と故意の関係は不明確である。しかし、自由権の侵害が故意による公序良俗違反である点は既に他の論者によって主張されていたのであり[176]、我妻も公序良俗の判断において「凡ての行爲の社會的價値はその動機を考慮せずして決定し得ない」旨を説いている[177]。つまり、我妻の詐欺論においても故意と違法性が結び付くのであり、そもそも「侵害行爲の態容」を推し測り得る要件は96条1項の枠

　　べき問題は、不法行為法の領域における違法性理論が法律行為法においても影響していたか否か、である。この点について引き続き検討する。
173)　我妻栄『民法總則』（1931年）437頁。
174)　我妻・前掲注173・397頁。
175)　この点について、前述140頁を参照。
176)　この点は、既に木村が指摘していた（前述242頁の注153の文献を参照）。
177)　我妻・前掲注173・411頁。

組においては欺罔者の故意の他に存在しないのである[178]。

ここまで違法論を確認してきた理由は、責任能力を要しない96条1項において如何なる理由から故意要件を維持し得るのか、という疑問を検討するためであった[179]。そして、違法性の評価対象の主観化を認め、さらに故意を違法要素として認める当時の通説的見解に従うならば、故意を責任要素として維持する必然性は失われるから、たとえ96条1項において責任が問われなくても（同条項において責任能力要件を要しなくても）、確かに違法性の根拠として故意を維持する解釈は可能になる[180]。

しかし、法律効果の発動根拠を、権利の観念ではなく、加害者の行為態様に基づいて肯定する立場を突き詰めれば、権利概念の否定へ至り、個人の尊厳が封殺される点は留意されなければならない。このことは、当時の全体主義思想が明瞭に示している。例えば末川は、次のように述べる。「新な世界観として全體主義的國家觀といふべきが支配的となり、個人（個體）を包容し個人に先んじしかも個人のうちにも生きる『全體』の立場が強調され」[181]、「個人は原子論的に孤立した自立的のものではなくて、常に全體の目的の爲めに生き全體の運命をになひつつ互に協調し協同する部分的のものとなつてゐる」のであって、ゆえに「ひたすら抽象的に權利一般に關して論を進める如きは許されぬと考へるのであ」り、「法は人の共同生活を秩序づける爲めに人の行動（容態）を規律する」[182]。

---

178) もちろん、我妻も詐欺の要件として故意を求める（我妻・前掲注173・434-435頁）。
179) この問題について、前述234-236頁。
180) 責任から独立した故意を認めるヴェルツェルの理解によれば責任無能力者の故意も認められる。この点について、Hans Welzel, Studien zum System des Strafrechts, ZStW 58 (1939), S. 504 を参照。
181) 末川博「權利理論における歴史性——法の基本問題に關する考へ方（その一）・權利理論構成への一省察（上）」民商法雑誌19巻4号（1944年）9頁。
182) 末川博「權利と法規との關係——法の基本問題に關する考へ方（その二）・權利理論構成への一省察（下）」民商法雑誌19巻5号（1944年）3頁。末川が述べる全体主義思想について、末川によれば「『公益は私益に優先する』といふ如きはこれを端的に表明する」（末川博「權利理論における歴史性——法の基本問題に關する考へ方（その一）・權利理論構成への一省察（上）」民商法雑誌19巻4号（1944年）9-10頁）。末川の理解におけるナチス思想の影響は明白である。「公益は私益に優先する」という標語について、前述

法が「人の行動（容態）を規律する」、つまり人の行動のみが法に反し得るのであり、これは「侵害行爲の態容を理由として違法性を定む」ることへ帰着し、結局、故意の違法要素化を意味する[183]。かかる法律観における法の目的は社会秩序の維持および社会秩序違反の行為に対する制裁であって、決して法益の保護ではない[184]。このような法律観が支配する限り、96条1項は被欺罔者の保護として機能せず[185]、違法根拠の自由意思を法益として肯定する余地

142-143頁を参照。

[183] 例えば、行為無価値論を展開するヴェルツェルによれば、「刑法の対象は、第一義的に、消極的な結果の惹起へ向けられた目的的（目的活動的）行爲であ」り、「その目的性という要素が刑法的不法に属」し、ゆえに「目的的目的活動性（finaler Zwecktätigkeit）の要素たる故意が不法構成要件に属するのである」（Welzel, a. a. O. (Fn. 180), S. 518 f.）。ヴェルツェルの違法論とナチス思想の関連性について、瀧川春雄「自由主義刑法の山脈と世界觀」平場安治（編）『瀧川先生還暦記念　現代刑法學の課題　上』（1955年）377-378頁、内藤謙「目的的行爲論の法思想史的考察（一）」刑法雑誌9巻1号（1958年）14頁および35頁を参照。

[184] 例えば、行為無価値論を展開するヴェルツェルによれば、「刑法の第一義的任務は、現実の法益保護ではなく、各個人の保護でもなければ、その個人の所有権等の保護でもない」のであり、「刑法の任務は根源的で社会倫理的な心情（行為）価値の保護である」（Hans Welzel, Das deutsche Strafrecht, 6. Aufl., 1958, S. 2-4）。
　確かに、「社會の秩序なるものは元々個人の爲に維持されるものと考へることもでき、従て法律といふものが本來社會本位に定めらるべきであるといふ論も、いやそれは個人本位に定めらるべきであるといふ論も、雙方とも一應の理由が立つ」（中島弘道「民法に於ける個人主義と全體主義」法学志林41巻5号（1939年）13頁）。しかし、逆の発想、つまり個人の利益の保護が社会全体の利益に資する、という発想は語られない。全体主義の法思想によれば、あくまでも「法は第一次的に社會全體の維持と発展とを目的としてゐる」（石田文次郎「債權契約の新基調」小野清一郎（編）『牧野教授還暦祝賀　法理論集』（1938年）462頁）。

[185] 個人的法益より非利己的な公益が優先された背景として、当時の経済統制も挙げられるであろう（川島武宜「統制經濟における法と倫理」經濟統制法年報1巻1輯（1942年）38頁を参照）。これは、96条の存在意義それ自体に関わる問題でもある。すなわち、「自由契約を主眼とすればこそ、意思表示に關する民法第九三條乃至九六條の意思欠缺に關する規定、並に契約の成立に關する詳細な法規を必要とするであらうが、規制契約に於いて錯誤並に詐欺に關する民法總則の規定は殆ど用を爲さぬであらう」（石田文次郎「契約理論の轉化」法学論叢43巻5号（1940年）51頁）。
　当時においては、「戦争中の経済法規というものを支持するのがいかにも進歩的なものであるかのような非常に強いイリュージョンを起こしていた。そのイリュージョンが起

も存在しないのである[186]。

　続く問題は、このような理解が戦前における一過性の内容であったのか、である。戦後において状況は変化したのであろうか。この点について、引き続き検討する。

---

[186]　る基礎には、人民の利益と法の結びつきが非常に薄弱であったという根拠はありました」（戒能通孝（発言）「第一　日本法学の回顧と展望」『日本の法学』（1956 年）160 頁を参照）。
　「わが國においてのみならず外國において個人に對立する協同體の地位が強調せらるることも、市民社會においてみとめられたやうな個人の自由の意思、個人が固有する自由、の否定を目的とするものであり、右のやうな『犠牲の倫理』の表現にほかならない」（川島・前掲注 185・37 頁）。
　もっとも、必ずしも法益の観点と結び付かない責任根拠の自由意思が認められていた可能性は否定できない。ドイツのナチス思想においても、責任根拠の自由意思は認められていた（この点について前述 144-145 頁）。ただし、責任根拠の自由意思が認められていた理由は、「個人の意思を認めることによつて最もよく個人の『責任』を促進することが出来る」からであり、「その範圍に於て『行動する個人の責任を要請する』からである」（我妻栄「ナチスの契約理論」福井勇二郎（編）『杉山教授還暦祝賀論文集』（1942 年）113 頁）。つまり、全体主義思想における責任根拠の自由意思の第一義的意義は、社会的利益の促進であって、契約の拘束力の根拠ではない。このことは当然に法律行為の解釈に影響を及ぼし、その基軸から当事者の意思は離れる。すなわち、「團體主義的思想に依ると、意思表示の解釋は、爲されたる意思表示に如何なる意味を盛ることが、意思表示を爲した四圍の事情に適應し、又取引の通念と一致するかと云ふ客觀的妥當な意味決定の問題となる。換言すると、意思表示の解釋は、個人の意思へ導かれずに社會的合理性へと導かれ」（石田・前掲注 184・469-470 頁）、「法律行爲の解釋は表示行爲が有すべき客觀的意義を決定することである以上、その決定に當つて誠實信義の原則又は條理が作用すべきことは寧ろ當然であ」り、「内心的効果意思は──錯誤等の場合に於て──法律行爲の効力の有無を左右することがあるだけで、法律行爲の内容に影響を及ぼすことは絶對にない」（我妻・前掲注 173・373 頁および 382 頁）。
　こうした意思表示の解釈的態度は、いわゆる表示主義を意味する。もちろん、表示主義も意思を否定するわけではないが、しかし「意思より優先する要素を認める」という点が（本書から見れば批判対象として）重要な意味を持つ。既に確認したように、サヴィニーも同じく表示主義の立場であり、被欺罔者の意思決定自由ではなく、詐欺の反良俗性を重視し、その違法性から詐欺を捉えたサヴィニーの詐欺論は、本書において検討した我妻の詐欺論と大筋において一致する（日本法思想とサヴィニーの歴史法学派の関係について、小野・前掲注 13・19 頁を参照）。こうした「意思より優先する要素」を認める立場は、その後においても見られ、そうした立場が 96 条において連結することによって表意者保護の観点は希薄化する。この点は後述する。

第 2 節　意思決定自由の要保護性

第 1 款　意思決定自由の地位

第 1 項　「社会本位の法律観」の理論化

(1) 新憲法における自由権

戦前における詐欺論は、意思決定自由という被侵害権利を軽視する時代感覚に依拠した解釈であった。しかし、戦後の新憲法は個人の尊重を唱え、自由の権利を明記している。問題は、最高法規における自由権の規定が、戦後における詐欺解釈に影響を与えたのかどうか、という点である。この点について検討する。

① 公共の福祉と公序良俗——我妻と牧野

人権は、人間の尊厳という理念を法的に表現した言葉である[187]。戦後の日本国憲法において基本的人権が規定され、日本は初めて本当の人権の思想を手に入れる機会を得た。そして、自由権も、憲法によって保障される基本的人権として規定された。憲法 13 条は次のように宣言する。

> 憲法 13 条：すべて国民は、個人として尊重される。生命、自由及び幸福追求に対する国民の権利については、公共の福祉に反しない限り、立法その他の国政の上で、最大の尊重を必要とする。

一方で自由権を肯定し、他方で公共の福祉という制約を付す同条に関して、その解釈は様々に在り得よう[188]。この点について、まずは戦前から影響力を

---

[187] 宮沢俊義「8　基本的人権」憲法問題研究会（編）『憲法読本　上』（1965 年）106 頁。

有した民法学者の理解を確認する。例えば、我妻栄は、新憲法における自由権が近代諸国家の憲法において認められている自由権に比肩し得る内容を持つことを認めつつ、しかし次のように述べる。「新憲法の『自由権的基本権』は、その性格において、第十九世紀の諸憲法のそれを一歩も出でないものであらうか。否、私はそこに、國家に先行する自然の權利を保障せんとする純粋に個人主義的な思想から蟬脱せんとする氣運を見出し得ると考へるものである」[189]。

我妻は、依然として自由主義より社会主義に賛同し[190]、公共の福祉から「國家協同體理念に推移せんとする氣運」[191] を読み取る[192]。つまり、戦前から説かれた立場は戦後においても維持されている。そして、このことは我妻に限られない。例えば、牧野英一は、公共の福祉と民法の関係について、次のように述べる。「憲法が公共の福祉というのを、民法について考えると、それは公の秩序善良の風俗ということになるのである」[193]。

既に確認したように、個人主義に対する批判から公序良俗に基づく法律観が展開され、これに伴い違法性評価の対象は権利侵害から行為態様へ移り、行為態様を示す故意が違法要素化され、その結果として個人的法益たる自由権の要保護性は極めて低く理解されたのであった。同様の発想が戦後の憲法13条においても語られているのであり、やはり詐欺が争われる局面において意思決定

---

188) 同条は個人主義と全体主義の調和を求めた規定として理解され（美濃部達吉『日本國憲法原論』（1948年）167頁）、あるいは同条における公共の福祉は基本的人権を補充する手段として理解される（戒能通孝『市民の自由——基本的人権と公共の福祉』（1951年）1頁）。

189) 我妻栄「基本的人権」国家学会雑誌60巻10号（1946年）281頁。

190) 我妻によれば、「自由主義的政治原理と社会主義的政治原理のいずれが人間の幸福にとって一層適切であるかは、主として人生観の問題のように思われる」という（我妻栄『法学概論』（1974年）84頁）。

191) 我妻・前掲注189・281-282頁。

192) 憲法13条は1776年のアメリカ独立宣言書に立脚した規定であって、同条における権利は天賦の権利を意味するから、我妻の理解は憲法起草者の見解と一致しない。このことは我妻も認めている（「新憲法の基本的人権の保障についての、私の右のやうな解釈は、立法者の意思に反して、協同體理念を強く導入するものであるかもしれない」（我妻・前掲注189・285頁））。

193) 牧野英一「公共の福祉と公序良俗」法律のひろば8巻7号（1955年）5頁。

自由が持つ意味は依然として僅かであったことが予想される。

② **自由と詐欺の関係——末川説の検討**

「意志の自由は人間の特権である。自由の體系の中では、それは法的自由の保障となつてあらわれる」[194]。その保障の一発露が憲法13条であるなら、詐欺取消制度における意思決定自由の意義も見直されて然るべきではないか。

かつて全体主義を強調した末川も、個人の自由の重要性を説き[195]、そして次のように述べる。「個人の自由の尊重がすなわち個人の意思の尊重だということは、やがて個人の意思の外部えの現われである意思表示と呼ばれる行爲の尊重ということになる」[196]。

憲法によって保障される自由が個人の意思表示における自由を意味するならば、かかる自由から意思決定の自由を除外する理由は存しない。そして、憲法が基本的人権として自由を保障する意義は、民法の法律行為制度を通じて私的生活関係においても各人の自由意思を尊重することに帰着する。この点を認める末川は[197]、さらに「基本的人権が新憲法において擴充されたことに關連して……（中略）……ここに新しい法律觀を確立しなければならぬ」旨を説く[198]。

問題は、この「新しい法律觀」の内容であり、これが詐欺解釈に如何なる影響を与えたか、という点である。この点に関する末川の理解は戦前から変化なく、例えば「權利侵害の代りに違法ということをとり入れて考えるのは、全體としての社會における評價を重んずることになっている」[199]、という。そして

---

[194] 尾高朝雄『自由の體系』（1950年）5頁。

[195] 「本來、自由なるものは、人の意思に關している。從つて私的生活關係で個人の自由を尊重するということは、お互に人の意思を尊重しあうという意味をもつているのであり、またそういふ自由を國家が保障するということは、個人がお互に意思を尊重しあうこと、從つてまたお互の意思の結合によつて私的生活關係を作り出すことに對して、公の立場から干渉せず、且つそうすることに對する障害を除去するという意味である」（末川博「基本的人權と民法」季刊法律學1号（1947年）103頁）。

[196] 末川・前掲注195・104頁。

[197] 「憲法上公の關係で自由が保障されている國民は、私的の關係でも、むろん、自由な個人として、それぞれ活動の單位をなしているのであつて、ここでも當然に個人として尊重される」（末川・前掲注195・98頁）。

[198] 末川・前掲注195・116頁。

末川は詐欺について次のように述べる。「人は一般にだまされない権利すなわち精神的に頭のなかでものを自由に考える権利を有しているというふうに考えて、そのだまされない権利の侵害があったのだと説明することもあった。しかし、そんなだまされない権利とか自由にものを考える権利とかいうような権利があるというのは、実におかしなこじつけである」[200]。

これを見る限り、詐欺の問題と自由権は依然として結び付けられていない[201]。これは、その結果として詐欺の違法性が個人の権利ないし法益ではなく、全体を意味する社会を通じて判断され、その帰結として行為者の態度が重視され、故意が違法評価の対象たり続ける結論を導く。

しかも、問題は、戦前の法律観(いわば社会本位の法律観)の維持・継承のみではない。戦時期の空白期間を経た日本の刑法学は、ドイツから目的的行為論および同理論と密接に関係する行為無価値論を導入した。行為の違法性を重視し、その反面として法益保護の観点を軽視する立場は法律観から法理論へ昇格(？)し、その影響力を一段と強めた。後述するように、このことは、民事詐欺の解釈と無関係ではない。この点について、引き続き検討する。

(2) 詐欺と行為無価値論
① 刑法学における行為無価値論

周知の如く、1950年に勃発した朝鮮戦争によって特需が発生し、これを契機として戦後の日本は飛躍的な発展を遂げたが、しかし経済成長は弊害をも生み出した。その典型は確かに消費者問題であるが、しかし当時の消費者問題は、例えばドライミルク事件やサリドマイド事件の如く、生命侵害あるいは身体侵害が問題の中心であって、詐欺が争われる事案類型は未だ顕著ではなかった[202]。

---

199) 末川博「不法行爲の違法と犯罪の違法」民商法雑誌28巻4号(1953年)203頁。
200) 末川博「不法行為法における倫理性」法律時報26巻1号(1954年)9頁。
201) この意味における日・独の相違の背景を指摘することは容易ではない。しかし、ドイツにおいては近代的な権利意識が浸透し、個人の主体性が確立した後にナチス思想が登場したのに対して、日本では権利本位という考え方それ自体が輸入に過ぎず、個人の主体性を確立し得る近代的な基盤・背景を欠いていた、という相違は考えられるかもしれない(この点について川島武宜(発言)『日本の法学』(1956年)163-164頁、川島武宜『近代社会と法』(1959年)142頁を参照)。

さらに、消費者問題へ至る原因として大量生産・大量消費が存在し、大量生産・大量消費を支える交通機関の発達あるいは産業・工業の発展に起因する交通事故あるいは公害問題も重大な問題であった。例えば自動車事故の件数は1950年代から上昇し[203]、自動車運転者に対する処罰感情が高まった結果、大抵の事案において過失の成立が認められていたのであるが[204]、ところが次第に日常生活における自動車交通の必要性が増大し、ここにいわゆる許された危険の法理が入り込む余地が生まれた。例えば、「自動車運転者の側にのみ過失を求めようとすれば、しまいには自動車を動けないものにしてしまいはしないか」[205]という疑問を提起する井上正治は、次のように述べる。「われわれの社会生活においては、ある種のばあい、なにほどかの危険をともなうことなくしては、その効果を期待しえない例が少くない。高速度交通機関の運転や危険なる工鉱業などの経営はその代表的なものであ」り、「かかる危険性は、社会的相当性を標準にして決定される。ここに関連して考察しなくてはならないのは、いわゆる『許された危険』(erlaubtes Risiko) の問題である」[206]。

こうした井上の理解が行為無価値論を展開したヴェルツェルの違法論と類似していることは、明白である[207]。そして、行為無価値論が必ずしも法益侵害

---

202) 事件の概要も含めて、及川昭伍「消費者問題の歴史と背景」同・北川善太郎(編)『消費者保護法の基礎(実用編)』(1977年) 1頁以下を参照。
203) 鉄道事故は戦前から既に問題視されていたものの(例えば、舟橋諄一「判例に現れたる鐵道及び電鐵交通事故——企業者の民事責任の立場よりみる」法政研究5巻2号(1935年) 89頁以下)、事件数それ自体は戦前と戦後(少なくとも1950年代まで)において大きな変化は見られない。この点について、戦後の自動車事故の問題も含めて、井上正治『過失犯の構造』(1958年) 1頁以下を参照。
204) 自動車運転者の落ち度が比較的容易に肯定された背景として次のことが指摘されている。「当時は現在ほど自動車の台数が多くなかった。道路は元来歩行者の通るところであり、自動車はたまにそこを例外的に通らしてもらうにすぎない、という昔ながらの観念がそのまま維持されていたから、道路上の危険を回避すべき義務は、もっぱら、道路交通にあとから割りこんでき、しかも一方的に危険をまき散らす自動車運転者のみの負担とされざるをえなかった」(西原春夫『交通事故と信頼の原則』(1980年) 4頁)。
205) 井上・前掲注203・4-5頁。
206) 井上・前掲注203・67頁。
207) ヴェルツェルは、次のように述べていた。法が法益侵害を全て客観的違法として禁じるなら、あらゆる社会的生活は直ちに停止せざるを得なくなるから、「社会的相当性(ま

と違法性を結び付けず、法益保護を制約する機能を持ち、こうした理解がドイツ民法の詐欺取消制度と結び付いた問題性は既に確認した[208]。これと同様の問題は、日本民法の詐欺取消制度においても生じ得る。

　もっとも、行為無価値論の妥当領域が高度に危険な行為に限定されていたならば、問題は少ない。ところが、戦後の日本の刑法学界はドイツから目的的行為論を導入し[209]、行為無価値論が原則化し始めた[210]。目的的行為論が導入さ

たは許された危険）を超え出る行為が初めて違法として考慮される」べきである（前述140頁）。井上とヴェルェルの関連性を示唆する文献として、例えば藤木英雄「第Ⅰ編　総論」同（編）『過失犯──新旧過失論争』（1975年）53頁以下を参照。

[208]　この点について、前述150-154頁を参照。

[209]　この点について、福田平「目的的行為論とはどんな理論か」法律のひろば8巻8号（1955年）7頁を参照。さらに、目的的行為論に関連する当時の文献として、例えば、平野龍一「故意について（一）（二）」法学協会雑誌67巻3号34頁以下・4号（1949年）63頁以下、平場安治『刑法における行為概念の研究』（1974年。初出は「刑法における行爲概念と行爲論の地位」植松正・木村亀二・団藤重光・平野龍一（編）『小野博士還暦記念　刑事法の理論と現實（一）刑法』33頁以下（1951年））39頁以下、木村亀二「「刑法における目的行爲論」──その意義と價値」季刊法律学14号（1953年）3頁以下、同「刑法雑筆（その一一）」法律時報25巻2号（1953年）70頁以下、井上正治「目的行爲論の体系上の地位──犯罪論の一つの体系」法政研究20巻2-4合併号（1953年）197頁以下、斎藤金作・西原春夫「目的的行爲論の一批判──Nowakowski, Zur Entwicklung der Strafrechtslehre in Deutschland nach 1945 (Juristische Blätter 76. Jahrg., Nr. 6-7, 1954）の紹介」早稲田法学13巻（1955年）245頁以下、内田文昭「H・ヴェルツェル『目的的行為論の領域に於ける刑法の現実的諸問題』Hans Welzel, Aktuelle Strafrechtsprobleme im Ramhen（ママ） der finalen Handlungslehre, 1953」法学会論集7巻2号（1956年）119頁以下、吉川経夫「目的的行為論は新しい刑法にどのような影響を及ぼすか──西ドイツの刑法改正資料から」法学志林54巻4号（1957年）129頁以下、井戸田侃「故意の地位──目的的行為論体系についての一考察」立命館法学20号（1957年）1頁以下、下村康正「ヴェルツェルの行爲論──所謂目的々行爲論」法学新報64巻4号（1957年）27頁以下、ハンス・ヴェルツェル（福田平・大塚仁　訳）『目的的行為論序説──刑法体系の新様相』（1962年）等が挙げられる。

[210]　例えば、福田平によれば、目的的行為論は以前から暗黙に認められていた行為無価値の考え方を整理・展開したに過ぎず、許された危険の法理も結果無価値から行為無価値へ移行する際の過渡的な理論として理解される、という（福田平「違法要素としての故意・過失──人的違法観の考察」神戸法学雑誌9巻1・2号（1959年）167頁、同「過失犯の構造について」司法研修所論集（1971-Ⅰ）36頁を参照）。

れた帰結として、責任要素から分離された故意は主観的違法要素として理解され、法益の侵害（＝結果無価値）は副次的意味しか有さず、むしろ法益侵害の方法（行為の種類あるいは主観的要素）が重視され[211]、違法性は当該行為が社会倫理的に耐え難い事柄として理解されたのである[212]。

例えば、いわゆる財産犯たる詐欺罪は個別財産に対する罪として理解されるが[213]、しかし社会秩序違反という観点を重視する最高裁判決も見られた。

最高裁判所1950年（昭25）7月4日（最高裁判所刑事判例集4巻1168頁）は統制法規の対象たる錦糸が騙取された事案において、次の理由に基づいて、詐欺罪の処罰を肯定した。すなわち、「かかる違法な手段による行為は社会の秩序をみだす危険があるからである。そして社会秩序をみだす点においては所謂闇取引の際に行われた欺罔手段でも通常の取引の場合と何等異るところはない」。

本判決の如く、社会秩序を乱す欺罔手段という要素も詐欺罪の適用の可否を決する判断基準として採用されるならば、その反面として詐欺罪において占める個人的法益の重要性は低減する[214]。これは社会的相当性ないし行為無価値論の帰結であって、詐欺罪の違法性について福田平は要約的に次のように述べる。「どの程度のかけひき、誇張が行われたら、『欺罔』といえるかは、結局のところ、社会的相当性を規準として判断する他はなく、ここでも、社会的相当性の思想が『欺罔』という構成要件要素の解釈に、規範的原理として働いているのである」[215]。

---

[211] 福田・前掲注209・8頁および10頁を参照。
[212] 木村・前掲注209・8頁を参照。
[213] 例えば、福田平「§246〔詐欺罪〕」団藤重光（編）『注釈刑法（6）各則（4）』（1966年）156頁を参照。
[214] 前述の裁判例と詐欺罪の関係について、福田・前掲注213・166頁も参照。
[215] 福田平「社会的相当性」団藤重光（編）『刑法講座　第2巻』（1963年）124頁。同「詐欺罪の問題点」団藤重光（編）『刑法講座　第6巻』（1964年）90頁の注1も参照。

② 民法学における行為無価値論

詐欺罪において妥当する違法論によれば、社会的相当性の名において、個人的法益は軽視される。このことを刑法学者は、行為無価値論の立場から、次のように理解する。「われわれの日常生活において、商人が商品を売買するばあいに、多少のかけひきが行なわれ、また商品の広告宣伝に多少の誇張が伴うものであることは、一般経験的にみとめられ、ある程度、当然のこととして是認され」[216]、「粗悪品を優良品のごとく装つて売りつける行為もいずれも人を欺罔して財物（対価）を交付せしめる欺罔行為である。ただそれが具体的に社会的に相当な行為と認められる場合には違法性を阻却することになる」[217]。

こうした理解は戦前において民事詐欺に妥当した違法論と何ら異ならず、民法学者も承認する。例えば我妻栄は次のように述べる。「社会生活においては、ある程度まで、他人の不知や錯誤を利用することも許容するべきであ」り、「例えば、二等米を一等米だと告げ、粗悪な品を堅牢な品だと告げることも欺罔行為となりうる。しかし、多くの場合、違法性を欠くために、詐欺とならない」[218]。

我妻が詐欺の成否を決する基準として挙げる「多少」・「ある程度」・「信義」等の要素の実質は不明確であるが、しかし詐欺に対する寛容な態度は学説のみならず、裁判例からも窺われる。

長崎地方裁判所 1957 年（昭 32）2 月 16 日（判時 115 号 14 頁）[219] は、他人が所有する立木を自己の立木として売却した被告等に対し、原告が詐欺に基

---

[216] 福田・前掲注 215・124 頁。同・前掲注 215・90 頁の注 1 も参照。
[217] 藤木英雄「社会的相当行為雑考」警察研究 28 巻 1 号（1957 年）54 頁。
[218] 我妻栄『新訂　民法総則』（1965 年）309－310 頁。
[219] 96 条 1 項の詐欺の成否が争われた戦後の裁判例として、本件の以前に金沢地方裁判所 1951 年（昭 26）1 月 31 日（下民集 2 巻 1 号 105 頁）、新潟地方裁判所長岡支部 1951 年（昭 26）11 月 19 日（下民集 2 巻 1330 頁）および東京高等裁判所 1952 年（昭 27）7 月 22 日（判タ 28 号 55 頁）が存在するものの、金沢地判は認知に関係し、新潟地判は離婚に伴う財産分与に関係し、東京高判は相続放棄の申述に関係し、いずれも財産法に関係しない（なお、大阪地判 1955 年（昭 30）9 月 30 日（判時 66 号 26 頁）および大阪高判 1957 年（昭 32）2 月 11 日（判時 121 号 17 頁）も 96 条 1 項の詐欺に関連するが、しかし商法 189 条の関係において同条項の適用それ自体が否定された事案であり、前者は後者の原審である）。

づく取消権を主張した事案において、次のように述べた。「被告等に、少なくとも、客観的行為としての欺罔行為があつたことは、之を認めざるを得ない」が、しかし「原告等の右契約締結に関する意思表示は、詐欺による意思表示であると言ふことは出来ないと言はなければならない。何となれば、詐欺による意思表示が成立するためには、相手方に欺罔行為があり、之によつて、表意者が、錯誤に陥り、その意思表示を為したと言ふだけでは足りないのであつて、その外に、更に、相手方に詐欺の故意のあること、及びその欺罔行為に違法性のあることの二要件の存在することを必要とするところ」、「被告等に故意のあつたことは、之を認めるに足りる証拠がない」し、「他人の物の売買は、適法且有効であつて」、「その行為には、違法性がない」からである（なお、本件においては詐欺不法行為に基づく損害賠償も請求されていたが、しかし否定されている）。

　裁判所は、一方で被欺罔者の意思決定自由の侵害（＝「前記売買契約を締結するに際し、被告等に、前記の点に於て、欺罔行為があり、之によつて、原告等が、前記の通り誤信し、右売買契約を締結するに至つたこと」）を認定しつつ、しかし他方で故意の不存在を理由として詐欺の成立を否定する。裁判所の説示だけから行為無価値論の影響を看取することは難しいが[220]、しかし結果的に被欺罔者の意思決定自由よりも加害者の行為自由が優先していることは明白である。

　ところで、既に確認したように、ドイツにおいては民法学者のニッパーダイが目的的行為論を民法学へ導入し、その影響によってドイツ民法の詐欺取消制度においても意思決定自由の保護の観点は後退し、結果として欺罔者の行為自由を優先させる解釈が見られた。そして、日本民法の詐欺の問題においてもヴェルツェルの影響が見られるのであり、例えば本吉邦夫はヴェルツェルの理論

---

[220] 裁判所の説示によれば、故意と違法性の要件が区別されているように見えるが、しかし本件における違法性は他人物売買の適法性を確認する意味しか持たず、つまり本件の裁判所が言う違法性の要件は阻却事由の不存在を意味するに過ぎないのであって、それゆえ違法性を満たし得る要素は故意の他は存在せず、ゆえに本件の裁判所においても故意が主たる違法要素として理解されていることが窺われる。本件の裁判所の理解は、行為無価値論そのものである。

に基づいて[221]、過失の詐欺が認められるべきではない理由について、次のように述べる。「騙しに掛っている行為は正常な取引とはいえず社会的に容認できず刑罰を課さるべきものであるが、被害者の立場と同時に行為者の立場を総合的に較量し、取引の円滑活発な進行による社会的利益を考慮に入れるとき、行為者自身瑕疵を知らない場合はあくまで取引関係であり、一般的には違法性が低く刑罰を課されないと同時に、個人の活動の自由を過度に制限しないことをも目的の一つとする不法行為法の分野に入ってこず、取引法上の責任しか負わないとすべきではなかろうか」[222]。

既に確認したように、ヴェルツェルが唱える行為無価値論によれば違法性の基準は社会的相当性に求められ、被害者の法益と対置される要因として社会的利益が持ち出される。そして、やはり本吉も社会的利益を考慮すべき旨を説く。この理解によれば、個人的な法益に基づく被欺罔者が加害者と対等な保護を受け得ないことは当然の帰結であり、被欺罔者は相手方の過失行為から由来するリスクを負担しなければならないのである。

裁判官たる本吉[223]の理解が当時の法曹界において一定程度において共有され得た内容であったならば、前述の長崎地判において「行為無価値」という文言が用いられなかったとしても、同様の発想を有していた可能性は十分に考えられる[224]。少なくとも、その説示から読み取れる内容は、行為無価値論そのものである[225]。

---

221) 「今日刑法学では故意は違法性の要素であるとする考え方がヴェルツェル主唱の下に有力になっている。行為の違法性には、それが法益侵害を惹起したことだけでなく、侵害惹起の過程が社会倫理的・道義的見地からみて常規を逸脱し受忍しえないものであることを要する」(本吉邦夫「詐欺」林良平・中務俊昌(編)『判例・不法行為』(1966年) 34頁)。

222) 本吉・前掲注221・34-35頁。取引上の責任として、本吉は例えば債務不履行や瑕疵担保責任を挙げる。

223) この当時の本吉の肩書は、東京地方裁判所判事補である。

224) 「暗黙のうちに、おそらくドイツ法での構造が脳中にあって、故意のみ罰せられているときは不法行為となるのも故意行為に限られることが承認されているといってよいであろう」(本吉・前掲注221・35頁)。

225) 既に指摘した点に加えて、行為無価値論によれば故意の違法性と過失の違法性は異なるのであって、そして前述の裁判例においても過失の欺罔行為は認められながら(「被告

以上を要するに、学説および判例において行為無価値の発想が詐欺の解釈に関しても支配的であったのであり、違法根拠の自由意思が十分な保護を受け得る解釈は戦後においても展開されていなかったのである。

第2項　自由意思の制限

(1) 私的自治を実現する契機

① 責任の制限

　故意を違法要素として捉え、これを重視すれば、その反面として法益侵害の側面は軽視され、したがって違法根拠の自由意思という要素も希薄化する。違法根拠の自由意思が軽視されれば、契約を維持する方向へ傾き、その結果として契約を維持する根拠として自己責任が持ち出され、この意味の自由意思として責任根拠の自由意思が強調される[226]。

　ところで、既に確認したように、ドイツにおいては、1960年代前後から労働問題や消費者問題を通じて意思決定自由の意義が認識され[227]、ドイツ民法123条1項の規範目的が再確認された[228]。これに加えて、契約締結上の過失の法理に関連する議論も意思決定自由の法益性を向上させる要因として考えられたのであった[229]。

　　等は、過失によつて、前記権利が被告等にあるものの様に振舞つたものと認められるから、被告等の前記欺罔行為は、過失によるそれであると言はなければならない」)、故意の不存在を理由として詐欺の成立が否定されていたのである（これに対して、権利侵害を違法性として見る結果無価値論によれば、もちろん故意の違法性と過失の違法性に差異は生じない）。

[226] 「たとえ他人の欺罔行為によって錯誤におちいったとしても、表意者はなお意思表示の決定の自由を保持し、自己の自由な判断によって意思表示をしたわけであり、時としては相手方の欺罔行為を見破ることのできる場合もあるかも知れない」(石本雅男『民法総則』（1962年）243頁)。ここで石本が語る決定の自由は、錯誤に基づいた誤れる意思表示の決定の自由を意味する。しかし、96条1項は、相手方によって誤った意思表示を為さしめられた者を保護する規定なのであるから、石本において違法根拠の自由意思が軽視されていることは明白である。さらに、「相手方の欺罔行為を見破ること」が被欺罔者の負担として理解されているなら、これは責任根拠の自由意思の強調として理解できる。

[227]　フルーメが理性に対する意思の重視を指摘した点について、前述156-157頁を参照。
[228]　ヴォルフが違法性の根拠を意思決定自由の侵害に求めた点について、前述158頁を参照。
[229]　このことが債務法の改正へ結実した経緯について、前述162-165頁を参照。

日本においても 1960 年代から労働問題や消費者問題を通じて従来の私的自治の理解に対する反省が生じ、これに関連して自由意思についても語られる契機が生じた。しかし、そこで語られた自由意思は自己決定の保護ではなく、自己決定の制限という観点から説かれた自由意思であって、つまり違法根拠の自由意思が顧慮されていたわけではなかった。例えば、白羽祐三によれば、資本構造における階級対立が不自由の意識を呼び起こし、「それを克服する運動を通じて、契約の自由に対する法的な『制限』が登場する」[230]のであり、例えば売買に関しては、経済・社会を支配する私的独占企業・国家独占事業が契約の自由を奪い、ゆえに「ここに契約の自由に対する『制限』すなわち契約関係への国家的干渉・立法的規制がおこなわれる」[231]、という。

　もちろん、白羽にとって契約の自由は私的自治の原則の発現であり、ゆえに自由な意思を通じて実現される[232]。白羽は、経済的強者の自由を制限することによって、経済的弱者の不自由が克服される過程を説いている。すなわち、消費者の保護を図る方法として、責任根拠の自由意思の制限が語られている[233]。

② 自由意思の地位

　自由を制限することによって合理的な契約内容を実現させる、という発想は他の論者においても見られた。例えば、「契約に対する種々の国家的規制を、私的自治によってバック・アップし、これを合理的なものにする努力がなされうるのではないか」という星野英一の指摘は[234]、本来的に私的自治の根源的

---

230) 白羽祐三「契約の自由——現代社会における契約の自由の意義（はたして自由があるか）、その機能」契約法大系刊行委員会（編）『契約法大系Ⅰ（契約総論）』（1962 年）6 頁。
231) 白羽・前掲注 230・10 頁。
232) 「契約による諸関係は、人の自由意思の所産であるということを指して、契約の自由とよぶ。換言すれば、それは、われわれの社会生活がわれわれの意思のみによって形成され、決定されるということの一つの表現である（個人意思自治の原則・私的自治の原則の発現）」（白羽・前掲注 230・1 頁）。
233) 「労働者や消費者にとって、契約の自由がなく、契約不自由の実態があり、その実態に着目したうえで、形式的な契約自由の原則をいかに制限するかという問題こそが課題とされてい」た（川井健「憲法における人権保障規定の私法的効力」判例時報 724 号（1974 年）13 頁）。
234) 星野英一「Ⅵ　現代における契約」『岩波講座　現代法 8』（1966 年）265 頁。

要素として考えられる責任根拠の自由意思を制限して、そのことによって「合理的な内容」を確保し、契約それ自体を存続させる趣旨であろう。

　責任根拠の自由意思を制限する考え方それ自体は不当ではない。例えば、制限行為能力制度は責任根拠の自由意思を制限することによって、特定の行為者の保護を図る。しかし、制限行為能力における自由の制限は契約の拘束力を弱める意味を持つのに対して、白羽・星野の議論における自由の制限は契約の拘束力を弱めず、むしろ契約の存続が前提である[235]。問題は、契約の存続を理由づける発想である。

　星野によれば、「それは、私的自治の否定のように見えるが、まさにより大きい意味において私的自治の肯定であり、その出発点である、市民の自己規制の原理に立ち戻ったにすぎない」という[236]。これが「私的自治を制限する法的規制は主権者たる国民の意思が根拠であり、国民の意思が『大きい意味において私的自治』の発露を意味するから、責任根拠の自由意思を制限することは私的自治を否定しない」、という趣旨であるならば、これは個々の私的自治が全体の総意に服することを意味し、ここに「普遍が個よりも『高貴であり高度である』」という主知主義[237]的な発想が見られるのである。

　主知主義と詐欺解釈については既に述べたように、例えばサヴィニーとボワソナードの理解によれば詐欺取消制度においては欺罔者の行為の違法性や不誠実が強調され[238]、その規範目的は制裁的意味を有した。星野も「『意思』から『理性』へ」を説き、詐欺取消制度の趣旨について次のように述べる。「詐欺や強迫の場合は、詐欺者・強迫者の反倫理的・反社会的行為に対する制裁の要素

---

235) 加えて、想定されている事例の相違も無視できない。例えば、約款が付された保険契約や不公平な約定が規定された労働契約は問題を抱える契約内容ではあるが、しかし消費者あるいは労働者にとって決して不要な契約ではなく、契約の締結それ自体は必要であり、かつ望まれている。ゆえに、締結された契約の全部を否定するのではなく、むしろ契約自由の原則を制限することによって一部の効力を否定する必要性が存在し、ゆえに、この必要性を正当化する考え方、つまり責任根拠の自由意思を制限する解釈も生まれるのであろう（もちろん、これが正しい解決の仕方であるか否か、は別の問題ではあるが）。
236) 星野・前掲注234・266頁。
237) 前述57頁の注86を参照。
238) 前述84-86頁および211-214頁を参照。

があるがゆえにその契約の効力の否定が認められる」[239]。すなわち、責任根拠の自由意思を制限する理解は96条1項の規範目的に対する理解にも関係し、一方で意思決定自由の保護という観点から離れ、他方で制裁的要素を重視する傾向を持つのである。

ところで、星野によれば、「自由と一口にいって、種々の内容を含み、時には、これらが抵触し、一方を捨てて他を採らなければならないことが起る。このさい、自由にも、価値の序列が存するというべきであろう。そして、いかなる場合にも保護されるべき、思想の自由、人身の自由こそ重要であるが、経済活動の自由は、仮にこれを認めるとしても、序列が低いことは否定できないのではないだろうか」[240]。

ここでは、一見すると、精神的自由の優位が説かれている。ならば、被欺罔者の意思決定自由と欺罔者の行動の自由（これは経済活動の自由に属する）が相互の対立する利益として理解されている詐欺取消制度においても、前者が優先するのであろうか。この点について、引き続き検討する。

(2) 自由の序列――三菱樹脂事件
① 裁判所の理解

詐欺が争われた最も有名な民事事件として、三菱樹脂事件（一審は東京地判1967年（昭42）7月17日（判時498号66頁）、原審は東京高判1968年（昭43）6月12日（判時523号19頁）、上告審は最大判1973年（昭48）12月12日（判時724号18頁））が挙げられる。同事件は、これから検討するように、単に憲法学的問題としてのみならず、自由の序列における意思決定自由の地位を推し量り得る事案としても、注目に値する。

　　三菱樹脂事件は、被告会社（三菱樹脂株式会社）の入社試験に際して学生運動に関する経歴を秘匿し、さらに虚偽の事実を申告した原告が試用期間経過後の本採用を拒否され、これに対して原告が雇傭契約の成立を求めた事案

---

[239] 星野英一「契約思想・契約法の歴史と比較法」『岩波講座　基本法学4――契約』（1983年）33頁および49-50頁、同・前掲注92・11頁も参照。

[240] 星野・前掲注234・264頁。

である。詐欺に基づく契約の解消を求めた被告会社に対して、原審は憲法14条および19条に基づいて解雇の無効を認め、次のように述べた。「秘匿し、虚偽の申告をしたと主張する事実が第一審原告の政治的思想、信条に関係のある事実であることは明らかであるから、これを入社試験の際秘匿することは許されるべきであり、従って、これを秘匿し、虚偽の申告をしたからといって、詐欺にも該当しない」[241]。

既に確認したように、ドイツにおいても雇用契約の締結に際して、被用者が虚偽の事実を告げ、これに対して使用者が詐欺に基づく同契約の解消を争う事例が存在し、許されない質問に対する欺罔が正当化され得る旨を説く裁判例も存在した[242]。ただし、詐欺が許容される理論的根拠は必ずしも明確ではなく、この点に関しては三菱樹脂事件の原審も同様である。しかし、いずれも共通する点は、被用者の要保護性が優先し、詐欺の成立が否定された点である。

ところが、最高裁は、原審の判断に反して憲法の私人間適用を原則として否定し、次のように述べて、本件を差し戻した。

---

[241] この原審の前に、同種の事例として東京地方裁判所1967年（昭42）4月24日（判時482号35頁）が存在していた。幹部要員として被告会社（富士通信機製造株式会社）へ入社した際に共産党員の事実を秘匿した原告が後に被告会社から懲戒解雇の通知を受け、これに対して原告が解雇の無効を求めた事例において、懲戒解雇のみならず、原告の詐欺を理由とする雇用契約の解消をも主張する被告会社に対して、同裁判所は次のように述べた。「政党又は大学内外の諸団体加入の有無及びその活動状況もしくは社会運動に対する関心の程度の如きは労働者の性向の判断に全く関連がないわけではないが、少くとも会社のように物品の製造、販売を目的とする企業の場合には、使用者と労働者との間の労働関係が本来政治的、文化的色彩を帯有するものではなく、その意味で必ずしも全人格的接触を不可欠の条件とはしない以上、大学卒業の幹部要員についてもその性向判断のため、さして重要な事項とはいい難いのであ」り、原告の「経歴詐称をもって懲戒事由とする根拠は乏し」く、さらに「日本国民がその思想、信条を表明することもまた、これを秘匿することも、その自由として憲法一四条、一九条の保障するところであり、この理は国家と国民との間のみならず、国民相互の間にも妥当すると解され、かつ本件においては右自由の制限を許容すべき特別の事情があるとも認め難いから、原告が右契約においてなした政治的思想、信条に関する欺罔行為は違法性がないものというべきである」。

[242] この点について、前述150頁の注117を参照。

「私人間の関係においても、相互の社会的力関係の相違から、一方が他方に優越し、事実上後者が前者の意思に服従せざるをえない場合があり」、さらに「憲法は、思想、信条の自由や法の下の平等を保障すると同時に、他方、二二条、二九条等において、財産権の行使、営業その他広く経済活動の自由をも基本的人権として保障している。それゆえ、企業者は、かような経済活動の一環としてする契約締結の自由を有し、自己の営業のために労働者を雇傭するにあたり、いかなる者を雇い入れるか、いかなる条件でこれを雇うかについて、法律その他による特別の制限がない限り、原則として自由にこれを決定することができる」。

最高裁の説示が自由の序列を認めている点は明白である。そして最高裁は、被用者の思想・信条の自由と使用者の経済的自由を対置せしめ、後者の優越を認めたのである。問題は、こうした序列において意思決定自由が置かれるべき位置である。

② 経済的自由の優越

本判決は、企業者の雇用の自由が認められるべき理由を次のように説明している。「企業者において、その雇傭する労働者が当該企業の中でその円滑な運営の妨げとなるような行動、態度に出るおそれのある者でないかどうかに大きな関心を抱き、そのために採否決定に先立ってその者の性向、思想等の調査を行なうことは……（中略）……企業活動としての合理性を欠くものということはできない」。

すなわち、裁判所が認める経済的自由の背景に企業秩序が存在し、企業秩序違反の可能性（「当該企業の中でその円滑な運営の妨げとなるような行動、態度に出るおそれのある者」）と経済的自由とが結び付けられることで、その要保護性が認められ、その反面として思想・信条の自由に対する侵害も正当化される。このことから、経済的自由の前提を成す企業秩序が個人の精神的自由より優先していることが理解される[243]。

---

243) 本来ならば、「企業秩序をみだしたとかみださぬとかいうことは、労働契約によつて労

学説においても、例えば最高裁判決を支持する花見忠は、一方で企業の私的自治を否定した原審の判断に関しては国家と私人を区別しない考え方として批判し、個人の思想・信条の自由に関しては「『社会秩序と個人の自由をいかに両立させるか』」という観点に基づいて原審の判断を「ウソをつく権利を公然と認めるというこれまた非常識な結論」として批判する[244]。すなわち、花見の理解によれば、事業者の自由は貫徹され、これに反して被用者の個人的権利は「社会秩序」と比較考量される。個人的法益が置かれる一方の天秤に対して、他方の天秤に各個人を統合する社会秩序が置かれれば、その衡量の帰結は既に明白であろう。

　精神的自由に対する経済的自由の優越は、我妻栄の意見書においても見出される[245]。既に確認したように、我妻は96条の詐欺に関して、「社会生活上、多少の欺罔行為は、放任されるべき」であり、「例えば、二等米を一等米だと告げ、粗悪な品を堅牢な品だと告げることも欺罔行為となりうる。しかし、多くの場合、違法性を欠くために、詐欺とならない」という理解を示していた[246]。ところが、我妻は本件の意見書において三菱樹脂の側に与し、次のように述べる。一方で「資本主義経済社会においては、企業もまた、社員、従業員の思想・信条に統一を求め、その能率を高めて経済的競争場裡に活動する自由を保有すべき」であり、他方で「陳述してもそれを理由とすることができないものなら、黙秘しても、偽りを陳述しても支障はない、というのはあまりにも硬直な理論である。黙秘すること、欺くことは、人間としての信義の裏切り

働関係が成立したのちの労働者の債務履行の態度にかかわるものである」（後藤清「労働契約の成立」石井照久・有泉亨（編）『労働法大系　5　労働契約・就業規則』（1963年）9頁)。

244)　花見忠「思想の自由と雇用関係」ジュリスト553号（1974年）63頁。ドイツのラーレンツも、妊娠に関する使用者の質問に対して被用者が虚偽の回答を示した事件において、使用者の質問に対して沈黙によって答えることが当該質問内容の実質的な肯定を意味し、被用者の保護にとって十分ではないとしても、嘘をつく権利を認めるべきではない旨を指摘していた（前述151頁の注118を参照）。

245)　我妻意見書が本判決に与えた影響について、例えば本多淳亮「試用労働関係と思想・信条の自由」労働法律旬報851号（1974年）46頁を参照。

246)　この点について前述258頁を参照。

である」247)。

つまり、我妻によれば、個人に対する欺罔行為は放任され得ても、企業に対する欺罔行為は許されないのであるから、やはり企業の経済的自由は個人の意思決定自由に優先する。このような事業者の優越が我妻の協同体理論の帰結であるか否か、は必ずしも明確ではない248)。しかし少なくとも、意思決定自由の要保護性を低く理解する点に関する限り、我妻の立場は戦前から一貫している249)。

第2款　法律行為法の可能性

第1項　学説の展開と事案の変化

(1) 学説の展開

① 法律行為法における主観化

行為無価値論が説く違法論と戦前から日本において展開されていた違法論は実質的に同一の内容を備え、それによれば違法性の判断基準は社会的相当性ないし社会的妥当性に求められた。問題は、その帰結であった。違法性の判断基準が「社会的」要素に置かれることによって、その反面として個人的権利ないし法益は軽視され、むしろ社会秩序における加害者の態度が重要な意味を持ち、こうして違法性の評価の対象の主観化が導かれたのである。この理解に依拠す

---

247) 我妻栄「意見書」労働判例189号（1974年）29頁。
248) 既に確認したように、我妻は憲法の起草者の理解に反して憲法に協同体理論を読み込んでいた。前述252頁および同頁の注192を参照。
249) 戦前における我妻の理解について、前述245-246頁を参照。あるいは我妻は、事業者の意思決定自由を重視しているのであろうか。これは否定されるであろう。我妻はサヴィニーの理解する法人擬制説を否定するから、法人の自由意思を認める余地は残されるであろうが（サヴィニーは法人の自由意思を認めない）、しかし他方で我妻は個人意思に擬した団体意思から法人を理解する有機体説をも批判し、むしろ法人の本質を社会的価値の観点から捉え、その実体を社会学・経済学から考察すべき旨を説くのであり（我妻・前掲注218・122頁以下）、ここでは意思決定自由を事業者の法益として理解する余地は乏しく、そもそも我妻は意見書において事業者側の利益について明確に「経済的競争場裡に活動する自由」という表現を用いている。

れば、民事詐欺の問題において被害者の意思決定自由は軽視され、むしろ欺罔者の故意が違法根拠として正当化され、その反射的作用として過失のリスクは被欺罔者へ転嫁されるのであった。

　確かに、労働問題や消費者問題から経済的弱者を保護する契機も生まれた。しかし、既に確認したように、そこで志向された保護の在り方は責任根拠の自由意思の制限であり、これは表意者の自由意思の保護を意味したわけではなかった。

　以上の経緯は、いわば被害者ないし表意者の不在の議論であった[250]。これに対して次第に反動が生じ始めたことは理由のあることである。例えば、意思主義の復権論は、その一例であろう。意思主義の復権が意味する内容は論者によって異なり得るものの、その共通目標は人間性の回復ないし尊重である[251]。例えば、高橋三知雄は、1960年代以降のドイツにおける私的自治論、とりわけ私的自治の保障を基本法から導き出すことによって個人の尊厳や人格の自由を強調するフルーメやヴォルフの見解を援用し[252]、次のように述べる。「契約当事者の力関係の不均衡から生ずる契約自由の形骸化の現象や大量取引から生起する種々の問題を克服しなければならないことは、わが国のみならずドイツでも同様である。しかしながら、わが国では、強行法によって契約自由を否定し、私的自治の価値を否定することによって問題を処理しようとするのが大勢である」[253] が、しかし「人間の尊厳、個人人格の自由な発展のためには、国家や第三者に干渉されることなく私的法律関係を形成する自由が保障されなければならない。西ドイツにおける最近の私的自治論は、それを主張しているのではなかろうか」[254]。

---

250)　特に行為無価値論については「行為不法論は被害者の立場ではなくして加害者の立場である、という批判がある」(四宮和夫『不法行為法』(1985年) 280頁。四宮自身は行為無価値論を支持する)。
251)　本書において取り上げる以外の論者の見解も含めて、安井宏「最近のいわゆる『意思主義復権論』について」修道法学8巻1号 (1985年) 169頁以下、同「《意思主義の復権》という比喩は、どのように理解し評価すればよいか」椿寿夫 (編)『講座・現代契約と現代債権の展望　第4巻　代理・約款・契約の基礎的課題』(1994年) 305頁以下を参照。
252)　フルーメとヴォルフの見解について、前述156-159頁を参照。
253)　高橋三知雄「私的自治・法律行為論序説 (一)」法学論集24巻3号 (1974年) 138頁。

高橋の理解は、自由の保障によって人間の尊厳の確保を求める点において、責任根拠の自由の制限を説く従来の理解と一線を画する。さらに高橋は、特にヴォルフの見解の紹介として（これを完全に支持するわけではないものの）、法律行為法における意思決定自由の重要性を強調する点に賛意を示している[255]。

ただし、この意味の自由が違法根拠の自由意思を意味するか否か、あるいは詐欺取消制度の関係において如何なる意味を持つのか、という点に関する高橋の見解は必ずしも明確ではない。

② 権利論の再生

詐欺と自由に関しては、違法論の問題も含めて、当時の権利論が重要である。例えば、原島重義は、まず目的的行為論に基づく行為無価値の判断が権利保護の可能性を制約している点を疑問視し、そして自由が権利の出発点である旨を述べ、欺罔者の態度から違法性が判断されることで被欺罔者の自由が顧慮されない我妻の相関関係説に対して異を唱える[256]。

高橋と同様に意思の重要性を説く原島にとって[257]、個人的権利ないし法益を軽視する違法論が批判の対象たり得ることは、当然の帰結である。こうした理解は、違法性の判断基準として社会的相当性を持ち出す見解に反対し、むしろ個人の意思ないし権利（主観的権利）に立ち返る意味において、いわば「主観化」として理解され得る。

ところで、原島が批判する目的的行為論は、行為者の意思を基点として構成される行為論であり、その帰結として行為者の故意が重要な意味を持ち、これ

---

254) 高橋・前掲注253・128頁。
255) 高橋三知雄「ヴォルフ『法律行為における決定の自由と契約による利益調整 (1)・(2・完)』」法学論集21巻3号・4号 (1972年) 155頁以下・104頁以下を参照。
256) 原島・前掲注151・60頁および76頁。
257) 原島の関心は「法律行為ないし契約規定の性格論を介して古典理論へ立ち返り、あらためて法律行為ないし契約概念の再構成を試みている事実、にある」のであり、原島が理解する古典理論によれば「私法上の法律関係は、自由な人格の意思力（Willensmacht）の流出の結果、形成されるものでなければならない」（原島重義「民法理論の古典的体系とその限界——ひとつの覚え書き」黒木三郎他（編）『近代法と現代法』（1973年）123頁および162頁）。

が違法の対象として捉えられ、違法評価の主観化を招いたのであった。目的的行為論は、行為者ないし表意者の意思を重視する点において、意思主義の復権と同じ方向性を示しているように見える。実際に、例えば、不法行為法において目的的行為論の導入を説く前田達明は[258]、パンデクテン体系を採用する民法典の背後に存在する「意思ドグマ」を指摘し、不法行為法における行為論の展開を背景として、法律行為法における行為論の検討の必要性をも示唆し、次のように述べる。「『意思ドグマ』は、法律行為と不法行為に共通のドグマであり、それは、行為という社会的事実の存在に、利益不利益の帰属（Zurechnung）の契機をもとめるものであ」る[259]。

　こうした意思ドグマの存在を肯定するならば、意思を重視する原島が目的的行為論を否定することは一見すると矛盾している。しかし、これは矛盾ではない。不法行為法あるいは刑法において行為者の意思を重視する意味と、法律行為法において表意者の意思を重視する意味は同じではないからである。法律行為法における意思は、私的自治に裏づけられた当事者間における「法」の根拠であり、この意味において意思の探求は決定的に重要であるが、しかし不法行為者の意思を如何に深く探求しても、これが法を形成するわけではない[260]。もちろん、こうした相違は、不法行為法あるいは刑法において行為者の意思を顧慮しなくて良い、という意味ではない。しかし、不法行為法あるいは刑法において行為者の意思や人格を評価したいのであれば、責任論という場において主観的要素を考慮することができるのであって、意思を違法論の場において主

---

[258]　前田は、目的的行為論を次のように紹介する。「人間の意思（目的的意思、したがって『故意』）は、行為の背骨（Rückgrat）として行為からは切り離せない要素と捉えられ、この行為が構成要件的行為となると、故意は主観的構成要件要素とされる。さらにこの主観＝客観の統一体たる行為が違法判断の対象とされるゆえ、故意は主観的違法要素でもあるとする」（前田達明『不法行為帰責論』（1978年）7頁）。

[259]　前田・前掲注・258・196-197頁。

[260]　「行爲ト意思表示トハ固ヨリ同一義ニアラズ。不法行爲ヲ組成スル行爲ハ意思表示ナルコトヲ妨ゲズト雖モ固ヨリ意思表示ナルコトヲ要スルニアラズ。又其意思表示ナル場合ニ於テモ不法行爲ガ法律行爲タルモノト解スルコトヲ得ズ。蓋シ其意思表示ハ不法行爲ノ效果ニ對スルモノニアラザルノミナラズ不法行爲ノ效果ハ常ニ必ラズ行爲者ノ意思ニ基カズシテ法律之ヲ認ムルモノナレバナリ」（鳩山・前掲注113・852頁）。

観化された要素として理解しなければならない必然性は存しない。目的的行為論は違法論における主観化を目指すものであり、それが「各人の法益」という観点を希薄化する所に問題が認められたのである。結局、適法な行為者の人格を尊重するためには、法律行為法において意思主義に与しつつ、違法論における意思主義を否定することが一貫した態度である、ということになる。したがって、法律行為法において意思を重視する立場が目的的行為論を否定することは、矛盾ではない[261]。

確かに原島の理解においても、詐欺の問題に関しては主として不法行為論が念頭に置かれ、詐欺取消制度それ自体と自由の関係は必ずしも詳細に述べられてはいない。しかし、法律行為法と不法行為法・刑法における意思の理解の相違を踏まえつつ、原島がドイツ民法第一草案理由書を引用し[262]、契約締結過程における自由の侵害も言及している点に鑑みれば[263]、原島の立場は詐欺取消制度を自由意思の保護として理解する可能性を認め、ドイツ民法の詐欺取消制度に関する議論と同様の展開を辿り得る余地を開き、さらなる権利論の展開を通じて詐欺取消制度の議論の進展を期待させる内容として理解できるのである。

(2) 事案の変化
① 投機的取引の経緯と傾向

本書にとって、本来ならば、その後の権利論の展開が注目される。ところが、詐欺の問題は、詐欺取消制度の適用が争われる事案類型として投機的取引が増大したことによって、むしろ不法行為法の議論へ移行した[264]。これはドイツ

---

261) 同様の理由から、一方で詐欺取消制度における意思決定自由の保護という規範目的が主意主義と結び付き（この意味の主意主義は、法律行為法における意思の重視）、他方で故意の厳格性を緩和した表象説あるいは可能性説が主知主義と結び付き（この意味の主知主義は故意を違法要素として捉える理解を弱める）、そして両者を同時に支持したとしても、矛盾ではない。この点について、前述181頁の注250も参照。

262) 既に確認したように、この第一草案理由書に基づいて、ドイツ民法の詐欺取消制度は意思決定自由保護の規定として理解されている。この点について、前述103頁の注305を参照。

263) 原島重義「法と権利に関するひとつの試論――民法学から」法哲学年報（1984年）43頁を参照。

法の状況と異なる点でもあり[265]、重要である。そこで、その経緯について、詐欺と不法行為論の問題へ移る前に、概観する。

日本における先物取引の歴史は古く[266]、例えば米取引は既に江戸時代において堂島帳合米市場として幕府から公認され、これは明治時代から始まる取引所制度の嚆矢であった[267]。明治時代の資本主義化は急激な経済的変化を招き、米価格も高騰し、その原因を米相場に見た明治政府は米相場市場を賭博的市場の弊制として認定し、これを一律に禁じたのであるが[268]、しかし経済界においても影響を及ぼしたボワソナードの意見が斟酌され[269]、ボワソナードが来

---

[264] 確かに96条1項の詐欺取消制度が争われた全事案に占める投機的取引の事例の割合は決して大きくないが、しかし投機的取引(とりわけ先物取引・変額保険・ワラント取引)の事例が目立ち始めた1960年代から1990年代に限れば、例えば売買契約が約30件であり、投機的取引は約20件(この内の取消権の肯定例は2件)であり、さらに投機的取引に関連して詐欺的不法行為が争われた事案は1980年代から増加し、その事案数は1980年代と1990年に限定しても約20件であって、次第に不法行為法へ推移している様子が窺われる。その他の類型も含めた裁判例の総合的検討は後述する。

[265] ドイツにおいて契約締結上の過失法理に基づく詐欺概念の拡張が議論された点について、前述159-166頁を参照。そして、ドイツ民法の詐欺取消制度において金融商品事例(とりわけ先物取引)が争われない背景と理由については後述363-365頁を参照。

[266] 例えば、宮本又郎『近世日本の市場経済——大坂米市場分析』(1988年)を参照。とりわけ、投機的な取引が出現し始めた点について、同203頁以下を参照。

[267] 小谷勝重『日本取引所法制史論(再版)』(1956年)84頁および113頁。

[268] この点について、小谷・前掲注267・165-166頁を参照。

[269] 渋沢栄一によれば、「當時大藏省に居つた玉乃世履氏は、斯くの如き空米相場は國民の賭博心を助長し、不健全なる思想を蔓延せしめ、國家に害毒を流すに到るれがあるから、斷然之れを禁止してしまはねばならぬと強硬に主張された」が、しかし、こうした意見に対してボワソナードは次のように述べた。「空米相場即ち延取引の類は單純に考へると賭博に類似して居る様であるが、實際は如何に現在米を買ひ集めて賣る資力の無い者がした賣米の契約に於いても、将又現在は引取るだけの資力を有せない者がした契約に於いても、何日何時其の契約者が之れを實行し得らる、實力ある者とならぬとも限らぬ、而も現在は手許に持つて居らないとしても、兎に角世の中に在る物を契約物件として取引するのであるから、決して禁止すべき性質のものではない。従って賽コロを轉がして勝負を決する賭博とは、全然其の根本の性質を異にする立派な契約であつて、空相場とは云ふもの、所謂延取引なのであるから、當然許可して然るべきものである」(渋沢栄一『青淵回顧録 上』(1927年)474-476頁)。野田正穂「ボアソナードと取引所問題」法学志林72巻1号(1974年)123頁も参照。引用文中の玉乃世履は初代大審院長を務め、

日した翌年の1874年に株式取引条例が制定された[270]。さらに、後に米商会所条例も制定され、この内容は1878年の株式取引所条例へも引き継がれている[271]。本来の目的が何であれ、米商会所条例および株式取引所条例に基づいて設立された米穀あるいは株式の取引所は、結果として、公認の賭博場と化した[272]。確かに戦前・戦後の直後においては一時的に取引所は閉鎖されていたが、しかし1948年に証券取引法が、そして1950年には商品取引所法が制定され[273]、取引所も再始動した。確かに当時の商品取引所における取引の当事者は当該商品の関係業者が中心であり、一般消費者が当該取引に参加することは稀であったが[274]、しかし上場商品たる農産物や工業品の実物の需要が次第に減少し、それゆえ先物取引業者にとって取引所におけるヘッジのみの経営は困難となり、一般委託者を取引所へ引き込む必要性が生じた[275]。こうして、これまで顧客の来訪を待ち受けていた商品取引員は積極的に顧客の獲得へ乗り出し[276]、第三の利殖という謳い文句に誘われた一般大衆が商品取引へ参入し始め[277]、商品先物取引における紛争の増大を招いたのであった。

ボワソナードの民法編纂に際して委員として参画していた（玉乃世履について、手塚豊「玉乃世履《日本の名裁判官・その3》」法学セミナー36号（1959年）50頁以下、吉岡達生『初代大審院長 玉乃世履——年譜』（2002年）を参照）。

[270] この点について、渋沢・前掲注269・475-476頁、野田・前掲注269・121頁を参照。

[271] この点について、野田・前掲注269・128-129頁および134頁を参照。

[272] この点について、野田・前掲注269・134頁を参照。前述した帳合米取引においては訴訟の提起が禁じられていたようであり、その理由について小谷・前掲注267・139頁によれば、「帳合米取引はその実体が全く賭博的取引に異ならないから、之を公事として公裁するが如きは、博奕禁令の本旨と扞格するところありとみとめたことが其の根幹的理由であると解す」。

[273] 戦前まで同一の旧取引所法において取り締まられていた株式取引と商品取引は、別個の法律によって規律された（向井鹿松「新商品取引所法の下における取引所」法律時報22巻11号（1950年）40頁を参照）。

[274] この点について、横田捷宏「商品取引所法の改正問題」時の法令595号（1967年）27頁を参照。

[275] この点について、浅井岩根「先物取引被害の実態と救済」判例タイムズ701号（1989年）81頁を参照。

[276] この点について、浅井・前掲注275・78頁を参照。

[277] この点について、横田・前掲注274・27頁を参照。

商品先物取引において詐欺取消制度の適用が争われた最初の事例として、神戸地方裁判所1965年（昭和40）11月5日判決[278]が挙げられる。

本件は、商品取引所の商品仲買人たる被告が「必ず儲かる」等の甘言を用い、これによって原告に証拠金を提供させて、その取引の一切を委ねさせた後に、原告が詐欺を理由として当該取引を取り消し、証拠金の返還を求めた事例である。裁判所は次のように述べた。「その証拠金を以て仲買人が預け主の具体的な指示を受けることなく勝手に取引を行ういわゆる委せ玉はその弊害の故に禁止されているところであり危険の度合も高いものであるから被告の店員がそれを行うためにはそのことを十分に説明し完全な合意が出来ておるならともかく委せてくれれば必ず儲かるという甘言を用い証拠金のための有価証券を預けさせ、これにより勝手に取引を行うことは相手の無知に乗ずる詐欺に該当すると解する」。

先物取引に携わる者であるなら、先物取引は必ず儲かる保証が存しない取引である点は周知である。ゆえに、「必ず儲かる」旨を述べた勧誘者は、それが事実に反していることを認識しつつ、あえて発言しているはずである。したがって、この勧誘者の詐欺の故意を認めた本判決の結論は当然の帰結である。
　しかし、本判決は、勧誘員の具体的な言明のみならず、「委せ玉」という取引方法の危険性にも注目していたように思われる。

例えば、「委せ玉」等の危険性が窺われない大阪地方裁判所1972年（昭47）9月12日（判時689号104頁）の事案においては、先物取引に関して「一つ間違えば不測の損害を生ずるもので、過去その無知が原因となって多数の顧客が回収不能の損害を蒙っていることは公知の事実である」旨が説示され、さらに「穀物取引は、現物を持ってやることだし農林省の保護もあることだから株式と違い丸裸になることはない旨」の明白に虚偽の言明に基づく勧誘方法の存在が認定されつつも、他方で詐欺に基づく取消権それ自体は否定さ

---

[278]　判例時報442号50頁。

れている（過失相殺5割を伴う損害賠償が認容された）。

勧誘員の具体的な虚偽の言明が認定されていても、詐欺の成立は認められていない。これに対して、以下の事例においては、取引形態の危険性が加わり、詐欺が肯定されている。

東京地方裁判所1974年（昭49）4月18日（判時746号93頁）においては、いわゆる「向い玉」（業者が顧客の玉と同種・同量・同限月の反対玉を建て、顧客が預託した資金を手元に留保し、かつ流用しつつ、最終的に業者が証拠金・利益金を全て売買益金として獲得し得る取引方法）[279]の存在が推認され、「商品取引員である被告が顧客である原告に対し、サービスとしての相場情報や意見をこえた虚偽の事実を告げて、原告を錯誤に陥らせ、被告の意図する方向での委託の意思表示をさせることの違法であることは、多言を要しない」旨の説示に基づいて、96条の詐欺の成立が認められた。

向い玉を客殺し商法として捉える見解も存在し[280]、少なくとも向い玉は客殺し商法を推認させる有力な根拠であって[281]、詐欺罪においても成立要件を構成する重要な要素である[282]。しかし、やはり、詐欺における重要な要素として、欺罔者の主観的要素が考慮されている。前述の大阪地判1972年において勧誘員の具体的な虚偽の言明が認定されていながらも、詐欺の成立それ自体は否定された点に鑑みれば、事業者の側の利得意図に近い主観的態度が認定されない限り、96条の詐欺が肯定されない傾向が認められる。このことは、他の事例においても同様である。

---

279) 例えば、浅井・前掲注275・85頁を参照。
280) 例えば、神山敏雄『日本の経済犯罪――その実情と法的対応』（1996年）84-85頁を参照。
281) 岩橋義明「商品先物取引におけるいわゆる客殺し商法につき、詐欺罪が認められた事例――最高裁平成4年2月18日第三小法廷決定」法律のひろば45巻5号（1992年）45-46頁および49頁。
282) 例えば、本江威憙（監）『民商事と交錯する経済犯罪Ⅱ』（1995年）361頁を参照。

第 2 節　意思決定自由の要保護性　277

　大阪地方裁判所 1986 年（昭 61）5 月 30 日（判タ 616 号 91 頁）は、いわゆる両建（例えば、買玉が予想に反して値下がりした場合、仕切りを勧めたり追証拠金を積むように勧めたりはせず、同種・同量・同限月の売玉を建てる取引方法。業者は新規の売建玉について手数料を徴収し、追証拠金よりも多額の資金を引き出すことができる）[283] の事案において、96 条の詐欺を否定している（過失相殺 3 割を伴う損害賠償は肯定された）。

　96 条 1 項の詐欺が争われた先物取引事例の全体として、詐欺が認められた事例は上記の神戸地判 1965 年および東京地判 1974 年のみであり、このことは 96 条の詐欺の要件として相当に強度な欺罔者の主観的態度が要求されている反射的帰結として理解できよう[284]。

---

[283]　「顧客にとっては、結局のところ両建時点の損を固定するだけで、将来、売り買いともに有利に仕切ることはほぼ不可能である」（浅井・前掲注 275・85 頁）。

[284]　被害者の救済が薄い、という点に関しては変額保険事例においても同様の傾向が見られる（変額保険は払込保険料における保険料積立金を独自に運用することによって保険金額と解約返戻金額を変動させる生命保険であり、一方で相続税対策として利用され、他方でバブル経済を背景としても注目を集めた。しかし、バブル経済の崩壊も影響し、変額保険に関連する訴訟が激増した。安彦和子「変額保険訴訟事件」消費者法ニュース 15 号（1993 年）48 頁、松本恒雄「変額保険の勧誘と説明義務」金法 1407 号（1995 年）20-21 頁を参照）。まず、変額保険の事例においては、詐欺に基づく取消権が認められた事例は存在しない。のみならず、約半数の事例において救済の請求（詐欺に基づく取消権または錯誤に基づく無効もしくは不法行為に基づく損害賠償請求）は認められていない（東京地方裁判所 1993 年（平 5）2 月 10 日判決（判タ 816 号 214 頁）、東京地方裁判所 1994 年（平 6）3 月 15 日判決（判タ 854 号 74 頁）、東京地方裁判所 1995 年（平 7）1 月 27 日判決（金法 1420 号 37 頁）、東京地方裁判所 1996 年（平 8）2 月 21 日判決（判時 1587 号 82 頁）、東京地方裁判所 1999 年（平 11）2 月 23 日判決（判タ 1029 号 206 頁））。不法行為法に依拠した処理は先物取引の諸事例と同様であり、過失相殺として 8 割の減額を判示する裁判例が存在し（東京地方裁判所 1996 年（平 8）3 月 26 日判決（判時 1576 号 61 頁））、さらに借入金の利息に関して過失相殺を認める裁判例も存在する（横浜地方裁判所 1996 年（平 8）9 月 4 日判決（判時 1587 号 82 頁）において約 3 割の過失相殺が認められた）。

　変額保険の事案においては、詐欺に基づく取消権と錯誤に基づく無効の両方が主張され、後者のみが認められた事例が存在する（東京地方裁判所 1994 年（平 6）5 月 30 日判決（金法 1390 号 39 頁）、東京地方裁判所 1996 年（平 8）7 月 30 日判決（判時 1576 号 61 頁）、

② 投機的取引の事案の問題点

投機的取引の事案において 96 条の違法性評価として加害者の主観的態度が重視されるとしても、それ自体は戦前から続く伝統的な詐欺解釈と同様である。

投機的取引の事案における独自の特徴は、被害者の落ち度を取り上げる傾向である。このことは、前述の神戸地判（1965 年）の「原告が用心さえすればその実体を更に認識し得た」、大阪地判（1972 年）の「利益面だけでなく危険性を有することを知り得た筈であるのに、右準則あるいはパンフレット等の提示を求めることもなく、漫然、右外務員の勧誘に応じた」、大阪地判（1986 年）の「被告の勧誘に安易に応じて本件委託契約を締結し、その後も受身の態度に終始し自らの努力で損害の発生を防止しようとする意欲を欠いていた過失があ」る、という説示からも窺われる。

すなわち、加害者の悪質性を重視する詐欺の本来的性格に加えて、被害者の落ち度を暗に示唆する投機的取引の内実が相俟って、詐欺に基づく 96 条の取消権は被害者の落ち度を差し引いても余りある加害者の悪質的主観的意図が認められて初めて肯定され、その反面として被害者の落ち度は自己責任という形において責任根拠の自由意思を強調する結論を招いている。このことは、契約の効力に影響を及ぼさない不法行為法と整合的であり、さらに被害者の落ち度を加味し得る過失相殺制度とも親和的であり、その後の投機的取引の処理が不法行為法へ推移した理由でもある。

以上の如き裁判例の傾向が詐欺取消制度一般に対して如何なる程度の影響を及ぼしたのか、という点は重要ではあるものの、容易に確認し得る事柄ではない[285]。しかし不法行為法における先物取引に関する裁判例の傾向を、学説は

横浜地方裁判所 1996 年（平 8）9 月 4 日判決（判時 1587 号 82 頁）、東京地方裁判所 1997 年（平 9）6 月 9 日判決（判タ 972 号 236 頁））。この点は先物取引の事例と異なる。その理由として、変額保険の事例は先物取引に比べて新しい取引類型であり、かつ複雑である点が考えられるであろう（つまり、その内容は必ずしも周知ではなく、被害者の落ち度を問い難い。あるいはバブル経済に対する評価も無視できない。この点について大村敦志「変額生命保険契約の締結の際の虚偽の説明による誤信と要素の錯誤」金法 1428 号（1995 年）70 頁）。ただし、こうした事例では、あえて詐欺について触れずに錯誤を認めており、詐欺の成立が明確に否定されているわけでもない。

285）　例えば、被欺罔者の意思決定自由よりも欺罔者の行為態様を重視する我妻栄も、96 条

必ずしも否定しない。例えば、故意不法行為における意思の要素に注目する窪田充見は、当該故意が被害者の不注意（過失）の利用を伴う事案における過失相殺の適用を不当として理解し、その具体例として欺罔行為の不法行為を挙げるのであるが[286]、しかし被害者の不注意が必ずしも故意によってのみ利用されるわけではない点は顧慮されていない（被害者にとって、加害者の虚偽の言明が故意に基づこうと過失に基づこうと、結果において何ら異ならない。加害者の過失による虚偽の言明を被害者が納得した時点で、その不注意は惹起され、利用されている）。つまり、窪田の理解によれば、故意に含まれる加害者の「意思」が重視され、その反面として加害者の不注意（過失）のリスクは被害者に転嫁されなければならず、この転嫁は過失相殺において可能であり、したがって詐欺取消制度は考慮されず、被害者の意思決定自由も保護されないのである。

　以上の如く、加害者の態度を重視する立場によれば、被害者の意思決定自由は十分な保護を受け得ない[287]。そして、このことは被害者の落ち度を重視する立場においても同様である。例えば、故意を要する詐欺取消制度が投機的取引の事例へ介入しない理由を表意者の落ち度に求める橋本佳幸は、過失相殺に基づく意思決定自由の割合的解決を示唆する[288]。しかし、96条1項の詐欺の

　　 1項の詐欺取消制度の説明に際して被欺罔者の落ち度を特に強調していない（例えば我妻・前掲注218・308頁以下）。もっとも、我妻以降の文献においては、被欺罔者の落ち度を指摘する記述が見られる（例えば、「詐欺にかかった者にはうかつな点もあるのが通常だから、その者が不利益を被ってもやむをえない」（四宮和夫『民法総則』（1972年）195頁）。

[286] 　窪田充見『過失相殺の法理』（1994年）217-218頁。
[287] 　既に指摘したように、加害行為を重視する態度は日本における伝統的な不法行為論である。すなわち、「それ自体法的非難に値する行為、を判断基準にして、取引当事者の意思形成の自由を保護する領域を画定していくという思考が、機能しているのであ」り、「実例の上でも詐欺的加害ないし害意ある行為がある場合には、不法行為の成立が肯定されやす」く、「不法行為法の伝統的思考からは、自己決定の侵害は、加害行為の態様の中で捉えられているのであって、被侵害利益の中で捉えられていないことの一現象がここに現れている」（錦織成史「取引的不法行為における自己決定権侵害」ジュリスト1086号（1996年）89頁および92頁の注（13））。
[288] 　取引的不法行為の事例における過失相殺は、「いわば、意思表示の効力を割合的にしか破棄しない詐欺取消であ」り、「被害者の意思形成の自由につき割合的保護を付与するものといえよう（割合的な詐欺取消）」（橋本佳幸「取引的不法行為における過失相殺」ジ

効果が取消権である理由は意思決定自由という被侵害権利が割合的解決に馴染まないからである。要するに、橋本が取引的不法行為において保護される被侵害権利を意思決定自由に求めていない可能性は否定できず、実際に橋本は次のように述べる。「被侵害法益の把握に際しても（自己決定への干渉という加害形態をとった）純粋財産損害と構成すれば足り、インフォームド・コンセントにおけるごとくに『自己決定権』侵害を論じる法技術的意味は乏しい」[289]。

確かに橋本の指摘は不法行為法に限られ[290]、96条1項の詐欺は別個に理解される余地が残されているのかもしれない。しかし、過失行為に対しても保護が与えられる詐欺不法行為における被侵害権利を——自己決定の自由それ自体としてではなく——財産権として考える立場は、故意が認められる場合に限り保護される96条1項の被侵害権利たる意思決定自由より財産権が優越することを認める立場であって、そのこと自体が問題である。この立場によれば、96条1項における詐欺の被害者は自己の意思決定自由の侵害に気づいても、財産的損害が発生するまで保護を待たなければならず（これを待たずに取消権の主張が可能であるなら、割合的保護の議論が意味を成さない）、辛うじて709条に基づいて保護されても過失相殺を受ける可能性が高く、過失相殺の適用を回避し得たとしても、そもそも96条1項の存在意義は没却せられ、意思決定自由を保護する機会は与えられないのである[291]。

過失相殺制度は確かに一見すると喧嘩両成敗を演出できるのであるが、しかし、このことは裁判官の機械的判断（とりあえず過失相殺を宣言する態度）を助長しかねない。過失相殺を多用する裁判例を見る限り[292]、それは既に常態化

ユリスト1094号（1996年）149頁）。
[289] 橋本・前掲注288・153頁。
[290] 橋本佳幸「不法行為法における総体財産の保護」法学論叢164巻1-6号（2009年）408頁も参照。
[291] 「取引的不法行為における説明義務違反を介しての自己決定権侵害という構想は、取引行為の当事者の自己決定という人格的利益そのものの保護を目指すものではない。財産的利益の処分についての自己決定権の不法行為法上の意味は、少なくとも現状では、財産的利益の保護を実現するという効果を導き出すという枠内で認められる」（錦織成史「取引的不法行為における自己決定権侵害」ジュリスト1086号（1996年）90頁）。
[292] 確かに、本書において取り上げた過失相殺事例の数は必ずしも多くない。しかし、こ

しているのではないか、という疑念さえ生じる293)。
　こうした不法行為法の弊害に加えて、いわゆる評価矛盾の問題294)、さらに

　　　れは「96条1項の詐欺が争われた事例」という前提が存在するからであり、単純な不法
　　　行為の事例も含めるなら、過失相殺が適用される事例は少なくない。例えば、東京地判
　　　1975年（昭50）1月28日（判時775号165頁。商品先物取引、過失相殺3割）、札幌地
　　　判1977年（昭52）2月25日（判時854号109頁。先物取引、過失相殺7割）、札幌地判
　　　1980年（昭55）3月28日（判時981号117頁。商品先物取引、過失相殺4割）、長崎地
　　　判1986年（昭61）3月17日（判時1202号119頁。商品先物取引、過失相殺3割）、秋
　　　田地判1986年（昭61）9月24日（判タ650号223頁。商品先物取引、過失相殺4割）、
　　　名古屋地判1986年（昭61）10月31日（判タ639号184頁。商品先物取引、過失相殺4
　　　割から7割）、横浜地判1987年（昭62）12月18日（判時1284号118頁。商品先物取引、
　　　過失相殺7割）、秋田地判1989年（平1）3月14日（判タ701号210頁。商品先物取引、
　　　過失相殺3割5分）、仙台地判1991年（平3）12月9日（判時1460号125頁。商品先物
　　　取引、過失相殺4割）、東京地判1993年（平5）8月31日（判時1499号86頁。商品先
　　　物取引、過失相殺4割）、東京地判1994年（平6）2月4日（金商967号38頁。ワラン
　　　ト取引、過失相殺8割5分）、東京地判1994年（平6）2月15日（金商967号27頁。株
　　　価指数オプション取引、過失相殺7割）、東京地判1994年（平6）3月29日（判タ858
　　　号217頁。商品先物取引、過失相殺9割）、東京高判1995年（平7）3月14日（判時
　　　1530号58頁。ストラドル先物取引、被害者の落ち度を考慮して損害額を約半分に制限)、
　　　東京地判1995年（平7）12月5日（判時1580号120頁。商品先物取引、過失相殺4割)、
　　　東京地判1996年（平8）2月23日（判時1576号61頁①。変額保険、過失相殺5割)、
　　　東京地判1996年（平8）7月10日（判時1576号61頁④。変額保険、過失相殺7割)、
　　　東京地判1996年（平8）6月19日（判時1576号61頁③。変額保険、過失相殺6割)、
　　　最二判1996年（平8）10月28日（金法1469号49頁。変額保険、過失相殺6割)、大阪
　　　高判1997年（平9）6月24日（判時1620号93頁。ワラント取引、過失相殺1割)、仙
　　　台高判1997年（平9）10月29日（判時1647号115頁。ワラント取引、過失相殺3割)、
　　　東京地判2008年（平20）6月30日（判タ1283号164頁。商品先物取引、過失相殺4割)。
293)　「判例は安易に過失相殺をしすぎるように思われる」（河内隆史「先物取引に関する判
　　　例」判例タイムズ701号76頁（1989年））。同「商品先物取引の被害の救済と判例法理
　　　――不当勧誘・一任売買を中心として」法学新報97巻1・2号331頁（1990年）も参照。
　　　「そもそも外務員の勧誘がなければ、このような先物取引の経験・知識のない顧客が先物
　　　取引に参入することはまずないと思われるし、一方がルールを違反しているのに、それ
　　　を見抜けなかった素人に四割、五割、あるいはそれ以上の過失を認定することがはたし
　　　て公平といえるであろうか」（同332頁）。
294)　評価矛盾の問題は序論において言及した（前述19-20頁）。ここでは、評価矛盾とい
　　　う問題設定に対する反論について検討する。ところで、評価矛盾という問題は、論者に
　　　よって捉え方が異なる。例えば、橋本佳幸によれば、「契約が有効であるにもかかわらず

事業者が提供する情報に基づいて他方当事者の意思が形成される今日の取引状況に鑑みれば、むしろ問題の所在は法律行為法に置かれるべきであり[295]、詐欺概念の拡張を含めた議論が求められるはずである[296]。かかる方向を目指す諸学説は存在するのであるが、しかし詐欺を巡る法律行為法における議論も一様ではなく、種々の問題を含む。この点について、引き続き検討する。

原状回復的（給付利得返還の実質を有する）損害賠償が認められるのは矛盾ではないか」という観点から捉えられている（橋本・前掲注288・153頁）。つまり、有効な契約に基づく財貨移転が損害賠償によって阻止される点を、評価矛盾として捉えている。こうした理解によれば、橋本が唱える過失相殺に基づく割合的な詐欺取消という考え方は、評価矛盾という批判を回避し得るように見える。しかし、評価矛盾という問題は、一般に次のように捉えられている。すなわち、「一方で契約の有効な成立を妨げる事情の存在を否定しつつ、他方で契約を成立させるための勧誘行為等を違法と評価するのは、評価レベルでの矛盾ではないか」（道垣内弘人「取引的不法行為――評価矛盾との批判のある一つの局面に限定して」ジュリスト1090号（1996年）137頁）。つまり、社会的に一個の事実を、民法という同一の法体系における特定の規範は違法性として評価し、別の規範は違法性の評価を下さない、という点が矛盾として捉えられている。法律行為法においては適法で、不法行為法においては違法であることが矛盾の根本なのであって、過失相殺に基づく割合的詐欺取消が結果として実現され得るとしても（過失相殺は不法行為の成立が前提、つまり不法行為法における違法が前提）、このことは評価矛盾の回避を意味しない。さらに、過失相殺に基づく割合的詐欺取消は、一方で責任根拠の自由意思を貫徹し、他方で違法根拠の自由意思を部分的に保護しているだけであって、たとえ相手方の過失が原因であっても、被害者の自己責任が徹底される結論を正当化し、相手方の過失のリスクを被害者が負担しなければならない結論へ至り、不当である。

295) 次のような理由も考えられる。「詐欺的商法の被害者の願いは恐らく、交付した金員の返還または求められた金員交付の拒絶であろう。そのためには、公序良俗違反、錯誤等による無効または詐欺等による取消を理由とする当該契約の私法的効力の否定が想起される」からである（國井和郎「民法判例レビュー21（民事責任）」判例タイムズ667号（1988年）64頁）。

296) 「情報や交渉力の面で、一方当事者が劣った立場に立たされている場合（たとえば、消費者が事業者と取引する場合や下請の中小企業が大企業と取引する場合など）には、その者は、自ら主体的に判断して確固たる効果意思を形成するというよりも、相手方の提供する情報に依存して、相手方の積極的な勧誘に応じて、あるいは、相手方の提示する条件に拘束されて、効果意思の形成を迫られるからであ」り、「このような事情を考慮に入れると、詐欺・強迫の概念の拡張がなされるべきであることになろう。不法行為法による損害賠償責任は、詐欺・強迫による取消しに吸収されるべきなのである」（大村敦志『基本民法Ⅰ　総則・物権総論』（2005年）57-58頁）。

第2項　法律行為法の諸問題

(1)　契約正義から見た詐欺
① 情報提供義務論

　不法行為法における処理の不都合を回避し、不法行為法へ投げ出された諸問題を再び法律行為法へ取り戻すならば、その前提として法律行為法における制度の拡張あるいは新たな法理の導入が検討されなければならない。本稿の検討対象たる詐欺の問題に関して言えば、詐欺概念の拡張が当然の課題である。ところが、詐欺概念の拡張を語る学説においても、加害者の態様に注目する見解は少なくない。その一例として、まず情報提供義務論が挙げられる。

　例えば、後藤巻則は、契約の拘束力という観点から展開されているフランスの情報提供義務論として、情報提供義務論が合意の形成過程における信義則の強調と結び付くこと、同義務論が原則として経済的弱者たる消費者と経済的強者たる事業者という枠組に限定されること、意思自律の制限を物語る情報提供義務の承認が契約の基本原理を意思自律の原理から契約正義の実現へ移転せしめたこと、そして合意の瑕疵の判断が（消費者等の）相手方の行為態様を中心として考察されるようになったこと等を紹介し、これを示唆として日本法の解釈としても契約正義の観点に基づいて、個人の意思ではなく、加害者の態度を重視すべき旨を説き、この観点から詐欺と錯誤の接近・統一的把握を論じる[297]。

　私が注目する点は、意思自律の制限、加害者の態度の重視、そして詐欺と錯誤の接近性である。まず、この意思自律の制限は、60年代の日本において展開された私的自治の制限論と同様であって、責任根拠の自由意思の制限を意味する。そして、既に指摘したように、責任根拠の自由意思の制限は、違法根拠の自由意思の尊重ないし保護を意味しない。そもそも、意思決定自由の侵害という観点を重視するなら、加害者の属性（事業者であるか否か）は意味を持たないのである（意思決定自由は、何人によっても害され得る）。

---

[297]　後藤巻則「フランス契約法における詐欺・錯誤と情報提供義務（1）」民商法雑誌102巻2号（1990年）183-185頁、198-200頁、209頁の注（13）、同「フランス契約法における詐欺・錯誤と情報提供義務（3・完）」民商法雑誌102巻4号（1990年）456頁の注（9）、460-461頁。同論文は後に『消費者契約の法理論』（2002年）へ収録。

次に加害者の態度を重視する点に関して、後藤によれば日本の伝統的解釈は「『表意者の意思を重視することを基本として相手方の事情を考慮する』という方向で発展してきたもの」として理解されている[298]。しかし、本書において確認したように、日本においては例えば既に我妻が社会本位の法律観に基づいて欺罔者の行為態様を重視し、96条における詐欺の違法性の基準を信義則に求める議論を展開していたのであった[299]。社会本位の法律観に基づいて行為者の態度を重視し[300]、その根拠として信義則を持ち出す点において、むしろ後藤自身の考え方は日本の伝統的詐欺解釈と何ら異ならない[301]。

最後に詐欺と錯誤の接近性に関して、後藤は、錯誤においても相手方の悪意が錯誤の認定に影響する点に鑑みて、加害者の態度を重視する結果として詐欺と錯誤が接近する旨を説く[302]。しかし、被欺罔者は欺罔者によって意思決定

---

[298]　後藤・前掲注297「(3・完)」・461頁。

[299]　この点について、前述246-247頁を参照。

[300]　後藤も、「社会的、道徳的な正義（契約正義）」という表現を用いる（後藤・前掲注297「(3・完)」・461頁)。

[301]　もちろん、詐欺概念の柔軟化という点において、情報提供義務論と日本の伝統的詐欺論は異なる、という指摘は考えられる（後藤も、フランスの議論として、詐欺の故意の推定を紹介している。後藤巻則「フランス契約法における詐欺・錯誤と情報提供義務(2)」民商法雑誌102巻3号（1990年）337頁)。ならば、前者は後者に対して、具体的に如何なる程度において、詐欺概念を柔軟化しているのであろうか。

　例えば、ある者は次のように述べる。「情報提供義務を負う者が、その情報が表意者の決断を左右することを認識した上で虚偽の事実を述べ、あるいはその情報を秘匿したことが明らかになった場合など、情報提供義務違反が当該情報を相手方が保有しないことおよびその情報の相手方にとっての重要性を認識して行われたときには、詐欺の故意を推定できるのではないだろうか」（横山美夏「契約過程における情報提供義務」ジュリスト1094号（1996年）135頁)。

　しかし、「情報提供義務を負う者が、その情報が表意者の決断を左右することを認識した上で虚偽の事実を述べ、あるいはその情報を秘匿したこと」は、誰が立証するのか。この立証の難易度は、96条における故意の立証の難易度と如何なる程度において異なるのか。あるいは、故意が推定されることによって、96条において問題視された厳格性が如何なる程度に緩和されるのか。仮に緩和されるとして、情報提供義務を導入する代償として、被欺罔者の意思決定自由たる被侵害権利性を軽視することが、果たして民法の解釈として妥当であるのか。疑問が残る。

[302]　後藤・前掲注297「(3・完)」・460頁以下。

自由を害された者であるのに対して、錯誤者は自身の落ち度に基づいて意思表示した者である、という点は留意されるべきである。すなわち、「單純ノ錯誤ハ多クハ當事者ノ過失ニ出ツルモノニシテ之ニ因リテ法律行爲ヲ取消サシムルトキハ往往ニシテ過失者ヲ保護シ却テ過失ナキ者ニ損害ヲ加フルノ結果ニ至ルヘシト雖モ他人カ詐欺ヲ行ヒタル場合ニ於テハ表意者ハ或ハ毫モ過失ナク又假令過失アルモ他人ノ非行ニ因リテ錯誤ニ陷リタル者ナリ」[303]。錯誤の無効という効果に加えて、後藤によれば錯誤者の相手方に対する損害賠償をも認められ得るから[304]、自ら勝手に錯覚に陥る者が錯誤へ陥らされた者と同等あるいは同等以上の保護を受け得る結論へ至り[305]、不当な帰結を導く可能性がある[306]。

② 「合意の瑕疵」の理論

情報提供義務論と同様に、当事者の行為態様を加味し得る点に意義を見出す理論として、合意の瑕疵の理論が挙げられる。すなわち、「情報提供義務の概念を認める理論的な意義の一つは、合意の瑕疵を、意思ではなく当事者の行為態様という新たな視角から検討することを可能にしたことにある」[307]。このように説く森田宏樹によれば、「『合意の瑕疵』は、理論的には、①表意者の意思の完全性と、②相手方の行為態様の悪性という二つの観点から、これを正当化することがいずれも可能である」[308]、という。

森田も含めた複数の論者によって、詐欺取消制度は被欺罔者の意思の観点から捉える可能性と欺罔者の悪性の観点から捉える可能性が指摘されている[309]。

---

[303] 梅・前掲注96・202頁。
[304] 後藤・前掲注301・461頁。
[305] かかる差異を考慮するなら、むしろ被欺罔者は単なる錯誤者よりも強く保護されて然るべきである（於保不二雄『民法總則講義』（1956年）187頁以下を参照）。
[306] いわゆる評価矛盾の問題は、さらに拡大する。錯誤と詐欺の評価矛盾の問題について、前述15-17頁を参照。
[307] 森田・前掲注49・59頁。
[308] 森田宏樹「『合意の瑕疵』の構造とその拡張理論(1)」NBL 482号（1991年）23頁。
[309] 「詐欺や強迫も、その結果表意者の健全な意思形成が妨げられた故にその効力を否定しうるものとする制度とみることのほか、詐欺者、強迫者の不誠実さを咎める制度とみること、さらには、それにより損害をこうむった者を保護する制度とみること、のどれもまったく可能である」（星野・前掲注92・11頁）。その他に、「詐欺、強迫については、

問題は、いずれの観点が如何なる理由に基づいて採用されるか、である。古く主知主義に基づいて詐欺者の行為態様を重視する解釈が展開され（例えばサヴィニーあるいはボワソナード）、20世紀前半においては表示主義あるいは社会本位に基づいて詐欺者の行為態様を重視する解釈が展開され（例えば我妻）、そして20世紀の後半においては契約正義に基づいて詐欺者の行為態様を重視する解釈が展開されている[310]。主知主義によせ、表示主義にせよ、契約正義にせよ、これは意思に優先する何か（例えば理性、社会、正義）を認める立場である。詐欺の解釈の観点が原則として、被欺罔者の意思から捉えるか、欺罔者の悪性から捉えるか、という二方向を前提として考えるなら、前者を認めない限り、後者へ至ることは当然の帰結であろう[311]。

ただし、後者に与する論者は、欺罔者の悪性から詐欺取消制度を捉えなければならない根拠について、必ずしも明確な回答を与えていない。確かに、「契約規範は社会関係の枠組を通して実現されるものである以上、他人の干渉を受けないという意味での『自由な意思』、つまり、外部からの影響を受けない社会から『孤立した自由意思』をあるべき状態として措定することは、あまりに

このような行為によって相手方の意思決定を歪める者の悪性に着目することも可能である」（大村敦志「契約内容の司法的規制 (1)」NBL 473号（1991年）37頁）。

[310] 後藤（前述284頁の注300）および森田（「信義則や当事者の行為態様等の道徳的な要素（契約正義）」という表現を用いる。森田・前掲注308・24頁）。星野も契約正義を重視し、意思に優越する理性を説き、例えばドイツのフルーメの見解を批判し、次のように述べる「『意思の代わりに理性を (stat ratio pro voluntate)』、正確には『意思の上に理性を (stato ratio super voluntatem)』というべきではないだろうか」（星野・前掲注234・47-50頁）。フルーメが私的自治を承認する意味を、「意思は理性に代わりて立つ (stat pro ratione voluntas)」として理解し、主意主義的な立場に依拠していた点について、前述156-157頁を参照。大村敦志「契約と消費者保護」星野英一他（編）『民法講座別巻2』（1990年）113頁の注(4)によれば、星野に対するトマス・アクィナスの影響が窺われ、トマスが主知主義であった点については前述57頁の注86を参照。さらに、星野とキリスト教の関係について、星野英一『ときの流れを超えて』（2006年）5頁および53頁以下も参照。

[311] そして、こうした理解が行為無価値論へ至ることも既に確認したのであり、つまり「故意があったかどうかは主観の問題であり間接的に認定するほかないが、そうなると、行為の違法性の評価が大きな影響を持ってくる」（大村敦志『消費者法（第2版）』（2003年）79頁）。

非現実的であろう」という指摘が見られる[312]。しかし、96条1項における詐欺取消制度は、あらゆる外部的影響を問題視しているわけではなく、欺罔者たる相手方の言動に由来する影響を問題視しているのである。

　過失の詐欺が認められなくても、欺罔者の過失に起因する虚偽の言明が被欺罔者の錯誤を惹起しているならば、共通錯誤の可能性が検討され得るはずであるが、しかし被欺罔者の自由意思を軽視する立場は共通錯誤も容易に認めない[313]。伝統的通説と同様に、欺罔者の悪性に注目する立場は被欺罔者の自由意思を重視せず、このことは合意の瑕疵論も同様である[314]。欺罔者の行為態様を重視する見解においては、詐欺と故意の結合関係が当然の前提として理解

---

[312]　森田宏樹「『合意の瑕疵』の構造とその拡張理論（3・完）」NBL 484号（1991年）58頁。

[313]　森田によれば、共通錯誤において表意者の重過失を問わない見解が存在するものの、「しかし、ここで問題とされるべきは錯誤に陥っていたことの正当性であって、右のような場合でも、相手方よりも表意者の方が事実確認ないし情報取得義務を負っていると評価しうる場合がありうるから、重過失要件が一律には排斥されるとはいえない」、という（森田・前掲注308・30頁の注（39））。この理解によれば、この相手方は「棚からぼたもち」的利益を得ることになる。これを排除することが公平なのではなかろうか。

[314]　森田は、詐欺に基づく自由意思の侵害の程度と強迫に基づく自由意思の侵害の程度を区別する。すなわち、「古典的な契約法が保障している『自由な意思決定』とは、強迫による畏怖に比する程度に任意性を欠いた心理状態によるものではないこと」という理解を前提として、自由意思の保護の観点から詐欺を拡張する限界を示し、「相手方の行為態様の悪性に焦点をすえた拡張の方向」を説く（森田・前掲注308・58-59頁）。確かに、詐欺と強迫による自由意思の侵害の程度を区別する理解は在り得る考え方であろう。しかし、そのことから、被欺罔者の意思決定自由の保護の程度を低く見る根拠は、必ずしも引き出すことはできない。例えば、「詐欺は、表意者は、自己のなした意思表示が本来ならなされなかったものであることを表意者が自覚していなかった点では、錯誤と共通であり、強迫は、表意者にこの点の自覚がある点では、心裡留保ないし虚偽表示に近い」（鈴木禄弥『民法総則講義（改訂版）』（1990年）147頁）。つまり、被強迫者は自身の意思決定自由に対する侵害を認識しているが（強迫は、相手方に当該行為が強迫であることを認識させなければ、強迫の意味を成さないから）、しかし被欺罔者は自身の意思決定自由に対する侵害を認識していないのであるから（詐欺は、相手方に当該行為が詐欺であることを悟られると、詐欺として意味を成さないから）、被欺罔者が自身の意思決定自由を回復する契機は被強迫者より少なく、したがって被欺罔者の要保護性を被強迫者の要保護性より高く評価することが可能である（96条2項および3項については前述225頁の注90も参照）。

され、この点に関してはローマ法から何ら進歩しておらず、これを維持する限り、情報提供義務あるいは合意の瑕疵の理論を検討しても、伝統的詐欺解釈に変容を迫るわけではなく、その結論を左右しないのである315)。

(2) 自己決定権論から見た詐欺
① 基本権としての自己決定権

詐欺に代わる情報提供義務あるいは合意の瑕疵という新たな法理は欺罔者の行為態様を重視する傾向を帯び、結果として伝統的な詐欺解釈と異ならない結論へ至ることが確認された。少なくとも日本民法の詐欺取消制度に関しては、その立法の前後から一世紀以上に亘り、被欺罔者の要保護性あるいは被欺罔者の被侵害権利を基軸に据えた議論が主流を占めることはなかった。

もちろん、既に確認したように、1970年代前後から展開された意思主義の復権あるいは権利論の再生において、被欺罔者の被侵害権利の観点から議論を進展せしめる余地が存在しなかったわけではない。そして、1990年代前後においても、自己決定権論という形において、被欺罔者の被侵害権利の観点から96条1項を解釈する可能性が生じたのである。

確かに、その当初の背景は、いわゆる医療過誤あるいは脳死問題であり316)、つまり自己加害の権利の可能性を含む問題（例えば、自殺や喫煙の自由）であって、その自己決定権は生命あるいは身体に関連する内容であった。しかし、自己決定権は、その根拠として挙げられる人間の尊厳ないし幸福の追求という観点から憲法の幸福追求権と結び付けられ317)、憲法が及ぶ全法領域において語られ得る概念となった。例えば、労働法においても、各労働者の幸福追求とい

---

315) 確かに、後藤および森田の見解は96条1項における詐欺取消制度の活用可能性の限界が前提であり、これを補い得る他の法理論として情報提供義務ないし合意の瑕疵の理論を持ち出しているのであって、96条1項それ自体の可能性を検証している本書とは土俵が異なる。上記の後藤説および森田説に対する批判も、その限度の内容である。しかし、96条1項に代わる他の法理論を展開するならば、その前提として96条1項の限界を示す論証が必要であるにもかかわらず、この点について上記の後藤説および森田説は十分に示していない。両説に対する上記の批判は、この意味も含む。
316) 例えば、山田卓生『私事と自己決定』（1987年）3頁以下を参照。
317) この点について、山田・前掲注316・342－343頁を参照。

う観点から、労働者の生存あるいは経済生活の保障ではなく、むしろ各労働者の精神的自由や自己決定を重視する理解が唱えられ始めたのである[318]。

　民法において権利論の立場から自己決定権の意義を説く論者として、山本敬三が挙げられる。山本は「私的自治や契約自由がそのままでは十全に機能せず、それを補うために介入が行われざるをえないが、しかしそれによって逆にまた私的自治や契約自由の基礎が掘り崩されるのではないかというディレンマにどう対処するか」[319]という問題意識から、権利論に基づいて権利の観点から詐欺も含めた諸問題を問い直す。こうした立場は、かつて説かれた自由意思の制限という消極的な保護の在り方（責任根拠の自由意思を制限することによる実質的な契約自由の保障）ではなく[320]、むしろ自由意思の権利性を確認することによる積極的な保護の在り方（違法根拠の自由意思を強調することによる自由意思の被侵害権利性の確立）を求める私の立場と基本的に同一の方向として理解できる。

　ただし、山本の議論は、憲法の私人間適用の問題を取り扱う点に特徴があり、かつ問題を孕む。山本は、私的自治と自己決定権の基礎をリベラリズムの思想に求め、その発露として憲法13条を捉え、さらに詐欺に起因する保護の問題を憲法に基づく保護請求権の問題として理解する[321]。もちろん、如何なる形にせよ、自己決定権が詐欺取消制度において語られるなら、これを欺罔者から論じる従来の議論と異なり、被欺罔者の被侵害権利を基点として96条1項を解釈する余地が生まれ、これは少なからず詐欺の拡張を含意するであろうし、新たな展開が期待される[322]。

---

[318]　例えば、西谷敏「労働法における個人・団体・国家──自己決定理念の意義を中心として」法哲学年報1989年42頁以下、同「労働法における自己決定の理念」法律時報66巻9号（1994年）26頁以下を参照（同『規制が支える自己決定』（2004年）も参照）。

[319]　山本敬三「現代社会におけるリベラリズムと私的自治──私法関係における憲法原理の衝突（1）」法学論叢133巻4号（1993年）6頁。

[320]　この点について、前述262-264頁。

[321]　山本敬三「現代社会におけるリベラリズムと私的自治──私法関係における憲法原理の衝突（二・完）」法学論叢133巻5号（1993年）5-6頁。

[322]　「民法九六条に直接あたらないことを理由として保護を否定するならば、それは、国家が憲法上みずからに課せられた基本権保護義務を果たさないことを意味する。したがって、

ところが、山本は次のように述べる。「詐欺の拡張には、やはり限界があると言わざるをえない。それは、そうした拡張が、『詐欺』の本来の意味と相容れないからである。つまり、『詐欺』とは、もともと『わざとだます』という意味である。にもかかわらず、そこから『故意』の要件をはずしてしまうと、詐欺を語りえないところで『詐欺』があると言うことになりかねない」[323]。

憲法レベルにおいて欺罔者の行為自由と対等の地位を占める被欺罔者の自己決定権の保護[324]が民法レベルにおいて否定されることになるなら、これは基本権保護義務論が「96条1項における詐欺」の解釈の変更を迫る議論ではないことを示唆する。このことは、96条1項の枠組において伝統的な詐欺解釈に対して変容を求める私の立場においては疑問として映るのであり、引き続き確認する。

② 基本権保護義務論の問題

96条1項の詐欺論へ権利論の視点が導入されるならば、欺罔者の悪性あるいは行為態様に偏した伝統的詐欺解釈と異なり、詐欺取消制度の拡張が支持されるのではないか。なぜ山本は詐欺取消制度の拡張を許さないのか。ここに基本権保護義務論の問題が見出される。

「『詐欺』とは、もともと『わざとだます』という意味である」という山本の理解は、これまで検討してきた諸議論から容易に推察され得るように、欺罔者

かりに民法典が『詐欺』『強迫』の場合に保護を限定する趣旨であったとしても、それを拡張する方向で法創造することが憲法上要請される」のであり（山本敬三『公序良俗論の再構成』（2000年）71頁）、96条1項の詐欺に関連して議論される意思決定自由についても、「この意思決定の自由とは、究極的には、憲法13条の幸福追求権にまでさかのぼる基本的な自由である。このことは、法形成の問題を考えるうえで、非常に大きな意味をもつ。なぜなら、そのような基本的な自由、つまり基本権を他人による侵害から保護することは、国家のもっとも基本的な義務に属するからである」、という（山本敬三「取引関係における違法行為をめぐる制度間競合論──総括」ジュリスト1097号（1996年）127頁）。

323) 山本・前掲注322・「取引関係における違法行為をめぐる制度間競合論──総括」128頁。

324) 欺罔者の側の営業の自由あるいは経済活動の自由も基本権として位置づけられる、という意味である。この点について、山本・前掲注322・『公序良俗論の再構成』67頁以下。

の側から見た詐欺である。しかし、民事詐欺は刑事詐欺とは異なるものであり、当然、民法では罪刑法定主義や故意犯処罰の原則に従う理由はなく、それどころか民法では過失責任主義が妥当している。そもそも民法は「個人の尊厳……（中略）……を旨として、解釈しなければならない」（2条）。被欺罔者の側から見れば、詐欺を意思決定自由の侵害として解釈することは可能であり、この定義において故意は必然の要件ではないはずである[325]。

　ならば、なぜ山本は後者の意味における詐欺の解釈の可能性を否定するのか。この疑問は、あるいは次のように考えるならば、解消されるのかもしれない。山本は権利論と密接に関連する基本権保護義務論を展開し、これは国家をして基本権保護義務を負わしめ、かかる保護義務の履行を求める方法を正当化する議論である。そして、その履行方法として、例えば裁判所の判決あるいは国会の立法が考えられている[326]。しかし、少なくとも96条の問題に関して、裁判所の役割に期待することはできない。なぜなら、96条における詐欺取消制度に関連する諸問題は、本来的に裁判所の法観的（例えば、違法の判断として行為態様の重視）、偏見的（例えば、「騙された者にも落ち度がある」という理解）かつ場当り的（例えば、評価矛盾の放置）な態度に由来しているからである。それゆえ、次いで国会の立法に基づく基本権の保護が考えられる。立法を通じて96条の問題を解決する方途は十分に考えられ得るであろう。しかし、この意味における基本権保護義務論は一種の（あるいは、まさに）立法論である。すなわち、96条における詐欺取消制度の問題点が理論あるいは解釈によって解決されるならば、この局面における基本権保護義務論は（完全ではないにしても）その意義を失う。したがって、山本の理解によれば、現在の96条の枠組を前提とする限り、詐欺取消制度の拡張を図る方向へ向かないのである。

　ならば、山本は、詐欺に関連して、立法論を展開しているのか。山本は消費者契約法の不十分性を説き、立法論として民法における不実表示の導入を示唆

---

325) 「被欺罔者の救済の立場からは欺罔者に故意ありしや否やは本質的な問題ではあり得ない」（内田力蔵「英法に於ける善意不實表示に就いて（1）」法学協会雑誌53巻5号（1935年）836頁）。

326) 山本敬三「契約関係における基本権の侵害と民事救済の可能性」田中成明（編）『現代法の展望　自己決定の諸相』（2004年）13頁。

している[327]。近時の債権法改正に伴う法律行為法における改正提案においても、不実表示規定の導入が検討されたことは周知であろう[328]。なお、山本は、立法的解決が実現する間の当座の措置として、錯誤法の拡充を唱える[329]。しかし、これは評価矛盾の拡大を意味するのであって[330]、ここにも解釈による解決に期待していない山本の態度が窺われる。

　以上を要するに、民法96条1項の詐欺取消制度においては、ついに被欺罔者の意思決定自由は解釈の基軸に置かれず、むしろ故意要件は維持され、その結果として相手方の過失に由来するリスクは被欺罔者が負担しなければならない意味の自己責任が正当化され続けた。すなわち、民法96条1項の詐欺取消制度において語られる自由意思は、違法根拠の自由意思としてではなく、もっぱら責任根拠の自由意思として理解されているのである。

　もちろん、立法論は、それ自体として重要である。仮に不実表示法の導入が実現すれば、本書の課題は（少なくとも理論的見地から）一挙に解決される可能性が開かれる。むろん、私は不実表示法の導入について反対ではない。しかし、不実表示法の導入を巡る議論の存在それ自体が、過失行為から意思決定自由が保護されるべき要請の存在を示唆しているはずである。このような要請に対して現在の民法に如何なる可能性が残されているのか、現在の96条が担う本当の役割は何か、こうした問に答える努力を怠れば、改正後の救済制度においても不当な桎梏が課せられる可能性を残してしまうのではないだろうか。

---

327) 山本・前掲注326・27頁。
328) この点に関して、山本敬三「契約規制の法理と民法の現代化（一）」民商法雑誌141巻1号（2009年）35頁。民法（債権法）改正検討委員会（編）『債権法改正の基本方針』別冊NBL 126号（2009年）30 - 31頁も参照。
329) 山本・前掲注326・27頁。
330) 債権法改正に伴い、錯誤（95条）の効果は無効から取消へ修正されたが、それでもなお問題は残る。前述17頁を参照。

第 2 章　民事詐欺の違法性と責任

第 1 節　比較法の帰結の考察——裁判例を素材として

第 1 款　一般事例

第 1 項　裁判例の紹介と一般的動向

(1) ドイツの裁判例

ここまで主として学説の展開を検討した。学説においては被欺罔者の被侵害権利、すなわち意思決定自由を基点として詐欺取消制度を捉える立場は登場しなかった。もちろん、こうした解釈が被欺罔者の救済を不当に制約していないのであれば、問題は少ない。それゆえ、続く問題は、実際の詐欺取消制度が如何に運用されてきたか、である。

ただし、詐欺取消制度の在り方が一義的に決定され得ない以上、「被欺罔者の救済が不当に制約されているか否か」は相対的な問題であり、比較検討を要する。それゆえ、以下では、日本の裁判例と 96 条 1 項の母法たるドイツの裁判例を比較し、日本民法における詐欺取消制度の運用の実態を確認する。

まず裁判例の類型を一般事例（本款）と特殊事例（次款）に二分し、それぞれドイツの裁判例[1]と日本の裁判例を紹介する。ドイツ法における詐欺取消

1） 本書にて検討するドイツの裁判例は、代表的なコンメンタール（例えば Reinhard Singer und Barbara von Finckenstein, in: Staudingers Kommentar, Buch 1 Allgemeiner Teil 3, 2004, S. 593 ff.; Ernst A. Kramer, in: Münchener Kommentar zum Bürgerlichen Gesetzbuch, 1. Bd., 1. Halbband, 5. Aufl., 2006, S. 1400 ff.）および代表的な教科書（例えば Dieter Medicus, Allgemeiner Teil des BGB, 8. Aufl., 2002, S. 308 ff.; Karl Larenz und Manfred Wolf, Allgemeiner Teil des Bürgerlichen Rechts, 9. Aufl., 2004, S. 682 ff.）において掲載されている裁判例から選び出された約 40 件である（選び出された裁判例において引用されている裁判例も含む。ただし、各コンメンタールないし各教科書のドイツ民法 123 条の項目において掲載されている裁判例は同条 2 項・3 項に関する裁判例、強迫に関する裁判例、錯誤に関連する裁判例、旧瑕疵担保規定に関する裁判例等も含まれて

事例の類型を大別するなら、売買契約・保険契約・労働契約・認知・消費貸借契約（投資信託関係を含む）・その他に分類できる。そのうち、保険契約・労働契約・認知・消費貸借契約に関連する諸事例は特殊事例として位置づけられる[2]。そこで、本款では、まず一般事例として売買契約・その他について検討する。そして、この分類に対応させて、日本の裁判例を検討する。

① 売買契約の事例

[独1] RG 3. 2. 1904（JW 1904, S. 167）

ある鉱山に事故が発生し、この鉱山の鉱山株を保有していた原告は急いで同鉱山株の売却を申し込み、この事故を知らなかった被告は原告から同鉱山株を購入したものの、後に被告は同事故について知り、この点に関して被告が原告の悪意の秘匿を理由として本件売買契約を取り消し、これに対して原告は同鉱山株を競売に付し、そして同鉱山株の相場価値の下落相当分を原告が被告に対して求めた事案。原審は、原告が本件事故に関する被告の不知について認識していたことを確認し、錯誤の利用に基づく悪意の欺罔を肯定した。かかる原審判断を、帝国裁判所（以下、「RG」）も維持した。

[独2] RG 27. 3. 1906（RGZ 62, S. 149）

電気設備に組み込まれた中古モーターの売主たる原告が買主たる被告に代金の支払を求め、これに対して当該モーター部分が極度に老朽化し、原告が予定していた用法に適う使用に耐えず、この点に関して被告が原告の悪意の秘匿を理由として本件契約の取消しを求めた事案。原審は、当該モーターの利用可能性について被告から質問を受けていた原告が、当該モーターの老朽性を被告が認識していたなら原告は本件契約を締結しなかった、あるいは少なくとも低い

おり、これらの裁判例は検討対象から除外している）。20世紀前半の古い判例および21世紀以降の新しい判例に関しては、各時代の雑誌等の索引も利用した。

2) 保険契約および労働契約は経済的弱者が欺罔者として登場する事案であり、認知の事例は非嫡出子の法的地位に関わる問題であり、そして主として投資信託の前提として締結される事例として争われる消費貸借契約は第三者ないし第三者の詐欺（とりわけ銀行）の問題を含み、それぞれ少なからず特殊性を有する。各事案類型の詳細は後述する。

価格で購入していたであろうことを認識しつつ、当該モーターの性能を秘匿したのであり、これが悪意の欺罔を意味する旨を説示した。RG も、取引通念によれば買主の決断にとって重要となる事柄について売主は説明義務を負い得る旨を指摘し、被告の主張を認めた。

[独3] RG 5. 6. 1907（JW 1907, S. 473）
　石灰坑の売主たる原告が買主たる被告に対して残代金の支払を求め、これに対して被告が同坑の活用可能期間に関する原告の虚偽の言明を理由として悪意の欺罔に基づく取消可能性を主張した事案。RG は、原告の言明が単なる吹聴（推奨的保証）であっても、それが契約の締結にとって重要であり、かつ実際に契約の締結を惹起したならば、これは悪意の欺罔の構成要件を満たす旨を説示し、被告の主張を認めた。

[独4] RG 29. 5. 1908（RGZ 69, S. 13）
　コーヒー 250 袋の売買契約の締結時点において既に支払不能であった買主たる被告は、このことを売主たる原告に秘匿しつつ、転売目的で当該売買契約を締結したものの、その後に破産し、これに対して原告が買主の欺罔を理由として本件契約を取り消した事案。原審は、実際の事実状況および真意を秘匿することによって取引相手方を欺罔することが取引における信義誠実の原則に違反する旨を説き、悪意の欺罔を認めた。RG も、原審判断を維持した。

[独5] RG 1. 4. 1909（JW 1909, S. 309）
　事案の詳細は明確ではないものの（少なくとも売買契約の可能性は窺われる）、契約の締結に際して悪意に欺罔された者は、契約の取消しではなく、契約を存続させつつ、823 条 2 項および 826 条に基づく損害賠償を求めることもできる旨が説示された。

[独6] RG 3. 4. 1909（JW 1909, S. 308）
　屋根裏部屋を居住用として利用できる家屋の購入を希望していた原告たる買主は、被告たる売主から家屋を購入したものの、居住用として利用できない屋

根裏部屋であったのであり、この点に関して原告が悪意の欺罔に基づいて本件契約を取り消した事案。RG は、悪意の欺罔を肯定する要件として、過失では足りないが、しかし他人の錯誤および他人の意思決定や意思表示に影響を与えることが少なくとも可能性として予想されていたことで足る旨を説示し、本件における悪意の欺罔を肯定した。

[独7] RG 6. 7. 1910（JW 1910, S. 799; Seuffert's 66, S. 178）
　不動産の売買契約の締結に際して屋根裏部屋が使用できない点を秘匿していた売主たる被告に対して、この点に関する被告の欺罔を理由として原告が本件契約を取り消し、これに対して被告が欺罔の事実について争わなかったものの、原因を与えた悪意（dolus causam dans）と偶然に生じた悪意（dolus incidens）の区別を援用し、後者が妥当する本件において売買契約の取消しを求める原告側の不当性を主張した事案。RG は、こうした区別は旧法の原則であって、現在の民法においては採用されていない旨を説示し、被告の主張を退けた。

[独8] RG 27. 5. 1914（LZ 1914, 1752）
　買主たる被告が海綿（スポンジ）状の工場地を売主たる原告から購入した後、代金を請求した原告に対して被告が本件土地の性状に関する原告の欺罔を理由として本件契約の取消しを求めた事案。原審は、原告従業員は海綿の存在を認識していたわけではないものの、その疑念を有していたことを理由として原告の欺罔を肯定し、被告の主張を認めた。原審に反して RG は、単なる疑念の秘匿は悪意の欺罔を構成せず、むしろ被告には本件契約締結前において本件土地の自由な検分が認められ、実際に被告は検分していた等を理由として、原告の欺罔を否定した。

[独9] RG 17. 10. 1919（RGZ 96, S. 345）
　単なる商人に過ぎない原告が独立した製造業者を装い、2万個の信管カプセルを被告へ売却したものの、一部履行された時点において原告が単なる商人であることを知った被告が原告の欺罔を理由として本件契約の取消しを求めた事案。原審は、独立した製造業者という属性が被告にとって重要であり（当該カ

プセルが原告の工場で製造されたか否か、が重要)、このことを原告が認識していた旨を認定し、被告の主張を認めた。この判断をRGも支持し、錯誤が惹起されなければ意思表示を為していなかったかもしれない、ということを欺罔者が認識していたならば悪意の欺罔は認められる旨を説示した。

[独10] RG 25. 4. 1938 (JW 1938, S. 2007)

　事案の詳細は明確ではないものの、特許の譲渡に際して譲渡人が帝国特許庁の中間決定を秘匿し、これを理由として譲受人が譲渡人の開示義務違反に基づいて譲渡契約を取り消した事案。当該契約の取消可能性を否定した原審に反して、RGは123条が刑法263条と異なり利得意図あるいは侵害意図を要さず、[独9] を引用しつつ、秘匿なかりせば被欺罔者が契約を締結していなかった可能性を欺罔者が予想していたなら (mit Möglichkeit gerechnet hat)、欺罔者の認識として足りる旨を説いた。

[独11] BGH 12. 11. 1957 (NJW 1958, S. 177)

　自動車用モーターの売主たる被告が、買主たる原告から希望するモーターの性質を告げられていながら、その性能に適しないモーターを適するように見せかけて、当該モーターを原告へ販売し、この点に関して原告が被告の欺罔を理由として本件契約の取消しを求めた事案。連邦通常裁判所 (以下、「BGH」) は、悪意の欺罔に関する立証について、原告が自身の決断にとって重要となり得る事情を立証し、当該欺罔が経験則に従えば当該法律行為に際して決断に影響を与え得ることが常であることが立証されるなら、被告の欺罔が原告の決断に対して影響を与えた点について一応の証明が与えられ得る旨を説示し、被告の欺罔を肯定し、原告の主張を認めた[3]。

---

3) 本件における原告は、欺罔に基づく契約の取消可能性を主張する前に、瑕疵担保に基づく損害賠償を請求していた。この点について被告は、同請求権の主張が取消可能な契約の追認あるいは欺罔に基づく取消権の放棄を意味する旨の主張を展開し、原告の主張の棄却を求めた。しかし、裁判所は、本件における契約の追認あるいは取消権の放棄を認める前提として、原告による取消権の断念が諸事情から明瞭でなければならず、そして取消権を行使しないことによって契約を存続させる意向が表明されていなければならないものの、こうした点が本件において窺われない旨を指摘して、被告の主張を退けた。

［独12］BGH 31. 1. 1962（NJW 1962, S. 1196）

　古い丸鋸に代えて新しい木材用丸鋸を原告から購入した被告は、売買契約を締結する際に、新しい機械を古い機械が置かれていた場所に設置可能であるか否かを被告の従業員に尋ね、この質問に対して同従業員は肯定したのであるが、しかし実際は新しい機械は古い機械より大きく、元の場所に収まらず、代金を求めた原告に対して被告が損害賠償を求めた事案。BGHは、たとえ悪意の欺罔に基づく取消可能性が認められなくても、契約締結上の過失に基づく損害賠償請求権は認められ得るのであり、しかも同請求権に基づく原状回復によって取消権の行使と同じ結論へ到達する旨を説示して、被告の主張を認めた[4]。

［独13］BGH 20. 9. 1968（NJW 1968, S. 2139）

　原告の土地の売却を委託された被告は当初の設定価格による売却が不可能である旨を原告に告げ、原告をして売却価格を引き下げさせ、最終的に被告が自ら原告の当該土地を買い受け、この点に関して原告が被告の欺罔を理由として本件売買契約の取消しを求めた事案。原審は、当初から被告が自ら当該土地を買い受ける意図であったか否かが原告にとって極めて重要な事実であり、原告の意思決定と被告の欺罔に関して一応の証明が成立する旨を説示し、原告の主張を認めた。これに反して、BGHは、一応の証明を認める前提として定型的な事態の経過（特定の原因から特定の方向へ至る経緯が容易に推測され得る事実）が存在していなければならず、確かに［独11］においては定型的な事態の経過が見られるが、しかし本件においては見当たらない旨を説示し、事案を原審へ差し戻した[5]。

---

[4]　取消権と同じ結論へ至る損害賠償請求権を肯定した裁判所は、本件において被告が取消権を主張・行使した事実を確認する必要が存しない旨も指摘し、そして実際に本件においても確認していない。しかし、裁判所は他方で物権的効果を有する123条の取消権の独自性が失われるわけではない点も確認し、同条の意義をも強調しており、この点および本件の重要性に鑑みて、本書では本件を悪意の欺罔に基づく取消可能性に関連する事案として取り上げた。

[5]　本件においては一応の証明が主たる論点であり、自己契約に関しては深く言及されていない。

［独14］BGH 28. 4. 1971（NJW 1971, S. 1795）

　車両製造業を営む原告は運送業を営む被告からトレーラーのタンク部分の注文を受け、目的物を引き渡したものの、当該タンクに液体を満杯まで入れると、ブレーキやカーブの際に生じる増水振動によって運行の安全が損なわれることが判明し、代金の支払を求めた原告に対して被告が原告の欺罔を理由として本件契約の取消しを求めた事案。原告の説明義務を否定した原審に反して、BGH は、売買法を支配する信義則に基づいて買主の決断にとって重要な事実を告げるべき売主の説明義務が生じ得る旨を説示し、当該タンクについて専門知識を有する原告には運搬の際に生じる危険について説明すべき義務が課されていた点をも確認し、さらに欺罔なかりせば相手方は意思表示を為さなかったであろう、または当該の合意内容では為さなかったであろう、という未必の故意を行為者が有していたなら悪意が肯定される旨も指摘して、事案を原審へ差し戻した。

［独15］BGH 8. 5. 1980（NJW 1980, S. 2460）

　不動産の管理を訴外会社に委ねていた売主は、当該家屋の地下室に地下水が過去に何度も浸入していたことを知らず、それにもかかわらず買主たる被告に対して本件家屋を何ら問題のない物件として説明し、仲介業者たる原告を通じて売買契約が成立したものの、後に被告が地下水の浸入について知り、仲介報酬の支払を求めた原告に対して被告が売主の欺罔に基づく抗弁を主張した事案。BGH は、容易に認識し得る誤れる事情を盲目的に確約する者は悪意の欺罔を犯していること、つまり「でたらめ（ins Blaue）」に為された確約が悪意を基礎づけ得ること、そして当該欺罔者が当該事情を知らなかったことは重要ではないことを説示し、被告の主張を認めた。

［独16］BGH 12. 5. 1995（NJW 1995, S. 2361）

　原告は被告から三階建の居住用建物を購入し、その際に原告は契約書を通じて二階および三階部分について住居拘束（Wohnungsbindung）[6]が存在する旨

6）　公共の資金（または公共の資金の借受）によって建てられた住居は社会的住居と呼ばれ、

の保証を受けていたのであるが、しかし実際には同拘束は一階部分にも及んでいたのであり、この点に関して原告が被告の悪意の欺罔を理由として本件契約を取り消した事案。一階部分の住居拘束の有無が原告にとって重要であった旨を示す事実が存在しないこと等を理由として本件契約と欺罔の因果関係を否定した原審に反して、BGH は、契約の決断にとって重要ではない事実が保証されるわけはなく、契約書において住居拘束の不存在が保証されていたこと自体が原告の決断に影響を与え得たことを正当化する旨を指摘して、原告の主張を認めた。

[独17] KG 1.4.1997（NJW 1998, S. 1082）

買主たる原告が家屋の購入を決断する際に売主たる被告の履行補助者は当該家屋の取得に必要な費用が賃料収入や税の優遇措置によって全て補填される旨を述べ、この言明に基づいて原告は本件家屋の購入を決断したのであるが、しかし実際は賃料収入や税の優遇措置によって本件家屋の購入価格を補填することができず、このことを1992年6月に認識した原告が被告の欺罔を理由として1993年1月に本件契約を取り消した事案。宮廷裁判所（ベルリンの上級地方裁判所。以下、「KG」）は、当該言明を客観的に検査可能な内容として理解し、でたらめ（ins Blaue hinein）に為された表示から少なくとも未必の故意が窺われ、さらに自己資本なくして家屋の購入を決断した原告の態度が経済的に不合理であるように見えても、つまり被欺罔者が自身の過失に基づいて正しい事実状況を認識しなかったとしても取消権は排除されない旨を説示し、原告の主張を認めた。

[独18] BGH 20.10.2000（NJW 2001, S. 64）

原告が被告から購入した土地は被告の前所有者が操業していた金属加工工場の影響によって汚染されていたのであり、この点に関して原告が被告の説明義務違反を理由とする悪意の欺罔に基づいて本件契約を取り消した事案。欺罔を否定した原審と異なり、BGH は、買主にとって重要な意味を持つ事柄の通知

その家賃および入居は住居拘束法（Wohnungsbindungsgezetz）によって統制される。

を取引通念によれば買主が期待し得る場合には、この点について売主は開示義務を負い、さらに売主が廃棄物を認識していたなら、土壌汚染に関する疑念を買主に伝えるのみでは説明義務は果たされない旨を指摘して、事案を原審へ差し戻した。

[独19] BGH 7. 6. 2006（JZ 2007, S. 98; NJW 2006, S. 2839）
　原告は被告から中古車を購入し、その契約の際に書面を通じて本件中古車が無事故である旨が示されていたものの、後に同中古車の事故歴が判明し、原告が被告の欺罔を理由として本件契約を取り消した事案。BGH は、一方で被告が本件中古車の事故歴について明確な認識を有していたわけではなかった点を認めつつ、他方で事実上の根拠なく（ohne tatsächliche Grundlagen）でたらめに（ins Blaue hinein）無事故を保証することが悪意を構成し得る旨を指摘し、原告の訴を認めた。

　売買契約の事例はドイツの裁判例 48 件中 19 件を占め、他の類型に比べて最も多い割合であり、しかも各年代において均等に見受けられ、ドイツにおいて詐欺取消制度の適用が争われる原則的類型であることが理解できる。注目される点は、詐欺の高い肯定率である。この点において、既にドイツ法と日本法の相違が示唆される。
　そして、こうした相違の理由として、ドイツの裁判所が故意を広く捉えている点が挙げられる。まず、欺罔者が備えるべき故意の内容および程度として、被欺罔者が正しい事実を認識していたなら、当該契約を締結していなかったであろう、という認識で足りる。すなわち、結果の意欲まで要求されているわけではなく、未必の故意による悪意の充足が認められている（[独14]、[独17]）。加えて、欺罔者の認識は、確実な認識ではなく、可能性の認識で足りる（[独6]）。さらに、近時においては、欺罔者本人が当該言明の事実性を認識していなくても、でたらめな（ins Blaue）言明に基づいて欺罔行為を肯定する裁判例が少なからず見出されるのである（[独15]、[独17]、[独19]）。
　欺罔者の故意に関する要件は主観的要件である。これに対して、客観的要件として欺罔行為および欺罔と意思表示の因果関係が必要である。欺罔行為は虚

偽の事実の言明あるいは正しい事実の隠蔽であるが、しかし当該事実の内容は必ずしも厳密な意味における客観的な事実に限定されているわけではなく、単なる吹聴で足りる（［独3］）。欺罔行為が認められれば、残る要件として当該欺罔と意思表示の因果関係が必要であって、この因果関係については一応の証明を認める裁判例が存在する（［独11］および［独13］の原審。しかし、［独13］は否定する。後述の如く、他の事案類型においても、一応の証明が認められなかった事案［独29］・［独22］と認められた事案［独25］が存在し、判例は確立していない）[7]。

以上の如く、123条における悪意の欺罔に関する諸要件は相当程度において緩和されている。そして、このことは主観的要件に関して顕著である。例えば、未必の故意（に相当する程度の故意）を認める裁判例は戦前から既に存在しているし、さらに近時の傾向として、でたらめな（ins Blaue）言明あるいは可能性の認識に基づいて欺罔者の主観的要件を肯定する裁判例も登場しているのである。

こうした傾向と並行して注目に値する事例群として、契約締結上の過失法理によって123条を補完させる裁判例が挙げられる（［独12］）[8]。これ以降の事案において、裁判所は、契約締結上の過失法理に基づく損害賠償と123条における取消可能性を接近させる。例えばBGH 11. 5. 1979（NJW 1979, S. 1983）は強迫の事案において、取消期間経過後[9]も契約締結上の過失法理に基づいて契約の履行を拒絶し得る旨を説く（換言するなら、契約締結上の過失法理に基づく損害賠償と123条における取消可能性の本質的相違は時効期間のみ）。加えて、BGH 17. 4. 1986（WM 1986, S. 1032）は、契約締結上の過失に基づいて責を負うべき人的範囲を123条によって決定すべき旨を説示している。さらに、BGH 26. 9. 1997（NJW 1998, S. 302; MDR 1998, S. 25; JZ 1998, S. 1173）は、1989年の不動産売買契約に際して原告が被告から売買代金の支払が賃料や税制措置によ

---

7) この点について、Othmar Jauernig, in: Bürgerliches Gesetzbuch, 10. Aufl., 2003, S. 65 も参照。

8) この事案および同事案以降の学説および裁判例の展開について、前述159－166頁も参照。

9) ドイツ民法124条1項：123条による取消可能な意思表示の取消しは、1年以内にのみ為すことができる。

って補われ得る旨の説明を受けたものの、実際には原告が代金の一部を支出しなければならず、1993年に原告が損害賠償を求める訴を提起した事案において（事案の内容としては［独17］と同種であるが、しかし123条に基づく取消権は争われていない）、代金の支払に関して根拠なく「でたらめ（ins Blaue hinein）」に誤れる言明を為す者は当該言明の不正確性の可能性を予想し、未必の故意を有しているのであり（rechnet mit der Möglichkeit ihrer Unrichtigkeit und handelt bedingt vorsätzlich）、本件においては客観的に誤れる被告の言明が原告の決断に影響を与え、この義務違反が場合によっては123条に基づく取消可能性を正当化し、たとえ客観的な価値を備える給付であっても、それが被欺罔者の目的にとって無意味であるなら、このことをも損害として捉え得る旨を説示している（いわゆる差額説に基づかない損害概念が採用されている。123条に基づく取消可能性は損害の発生を要件として求めないのであるから、契約締結上の過失法理に基づく損害賠償請求権は、さらに123条における取消可能性へ近づく）[10]。

　以上の裁判例から、契約締結上の過失法理と123条における取消可能性が接近している様子を知ることができる。そして、このことは、両面から見て取ることができる。すなわち、一方で契約締結上の過失法理に基づく損害賠償が123条における取消可能性へ接近しつつ、他方で123条の主観的要件が過失へ接近している、ということである。例えば、近時の事案［独19］の評釈においても、本件において判断された悪意の内容は認識ある過失（bewusste Fahrlässigkeit）に相当する旨が指摘されている[11]。詐欺概念の拡張の可能性が示唆され、重要である。

　123条における悪意の欺罔に関する上述の基本構造は、作為の欺罔においても、不作為の欺罔においても、原則として同様である。しかし、不作為においては、その前提として作為義務の存否が判断され、その基準として信義誠実あ

10）　本件が［独17］と異なり123条における取消可能性ではなく、契約締結上の過失法理に基づく損害賠償が求められた理由は時効に関係しているのであろう。本件においては契約の締結時から数年後に損害賠償が請求されているが、しかし［独17］においては被欺罔者が欺罔を認識してから1年以内に取消可能性が求められている。それゆえ、［独17］においては123条に基づく取消可能性および契約締結上の過失に基づく損害賠償請求権の両者が主張可能であって、そして実際に主張され、両者とも認容されている）。

11）　Florian Faust, JZ 2007, S. 103.

るいは取引通念が挙げられている（［独2］、［独4］、［独14］、［独18］）。

なお、［独10］と［独11］は、戦時期を挟んで、約20年の間隔が見られる。その理由は必ずしも明確ではないが、しかし経済統制の影響が考えられるかもしれない[12]。

② 売買・保険・労働・認知・消費貸借を除いた他の事案類型
[独20] RG 14. 3. 1929（JW 1929, S. 3161）

賃借人たる原告と賃貸人たる被告は農地の賃貸借契約を締結し、その際に被告は本件農地の地積が少なくとも77モルゲン（1 Morgen = 30 are：1 are = 30.25坪）である旨を原告に告げていたのであるが、しかし実際には60モルゲン程度の地積しかなく、この点に関して原告が被告の欺罔を理由として本件契約の取消しを求めた事案。欺罔の存在を否定した原審に反して、RGは、自己の言明が相手方にとって本質的であることを欺罔者が認識していなくても、自己の言明が不正確かもしれない可能性を予想してさえいたなら（nur mit der Möglichkeit rechnet）、悪意を肯定し得る旨を説示しつつも、本件の被告が賃貸人という強い立場から自己に有利な契約を原告に強制した点を重視し、138条1項[13]に基づく本件契約の無効を認めた。

---

12) フランツ・ノイマン（岡本友孝・小野英祐・加藤栄一 訳）『ビヒモス』（1963年）226頁以下も参照（詐欺取消制度の意味の詐欺ではないものの、「詐欺師の追放」（特に233頁以下）が語られている）。なお、「自由契約を主眼とすればこそ、意思表示に關する民法第九三條乃至九六條の意思欠缺に關する規定、並に契約の成立に關する詳細な法規を必要とするであらうが、規制契約に於いて錯誤並に詐欺に關する民法總則の規定は殆ど用を爲さぬであらう」（石田文次郎「契約理論の轉化」法学論叢43巻5号（1940年）51頁）。

ドイツではナチス私法学者の主張に基づき、1935年の大学教育過程の改正によって民法総則が消滅し、法律行為が「契約と不法」へ吸収された時代が存在した（もちろん、戦後は旧に復した。この点について、五十嵐清「ファシズムと法学者――ナチス私法学の功罪を中心に」北大法学論集14巻3・4合併号（1964年）423頁）。このことが法実務において如何なる影響を与えたか、は必ずしも明確ではないものの、戦前の一時期から法律行為法における詐欺取消制度の適用が見られなかった理由と無関係ではないかもしれない。

13) ドイツ民法138条1項：善良の風俗に反する法律行為は、無効である。

[独21] AG. Jena 14. 9. 1937（JW 1937, S. 3306）

　ナチスの機関紙を発行していた被告は原告から新聞広告の掲載を依頼されたものの、原告が非アーリア人（非アーリア人について前述 145 頁の注 93 を参照）であったことを理由として被告は広告掲載を取り止め、これに対して原告が損害賠償を求めた事案。区裁判所（最下級の通常裁判所。以下、「AG」）は、悪意の欺罔の可能性に言及しつつも、むしろナチス機関紙がユダヤ人の広告依頼を引き受けることはナチスの根本的信念に反し、かつ善良の風俗にも反する旨を説示し、本来的な契約の不成立を理由として原告の主張を退けた。

[独22] BGH 20. 11. 1995（NJW 1996, S. 1051）

　原告が取締役を務める会社によって雇用されていた訴外Ｓが、自己の社員権を被告へ譲渡し、その際に同社の債務をも被告が引き受ける旨の合意が交わされたものの、その後に同社が債務超過によって破産寸前に陥り、この点に関して被告がＳの欺罔を理由として本件引受を取り消し、所管官庁から未納税債務の請求を受けた原告が被告の引受を援用し、被告に対して同額の支払を求めた事案。原審は、一応の証明に基づいて欺罔の因果性を肯定し、さらに原告を 123 条 2 項の意味における第三者として認めなかった。これに対して BGH は、Ｓが原告の元夫であったこと、被告がＳの子であること、Ｓにとって被告をして原告の会社を支配せしめることが重要であったこと、それゆえＳが被告を欺罔する理由に乏しいこと等を重視し、原審の判断を否定して、事案を原審へ差し戻した。

[独23] BGH 23. 4. 1997（NJW 1997, S. 1845）

　農場の旧賃借人たる被告から新賃借人たる原告へ賃借不動産が引き継がれた際に、既に備え付けられた家具等の対価および修繕費用や修繕労務を原告が被告に支払う合意が成立したものの、実際は賃貸人が諸種の費用を支出していたのであって、この点に関して原告が被告の欺罔を理由として本件合意の取消しを求めた事案。欺罔を否定した原審に反して、BGH は、被告の欺罔を認め、具体的な費用を算出させるために、事案を原審へ差し戻した。

［独24］BGH 3. 2. 1998（NJW-RR 1998, S. 904）

　原告はゴミ処理施設の特許に関するライセンス契約を被告と締結したものの、契約締結時点においてライセンス取得者に独占的地位を認める保護権の認可は与えられておらず、この点について原告が被告の欺罔を理由として本件契約の取消しを求めた事案。BGHは、たとえ保護権が存在しなくても、特許が認められていたこと、この両者の相違を被告が認識していなかったこと、そして原告に不利益が生じていなかったこと等を理由として、原告の主張を退けた。

［独25］OLG Köln 17. 12. 1998（NJW-RR 1999, S. 882）

　転貸人たる被告と転借人たる原告は飲食店舗の転貸借契約を締結し、原告は賃料の数ヶ月分を既に支払ったのであるが、しかし後に賃貸人に対する被告の賃料滞納が判明し、この点に関して原告が被告の欺罔を理由として本件転貸借契約を取り消し、既払い分の賃料の返還を求めた事案。上級地方裁判所（以下、「OLG」）は、意思決定にとって重要な事実は信義誠実に基づいて開示が期待され得るのであり、本件における被告の賃料の滞納は重要な事実であって、この秘匿は悪意を構成し、さらに原告が被告の経済状況を認識していたなら原告は本件転貸借を締結していなかったであろうという一応の証明が作用する旨を説き、原告の請求を認めた。

［独26］BGH 8. 12. 1999（NJW 2000, S. 2497; WM 2000, S. 2160）

　運送業者たる被告と運送品に関する保険会社たる原告が、ある運送品の紛失について和解契約を締結したものの、その後に被告の業務組織体制に紛失・盗難を十分に防止し得ない欠陥が存在していたことが判明し、この点について原告が被告の欺罔を理由として本件和解契約の取消しを求めた事案。BGHは、悪意の立証として侵害意図や侵害故意を要せず、欺罔なかりせば相手方は意思表示を為さなかったであろう、という未必の故意で足りる旨を説示しつつ、本件における欺罔の存否について触れず、むしろ損害賠償請求権の可能性を示唆し、事案を原審へ差し戻した。

［独27］BGH 23. 5. 2001（NJW 2001, S. 543）
　かつて原告の夫が放棄した不動産に関する権利の回復を原告が未決財産問題規制庁（ARoV: Amt zur Regelung offener Vermögensfragen）に請求し、その許可を見越した原告は同不動産を被告に対して123万ドイツマルクで売却したものの、その際に原告は被告の弁護士から当該請求が認められる可能性は低い旨を聞かされ、先の売買契約に代えて最終的に原告は同不動産に関する回復請求権を被告に対して12万ドイツマルクで売却したのであるが、しかし本件売買契約の直後に別個の回復原因に基づく手続を通じて当該請求が同規制庁によって認められ、この点に関して原告が被告の欺罔を理由として本件契約の取消しを求めた事案。原告の主張を退けた原審に反して、BGHは、欺罔と意思表示の因果関係について、自己の決断にとって重要となり得る事情および当該の誤れる言明が経験則に鑑みて法律行為の際に影響を与える事情を被欺罔者が主張・立証すれば足り、その他の回復原因に基づく回復可能性を原告が認識していたならば、経験則によれば原告は本件契約を締結していなかったであろうことが認められる旨を指摘して、原告の主張を認めた。

［独28］OLG Koblenz 6. 5. 2008（NJW 2008, S. 3073）
　賃借人の収入状況を確認する前提として、賃貸人たる原告は賃借人の使用者たる被告から同賃借人の労働証明および同賃借人の収入が譲渡ないし担保に付されていない旨の表示を求め、この表示を受けたものの、実際は同賃借人の賃金収入は既に差し押さえられていたのであり、この点に関して原告は悪意の欺罔を理由として本件賃貸借契約の取消しを求めたが、しかし本件差押えを認識した後も原告は賃貸借関係を維持していた事案。OLGは、正しい事実関係を認識していた原告が賃貸借関係を維持していたことから、原告によって法律行為の取消可能性よりも法律行為の維持が優先された旨を認定し、原告の主張を退けた。

　以上の通り、「売買・保険・労働・認知・消費貸借を除いた他の事案類型」の事例はドイツの裁判例48件中9件を占める。例えば［独21］の如く、当時の社会事情を窺わせる特殊な事案が存在し、詐欺の成立が否定された事案も散

見され、売買契約の類型と異なる点も見られる。ただし、一般的な説示に関しては売買契約の類型において確認された欺罔の諸原則が妥当している。例えば、[独20] においては可能性の認識に基づく欺罔の成立可能性が語られ、[独26] においては未必の故意について語られ、[独22] および [独25] においては一応の証明について語られ、さらに [独25] においては不作為の欺罔を認める前提として信義則が語られている。すなわち、一般的な欺罔の諸原則が妥当しているのであって、この事案類型それ自体の特異性は見当たらない。

　古来より詐欺の典型は売買契約の事案であって[14]、このことは今も変わらない。売買契約の類型は、欺罔に基づく取消権が争われる類型として、現在においても最も単純かつ数多い事例群を形成している。他国間の詐欺取消制度の比較を考えるなら、やはり売買契約の事案類型が適している。それゆえ、日・独の裁判例比較の対象として売買契約の事案を選択し、続けて売買契約に関する日本の裁判例を概観する。

(2) 日本の裁判例
① 戦前の事案
[日1] 大審院1899年（明32）6月1日（刑録5輯6巻6頁）

　事案の詳細は明確ではないものの、代金支払意思を当初から持たない買主が売主から不動産を騙取し、これを第三者へ転売し、まず買主が詐欺取財の罪に問われ、次いで売主が買主の詐欺を理由として本件売買契約の取消しを求めた附帯私訴の事案。裁判所は、詐欺の事実を認めつつ、これを第三者に対抗し得ない旨を指摘し、買主の主張を退けた。

[日2] 大審院1903年（明36）5月12日（刑録9輯849頁）

　代金の支払意思なく原告から不動産を買い受けた被告が、これを第三者へ転売し、まず被告が詐欺取財の罪に問われ、次いで原告が同不動産の返還を求めた附帯私訴の事案。裁判所は、たとえ犯罪行為の手段として原告の意思表示が

---

[14] キケロが紹介していた古代ローマにおける dolus の事案も、不動産売買の事案であった。この点について、前述40-41頁を参照。

利用されたとしても、犯罪行為の成否と法律行為の効力は何ら関係せず、原告は当該意思表示を取り消さない限り、返還請求を為し得ない旨を説き、さらに本件において96条3項が適用される旨を指摘して、原告の主張を退けた。

[日3] 大審院1904年（明37）2月19日（刑録10輯296頁）
　原告から不動産を騙取した被告が、これを第三者へ転売し、まず被告が詐欺取財の罪に問われ、次いで原告が被告の詐欺を理由として本件契約の取消しを求め、さらに被告に対して不法行為に基づく損害賠償を請求した附帯私訴の事案。裁判所は、取消しの意思表示は善意の第三者へ対抗し得ないが、しかし当該第三者が当該意思表示を認めることは妨げられず、本件において第三者は原告へ不動産を返還しているのであるから、もはや損害の原因を成す詐欺者に対して賠償を求めることはできない旨を説き、原告の主張を退けた。

[日4] 東京控訴院1906年（明39）11月26日（法律新聞398号18頁）
　訴外Aが他人の氏名を詐称することによって売主から不動産を買い受け、登記を移転し、この点に関して売主が登記の抹消を求めた事案。裁判所は、詐欺に基づく意思表示は取り消されるまで有効であり、本件の売主は未だ取消しの意思表示を為していない旨を指摘し、売主の主張を認めなかった。

[日5] 大審院1907年（明40）5月8日（民録13輯488頁）
　不動産の売主たる原告は同不動産を競売に付し、その際に買主たる被告が他の競売参加者に対して金銭を贈与する等を通じて、ある者には競売申込を断念させ、ある者には不当に安価な申込価格を提示させ、最終的に被告が不当に安価に本件不動産を取得し、この点に関して原告が被告の詐欺を理由として本件契約の取消しを求めた事案。裁判所は、被告の行為が刑事責任を構成し得る点を認めつつも、本件における偽計行為を被告が直接または間接に原告に対して為したわけではない旨を指摘し、原告の取消権を否定した。

[日6] 大審院1914年（大3）4月11日（刑録20輯525頁）
　蘭種球の需要相場に対する原告の無知に乗じて、被告は原告に対して蘭種球

の栽培を勧誘し、それを高価に買い受ける旨を告げ、原告をして蘭種球を不当に高い価格で購入せしめ、原告から金員を騙取し、まず被告が詐欺罪に問われ、次いで原告が本件契約を取り消し、売買代金の返還を求めた附帯私訴の事案。被告は返還請求額から蘭種球の引渡を受けたことによって得られた利益を控除すべき旨の抗弁を提起したものの、裁判所は売買価格全部の返還を命じ、控除の抗弁を退けた。

[日7] 東京控訴院1914年（大3）4月25日（法律新聞953号25頁）
　不動産の売主たる被告と買主たる原告が同不動産の売買契約を締結したが、しかし原告は被告が本件契約の締結に際して豪商の店員なる旨を詐称した等として、被告の詐欺を理由として本件契約の取消しを求めた事案。裁判所は、本件において何ら詐欺の事実が立証されていない旨を述べて、原告の主張を退けた。

[日8] 東京控訴院1915年（大4）3月8日（法律新聞1008号21頁）
　被告の詐欺に基づいて自己の不動産を被告へ売却した原告が本件契約を取り消し、そして不法行為に基づく損害賠償も請求した事案。裁判所は、詐欺による法律行為に基づいて財産的給付を為した者は、不当利得に基づいて当該財産の返還を請求することができるし、これに代えて不法行為に基づいて損害の賠償を求めることもできるのであって、この選択は被欺罔者の随意に委ねられている旨を説いて、原告の主張を認めた。

[日9] 大審院1941年（昭16）11月18日（法学11巻617頁）
　被告は原告の代理人を欺き、原告の山林を自己へ売却させ、しかも被告は本件売買契約締結前に同山林を訴外人へ売却していたのであり、この点に関して原告が被告の詐欺を理由として本件売買契約を取り消した事案。裁判所は、訴外人に対する同山林の売却について被告は原告に対して告知すべき信義則上の義務を負い、そして被告が同義務に違反した旨を認定し、原告の主張を認めた。

[日10] 大審院 1942 年（昭 17）9 月 30 日（民集 21 巻 911 頁）
　売主たる原告（被控訴人・被上告人）と買主たる被告（控訴人）は不動産の売買契約を締結したものの、被告は代金を支払う意思を有してないにもかかわらず、本件契約締結時に登記と同時に代金を支払う旨を述べ、そして登記が行われ、登記済証を手に入れた被告は代金の一部を支払い、残部を支払わず、さらに被告は本件不動産を代物弁済として上告人へ提供し、登記も行われ、これに対して原告が被告の詐欺を理由として本件契約を取り消し、上告人に対して登記の抹消を求めた事案。裁判所は、上告人に対する原告の取消しの対抗を認めた原審を破棄し、事案を差し戻した。

　以上の通り、戦前の事例においては、附帯私訴の制度の影響により、96 条の民事詐欺と刑事詐欺が関係する事案が少なくなかった。もっとも、欺罔行為の概念について詳細に論じた事例は、ほとんど見出されない[15]。
　詐欺の事案ではなく、売買の事案でもなく、96 条の強迫の事案であるが、しかし故意について注目される事案として大審院 1904 年（明 37）11 月 28 日（民録 10 輯 1529 頁）が挙げられる。

　　次のような事案であった。被上告人は定期米の売買に関連する上告人の欺罔行為を理由として刑事告訴を提起する旨を上告人に告げ、これを恐れた上告人は被上告人と和解契約を締結し、上告人は被上告人に対して定期米売買の清算書を交付したのであるが、しかし実際は被上告人の欺罔行為は存在せず、この点に関して被上告人が上告人を強迫を理由として本件契約を取り消し、清算書の返還を求めた事案である。原審は、被上告人が上告人の欺罔の事実を信じていたこと、故意に強迫を為す意図を有していたわけではなったこと等を指摘して、被上告人の主張を退けた。これに対して、大審院は次のように述べて、原審を破棄し、事案を差し戻した。「表意者即チ被強迫者ノ恐怖ノ念ヲ生スルハ強迫者カ故意ヲ以テ強迫スルト又其過失ニ因リ強迫スル

15）　故意について比較的に詳細に論じた最初の裁判例は保険契約の事案であり、これは後述する。

トニ依リ毫モ異ナル所ナキカ故ニ故意ヲ以テ強迫シタル場合ニ限リ其強迫ニ因リ意思表示ヲ取消スコトヲ許シ過失ニ出テタルトキハ其強迫ニ因ル意思表示ヲ取消スコトヲ許サ丶ル理由アルナシ」。

これは強迫の事案であるが、しかし本件における大審院の説示が96条の詐欺に妥当し得ない理由はない。すなわち、欺罔者の故意または過失の有無を問わず、被欺罔者は誤解を生ぜしめられ得るからである。しかし、周知の如く、かかる説示は、96条の強迫の解釈に関しても、もちろん96条の詐欺の解釈に関しても普及しなかった。そして、このことは、続く戦後の裁判例を見ても、明白である。

② 戦後の事案
[日11] 長崎地判1957年（昭32）2月16日（判時115号14頁）
　被告は他人の立木を自己の立木として原告へ売却し、さらに被告は原告から内金も受領していたものの、最終的に被告は原告へ同立木について所有権を移転することができず、この点に関して原告が被告の詐欺を理由として本件売買契約の取消しを求めた事案。裁判所は、被告の言動に基づく原告の誤信および客観的な欺罔行為の存在を認定しつつ、その主観的態様は過失に過ぎず、故意の要件を満たさない旨を指摘し、原告の主張を退けた。

[日12] 大阪高判1965年（昭40）3月30日（判時416号60頁）
　原告は和解を通じて訴外Aから土地を、被告1から建物を買い受けたものの、被告1は原告の代金支払の不履行という虚偽の事実を訴外Aに告げ、訴外Aをして当該土地を被告2へ売却せしめ、その移転登記が完了した後に、訴外Aが詐欺を理由として被告2と締結した売買契約を取り消し、これに基づいて原告が登記の抹消を求めた事案。裁判所は、詐欺を認め、土地の登記の抹消に関する原告の請求を認めた。

[日13] 東京高判1971年（昭46）7月20日（判タ269号271頁）
　原告は訴外Aを通じて原告の不動産を被告へ売却し、その際にAは当該売

却代金を原告のために運用する旨を原告へ告げていたのであるが、しかし実際はAは当該売却代金を被告に対するAの借金の返済に用いる意図であったのであり、この点に関して原告がAによる第三者詐欺を理由として本件契約を取り消し、その対抗を被告に主張した事案。裁判所は、原告がAの意図を察知していたなら、本件契約を締結していなかったであろうこと、Aが原告を完全に誤信せしめ、原告をして本件契約を締結せしめたこと、さらにAと被告の関係から被告がAの欺罔意図を知っていたこと等を指摘して、原告の訴を認めた。

[日14] 東京地判1971年（昭46）10月29日（判時658号48頁）

原告は土地を被告1へ売り渡し、その際に被告1は残代金の支払として約束手形を交付し、さらに担保として抵当権も設定されたが、しかし本件契約時点において被告1は既に当座取引を解約され、しかも被告1の同被担保物件は担保価値を欠き、加えて被告1は本件土地を被告2へ転売したのであり、これに対して原告は被告1の詐欺を理由として本件売買契約を取り消し、これを被告2に対して対抗し得る判決を求めた事案。裁判所は、被告1の詐欺を認め、さらに被告1と被告2が旧来の友人関係であり、被告2は被告1の支払能力の不安を認識または予測し得た点も指摘し、原告の主張を認めた。

[日15] 最一判1972年（昭47）9月7日（判時684号52頁）

[日13]の上告審。最高裁は、原審判断を支持した。

[日16] 東京地判1978年（昭53）10月16日（判時937号51頁）

原告は不動産業者たる被告から別荘地として土地を購入したものの、この土地は自然公園法に基づく建築制限を受けていたのであり、このことを被告は原告に告げず、この点について原告が詐欺を理由として本件売買契約の取消しを求めた事案。裁判所は、本件制限について信義則に基づく告知義務が被告に課せられていた旨を説示し、この義務の違反を理由として詐欺の成立を肯定し、原告の訴を認めた。

[日17] 東京地判 1978 年（昭53）12 月 22 日（判タ 381 号 159 頁）

　訴外 A から土地を購入した被告は代金の一部として約束手形に裏書し、その交付を受けた訴外 A は同手形を原告へ譲渡し、そして原告が被告に対して手形金請求の訴を提起し、これに対して被告が訴外 A による第三者の詐欺を理由として原告に対する裏書の人的抗弁を主張した事案。裁判所は、訴外 A が土地の価値について被告を欺いた第三者の詐欺を認め、被告の主張を肯定した。

[日18] 札幌高判 1983 年（昭58）1 月 27 日（判タ 492 号 77 頁）

　建設業者たる被告は、自身の経営の悪化を認識しながら、これを秘し、原告から原告の不動産を買い受け、後に被告が倒産し、原告は代金の大部分を回収できなくなり、この点について原告が被告の詐欺を理由として本件売買契約の取消しを求めた事案。裁判所は、原告が被告の経営状態を認識していたなら、本件契約を締結していなかったであろう点を認め、被告の詐欺を肯定した。

[日19] 大阪地判 1985 年（昭60）1 月 24 日（判時 1170 号 116 頁）

　訴外 A が商品を被告へ売り渡し、これを被告が商社たる原告へ売り渡し、最後に訴外 A が再び同商品を原告から買い戻す業転取引（いわゆる三角取引。実質的当事者たる訴外 A と被告の間に原告が介入し、訴外 A から代金を回収し得ない危険を原告が負担する一方で、原告は労せず金銭を取得し得る書類上の売買）において、原告が三角取引の事実および訴外 A の信用不安について被告から欺かれた旨を主張し、これを理由として本件取引の取消しを求めた事案。裁判所は、被告が A の信用不安を秘匿していたわけではなく、被告には三角取引について告知義務も負わされない旨を説示し、原告の主張を退けた。

[日20] 東京地判 1986 年（昭61）10 月 30 日（判時 1244 号 92 頁）

　リース会社たる原告は医療品販売業者たる被告から医療機器を購入したものの、その価格は適正価格の倍以上であって、これは原告の取引相手たる借主の訴外 A と被告が共謀した結果であり、この点について原告が詐欺を理由とする取消しを求め、原告の不当利得返還請求に対して被告が過失相殺の適用を主張した事案。裁判所は、被告の詐欺を認め、さらに不当利得返還請求権につい

て過失相殺が適用されない旨を判示した。

[日21] 東京地判1988年（昭63）7月1日（判時1311号80頁）
　当時65歳女性の被告はアルバイト先の従業員から高額な呉服の購入を勧められ、原告とクレジット契約を締結し、そして原告が立替金を請求し、これに対して被告が詐欺の抗弁を提起した事案（いわゆるアルバイト商法の詐欺。高額なアルバイト料を仮装し、これに釣られた応募者に高額な商品を売り付ける商法）。裁判所は、良識に照らせば本件のアルバイトにおける高額な報酬が得られ得ないことは容易に理解し得たこと等を理由として、被告の詐欺の抗弁を否定した。

[日22] 東京地判1990年（平2）6月26日（判タ743号190頁）
　原告は眺望できるリゾートマンションを被告から購入し、その際に原告は被告から付近に他の高層マンションの建築予定が存在しない旨の説明を受けていたのであるが、しかし数年後に別の高層マンションが建設され、この点に関して原告が被告の詐欺を理由として本件契約の取消しを求めた事案。裁判所は、本件契約時における被告の説明が原告の意思を決定せしめる重要な要因であったことを認めつつ、被告には原告を欺こうとする意思が欠けていたことを理由として、詐欺の成立を否定し、原告の主張を退けた。

[日23] 東京地判1990年（平2）7月30日（判時1382号86頁）
　贈与税対策として不動産の仮装売買を被告1から勧められた売主たる原告は、被告1に不動産を売却し、その移転登記が為された同不動産において続けて被告2の根抵当権および被告3の抵当権が設定されたものの、そもそも同不動産について贈与税は発生せず、この点に関して原告が本件売買契約における被告1の詐欺を理由として取消しを求め、加えて各被告に対して登記の抹消を求めた事案。裁判所は、被告1の詐欺を認めつつ、他方で原告の軽率性も指摘し、被告2および3を第三者として認定し、原告の請求を退けた。

[日24] 東京高判1990年（平2）8月29日（判時1370号61頁）
　訴外の金融会社と被告たる不動産業者が財産管理能力の乏しい原告をして原

告の不動産を売却せしめ、後に原告が詐欺を理由として本件契約を取り消した事案。裁判所は、原告の主張を退けた原審と異なり、詐欺の主張を認め、さらに本件不動産の転得者に自身の善意性の証明を求め、その不十分を理由として第三者の詐欺の成立を肯定した。

［日25］横浜地判 1991 年（平3）1 月 31 日（判タ 761 号 210 頁）

　原告は節税目的から訴外 A と仮想の売買契約を締結したものの、A が原告を欺き、A は原告の不動産を被告へ売却し、原告が Y に対して移転登記の抹消を求め、その前提として A の詐欺を理由とする本件仮装売買の取消しを求めた事案。裁判所は、A に対する原告の訴を認めつつ、これを第三者の Y に対抗し得ない旨を説示し、被告に対する原告の訴を退けた。

［日26］東京地判 1991 年（平3）9 月 26 日（判時 1428 号 97 頁）

　原告は被告から土地持分権を購入したが、しかし売却価格は同土地の実際的価値の数分の一以下であり、しかも被告は一般人と比して知的能力に劣り、入院歴もあり、そして以上の事実を認識していた原告が被告に移転登記手続を求め、これに対して被告が詐欺を理由とする本件契約の取消しを主張した事案。裁判所は、本件における原告の取引態度が社会的に許容される限度を著しく超えている旨を指摘し、被告の主張を認め、原告の請求を退けた。

［日27］広島地判尾道支部 1993 年（平5）10 月 22 日（判タ 839 号 233 頁）

　家庭薬配置業（行商人が得意先の各家庭に予め各種の薬を預け、定期的に使用分を補充し、かつ代金を回収する形式の営業）の業者たる原告が懸場帳（家庭薬配置業者が配置先の家庭の住所・氏名あるいは配置薬の種類・数量を記載した帳簿。この種の業界においては、この帳簿それ自体に価値が認められている）を被告へ売却し、その代金を請求したが、しかし保証された程度の売上が得られなかったことを理由として被告が本件契約の詐欺に基づく取消しを主張した事案。裁判所は、懸場帳によって一定の売上が保証されているわけではなく、懸場帳に意図的な虚偽記載が為されたのではない限り、詐欺は成立しない旨を指摘し、被告に対する原告の代金請求を認容した。

［日 28］東京地判 1993 年（平 5）11 月 29 日（判時 1498 号 98 頁）
　原告法人は不動産業者たる被告からリゾートマンションを購入したものの、同マンションの眺望が後に隣接して建築された別のマンションによって阻害され、この点に関して原告が被告の詐欺および告知義務違反等を求めた事案。裁判所は、本件契約時点において被告が隣接マンションの建築予定を認識していなかったこと等を理由として、原告の請求を全て退けた。

［日 29］東京地判 1995 年（平 7）8 月 29 日（判タ 926 号 200 頁）
　不動産業を営む原告は同じく不動産業者の被告から土地を購入したが、しかし同土地の近隣に暴力団事務所が存在していたのであり、この点に関する被告の詐欺を理由として原告が本件売買契約の取消し、さらに隠れた瑕疵を理由とする損害賠償等を求めた事案。裁判所は、一方で暴力団事務所の存在に関する被告の認識を否定し、他方で同事務所の存在を瑕疵として認定し、代金額の二割相当の損害賠償を認めた。

［日 30］東京地判 1995 年（平 7）9 月 6 日（判タ 915 号 167 頁）
　原告は投資目的から海外のホテルのワンルームを被告から購入したものの、同ワンルームの転売利益に関する被告の詐欺を理由として本件契約の取消しを求めた事案。裁判所は、被告が転売利益に関して断定的な言明を為していないこと、さらに原告の学歴等から原告が主張する転売利益額を原告自身も信じていなかったであろうこと等を理由として、原告の訴を退けた。

［日 31］東京高判 1996 年（平 8）12 月 24 日（判時 1596 号 63 頁）
　原告はワンルームマンションを訴外 A から購入し、その前提として訴外 B と融資契約を締結し、さらに原告は被告に同融資金の支払保証を委託し、その求償権の担保として本件マンションに抵当権が設定されたのであるが、しかしバブル崩壊によって購入時の半額以下で本件マンションを手放した原告は訴外 A が本件契約締結時において転売価格を保障していた等と主張し、さらに訴外 A の詐欺を理由として抗弁権の接続を主張し、原告が被告に対して支払済の金銭の返還を求めた事案。裁判所は、訴外 A が転売可能性価格について断

定的な表現を為していたとしても、これは自信の強調に過ぎない旨を指摘し、詐欺を否定し、原告の主張を退けた。

［日32］松山地判1997年（平9）4月16日（判タ983号239頁）
　被告公社は原告から土地開発の用の不動産を買収したが、しかし交渉が難航していた他の地権者に対しては特別な上乗せ金を提供しており、原告は被告が原告をして公平な土地買収が行われている旨を誤信せしめた詐欺を主張し、本件の買収の取消しを求めた事案。裁判所は、少なくとも本件契約当時においては被告が公平な買収を行う意図であったことを認定し、詐欺を否定した。

［日33］横浜地判1997年（平9）5月26日（判タ958号189頁）
　原告は被告から一部木造のマンションを購入したが、しかし木造部分は違法建築であって、これを知らされていなかった原告は被告の詐欺を理由として本件契約の取消しを求めた事案。裁判所は、違法建築性を原告が認識していたなら、原告は本件契約を締結していなかったであろうこと、さらに被告が本件違法建築性を認識しつつ、これを原告に告げなかったことを事実として認定したが、しかし当該事実を殊更に隠す被告の意図が欠けていたことを理由として詐欺の成立を否定し、原告の請求を退けた。

［日34］東京地判1997年（平9）7月7日（判タ946号282頁）
　原告が被告から中古マンションを購入した後に、同マンションに居住する暴力団の迷惑行為の事情が判明し、この点に関して原告が被告の詐欺を理由として本件売買契約を取り消した事案。裁判所は、被告が本件迷惑行為の事情を認識していたこと、この事情を原告に秘匿していたことを認定しつつ、詐欺それ自体は否定し、この点に関する原告の主張を退けた（瑕疵担保責任に基づく損害賠償は認められた）。

［日35］東京地判1997年（平9）7月28日（判時1646号76頁）
　原告は被告からホテル客室の共同持分を購入し、その際に原告は被告から10年後に購入価格を上回る価格で買い取る旨の保証を受けていたものの、後

にバブル経済の崩壊に伴い被告が倒産し、原告が本件保証に関する被告の詐欺を理由として本件契約の取消しを求めた事案。裁判所は、当時がバブル経済期であった点に鑑みれば、被告が本件保証の不可能を認識しつつ、原告をして本件契約を締結せしめた事実を認めることはできない旨を指摘し、原告の主張を退けた。

［日36］東京地判1997年（平9）12月8日（判タ976号177頁）

　訴外Aに欺かれた原告は自身のマンションをAに売却し、これをAが被告1へ転売し、被告1は購入資金を得る前提として金融機関たる被告2のために本件不動産に抵当権を設定し、その後に原告が詐欺を理由とする取消権の行使に基づいて、被告1に対して所有権移転登記を、被告2に対して抵当権抹消登記を求めた事案。裁判所は、被告1に対する原告の請求を認めつつ、被告2を第三者として保護すべき旨を指摘して、被告2に対する原告の請求を退けた。

［日37］東京地判1998年（平10）5月13日（判時1666号85頁）

　原告は被告売主から不動産を購入し、その前提として被告銀行と融資契約を締結したものの、後に当該不動産の重大なる瑕疵（修復不能な雨漏り）が判明し、この点に関する被告2の詐欺を理由として原告が本件融資契約の取消しを求めた事案（被告1に対する損害賠償請求は別訴において認容されている）。裁判所は、被告2が本件瑕疵を認識しつつ、これを秘した行為を詐欺として認定し、原告の主張を認めた。

［日38］東京地判1999（平11）1月25日（判時1675号103頁）

　原告はマンション販売業者たる被告からマンションを購入したものの、後に環境を悪化させ得る施設（高速道路の排気塔等）の建設計画が判明し、この点に関する被告の告知義務違反を理由として原告が詐欺に基づく本件契約の取消しを求めた事案。裁判所は、同建設計画が本件契約の締結時点において未だ原案の策定段階であったこと等を理由として、この点に関する被告の告知義務を否定し、詐欺の成立も否定した。

[日 39] 東京高判 1999 年（平 11）2 月 23 日（判タ 1072 号 187 頁）

　売主たる被告によって設立された法人（訴外）A の勧誘に基づいて海外不動産の共有持分権を購入した原告は、本件商品の将来における資産価値の上昇率について A の詐欺を主張し、これを理由として本件契約の取消しを求め、そして A と被告の同一性も主張し、被告に対して代金の返還を求めた事案。裁判所は、A の説明に虚偽が存在しない旨を指摘し、原告の請求を退けた。

[日 40] 大阪高判 2000 年（平 12）4 月 28 日（判タ 1055 号 172 頁）

　原告たる信販会社の補助参加人 A は被告に学習教材を販売し、被告は原告とクレジット契約を締結したものの、被告は補助参加人の詐欺を理由として本件販売契約の取消し、さらに同取消しに基づくクレジット契約の無効を求めた事案。裁判所は、補助参加人の詐欺（教材の二重売り、専門の教育指導員の不存在等から認定）を理由として、原告の主張を認めた。

[日 41] 東京地判 2001 年（平 13）6 月 27 日（判時 1779 号 44 頁）

　原告は被告から居住用不動産を購入したものの、後に地盤沈下が生じ、この点に関して原告が被告の詐欺を理由として本件売買契約の取消しを求めた事案。裁判所は、地盤沈下に関する仲介業者の認識を肯定し、さらに地盤沈下を瑕疵として認定して、瑕疵担保に基づく解除を認め、詐欺の成否に触れなかった。

[日 42] 東京地判 2001 年（平 13）12 月 20 日（判タ 1133 号 161 頁）

　従業員の親睦等を図る目的で設立された訴外証券会社の互助会たる被告 1 は、自社株融資制度に基づいて自社株を購入した訴外会社の被用者たる原告に融資を提供していたものの、後に訴外会社が倒産し、この破産管財人たる被告 2 が融資に基づく貸金債権を原告に請求し、これに対して原告が本件融資契約を被告 1 および訴外会社の詐欺を理由として取消しを求めた事案。裁判所は、本件契約締結当時において訴外会社が虚偽の有価証券報告書等を作成し、これによって真実の情報が提供されていなかった旨を認めつつ、詐欺の故意を否定し、原告の主張を退けた。

第 1 節　比較法の帰結の考察――裁判例を素材として　323

[日 43] 東京地判 2003 年（平 15）6 月 20 日（判タ 1175 号 189 頁）
　リース業者たる原告は生産設備機器類の販売業者たる被告からワイン等生産設備機器類を購入し、その中に中古品が混入していたものの、この点について被告は原告に説明せず、これを理由として原告が被告の詐欺を理由として本件売買契約の取消しを求めた事案。裁判所は、被告が詐欺を犯して代金の回収を図らなければならなかった事情が認められず、さらに同じく事業者たる原告を欺き得る客観的事情も存在していなかった点に鑑みて、被告の欺罔の意図を否定し、原告の主張を退けた。

[日 44] 最一判 2004 年（平 16）7 月 8 日（判時 1873 号 131 頁）
　会社 A の全株式を保有する原告から資産管理を受託していた訴外 B が同全株式を被告会社へ譲渡したものの、訴外 B は被告会社の全株式を有する者であって、しかも本件譲渡の際に原告は訴外 B から株式価値について欺罔されていたのであり、かくして原告が詐欺を理由として当該譲渡契約の取消しを求めた事案。最高裁は、原告の主張を退けた原審に反して、約 10 億円の純資産を有する会社の株主たる原告が同株式を約 2 億円で売却した点に不自然が残る旨を指摘し、詐欺取消しを否定した原審の判断の違法も指摘して、事案を原審へ差し戻した。

[日 45] 静岡地判浜松支部 2005 年（平 17）7 月 11 日（判時 1915 号 88 頁）
　寝装寝具を販売する訴外 A からモニターあるいはビジネス会員（会員は新規購入者を訴外 A に紹介することによって紹介料を獲得できる）として寝具等を購入した原告が、さらに信販会社たる被告と立替払契約を締結したものの、訴外 A の欺瞞的行為を理由として本件取引の取消しを求め、さらに本件売買契約と不可分一体の立替払契約の無効を求めた事案。裁判所は、原告の詐欺の主張について触れず、むしろ公序良俗違反として本件の会員制度の無効を認め、さらに訴外 A の欺瞞的販売行為に関する被告の調査義務違反を認定し、損害賠償を肯定した。

[日46] 東京地判 2006 年（平 18）2 月 27 日（判タ 1256 号 141 頁）

在宅ワークを斡旋する前提としてパソコン教材等を販売している被告から同教材を購入した原告は、本件売買契約に際して被告から月額3万円から5万円程度の収入が確実である旨を告げられていたものの、実際に原告が得られた収入は1万円前後であって、この点に関して原告が被告の詐欺を理由とする本件契約の取消しを求めた事案。裁判所は、96 条の意味における詐欺の成否について必ずしも明確に触れず、本件における被告の言明が不実告知に該当する旨を指摘し、不法行為の成立を認めた。

戦後の売買契約の事例は日本の裁判例 62 件中 36 件を占め、最多の類型である。まず、被欺罔者が判断能力に劣る者であったことが判明している事案においては、詐欺が肯定される（[日24] および [日26]）。こうした事案においては、むしろ行為者の能力に焦点が当てられている。なお、被欺罔者が事業者の事案においては、詐欺が否定され易い（[日43]）。投機的ないし投資的な特徴を有する [日30] [日31] [日35] [日39] の諸事例においても、詐欺が否定されている[16]。

次いで、代金の不払、代金支払前の登記移転、適正価格の逸脱、仲介者の代金騙取あるいは明白な法律違反等の如く、欺罔の「痕跡」が比較的に明瞭に残る事案においては、詐欺の成立が認められ易い（[日12]、[日13]、[日14]、[日15]、[日16]、[日17] [日18]、[日20]、[日36]、[日40]、[日44]。ただし、税金対策の売買契約の事案においては、たとえ詐欺それ自体を認めても、第三者に対抗させない旨の判断が下される。[日23] および [日25]）。こうした事案においては当該物件・代金の騙取が詐欺の目的であるから、大抵は被欺罔者が売主である点に特徴がある。詐欺が肯定され易い特徴も見られるが[17]、しかし詐欺の

---

16) なお、[日30] [日31] [日35] [日39] に関しては、後述する消費貸借の事例としても、あらためて取り上げる。

17) 買主が特定の情報を秘匿する場合と売主が特定の情報を秘匿する場合を区別し、後者より前者において情報の秘匿を寛容する理解も在り得よう（この点について、藤田友敬・松村敏弘「取引前の情報開示と法的ルール」北大法学論集 52 巻 6 号（2002 年）2092 頁を参照）。ただし、本書で取り上げた事例からは、本来的に正当な契約を締結する意思を有していない態度が窺われるのであり、そうした状況においては競争的環境等の事情は

故意は必ずしも詳細に認定されているわけではない。

　物件の価格の評価について争われる事案であっても、バブル崩壊が関係する事案においては、詐欺が否定され易い（［日 31］および［日 35］）。被欺罔者が投機目的を有していた事案においても、詐欺が否定され易い（［日 30］および［日 39］）。さらに、取引内容が既に不穏当な内容である事案においても、詐欺が否定される傾向を見せる（［日 19］および［日 21］）。一方当事者の不用意な発言がバブル崩壊という偶発的事情によって免責される点は、若干の疑問が残る。さらに、投機目的それ自体は決して悪ではないはずなのに、かかる目的を有する被欺罔者の落ち度を容易に認定することによって詐欺を否定する傾向も、やはり疑問である。取引内容が既に不穏当であっても、これに事業者として積極的に加担しているか否か、という差異は無視できないはずであり、［日 21］は疑問が残る。

　なお、［日 27］は懸場帳の売買という点において、［日 32］は被告公社による土地買収という点において、［日 42］は自社株の購入という点において、やや特殊である。そして、［日 41］、［日 45］および［日 46］は、詐欺に基づく取消可能性の主張に対して、裁判所は触れていない。これらの諸事例は、一般的な詐欺の事案として参照する意義に乏しい。

　以上の諸事例においては、被欺罔者の意思決定自由という観点から考えれば、裁判所の判断について若干の疑問が残る事例も見受けられる。しかし、さらに問題は上記以外の残る事案であり、すなわち［日 22］、［日 28］、［日 29］、［日 33］、［日 34］および［日 38］である。これらの諸事例は、物件それ自体あるいは物件の周囲に問題が認められるものの、しかし居住それ自体に問題がない不動産売買の事案である。こうした事案においては、詐欺の成立が否定され易い（逆に、居住それ自体に重大な問題が生じ得る事案においては、詐欺が肯定されている。［日 37］）。［日 29］および［日 34］においては、確かに一部的に損害賠償が認められているものの、しかし他の事案と異なって、近隣の暴力団という継続的事情を抱えているのであるから、一回的な損害賠償でもって解決し得

　　考慮されず、詐欺が肯定されるのであろう。このことは、裁判所が特に行為者の態度を
　　重視していることの証左でもあろう。

るか否か、疑問が残る。ただし、日本の裁判例とドイツの裁判例の比較検討素材という観点からは、暴力団の事例は特殊的として考えられる。

残る事例として、［日22］、［日28］、［日33］、［日38］が挙げられる。今日の不動産売買において「単に住むこと」を念頭に置く買主の存在は、稀であろう。すなわち、「如何に住むか」が重要であって、ゆえに当該物件の性質や当該物件の周囲における状況も売買契約の締結にとって当然に重要な要素たり得る。このことは買主の意思決定に関わる問題であり、［日22］、［日28］、［日33］および［日38］においても妥当する問題である。しかし、これらの事案においては、買主（被欺罔者として目される側）の意思決定に関わる事柄について、売主（欺罔者として目される側）は正しい事実を認識していなかった（ただし、［日38］は明確に判示されていない）。裁判所の判断によれば、正しい事実を認識していなかった売主の作為または不作為に基づいて買主が契約を締結した事案において、両当事者の不認識に基づく結果（買主の錯誤あるいは売買契約の締結）というリスクは買主によって負担されなければならない。これは換言するなら、欺罔者の主観的態度と被欺罔者の意思決定自由が対立する局面であって、本書の課題に直接に関連する。ゆえに、ドイツの裁判例と比較検討する対象事例は、［日22］、［日28］および［日33］から取り上げる。

第2項　裁判例の分析

(1) 作為の事例
① 事案内容

以上の独・日の裁判例の紹介に続いて、相互の裁判例を具体的に比較する。ただし、既に確認したように、作為の詐欺と不作為の詐欺は異なる構造を有する[18]。ゆえに、作為の事案と不作為の事案に分けて対象比較する。

もっとも、一方で独・日の裁判例を全て相互に比較することはできず、他方で事案の恣意的な選択は排除されなければならない。そこで、ドイツの裁判例から判決年月日の新しい順から作為の事例と不作為の事例を各1つ選び出す。それが［独19］と［独18］である。しかし、［独19］に相当する日本の裁判

---

18)　この点について、前述188 - 192頁を参照。

例が存在しない[19]。それゆえ、作為の事例として次に新しい［独17］を取り上げる。［独18］は不作為の事例として後述する。

　［独17］は次のような事案であった。被告が所有する住居の購入に際して原告は販売会社の従業員Ｈから「同住居の取得費用は賃料収入および税制措置によって全て補塡される」旨の説明を受け、同住居の購入を決断した原告はＨによって仲介された銀行から約80,000ドイツマルクを借り受け、そ

---

19)　［独19］は次のような内容であった。原告は被告から中古車を購入し、その契約の際に書面を通じて本件中古車が無事故である旨が示されていたものの、後に同中古車の事故歴が判明し、原告が被告の欺罔を理由として本件契約を取り消した事案である。裁判所は、一方で被告が本件中古車の事故歴について明確な認識を有していたわけではなかった点を認めつつ、他方で事実上の根拠なく「でたらめに（ins Blaue hinein）」無事故を保証することが悪意を構成し得る旨を指摘し、原告の訴を認めた。
　［独19］に相当し得る96条1項の詐欺が争われた日本の裁判例は見当たらないものの、錯誤の事案として東京地方裁判所2008年（平20）2月27日（判時2013号90頁）が存在する（以下、［日－錯誤事例］として引用する）。次のような事案であった。原告と被告は被告の中古車について売買契約を締結し、その際に被告は当該中古車が盗難車等ではない旨を保証していたのであるが、しかし後に当該中古車に盗難歴があることが判明し、この点について原告が錯誤に基づく本件契約の無効を主張した事案である。
　［独19］と［日－錯誤事例］の共通点は、①中古車売買であり、②当該中古車の問題（事故歴あるいは盗難歴）について売主は認識せず、③売主は当該中古車に問題がない旨を表明していた点である。
　かかる共通点を見る限り、日本法においては詐欺に基づく取消可能性よりも、錯誤に基づく無効が被害者にとって有利であるように思える。それゆえ、96条の問題を95条の問題として取り扱うべき旨を唱える学説が存在することは、理由のないことではない。
　しかし、96条の詐欺に基づく取消可能性と95条の錯誤に基づく無効が主張され、かつ後者のみが認容される事例は少なく（こうした事例について、前述15頁の注42を参照）、［日－錯誤事例］に関しても次の点が考慮されるべきである。「これまで公刊された裁判例で、中古自動車の盗難歴に関する錯誤を要素の錯誤と認めたものは見当たらず、本判決は、これを正面から認めたものとして注目される。ただし、本件は、売買目的物が高級中古自動車であり、また、前記の保証特約により売主が買主に対し盗難歴がないことを契約の際に表明、保証しているなどといった特徴を有する事案であるところ、本判決の立場を前提としても、かかる保証等がなされていない場合などにおいて、盗難歴に関する錯誤が要素の錯誤に当たると認められるか否かについては、なお検討を要するものと解される」（判時2013号91頁のコメント）。

して被告から同住居を購入（価格は 79,000 ドイツマルク＝約 700 万円）したのであるが、しかし H が言明した家賃収入および税制措置は小規模であって、本件の売買代金を補塡し得る程度ではないことが判明し、原告は H の悪意の欺罔を理由として本件売買契約を取り消し、売買代金の返還等を求めた。裁判所は次のように述べて、原告の主張を認めた。「原告に対する H の説明について、単なる主観的な価値判断あるいは必ずしも確実性が担保されていない広告の如き吹聴が争われたのではない。むしろ、客観的に追検査可能な言明であって、それが売買の締結にとって決定的に重要であったのである。……（中略）……『特別に大きな』税優遇に関する言明が包括的に過ぎるように見えるとしても、商業に精通しているわけではない素人たる原告にとっては、これから得られる税優遇が如何なる程度であるにせよ、その税優遇が賃料収入と共に負担を補償し、その結果として自分は何も支出しなくて済む、ということが重要であったのである。具体的な支払の仕組、とりわけ実際の賃料収入や住宅手当の知識も持たずに、住居売買のリスクを自己資本なくして引き受けることは、経済的に合理的ではないように見えるとしても、悪意の欺罔を理由とする取消権は、被欺罔者が正しい状況を過失に基づいて認識しなかった、ということによって排除されない、ということが留意されるべきである (BGH, NJW 1971, 1795 [1798] = LM §123 BGB Nr. 42 を参照)[20]。……（中略）……さらに、売主は——本件の如く——吹聴された住居価格の全融資と結び付く融資の効果とリスクに関して完全かつ正確に説明すべき義務を負うのであるから、実感し得る現実の融資構想を作成し、原告と検討する義務が H にあった、という事情も付け加わる。こうした目的のために、H は原告の正確な財政状況および租税状況を究明しなければならなかったのである。H は、これを為さなかった。これにより H は、原告を誤解へ導く土台を提供してしまったのである。故意は肯定されるべきである。精査せず、でたらめに (ins Blaue hinein) 為された H の説明に鑑みれば、少なくとも未必の故意 (bedingter Vorsatz) は存在しているのである。……（中略）……被告は、H の悪意の欺罔をも帰責されなければならない。第三者が欺罔を犯し

---

[20] ここで引用されている裁判例は前述の［独14］である。

た場合、民法 123 条 2 項 1 文によれば、表示受領者が欺罔を知りまたは知り得べかりし場合に限り、受領を要する意思表示は取消可能である。しかし、H の言明は販売勧誘という枠組においては被告の販売勧誘として妥当する、という帰結からして H は同条項における第三者ではない。H は被告の交渉補助者であったのであり、H の過責に関して被告は民法 278 条により自己の過責と同様に責を負わなければならない」（なお、原告は損害賠償も請求し、これを裁判所は契約締結上の過失に基づいて認容している）。

以上のドイツの裁判例に対する比較として、［日 22］を取り上げる。事案の概要は、以下のような内容であった。

「今後は建築規制の強化によって本件マンション付近に高層建築物は建築できなくなる」旨の広告を出していたマンション販売業者たる被告からマンション販売の委託を受けていた訴外会社 A の従業員は同マンションの購入を原告等に対して勧め、その際に同従業員は原告等に対して「本件マンションはこの地区最後の高層リゾートマンションです」という説明を与え、さらに同地の「宅地開発等に関する指導要領」という書面において「条例に依り今後四階以上のリゾートマンションは建てられなくなりました。（最後のリゾートマンションです）」という内容を手書きしていたのであり、これら説明を信じた原告等は被告から本件マンションを購入（価格は約 1,300 ないし 1,500 万円）したのであるが、しかし 3 年後に本件マンションの東南方向に 14 階建の別のリゾートマンションが建設され、このことによって原告等のマンションの眺望あるいは日照は大きく損なわれ、かくして原告等は被告に対して詐欺取消し等を主張した。裁判所は、原告等の請求を全て排斥し、次のように述べた。「本件マンションの眺望及び日照に関して、A の社員が原告らに対して行った説明並びに被告及び A 作成の広告等の記載の各内容には事実と異なるものが含まれていたことになるが、この点に関する説明等を、被告が原告らを欺いて売買契約を締結させようとして行ったという原告らの主張事実（請求原因 (5) ①）については、本件全証拠によってもこれを認めるに足りない」。そして、「右説明及び記載内容が、原告らに、本件売買契約

を締結する意思を固めさせる大きな誘因となり得る事項に関するものであることはあきらかであるが、〈証拠略〉によれば、被告は本件マンションを建築する際に、この建築により自然環境が破壊される事等を恐れた御宿町から千葉地方裁判所一宮支部に対して、本件マンションの建築禁止を求める仮処分の申立てをなされたことが認められ、〈証拠略〉によれば、御宿町宅地開発等に関する指導要領九条——環境保全——（6）項には、『自然美観保護のために、御宿町内のうち、国道百二十八号線と町道海老塚、赤樽線並にこれと接続する岩和田漁港関連道路と清水川に区分された区域については、高層建築物の建築を制限するよう特に指導するものとする。』との規定があることが認められ、〈証拠略〉によれば、これらのことから、本件マンションの分譲業務を担当した被告の開発分譲住宅課の社員は、当時、御宿町のうち本件マンションの所在する地区については、御宿町が環境保全のために建築規制を強化し、四階以上の建物については、事前協議の段階で建築に反対する態度で臨む方針であるとの認識を有していたことが認められるので、右説明及び記載内容に事実と異なる事が含まれていて、これをＡの社員らが宣伝材料として用いたというだけで、直ちに、同社員らに、原告らを欺罔しようとする意思があったと推認することはできず、他には、かかる意思の存在を認めるに足る事情の存在を認めるに足る証拠がない」。

② 比較検討

上記の［独17］および［日22］は、以下の点において共通している。第一に、両裁判例は、個人と事業者の間の不動産売買契約という点において共通している。第二に、両裁判例は、売買契約の締結前に、不正確性を売主自身が容易に認識し得る事柄に関して、その不確実な事柄を確かな事実の如く説明した、という点において共通している。そして第三に、両裁判例は、かかる不正確な説明が買主の意思決定に影響を与えた、という点を裁判所が認定した、という点においても共通している。

このような共通点が見出されるのであるが、しかし一方で［独17］においては悪意の欺罔が肯定され、他方で［日22］においては詐欺が否定された。確かに不動産の購入に至る買主の動機については、両事例において異なる。し

かし、既に指摘したように、意思決定自由が害された点において、両事例は共通しているのである。

　むしろ両裁判例における決定的な相違点は、故意の理解である。まず、[独17] によれば、「客観的に追検査可能な言明」を「精査せず、でたらめに（ins Blaue hinein）為」したならば、「少なくとも未必の故意（bedingter Vorsatz）は存在しているのである」。欺罔者は、自己の言明を「であたらめ」に為しているのであって、必ずしも自己の言明の虚偽性を認識しているわけではない。つまり、[独17] は、故意内容を、客観的事実の内容に関する不正確性の可能性の認識として理解している。この故意の内容は、欺罔それ自体の故意（欺罔者が相手方を欺かんと欲する内心的決意）ではなく、被欺罔者が意思決定の基礎に据えた客観的事実の不正確性であって、故意の内容から意欲的要素が消失しているのである[21]。

　[日22] においても、本件マンション以外の高層建築が建設される可能性は本件契約締結時点において確定しておらず、つまり本件マンション以外の高層建築が建設される可能性が完全に否定されていたわけではなく、その可能性を本件の従業員は認識し得たはずである。したがって、[独17] の基準に従えば、同従業員が少なくとも未必の故意を有していた可能性は否定できないはずである。そして実際に [日22] は、[独17] と同様に、被告従業員が自己の言明の不正確性を認識し得た旨を次のように説示していた。「本件マンションの分譲業務を担当した被告の開発分譲住宅課の社員は、当時、御宿町のうち本件マンションの所在する地区については、御宿町が環境保全のために建築規制を強化し、四階以上の建物については、事前協議の段階で建築に反対する態度で臨む方針であるとの認識を有していたことが認められる」。

　ところが、[独17] と異なり、[日22] は要件として「原告らを欺罔しようとする意思」を求める。それゆえ、[日22] によれば、たとえ被告従業員が自己の言明の不正確性を認識し得たとしても、このことから「原告らを欺罔しようとする意思があったと推認することはできず」という結論に至るのである。

---

21) その他の近時のドイツの裁判例における故意の定義が表象説あるいは可能性説に傾斜し、そこでは意的要素が求められていない点について、前述175－182頁を参照。

以上の如く、［独17］に比べて、［日22］が考える詐欺の要件は、欺罔者側の主観的要素が強く、かつ認定も厳格である。こうした相違は、意思決定自由の要保護性に対する理解の相違に由来する。日本において伝統的に意思決定自由の保護が薄弱であった点については既に検討した。日本民法96条は、ドイツ民法123条と異なり、故意（あるいは悪意）要件を明示していないにもかかわらず、である。しかも、［日22］においては、原告の意思決定に対する影響が肯定されながら、しかし詐欺の成立が否定されている。すなわち、日・独の裁判例における上記の相違は、意思決定自由の要保護性に対する理解の相違に求められるのである[22]。

(2) 不作為の事例
① 事案内容
作為事例の［日22］・［独17］において、誤れる情報を提供した一方当事者は、当該情報の真偽を明確に認識していない[23]。しかし、ドイツの裁判例においては欺罔の故意が肯定され、日本の裁判例においては否定された。では、不作為の事例においては、どうか。

まず、ドイツにおける不作為の事案として［独18］を確認する。次のような事案であった。

　かつて金属加工工場として利用されていた不動産の購入を考えた原告は購入前に視察し、そして被告から同不動産を購入したのであるが、しかし既に同不動産は相当程度に汚染されていたのであって、この汚染の情況を知らなかった原告は被告の説明義務違反を理由とする本件契約の取消可能性を求め、

---

22) もちろん、日本とドイツにおける売買取引は、その実態・形式・慣行あるいは仲介者の性質等において相互に異なる点も存するであろうし、「でたらめ」という感覚も両国において異なり得るであろう。ゆえに、両者の安易な比較検討は許されないであろう。しかし、それでもなお本書において日・独の裁判例を比較検討する理由は、一方で両国が同一枠組の詐欺取消制度を備えながら、他方で欺罔者の主観的要件につき理解を異にしており、この点を明確化するためである。このことは、以下に続く裁判例の比較検討においても同様である。
23) このことは、注19の［日－錯誤事例］・［独19］においても同様である。

これに対して被告は本件契約の締結前または締結時に説明した旨を主張した。原審は、次のように述べて、原告の主張を退けた。すなわち、視察することによって容易に認識し得る瑕疵の説明は買主から期待され得なかったのであるから、欺罔行為は欠けるのであり、さらに本件において原告が自ら期待されるべき注意を用いていたなら、汚染を認識することができた状況であったのである。

　こうした原審の判断を破棄した連邦通常裁判所は、次のように説示して、事案を原審へ差し戻した。「買主の決断にとって決定的な意味を持ち、その通知が取引通念から期待されて然るべきであった事情に関して、売主は開示義務を負う、ということを控訴裁判所は見逃しているわけではない」が、しかし「売主が廃棄物を認識しているなら、単なる廃棄物の疑念を買主に伝えるだけでは、売主は自己の説明義務を果たしていない。むしろ買主は、具体的に存在する汚染に関して説明を受けることを期待することができる。それゆえ、廃棄物の疑念を生ぜしめる事情を買主が認識しているにせよ、検分すれば認識可能であったかもしれないにせよ、開示義務は存在し続けるのである。そうした状況において売主が既存の廃棄物に関する具体的な知識を出し控え、買主が単なる廃棄物の疑念しか有していない、ということを可能性として売主が考えている場合は、その売主は悪意に行動しているのである」。

以上のドイツの裁判例に対する比較として、［日 33］を取り上げる。事案の概要は、以下のような内容であった。

　原告は、被告Ａが所有する3DKのマンションの購入を希望し、その売買の際に原告が依頼した仲介業者として被告Ｂが、被告Ａが依頼した仲介業者として被告Ｃが立ち会い、そして原告は被告Ａから同マンションを約2,800万円で購入した。ところで本件マンションは、その一部が増築されていたのであるが、しかし当該増築部分は違法建築であった。原告は、本件売買契約の前に当該増築部分を検分していたが、しかし違法建築であることは知らず、被告等からも知らされなかった。かくして原告は、被告等の詐欺を理由として意思表示を取り消し、売買代金の返還等を求める訴を提起した。

裁判所は、次のように述べて、原告の請求を退けた。「原告において、本件増築部分に何らかの問題があるのではないか程度の意識は抱いたにしても、宅地建物取引の専門業者であり自己が依頼した同被告が違法建築物であると説明しない限り、購入しようとする本件物件にまさか違法建築部分が存するとは思いを致さなかったとみるのが自然であり、もし、原告において、本件増築部分が違法建築であると認識していたならば、本件売買契約締結の取りやめ、あるいは売買代金の減額申入れなど何らかの行動に当然出たものと推測されるところ、原告は右のような行動に一切出ていないものであり、右のことからしても、原告は、本件増築部分が違法建築であることまでは認識していなかったものと認めるのが相当であ」るが、しかし被告Bが「本件増築部分が違法建築物であるとまでは説明しなかったのは、証拠（被告代表者）によれば、四階建の本件マンションに木造部分があること自体に問題はあると認識してはいるが、違法性の内容、程度について具体的に確知していた訳ではなく、それに、買主に木造の増築部分があることを告げておけば常識的にみて買主においてもある程度問題があることを認識し得るであろうしそれで足りるものと考えてのことであることが窺われ、被告Bにおいて本件増築部分の違法建築物性を十分に認識しながら殊更にこれを秘し、違法建築物の存在を隠してあえて本件売買契約締結の仲介をしたとまで認める証拠はない」ものの、「被告Bは、本件増築部分が違法建築物であることを認識しながら、本件増築部分が違法建築物であるとの認識に欠けている原告に対し右告知をしなかったものであるから、この点で同被告は、その不法行為責任を免れ」ず、「原告が折角購入したマイホームに違法建築物があることが判り、これを転売しようとしても思うに任されず、当分の間欠陥住宅に居住し続けなければならなくなって、精神的に多大の打撃を受けたことが窺われ……（中略）……原告の受けた精神的損害に対する慰謝料としては、五〇万円が相当である」。なお、「被告Cの従業員は、売主側の仲介人として本件売買契約締結の場に臨席していながら、原告に対し本件増築部分について何らの説明をしていない」のであるが、しかし被告Cは被告Bに対して「本件物件には木造の増築部分があり、これには違法建築の疑いがあることを告げ」ていたのであって、「被告Bが、殊更に本件増築部分が違法建築物であること

を秘し、このことを被告Cも知っていたなどの特段の事情のない限り、被告Cにおいて、買主である原告に対し本件増築部分の性状等について改めて告知、説明する義務はないものというべきところ、右特段の事情を認める証拠はない」（なお、被告Cの不法行為責任は肯定されていない）。

② 比較検討

確かに［独18］および［日33］は事案の細部において異なるが、しかし両者の共通点として、両事例における被告は説明義務の対象たる事実を認識していた（［独18］においては土壌汚染、［日33］においては増築部分の違法建築物性）。こうした事実の認識は、説明義務を肯定する前提でもある（この認識を欠けば、そもそも説明し得ない）。かかる前提が認められるなら、［独18］および［日33］は不作為の事例であるから、次いで説明義務の存否が個別に問われる。説明義務の要件に関して、［独18］によれば、「買主の決断にとって決定的な意味を持ち、その通知が取引通念から期待されて然るべきであった事情に関して、売主は開示義務を負う」。そして、［日33］において、「もし、原告において、本件増築部分が違法建築であると認識していたならば、本件売買契約締結の取りやめ、あるいは売買代金の減額申入れなど何らかの行動に当然出たものと推測される」。つまり、本件増築部分の違法建築物性の認識は原告にとって本件売買契約を左右する事情であった。すなわち、［日33］における本件増築部分の違法建築物性は、［独18］が説示する「買主の決断にとって決定的に意味を持つ事情」に相当することが容易に推察される。したがって、［独18］によれば、［日33］において本件増築部分の違法建築物性に関する説明義務が肯定される。

説明義務が肯定されるなら、次の問題は同義務違反の存否である。［日33］によると、被告Bが「本件増築部分が違法建築物であるとまでは説明しなかった」理由は、「買主に木造の増築部分があることを告げておけば常識的にみて買主においてもある程度問題があることを認識し得るであろうしそれで足りるものと考えてのことであ」った。つまり、本件増築部分の違法建築物性に関する被告Bの説明義務違反は、買主の認識可能性を理由として否定されている。加えて、［日33］によると、被告Cは「本件物件には木造の増築部分があり、これには違法建築の疑いがあることを告げ」たに過ぎず、「特段の事情のない

限り、被告Cにおいて、買主である原告に対し本件増築部分の性状等について改めて告知、説明する義務はない」。つまり、本件において本件増築部分の違法建築物性を最も容易に知り得る立場にあった売主側の仲介者たる被告Cでさえ、当該違法建築物性の疑念を伝える以上の説明義務を負わず、本件における被告Cの説明義務違反は否定されている。

これに対して、[独18] によれば、「売主が廃棄物を認識しているなら、単なる廃棄物の疑念を買主に伝えるだけでは、売主は自己の説明義務を果たしていない」。それゆえ、[独18] によると、[日33] における被告Cは説明義務を果たしていない。加えて、[独18] によれば、「廃棄物の疑念を生ぜしめる事情を買主が認識しているにせよ、検分すれば認識可能であったかもしれないにせよ、開示義務は存在し続ける」。それゆえ、[独18] によると、[日33] における被告Bの説明義務違反は、原告の認識可能性を理由として否定されないのである。

もっとも、説明義務違反が肯定されても、同義務違反と本件における売買契約の間に因果関係が認められなければならない。この点に関して [日33] によれば、「原告において、本件増築部分に何らかの問題があるのではないか程度の意識は抱いたにしても、宅地建物取引の専門業者であり自己が依頼した同被告が違法建築物であると説明しない限り、購入しようとする本件物件にまさか違法建築部分が存するとは思いを致さなかったとみるのが自然であ」る。つまり、被告Bが説明義務を果たしていれば、原告は契約を締結していなかった可能性が認められている、すなわち説明義務違反と本件売買契約締結の間に因果関係が認められている。そして、この関係は被告Cにも当然に妥当するはずである[24]。

最後に残る問題は、説明義務違反者の故意である。[独18] によれば、「そうした状況において売主が既存の廃棄物に関する具体的な知識を出し控え、買主が単なる廃棄物の疑念しか有していない、ということを可能性として売主が考えている場合は (für möglich hält)、その売主は悪意に行動しているのである」。

---

[24] この点について [日33] は必ずしも明示していないものの、既に指摘したように、被告Cは最も容易に本件の違法建築物性を認識し得たのであり、本件売買契約の締結の場にも臨席していた。

第1節　比較法の帰結の考察——裁判例を素材として　337

つまり、廃棄物汚染の存否に関する買主の誤解を可能性として売主が認識していたなら、故意が肯定される。これに対して、[日33]は、[独18]と異なる要件を求める。すなわち、「被告Bにおいて本件増築部分の違法建築物性を十分に認識しながら殊更にこれを秘し、違法建築物の存在を隠してあえて本件売買契約締結の仲介をした」事情であり、そして被告Cに関しても「被告Bが、殊更に本件増築部分が違法建築物であることを秘し、このことを被告Cも知っていたなどの特段の事情」である。[日33]によれば、「殊更に秘匿する」要素が求められるのであるから、たとえ[日33]における被告BおよびCが違法建築物性の存否に関する買主の誤解を可能性として認識していたとしても、故意は肯定されないのである。

そもそも、「殊更」という言葉それ自体が、「故意に」という意味を含んでいる[25]。[独18]における故意の基準は、[日33]における故意の基準を満たさない。[独18]における故意の理解と[日33]における故意の理解は明らかに異なる。

既に確認したように、[日22]は、[独17]と異なり、「欺罔しようとする意思」を求めた。判例間の整合性および日本判例における故意の厳格性を考えれば、おそらく[日33]も「殊更」という要件に「欺罔する意思」を込めているのであろう（少なくとも、告知義務違反を理由とする被告Bの不法行為責任は肯定されていた。これは、[日33]における96条の詐欺が不法行為よりも厳格な要件を求められていた証左であろう）。このように、不作為の事例においても、作為の事例と同様の相違点が見出されるのである。

日本民法96条における詐欺の伝統的解釈によれば、二個の故意を要する。すなわち、「(a) 相手方を欺罔して錯誤におとし入れようとする故意と、(b) さらに、この錯誤によって意思表示をさせようとする故意とである」[26]。この二段の故意に対応させるなら、[独17]は、二段目の故意を要求していない[27]。

---

25) ことさら【殊更】=「〔副〕①わざわざ。わざと。故意に」（新村出（編）『広辞苑（第五版）』（1998年）985頁）。
26) 我妻栄『新訂　民法総則』（1965年）308頁。下森定『新版　注釈民法（3）』川島武宜・平井宜雄（編）（2003年）471頁も参照。
27) このことは、[独19]も同様である。

しかも、[独17]が要求する一段目の故意は、被欺罔者が意思決定の基礎に据えた客観的事実の不正確性として捉えられているのであり、欺罔者が相手方を欺かんと欲する内心的決意の要素を包摂していないのである[28]。ドイツの裁判例における故意の理解については、既に確認した[29]。

これに対して、確かに、[日22]および[日33]も、明示的に二段の故意を求めているわけではない。しかし、例えば[日22]は、一段目の故意の存在を否定しているから、そもそも二段目の故意に言及する必要性が存しなかったに過ぎず、必ずしも二段目の故意を否定しているわけではない（「原告らを欺罔しようとする意思があったと推認することはできず、他には、かかる意思の存在を認めるに足る事情の存在を認めるに足る証拠がない」）。いずれにせよ、日本の裁判例は相手方を欺かんと欲する内心的決意の要素を要求するのであり（[日33]も「殊更に秘匿する」という要素を求める）、この点がドイツの裁判例と異なる。

以上の相違点を、故意と過失の限界という観点から捉えるなら、ドイツの裁判例が要求する故意の内容は、過失の領域へ入り込んでいる。日本の裁判例は意図的要素または意欲的要素を要求するから、ドイツの裁判例の理解と比べて、その故意の範囲は縮小する。これに対して、欺罔者の故意の内容として必ずしも意図的要素または意欲的要素を要求しないドイツ裁判例の理解によれば、日本の裁判例と比べて、その故意の範囲は拡大する。すなわち、ドイツの裁判例が理解する故意の内容は、日本の裁判例が理解する故意の内容を超え出ている。換言するなら、ドイツの裁判例が理解する故意の内容は、日本の裁判例の理解によれば、過失の領域へ食い込んでいるのである。このことは、ドイツにおいて詐欺の肯定例が多く、日本において少ない事実にも反映されているように思われる。

そして、以上の相違点は、被欺罔者の意思決定自由の要保護性に対する理解の相違として現れる。[日22]および[日33]も、被欺罔者の意思決定自由に対する侵害を認定しつつ、欺罔者の故意の意欲的要素の欠如を理由として、詐欺の成立を否定したのである。

---

28) このことは、[独19]も同様である。
29) この点について、とりわけ前述180-181頁を参照。

第1節　比較法の帰結の考察——裁判例を素材として　339

　これに対して、［独17］によれば、「客観的に追検査可能な言明であって、それが売買の締結にとって決定的に重要であった」言明を「精査せず、でたらめに（ins Blaue hinein）為されたHの説明に鑑みれば、少なくとも未必の故意（bedingter Vorsatz）は存在しているのである」。この故意の内容は、被欺罔者の決断にとって重要な内容として把握されている。しかも、「でたらめ」な言明で足りるから、欺罔者は自己の言明の虚偽性を必ずしも認識している必要はなく、虚偽性の可能性の認識で足りるのである。

　以上の如く、ドイツの裁判例は詐欺取消制度における解釈の基準として被欺罔者の意思決定自由を重視し、その結果として欺罔者の故意性は緩和されていることが窺われる。これに対して、日本の裁判例は詐欺取消制度における解釈の基準として欺罔者の主観的悪質性を重視し、その結果として欺罔者の故意が厳格に要求されていることが窺われる。

　既に検討したように、例えばRG 3. 4. 1909（JW 1909, S. 308）においては欺罔者の主観的要件の表現として、目的（Zweck）という文言が用いられていた。そして、これは行為無価値論と密接に関連する主観的違法要素と結び付き得る表現でもあった[30]。しかし、［独17］および［独18］においては、「目的」という文言は用いられていない[31]。さらに、これも既に確認したように、故意の一般論として、最も重大な故意の形式として意図（Absicht）という表現が存在した。しかし、やはり［独17］および［独18］においては、「意図」という文言も用いられてはいない[32]。このことからも、近時のドイツの裁判例においては欺罔者の故意が厳格に要求されていないことが理解でき、その反面として被欺罔者の意思決定自由を重視する態度（結果無価値論）が判明するのである。

　ところで、被欺罔者の意思決定自由を重視するなら、被欺罔者の落ち度は問わない傾向が見られるはずである。例えば、［独17］によれば、「悪意の欺罔を理由とする取消権は、被欺罔者が正しい状況を過失に基づいて認識しなかった、ということによって排除されない」[33]。これに対して、被欺罔者の意思決

30）　この点について、前述135頁を参照。
31）　このことは、［独19］も同様である。
32）　このことは、［独19］も同様である。

定自由を重視しないなら、被欺罔者の落ち度を容易に考慮する傾向が見られるはずである。例えば、［日33］によれば、「原告には、注意を払いさえすればさして困難なく本件増築部分が違法建築であることを理解することができた」。

既に確認したように、日本の裁判所は、投機的取引に関連する不法行為の事案においても、相当程度に過失相殺を肯定する。日本の裁判例において安易に被欺罔者の落ち度が指摘される態度は、要するに意思決定自由の要保護性を軽視する理解に起因しているのである。

第2款　特殊事例

第1項　裁判例の紹介

(1) ドイツの裁判例

前款において一般事例として主に売買契約の事例を取り上げ、独・日の裁判例を比較し、それぞれ検討した。これに続き、本款においては特殊事例として保険契約・労働契約・認知・消費貸借契約・先物取引を検討する。

これら諸事例を特殊事例として扱う理由は3つ存在する。第一は、保険契約・労働契約においては経済的弱者が欺罔者として登場する点において特殊である。第二は、認知の類型が（欺罔者本人ではない）非嫡出子の法的地位に関連する点において特殊である。第三は、消費貸借契約・先物取引が投機的取引に関連し、さらに消費貸借契約の類型が主として第三者（の詐欺）に関連し、加えて先物取引の類型がドイツの詐欺取消制度において争われていない点において特殊である。まず、保険契約から順に検討する。

① 保険契約の事例

［独29］BGH 13. 5. 1957（NJW 1957, S. 988）

保険契約の締結に際して保険者が被保険者に対して質問し、これに対して被

---

33) 加えて、［独19］によれば、「廃棄物の疑念を生ぜしめる事情を買主が認識しているにせよ、検分すれば認識可能であったかもしれないにせよ、開示義務は存在し続ける」。

保険者が事実に反することを認識しつつ事実に反する回答を与え、この点に関して保険者が被保険者の欺罔を理由として本件保険契約の取消しを求めた事案。契約前の質問について事実に反する回答を認識しつつ為した者は保険契約の締結に関する保険者の意思形成に関しても悪意を有していたはずである、という経験則の成立が認められるべき旨を主張した保険者に対して、BGH は当該経験則を否定し、取消者が悪意の欺罔に関する一切の成立要件を立証しなければならない旨を説き、保険者の主張を退けた。

［独30］BGH 20. 11. 1990（NJW-RR 1991, S. 411）
　就業不能保険（Berufsunfähigkeitversicherung）を締結する際に、過去の病歴について保険者たる被告から質問を受けた被保険者たる原告は以前に罹患していた精神障害を秘匿し、逆に他の軽度の障害を告げ、その後に生じた労災を理由として原告が当該保険に基づく年金支払を被告に求め、これに対して被告が原告の欺罔を理由として本件保険契約の取消しを求めた事案。原審は事実関係を意識的に過小評価した原告の言明を欺罔として認めたが、しかし BGH は単なる誤れる言明から悪意の欺罔を推論することはできない旨を指摘し、事案を差し戻した。

［独31］OLG Frankfurt 15. 5. 2002（VersR 2003, S. 357）
　被保険者たる原告は保険者たる被告と保険契約を締結し、後に原告が被告に対して保険金の支払を請求したのであるが、しかし同契約の締結の際に事後的に生じた重大な健康障害について通知すべき義務が説明されていたものの、原告は後に生じた脳出血を被告に通知せず、被告が原告の欺罔を理由として本件契約の取消しを求めた事案。OLG は、原告が予め主治医の守秘義務を解いていたこと、このことから主治医が被告に対して原告の健康状態について報告するであろうことを原告が前提にしていたこと、ゆえに原告には悪意が欠けていたことを理由として、被告の請求を退けた。

　保険契約の事例はドイツの裁判例48件の内で3件を占め、その内の2件において悪意の欺罔が否定されている。保険契約の事例に関してはドイツ法の検

討において既に触れており[34]、そこでは次のことを確認した。すなわち、欺罔に基づく取消可能性が争われる保険契約の事例においては保険者たる事業者が被欺罔者であり、被保険者たる個人が欺罔者であること（一般的な欺罔事例においては経済的弱者たる個人が被欺罔者であり、経済的強者たる事業者が欺罔者である）、あるいは保険者の立証責任の緩和が結果として保険金支払義務の免除を意味し、これに乗じた保険者による無分別な顧客獲得活動の助長が懸念されること、ゆえに保険契約の事例における欺罔の成否に対する裁判所の認定は他の事例類型と比較して厳格であること、そして被保険者に対して安易に説明義務が課されないこと等である。

② 労働契約の事例

［独32］BAG 5. 12. 1957（NJW 1958, S. 516）
　就職に際して就職希望者が使用者の質問に対して虚偽の回答を為し、これに対して使用者が当該被用者の欺罔を理由として労働契約の取消しを求めた事案。BAGは、民法総則の規定が原則として労働関係においても妥当し、許される質問内容に対する虚偽の回答が欺罔を構成し得る点を確認し、被用者の前科に関する質問も場合によっては許されるが（例えば、職業運転手を希望する者の酩酊犯罪に関する前科あるいは出納係を希望する者の横領に関する前科など）、しかし配慮を欠いた質問は相手方のプライバシーに対する侵害を構成し得るし、希望する職種と前科が無関係な質問は許されない旨を説示して、本件における被用者の欺罔を否定した。

［独33］BAG 22. 9. 1961（AP Nr. 15 §123 BGB Bl. 1253＝NJW 1962, S. 74）
　労働契約の締結に際して使用者たる被告は就職希望者たる原告に対して妊娠の事実の有無を質問し、そして原告は妊娠の事実を否定し、本件労働契約が締結されたものの、後に原告が妊娠していた事実が判明し、この点に関して被告が原告の欺罔を理由として本件労働契約を取り消し、その撤回を原告が求めた事案。BAGは、前科に関する質問と異なり、妊娠に関する質問は被用者のプ

34）　前述197-199頁を参照。

ライバシーに対する侵害を構成せず、むしろ本件において欺罔を否定するなら、「嘘をつく権利」を生み出してしまい、これは妥当ではなく、かくして本件の如き許された質問に対する虚偽の回答は悪意の欺罔を構成し得る旨を説いて、原告の欺罔を肯定した。

[独34] BAG 1. 7. 1993（NJW 1994, S. 148）
　感染の危険を伴う業務へ就く際に、使用者たる被告が就職希望者たる原告に対して妊娠の有無を質問し、これを原告は否定したが、しかし後に妊娠の事実が判明し、この点に関して被告が当該労働契約を取り消し、これに対して原告が取消しの無効を求めた事案。BAGは、本件における質問が例外的に原告および原告の子の健康の保護に資するならば、これは許される質問であり、この質問に対する虚偽の回答は悪意の欺罔を成立させる旨を説示して、原告の主張を退けた。

[独35] BAG, 20. 5. 1999（NJW 1999, S. 3653）
　飲酒運転による交通事故に基づいて刑事手続を受けていた原告が、警察公務員として採用される際に被告から現在進行中の捜査ないし刑事手続の有無について質問を受け、これを原告は秘匿し、その結果として原告と被告は労働契約を締結したものの、後に原告が罰金刑を受け、この点について被告が原告の欺罔を理由として本件契約を取り消し、これに対して原告が取消しの無効を求めた事案。BAGは、原告が希望する警察官という職業は自動車の運転を業務として求められ、それゆえ飲酒運転を理由とする前科は当該業務に関する原告の適性を疑わせるのであって、この点に関する質問は許されるのであるから、この質問に対する悪意の秘匿は123条に基づく取消権を正当化する旨を説示し、原告の主張を退けた。

[独36] BAG 6. 2. 2003（MDR 2003, S. 996）
　清掃員として採用された原告は被告と労働契約を締結する際に妊娠について質問を受け、これを原告は否定したが、しかし実際は妊娠していたのであって、この点に関して被告が原告の欺罔を理由として本件契約を取り消し、これに対

して原告が労働契約の存在の確認を求めた事案。BAG は、許される質問に対する虚偽の回答のみが欺罔を基礎づけ、採用前の妊娠に関する被告の質問は民法611a 条に違反し、かかる理解がヨーロッパ法の共通原則である旨を説示し、原告の訴を認めた[35]。

[独37] BAG 8. 5. 2008（NJW 2008, S. 3372）

　破産手続を開始した被告会社は、工場の閉鎖に伴い、その従業員たる原告と解消契約を締結したものの、その際に再雇用を期待していた原告が後に再雇用されず、この点に関して本件解消契約の有効性を原告が争った事案。BAG は、原告が動機の錯誤に陥っていたこと、ゆえに本件解消契約が取り消され得ないこと、そして原告が悪意の欺罔に基づく取消可能性を主張していない旨を認定して、原告の主張を退けた。

　労働契約の事例はドイツの裁判例48 件の内で6 件を占め、その内の3 件において悪意の欺罔が否定されている。労働契約の事例に関してはドイツ法の検討において既に触れており[36]、そこでは次のことを確認した。すなわち、労働契約の事例が保険契約の事例と同様に経済的弱者が欺罔者として登場すること、労働契約において争われる法益がプライバシーであること、ヨーロッパ共同体指令やヨーロッパ共同体適合法に基づく議論の変遷が存在したこと（妊娠に関する質問は原則として許されなくなったこと）、こうした点に鑑みて被用者に対して安易に説明義務が課されないこと等を確認した。

　③ 認知に関する事例
[独38] RG 30. 6. 1904（RGZ 58, S. 348）

　被告は原告に子の認知を求めた際に原告以外の者と性交渉していなかった旨を告げ、そして両者は扶養義務等を定めた和解契約を締結し、原告は認知に応じたが、しかし被告が原告以外の者と性交渉していた事実が判明し、原告が被

---

[35]　なお、611a 条は現在は存在せず、現在の612a 条に統合されている。611a 条を巡る経緯について、前述200 頁を参照。
[36]　前述199 - 201 頁を参照。

告の欺罔を理由として和解の取消しを求めた事案。RG は、本件における悪意の欺罔を否定し、原告の主張を退けた。

[独 39] RG 7. 5. 1923（RGZ 107, S. 175）
　事案内容は、ほぼ前出 1904 年と同様であり、原審は本件における悪意の欺罔を否定したが、しかし RG は積極的な虚偽の言明を重視し、事案を原審へ差し戻した。

[独 40] LG. Berlin 14. 1. 1938（JW 1938, S. 1451）
　原告たる父は父子関係の不存在を認識しつつ、被告たる子の父性を認知し、扶養義務も認め、その執行手続も進められたが、しかし後に原告が請求に関する異議の訴を提起した事案。LG は、一方で自己の父性の不存在を認識する者による認知が 123 条に基づいて取り消され得ない旨を説示しつつ、このことは他方で刑法 169 条における戸籍の身分隠蔽に相当する旨を指摘し、民法 134 条に基づく同認知の無効を認めた。

　認知の事例はドイツの裁判例 48 件の内で 3 件を占める。事件数が少なく、その全体的傾向を知ることは難しい。ただし、認知の事例に関しては、認知の有無が欺罔者本人ではなく、その子に対して重大な影響を及ぼす点（ゆえに認知を受け得ない子の法的地位を考えれば、父性の存否について慎重な判断が求められなければならない点）および認知の事例が全て戦前である点において、特殊性が見られる。そして、この特殊性に関しては、次のような背景が存在する。
　かつて父性の認知は、民法（旧）1718 条[37]により、複数（の肉体）関係の抗弁を提起し得ない、という効果を有するに過ぎなかった。それゆえ、複数関係の抗弁以外の主張、例えば認知した男性による「自分は当該女性と受胎期間内に性交しなかった」という主張が可能であったのであり、その父性を争い得たのであった[38]。ところが、こうした認知の効力は非嫡出子の地位を弱める

---

37)　ドイツ民法（旧）1718 条：子の出生後に公の書面にて父性を認知する者は、その子の母と他の者が受胎期間内に性交渉を持った、ということを援用することができない。
38)　Felix Odersky, Kommentar zum Nichtehelichen-Gesetz, 4. Aufl., 1978, S. 40 を参照。

ものであり、このことは基本法6条5項に抵触する可能性を生み出す。同条項は次のように規定する。

　基本法6条5項：非嫡出子には、法律によって、その肉体的・精神的発展および社会的地位に関して、嫡出子と同様の条件が作り出されなければならない。

　かかる基本法の任務を実行するべく、そして非嫡出子の法的地位を可能な限り嫡出子へ近づけるため、1969年に非嫡出子の法的地位に関する法律（Gesetz über die rechtliche Stellung der nichtehelichen Kinder）が制定された[39]。同法によって未婚の父性の認知は受領を要しない一方的な意思表示として確認され、民法116条以下における意思表示の無効および取消可能性に関する諸規定の適用が排除されたのである[40]。同法が制定された以降において、悪意の欺罔に基づいて認知の取消可能性が争われた事例は見出されない。

④ 消費貸借契約の事例
［独41］BGH 25. 4. 2006（WM 2006, S. 1066）

　投資仲介人から不動産投資信託（Immobilienfonds）を勧められた被告は、これに参加する前提として、原告たる銀行と消費貸借契約を締結したが、しかし後に被告が同不動産の採算性および販売可能性に関する同仲介人の欺罔を理由として同消費貸借の効力を争い、加えて同仲介人の契約締結上の過失を主張し、これに対して原告が既出の消費貸借金の返還を求めた事案。BGHは、原審に反して、本件の仲介人が123条2項における第三者に該当せず、ゆえに同仲介人の欺罔を理由として被告銀行と締結された消費貸借契約を同条に基づいて取り消し得る旨を指摘し、さらに同仲介人に対する請求権を被告銀行に対しても

---

39) この点について、Odersky, a. a. O. (Fn. 38), S. 1 f. u. 40 f. を参照。同法の成立に至る社会的背景について、野沢紀雅「ドイツ法における非嫡出父子関係の変遷——一八九六年民法から一九六九年非嫡出子法まで」法学新報87巻7・8号（1980年）159頁の注20を参照。

40) この点について、Odersky, a. a. O. (Fn. 38), S. 41 f. を参照。

主張し得る可能性を説いて、事案を原審へ差し戻した。

[独42] BGH 16. 5. 2006（JZ 2006, S. 1067）
　仲介人から不動産投資信託を勧められた原告は、まず賃貸借共益関係（Mietpool, Mietpoolgemeinschaft, Mieteinnahmegemeinschaft：投資家によって購入せられた不動産を運営し、その得られた利益を同共益関係の参加者へ配当する仕組の組織）へ参加し、その資金を得る前提として被告銀行と消費貸借契約を締結したが、しかし原告は投資リスクや採算性に関する仲介人の欺罔および同欺罔に関して生じる被告銀行の独自の説明義務の違反を理由として損害賠償を請求した事案。BGH は、仲介人と被告銀行が制度的に協働している事案においては同銀行にも説明義務が課され得る旨を指摘し、事案を原審へ差し戻した。

[独43] BGH 20. 3. 2007（NJW 2007, S. 2396）
　仲介人の勧誘に応じて節税目的で不動産を取得した原告は、資金を得る前提として被告たる銀行と消費貸借契約を締結したものの、同契約に基づく金銭支給の条件として賃貸借共益関係の参加が求められ、原告は同関係に参加したが、しかし後に原告が本件不動産の採算性あるいは収益性に関する仲介人の欺罔および被告の説明義務違反を主張した事案。被告の説明義務違反を理由として本件消費貸借契約の巻戻を認めた原審に反して、BGH は、仲介人の欺罔を認めつつ、被告の説明義務を肯定する前提として仲介人の欺罔あるいは本件不動産の実際の価値に関して被告が認識していた等の事情を要する旨を説示し、事案を原審へ差し戻した。

[独44] BGH 5. 6. 2007（NJW 2007, S. 2407）
　原告は仲介人を通じて不動産投資信託に参加し、その前提として被告銀行と消費貸借契約を締結したものの、原告は同信託の目論見書に記載されていない手数料等を別途に支払わされ、この点に関する故意の秘匿を理由として損害賠償を求めた事案。BGH は、仲介人が 123 条 2 項の第三者に該当せず、さらに仲介人の欺罔が肯定されるなら、被告銀行も損害賠償義務を負い得る旨を説いて、事案を原審へ差し戻した。

［独45］BGH 10.7.2007（NJW 2007, S. 3272）

　投資仲介人から不動産投資信託を勧められた原告は、これに参加する前提として、被告たる銀行と消費貸借契約を締結したが、しかし目論見書に明記されていない手数料等が判明し、原告が損害賠償および訪問販売法に基づく同契約の撤回を求めた事案。BGHは、与信銀行が顧客に対する仲介人の欺罔を積極的に認識していた場合には、同銀行も顧客に対して説明義務を負い、さらに本件における信託責任者と同銀行の制度的協働関係の存否も重要である旨を説いて、事案を原審へ差し戻した。

［独46］BGH 3.6.2008（NJW 2008, S. 2572）

　投資目的物を販売する仲介人から勧誘を受けた原告は不動産の購入を決意し、被告銀行と消費貸借契約を締結したものの、同契約の締結条件として賃貸借共益関係の参加が求められ、この条件を原告は受け入れたが、しかし実際の配当額が最初に示されていた配当額を大きく下回ること等を理由として原告が説明義務違反を理由とする損害賠償を求めた事案。BGHは、本件の如き共益関係の参加に関する効果として契約全体の巻戻を認めることが不当であり、さらに銀行の説明義務を肯定する前提として必要な仲介人の欺罔行為に対する同銀行の認識も確認する必要性を説示して、事案を原審へ差し戻した。

［独47］BGH 3.6.2008（NJW 2008, S. 2576）

　仲介人の勧誘に応じて節税目的で不動産を取得した原告は、資金を得る前提として被告たる銀行と消費貸借契約を締結したものの、同契約に基づく金銭支給の条件として賃貸借共益関係の参加が求められ、原告は同関係に参加したが、しかし後に原告が本件不動産の採算性あるいは収益性に関する仲介人の欺罔および被告の説明義務違反を主張した事案[41]。原告の主張を退けた原審に反して、

41）　本件は時効の成立の有無も重要な論点として争われた。すなわち、原告の請求権の主張に対して、被告は199条1項2号に基づく同請求権の時効消滅を主張した。同条項は次のように規定する。

　　199条1項：法定消滅時効期間は、①請求権が発生し、②債権者が同請求権を基礎づける事実および債務者本人を認識し又は重大な過失によって認識し得なかった年の終了

BGH は被告が仲介人に対しても融資し、さらに仲介人によって作成された目論見書が客観的に不正確である等の事実から被告と仲介人の制度的協働関係が窺われる場合には、仲介人の欺罔に関する被告の認識も推定され、この点を確認させるために、事案を原審へ差し戻した。

　消費貸借契約の事例はドイツの裁判例 48 件の内で 7 件を占め、「その他の事案類型」を除けば、売買契約の事例に次いで多い。しかも、2000 年以降に限れば、悪意の欺罔に関する主たる事例群であり、注目される。ただし、一連の不動産投資信託および賃貸借共益関係を前提として争われている消費貸借契約の諸事例は、欺罔者たる仲介人の言動それ自体の認定が争われているわけではなく、むしろ同仲介人と融資銀行の関係（仲介人の欺罔に対する銀行の第三者性）あるいは同仲介人の言動に対する融資銀行の認識（仲介人の欺罔に対する銀行の善意性）が争われている。しかも、消費貸借契約に関連する意思表示それ自体は訪問販売法によって撤回されており、この点において詐欺取消制度は活用されていない。むしろ、銀行の責任を基礎づける前提要件として、123 条 1 項における悪意の欺罔が主張され、仲介人の悪意の欺罔を銀行が認識していたなら、その責任を認める、という観点から詐欺取消制度が援用されている。つまり、これら一連の諸事例は必ずしも本書の主たる検討対象（欺罔者の認識や言動の内容）と直接的に関連しているわけではないのであるが（融資銀行と締結された消費貸借の効力が主たる問題であるから、仲介人の欺罔行為に関しては悪意の欺罔が問題として扱われているものの、この点は必ずしも前面に出ていない）、しかし 123 条の適用が争われる近時の顕著な事例群である点に鑑みて（類似する日本の裁判例も存在する。この点は後述する）、取り上げた次第である。
　もっとも、例えば［独 41］は「投資契約と結び付いた消費貸借契約それ自

　時点から開始する。
　　法定消滅時効期間は 3 年であって（195 条）、本件売買契約および本件消費貸借契約は 1998 年に締結され、被告は 2002 年 1 月 1 日における時効の完成を主張した。原審は原告の請求権が 199 条 1 項 2 号に基づく時効の成立によって既に消滅した旨を説示し、これに対して連邦通常裁判所は同条項号の主観的認識を満たす前提として仲介人の欺罔から生じる諸事実に対する原告の認識等が必要である旨を指摘し、この点も確認させるために、事案を原審へ差し戻した。

体も、欺罔が当該契約の締結と因果関係を有していた場合には、民法 123 条によって取り消され得るのであり、なぜなら基金参加の仲介人も消費貸借契約の仲介人も与信銀行にとって民法 123 条 2 項の意味における第三者ではないからである」(WM 2006, S. 1070) という説示を加え、あるいは [独 44] は「消費貸借契約それ自体も民法 123 条によって取り消し得るのであり、あるいは民法 124 条 1 項の取消期間が経過しているのであるならば、契約締結の際の故意の過責 (vorsätzlichem Verschulden bei Vertragsschluss) に基づく損害賠償請求権を被告に対して主張し得る」(NJW 2007, S. 2409) という説示を加えているのであって、ドイツ民法 123 条 1 項は全く無関係ではない (詐欺取消制度と契約締結上の過失法理が使い分けられている一理由として、時効の問題が考えられる点について、前述 308 頁も参照)。

(2) 日本の裁判例
① 保険契約の事例

日本における保険契約の事例に関しては、基本的に戦前において争われ、その内容も商法の規定に関係し、ドイツの裁判例と比較検討する意義に乏しいため、概略に止める[42]（ドイツの裁判例の比較検討対象としては、先物取引の事例を取り上げる）。

民法典成立の当時の商法における保険契約の告知義務規定は一見すると詐欺の構成要件と重複するので、同規定と民法 96 条の関係が争われる事例が少なくなかった。1890 年（明 23）の商法は、この告知義務に関して次のように規定していた。

> 商法旧 653 条：保険者ハ被保険者カ契約取結ノ際重要ナル情況ニ付キ虚偽ノ陳述ヲ為シ又ハ其情況ヲ黙スルトキハ悪意アリタルト否トヲ問ハス契約ヲ解ク権利アリ但被保険者カ保険者ノ総テノ問ニ対シテ其知ル所ヲ竭シ且善意ニテ答ヘタルトキハ過失ナキモノト看做ス然レトモ保険者ノ有スル解約ノ権

---

[42] 保険契約と欺罔に関連する事例が全て民法 96 条 1 項の詐欺として争われているわけではないものの、以下で取り上げる裁判例は原則として 96 条 1 項の詐欺が言及されている事案に限る。

利ハ此カ為メニ妨ケラルルコト無シ

　同条によれば、被保険者の主観的態様を問わないのであるから、この告知義務規定は制度的な不良危険排除を意図した立法であったのであろう[43]。ところが、同条は 1899 年（明治 32）に改正され、次のように規定された（生命保険の部分）。

　　商法旧 429 条：保険契約ノ当事保険契約者又ハ被保険者カ悪意又ハ重大ナル過失ニ因リ重要ナル事実ヲ告ケス又ハ重要ナル事項ニ付キ不実ノ事ヲ告ケタルトキハ其契約ハ無効トス但保険者カ其事実ヲ知リ又ハ之ヲ知ルコトヲ得ヘカリシトキハ此限ニ在ラス

　この旧 429 条は、旧 653 条の但書を削除し、さらに当該保険契約の無効原因を保険契約者または被保険者の悪意または重過失に限定している。法律効果が「契約ヲ解ク権利」から「無効」へ変更された理由は必ずしも明確ではないもの[44]、いずれにせよ保険契約者または被保険者の保護が改正の趣旨であった[45]。

　こうした改正の趣旨それ自体は、裁判例においても反映されている。例えば、次の判決が挙げられる。

　　[日 47] 大審院 1907 年（明 40）10 月 4 日（民録 13 輯 939 頁）は、小学校の教諭（保険契約者・被保険者）が自身の職業を貿易商と偽り、これを信じた生命保険会社（被告）が当該教諭と生命保険を締結し、後に同教諭の遺族（原告）が保険金の支払を求め、これに対して被告が商法旧 429 条に基づいて保険金の支払を拒絶した事案である。原審によれば、商法旧 429 条における「重要ナル事實又ハ重要ナル事項トハ生命保険契約ノ要素タル危険ヲ測定

---

43) この点について、例えば倉沢康一郎『保険契約の法理』（1975 年）277 頁を参照。
44) この点について、例えば倉沢・前掲注 43・279 頁を参照。
45) この点について、例えば芳賀八彌「現行商法及修正商法ニ於ケル開陳責任」保険雑誌 42 号（1899 年）4 頁において引用されている起草者の見解を参照。

スルカ為メ必要ナル事實」を意味するが、しかし学校教諭と貿易商の間に危険の程度に大差なく、ゆえに商法旧429条に基づく無効は認められない。これに対して被告は、生命の危険のみが保険契約の要素を構成する危険を意味するのではなく、「被保險者ノ人違ナルヤ否ヤ無資力者ニアラサルヤ否ヤ詐欺ノ申込ニアラサルヤ否ヤ等何レモ保險契約ノ要素タル危險」である旨を理由として上告した。大審院は次のように述べて、被告の上告を退けた。「上告人カ本點ニ於テ論スル被保險者ノ人違又ハ詐欺ノ申込ノ如キハ民法總則ノ規定即チ同第九十五條又ハ第九十六條ニ依リ其契約ハ無效タリ又ハ之ヲ取消スコトヲ得可キモノタレハ此ノ如キ場合ニ商法第四百二十九條ヲ適用ス可キ謂ハレアラサルナリ」。

裁判所は、結果的に民法96条の適用可能性を示唆している[46]。民法96条と商法429条の適用領域が区別されることによって、本件における商法旧429条の適用を回避することができる。そして、商法旧429条の適用を回避することができれば、保険契約者または被保険者を保護することができ、前記の趣旨が全うされる。すなわち、保険者契約者または被保険者を保護するために、あえて民法96条の適用可能性が示唆されたのである[47]。

---

46) 本判決は、民法96条適用説として理解されている（例えば、田中誠二「五　保險──（一）被保險者の既往症に關する虛僞の陳述と詐欺行爲との區別──（二）詐欺行爲に關する立證責任──（三）保險醫師の診斷上の過失が保險業者に及ぼす影響」判例民法（大正十一年度）21頁）。

47) もっとも、こうした解釈は、民法96条が援用されれば、むろん無意味である。例えば、大審院1911年（明44）3月3日（民録17輯85頁）は［日47］と同様に保険契約における詐欺が争われ、しかも保険者によって民法96条および［日47］が援用された事案である。原審は、重要事項の告知義務に関しては「獨リ商法第四百二十九條カ絶對的ニ適用セラルルモノニシテ此範圍ニ於テハ民法總則詐欺ノ規定ノ適用ヲ除外スヘキモノト解」し、その理由を次のように述べる。「若シ假リニ同告知義務ニ關シ民法總則詐欺ノ規定ヲ適用シ得ルモノトセン乎保險者ハ保險契約ノ成立ヲ不利益トスル場合ハ必スヤ告知義務違背ニ随伴スル詐欺ヲ理由トシテ該契約ヲ取消スヘキヲ以テ同商法第四百二十九條但書ノ適用ヲ見ルヘカラサルニ至リ法カ同條但書ニヨリ保險契約者又ハ被保險者等ヲ保護セントスル趣旨ヲ没却スルノ結果ヲ生スレハナリ」（大審院の説示も同旨）。すなわち、裁判所によれば、商法旧429条但書が想定している保険者の落ち度が肯定される限り、

ところが、商法旧429条は1911年（明44）に再び改正され、次のように規定された。

　商法旧429条1項：保険契約ノ当時保険契約者又ハ被保険者カ悪意又ハ重大ナル過失ニ因リ重要ナル事実ヲ告ケス又ハ重要ナル事項ニ付キ不実ノ事ヲ告ケタルトキハ保険者ハ契約ノ解除ヲ為スコトヲ得但保険者カ其ノ事実ヲ知リ又ハ過失ニ因リテ之ヲ知ラサリシトキハ此限ニ在ラス

　この条文改正によって、法律効果の「無効」が「解除」へ変更された。この解除は、いわゆる告知であって、遡及しない[48]。すなわち、無効であるならば保険者は収受した保険料を返還しなければならず、新規の保険契約者の獲得に要した費用の回収も難しいが、しかし告知たる解除によれば契約の効力に関して保険者に選択権が与えられる。要するに、この改正の目的は、保険者の利益保護の強化であった[49]。

　この点を反映した裁判例として、例えば［日48］大審院1917年（大6）12月17日（民録23輯2142頁）が挙げられる。

　本件は、保険契約者たる上告人が被保険者の健康状態を偽り、保険者たる被上告人をして保険契約を締結せしめたものの、後に被上告人が上告人（欺罔者本人）に対して民法96の詐欺を理由として同契約を取り消した事案である。大審院は次のように述べて、民法96条の適用を認めた。「保険契約者又ハ被保険者ノ告知義務ニ關スル商法第四百二十九條ノ規定ハ保険事業ノ性質ニ鑑ミ保險者ニ對シ危険ノ測定ニ必要ナル材料ノ提供ヲ相手方タル保険契約者又ハ被保険者ヨリ受クルコトヲ得ヘキ特殊ノ權能ヲ付與シタルモノニシ

　　民法96条の適用は許されない。それゆえ、裁判所は、この事案を前提に保険契約者または被保険者の保護を図るため、民法96条の適用を否定したのである（本判決は、民法96条非適用説として理解されている（例えば、田中・前掲注46・21頁））。

48)　この点について、三浦義道『告知義務論』（1924年）268頁も参照。
49)　この点について、野津務『保険法に於ける「信義誠実の原則」（再版）』（1965年。初版は1934年）129頁、倉沢・前掲注43・279頁を参照。

テ即チ保險者ノ利益ノ爲メニ設ケタルモノナルヲ以テ詐欺又ハ錯誤ニ關スル民法總則ノ適用ヲ除外スルモノニ非ス」、さらに「本件ノ如ク詐欺ニ因リ締結シタル保險契約ノ取消ヲ爲スニ付テハ民法第九十六條ノ規定ニ則ルヘク商法第四百二十九條第一項但書ノ支配ヲ受クヘキモノニ非ス」[50]。

このように、先の商法改正は少なからず保険者の有利に作用しているようであるが[51]、しかし例外的な事例も存在する。例えば、次の事案が挙げられる。

[日49] 大審院1917年（大6）9月6日（民録23輯1319頁）は、自己の既往症の事実を秘匿した保険契約者が保険者をして生命保険契約を締結せしめ、後に保険者が被保険者の相続人（欺罔者本人ではない）に対して同契約を取り消す旨の意思表示を為した事案である。原審は詐欺を理由とする保険者の取消権を認めず、さらに商法429条に基づく保険者の解除権も認めなかった。かかる原審の判断を是認した大審院は、次のように述べた。「詐欺トハ他人ヲシテ錯誤ニ因リテ或意思ヲ決定表示セシムル爲メニ故意ニ事ヲ隱蔽若クハ虛構シテ表示スルコトノ謂ヒナレハ假令保險契約者カ既往症ヲ告ケス却テ既往症ナキ旨告知シタル爲メ上告人カ之ヲ信シテ本訴契約締結ノ意思ヲ表示シタルニセヨ保險契約者ニ於テ上告人ヲシテ錯誤ニ因リテ契約締結ノ意思ヲ決定表示セシムル意思ヲ以テ其告知ヲ爲シタルニ非サル限リハ詐欺ヲ行ヒタルモノト謂フヲ得ス」、それゆえ「保險契約者ニ於テ既往症ヲ告ケス却テ既往

---

50) 商法429条但書の適用が否定されたなら、なぜ本件において同条が適用されず、民法96条の取消権が認められたのか。これは、おそらく本件が1ヶ月という解除権行使期間を徒過した事例であったからであろう。

51) それ以外の商法改正後の裁判例として、大審院1914年（大3）6月5日（法律新聞950号30頁）および大審院1915年（大4）6月26日（民録21輯1044頁）が存在する。前者においては改正前と改正後の相違を説示しつつ、民法96条の適用が肯定され、詐欺の成立が認められた。後者においては「縱令告知義務者カ保險契約ノ當時重要ノ事實ヲ思ヒ浮ヘサリシトスルモ些少ノ注意ヲ用キハ之ヲ思ヒ浮ヘ得タリシ場合ナランニハ重大ナル過失ニ因リテ重要事實ヲ告知セサリシモノト爲ササルヘカラサル」という説示を下し、過失を広く捉え、保険会社の解除を認めた。こうした裁判例からも、保険者の利益保護の強化の傾向が窺われる。

症ナキ旨告知シタル事實アルモ當時同人ニ上告人ヲシテ錯誤ニ陷ラシメ之ニ因リテ契約締結ノ意思ヲ決定表示セシメントノ意思アリタルコトヲ認ムヘキ證據ナキニ付キ詐欺ヲ行ヒタルモノト謂フヲ得サル旨判定シタル」原院は正当である[52]。

[日48] と異なり、本判決は民法96条の適用を否定した。問題は、その理由と方法である。本判決の詳細な事実関係は必ずしも明確ではなく、このことは [日48] も同様であるから、両者を一概に比較することはできない。しかし、少なくとも、[日48] における保険者の訴訟相手方は欺罔者本人であるのに対して、[日49] における保険者の訴訟相手方は保険契約者・被保険者の相続人である、という点に相違が見られる。生命保険契約の性質から、その効力が争われる際には告知義務違反者（と目される者）が既に死亡していることは少なくない。それゆえ、欺罔行為の事実確認は困難であるし、確認し得たとしても、詐欺の非難を受けるべき本人は存在しない。加えて、従来から保険金受取人の保護の必要は説かれていたのであって[53]、それゆえ徒に同保険契約の効力を解消すれば、欺罔行為に関与しない相続人の保護が奪われかねない。この点に、本件において民法96条の適用が否定された理由が窺われるのである。

次に問題は、民法96条の適用を否定する方法である。商法の改正に伴い商法規定と民法96条の競合が否定されず、それでも保険契約者または被保険者の保護を図るなら、一方で96条の適用可能性を肯定し、他方で当該事案における96条の適用を否定しなければならない。それゆえ、本判決は、96条における詐欺の要件を操作し、故意要件を厳格に絞り込むことによって詐欺の成立を否定したのであろう[54]。本件は、96条の故意要件を明示した（と一般に考え

---

52) なお、原文における「中原幸之進」または「幸之進」を「保険契約者」へ書き換えた。
53 「生命保険契約締結ノ動機ハ或ハ遺族扶助ノ爲ナルコトアリ」（佐竹三吾「保険金受取人ノ保護」法学志林8巻6号（1906年）16頁）、「元來保険金の受取人とは被保険者の死亡に付いて或程度の經濟的需要を感ずべき者である」からである（中川善之助「六　相続——保険金受取人の権利は當然相續の目的となるか？」判例民法（大正十一年度）27頁）。もっとも、保険金受取人の保護に関する議論は、同人と当該保険金に対する債権者との関係において説かれることが少なくない。
54) 本判決と同種の裁判例として、例えば大審院1922年（大11）2月6日（民集1巻13頁）

られている）最初の判例でもあり[55]、この意味においても注目される。

　既に確認したように、ドイツにおいても保険契約における悪意の欺罔の事例は、保険契約者をして安易に詐欺者たらしめることを回避するべく、他の事例に比べて例外的な処理を受けた[56]。同様の傾向が、日本の裁判例からも看取されるのである[57]。

　が挙げられる。本件は、被保険者が死亡した後に、同人と保険者が締結した保険契約に基づいて被保険者の妻たる被上告人が保険者に対して保険金を請求し、これに対して保険者が被保険者の告知義務違反を理由として保険金の支払を拒絶した事案である。原審は、被保険者が「悪意ヲ以テ」重要なる事項を告知しなかった事実を肯定しつつも、民法96条の詐欺の成立は否定した。これに対して、重要事項を「悪意ヲ以テ」虚偽告知した被保険者は保険者をして保険契約を締結せしめる自覚および希望をも有していたのであって、ゆえに本件において民法96条の詐欺は肯定されるべきである、という上告理由が主張された。大審院は、上告を退けて、次のように述べた。「原判決理由中ノ『悪意ヲ以テ』ト云フ文詞カ上告人ヲ誤信セシメントスルコトノ自覺又ハ希望ヲ意味スルモノニ非スシテ唯事實ニ反スルコトノ自覺ヲ意味スルモノナルコトハ判文前後ノ關係ニ照シテ明白ナルヲ以テ上告人カ其文詞ニ依據シテ被保険者ノ詐欺行爲ヲ論斷スルハ失當ナリ」。

　本判決によれば、相手方を「誤信セシメントスルコトノ自覺又ハ希望」と「唯事實ニ反スルコトノ自覺」が区別され、商法旧429条の「悪意」は「唯事實ニ反スルコトノ自覺」を意味するが、しかし「唯事實ニ反スルコトノ自覺」は民法96条の要件を満たさない。本判決は民法96条における故意の内容について明言していないが、しかし同条において単なる自覚を超える要素（例えば、相手方を「誤信セシメントスルコトノ自覺又ハ希望」）が求められていることが推察される。本判決における保険者の訴訟相手方は、［日56］と同様に、欺罔者本人ではない。この点からも、本判決における故意内容の加重化は理解できる。

55) この点について、松尾弘『叢書　民法総合判例研究　詐欺・強迫』（2000年）5頁以下も参照。
56) この点について、前述198-199頁を参照。
57) それ以降の裁判例は少ない。96条1項の詐欺が争われた保険契約の事案として、高知地判1986年（昭61）11月26日（判時1252号101頁）および東京高判1991年（平3）10月17日（金商894号27頁）が存在する。両事案とも、いわゆる保険金詐欺の事例であり、保険契約者ないし被保険者と保険金請求者が同一であり、保険金請求者と欺罔者が同一であって、詐欺が肯定されている。

② 労働契約の事例

[日 50] 東京地判 1967 年（昭 42）4 月 24 日（判時 482 号 35 頁）

　幹部要員として被告会社（富士通信機製造株式会社）へ入社した際に共産党員の事実を秘匿した原告が後に被告会社から懲戒解雇の通知を受け、これに対して原告が解雇の無効を求めた事例において、懲戒解雇のみならず、原告の詐欺を理由とする雇用契約の解消をも主張する被告会社に対して、裁判所は次のように述べた。「政党又は大学内外の諸団体加入の有無及びその活動状況もしくは社会運動に対する関心の程度の如きは労働者の性向の判断に全く関連がないわけではないが、少くとも会社のように物品の製造、販売を目的とする企業の場合には、使用者と労働者との間の労働関係が本来政治的、文化的色彩を帯有するものではなく、その意味で必ずしも全人格的接触を不可欠の条件とはしない以上、大学卒業の幹部要員についてもその性向判断のため、さして重要な事項とはいい難いのであ」り、原告の「経歴詐称をもって懲戒事由とする根拠は乏し」く、さらに「日本国民がその思想、信条を表明することもまた、これを秘匿することも、その自由として憲法一四条、一九条の保障するところであり、この理は国家と国民との間のみならず、国民相互の間にも妥当すると解され、かつ本件においては右自由の制限を許容すべき特別の事情があるとも認め難いから、原告が右契約においてなした政治的思想、信条に関する欺罔行為は違法性がないものというべきである」。

[日 51] 東京地判 1967 年（昭 42）7 月 17 日（判時 498 号 66 頁）

　いわゆる三菱樹脂事件の第一審。三菱樹脂事件は、被告会社（三菱樹脂株式会社）の入社試験に際して学生運動に関する経歴を秘匿および虚偽の事実を申告した原告が試用期間経過後の本採用を拒否され、これに対して原告が雇傭契約の成立を求めた。

[日 52] 東京高判 1968 年（昭 43）6 月 12 日（判時 523 号 19 頁）

　いわゆる三菱樹脂事件の原審。原審は憲法 14 条および 19 条に基づいて解雇の無効を認め、次のように述べた。「秘匿し、虚偽の申告をしたと主張する事実が第一審原告の政治的思想、信条に関係のある事実であることは明らかであ

るから、これを入社試験の際秘匿することは許されるべきであり、従って、これを秘匿し、虚偽の申告をしたからといって、詐欺にも該当しない」。

[日53] 最大判 1973 年（昭48）12 月 12 日（判時 724 号 18 頁）
　いわゆる三菱樹脂事件の上告審。最高裁は、原審の判断に反して憲法の私人間適用を原則として否定し、次のように述べて、本件を差し戻した。「私人間の関係においても、相互の社会的力関係の相違から、一方が他方に優越し、事実上後者が前者の意思に服従せざるをえない場合があり」、さらに「憲法は、思想、信条の自由や法の下の平等を保障すると同時に、他方、二二条、二九条等において、財産権の行使、営業その他広く経済活動の自由をも基本的人権として保障している。それゆえ、企業者は、かような経済活動の一環としてする契約締結の自由を有し、自己の営業のために労働者を雇傭するにあたり、いかなる者を雇い入れるか、いかなる条件でこれを雇うかについて、法律その他による特別の制限がない限り、原則として自由にこれを決定することができる」（なお、差戻審において、和解が成立している）。

　一連の労働契約の事例は、三菱樹脂事件を中心として既に検討し、この事件を通じて詐欺および違法性に関連する若干の議論も確認した[58]。この事件は、一般的には憲法の問題として取り扱われているし、加えて、それ以降において、この種の事例は見当たらない。

③ 認知に関する事例
　詐欺に基づく認知の効力が争われた裁判例は、[日54] 金沢地方裁判所 1951 年（昭26）1 月 31 日（下民集 2 巻 1 号 105 頁）の一件のみである。次のような事案であった。

> 　原告は被告から妊娠を告げられ、原告と被告は同棲を始めたものの、その直後に被告は子を出産し、それゆえ原告は子の父性に疑問を抱きつつも、認

---

[58] この点について、前述 264 - 268 頁以下も参照。

知したのであるが、しかし後に当該認知の取消しを求めた事案。原告は、被告が原告以外の者と性交渉を持たなかった旨を述べた、という主張を展開した。これに対して裁判所は、被告の子が原告の子ではないことを認定しつつ、しかし原告は被告の子の父性に疑問を抱いていていたのであるから、原告は詐欺に基づいて認知の意思表示を為したわけではない旨を説示し、原告の請求を退けた。

既に確認したように、この種の事例はドイツにおいて（少なくとも詐欺取消制度においては）現在は争われておらず、日本においても一件しか存在しない。

④ 消費貸借契約の事例

ドイツの裁判例と比較する観点から取り上げられ得る日本の裁判例として［日30］［日31］［日35］［日39］が存在する。これら諸事例は既に売買契約の事例として検討した。さらに、これら諸事例が、売買契約の事例の中においても、とりわけ投機的ないし投資的な特徴を有する事例である点をも既に確認した[59]。

⑤ 商品先物取引の事例

［日55］神戸地判1965年（昭40）11月5日（判時442号50頁）

証券会社に勤める原告は取引所の商品仲買人たる被告の社員Ａから勧誘を受け、その際にＡは一方で「委せてくれれば必ず儲かるという甘言を用い」、他方で具体的な運用方法について原告に説明せず、さらにＡが勝手に取引を

---

[59] この点について、前述325頁を参照。なお、［日30］［日31］［日35］［日39］において、詐欺が認められた事例は存在しない。

投資目的の不動産取引という点において、ドイツの消費貸借の事例も日本の事例も類似する。この意味においては、ドイツの消費貸借の事例群も、売買の事例として取り扱うことは不可能ではない。ただし、ドイツの事例においては不動産投資信託の側面が強く、その前提として締結された消費貸借契約の効力が主として争われ、日本の事例においては消費貸借契約を前提ないし包含した不動産売買の効力が主として争われる。かかる差異に鑑みて、ドイツの事例は消費貸借の事例として、日本の事例は売買の事例として検討した。

実行した結果として損害が発生し、これに対して原告がAの詐欺を理由として本件契約を取り消した事案。裁判所は、Aの言動を「相手の無知に乗ずる詐欺」として認定し、原告の主張を認めた。

[日56] 大阪地判 1972 年（昭 47）9 月 12 日（判時 689 号 104 頁）
　農産物の商品取引員たる原告の外務員Aは「今が小豆の底値であって今後次第に値が上がり儲かる可能性が強く、今が絶好の買時であることを強調し」、この勧誘に基づいて被告は原告と穀物取引委託契約を締結したものの、相場は下がり続け、その結果として生じた損失金を原告が被告に求め、これに対して被告がAの詐欺的勧誘を理由として本件契約の取消しあるいは不法行為に基づく損害賠償を請求した事案。裁判所は、一方で96条の詐欺を否定しつつ、しかし他方でAの不法行為を認定したものの、過失相殺として損害賠償額の5割を縮減した。

[日57] 東京地判 1974 年（昭 49）4 月 18 日（判時 746 号 93 頁）
　商品外務員の経験を有する原告は商品取引員たる被告を通じて生糸および乾繭の買方針を維持していたものの、被告の従業員A等は向い玉を前提として相場の下落を示唆する虚構の事実を原告へ伝え、この情報に基づいて原告は売方針へ転換したのであるが、しかし依然として相場が上昇を続けた結果として清算損を生じ、かくして原告が同従業員の詐欺を理由として方針転換の意思表示を取り消し、委託金証拠金（約1億円）の返還を求めた事案。裁判所は、向い玉を推認し、96条の詐欺を肯定し、原告の主張を認めた。

[日58] 福岡地判 1983 年（昭 58）4 月 26 日（判タ 501 号 185 頁）
　商品取引の経験を有しない原告は商品取引員たる被告の従業員A等から勧誘を受け、その際に同従業員は原告に対して「二ヶ月程度で相当の利益をもたらし得るかのように説明し」、これを信じた原告は取引を開始したものの、結果として損失が発生し、この点について原告はAの詐欺に基づく取消しあるいは不法行為に基づく損害賠償を請求した事案。裁判所は、96条における詐欺の成否について触れず、不法行為を認定した。

[日59] 大阪地判 1986 年（昭 61）5 月 30 日（判タ 616 号 91 頁）
　商品取引の経験を有さない訴外 Z は被告 A および被告 B から先物取引の電話勧誘を受け、その際に被告等は商品の大豆について「年末にかけて値上りが見込まれるから、これを買い付ければ利益が上がる」という説明を為し、かくして訴外 Z は被告会社に商品取引を委託したのであるが、しかし大豆の相場の上昇に伴い売付の損失分が増大し、訴外 Z が詐欺あるいは不法行為を理由とする各種請求を提起した事案。裁判所は、一方で 96 条の詐欺を否定し、他方で不法行為を認めたが、しかし 3 割の過失相殺も認めた。

[日60] 東京地判 1992 年（平 4）9 月 29 日（判タ 823 号 241 頁）
　先物取引の経験を有する原告は商品取引委員たる被告会社における従業員の被告 A から勧誘を受け、その際に被告 A は「絶対に儲かるから安心して任せてほしい。元本は保証する」旨を述べ、かくして原告は被告会社と商品取引委託契約を締結したのであるが、しかし最終的に差損が生じ、この点について原告が被告の詐欺あるいは不法行為を主張した事案。裁判所は、本件における元金保証契約の成立を肯定し、これを理由として不法行為を否定し、さらに詐欺も否定した。

[日61] 東京地判 1995 年（平 7）12 月 22 日（判タ 926 号 220 頁）
　商品先物取引の経験を有しない原告は被告会社の従業員 A から先物取引の勧誘を受け、その際に A は自ら「原告の出身大学の後輩である」旨の事実に反する詐言を述べ、後に原告は被告と売買基本委託契約を締結し、最終的に損金が発生し、原告が詐欺あるいは不法行為を主張した事案。裁判所は、出身大学に関する A の詐言を認めつつも、これが勧誘の一契機に過ぎず、原告の意思を決定せしめた要因ではなかった旨を述べて、詐欺を否定し、その他の主張も認めなかった。

[日62] 大阪高判 2008 年（平 20）6 月 26 日（判時 2022 号 14 頁）
　被控訴人は商品取引員たる訴外 A と委託契約を締結したものの、被控訴人は A の従業員の不法行為に基づいて損害を被り、かくして被控訴人は当該損

害の賠償を求める請求権を全て認容する確定判決（欠席判決）を得たのであるが、しかしAは破産宣告を受け、それゆえ被控訴人は取引所たる控訴人がAと締結していた弁済契約（控訴人がAに代わり「委託により生じた債権」を弁済する契約）の内容として不法行為債権も含まれる旨を主張し、被控訴人は控訴人に対して既に認容された限度における損害賠償債権を請求し、これを原審は認めたが、しかし最高裁判所によって破棄され[60]、その差戻審において被控訴人がAの詐欺を理由として売買の効力の否定を求め、このことに基づいて委託者資産の引渡を求めた事案。裁判所は、Aの詐欺を否定し、被控訴人の請求を棄却した。

民法96条の詐欺が争われた先物取引の諸事例に関しては、既に検討を加えた[61]。1960年代から96条1項の詐欺が争われる先物取引が急増し、これは当時の経済事情に依拠した変化であった。もちろん、かかる経済事情の変容はドイツにおいても同様に見出され、ドイツにおいても先物取引に関連する被害は急激に増加した。ところが、ドイツにおける先物取引の事案は刑事詐欺（あるいは不法行為）の対象として論じられてはいるものの、ドイツ民法123条の詐欺取消制度においては争われていない（その理由については次頁以降にて確認する）。

既に検討した保険契約・労働契約・認知・消費貸借の各事例群においても、それぞれ特殊性を有し、日・独の裁判例を安易に比較検討することはできない。そして、ドイツ民法123条の詐欺取消制度において先物取引の類型が争われていない状況を踏まえるなら、先物取引における両国の詐欺を比較・検討することにも慎重でなければならないであろう。

しかし、市場経済における先物取引それ自体の重要性および商品先物取引という事案の類似性に鑑みれば、不法行為法であるにせよ、刑事詐欺であるにせよ、日・独における先物取引の事案を比較検討する意義は小さくない。そこで、引き続き、日・独における先物取引の事案を具体的に検討する。

---

60) 最一判2007年（平19）7月19日判決（判時1983号77頁）。
61) 前述275-282頁を参照。

第2項　裁判例の分析

(1) ドイツの先物取引

① 取引所法と先物取引

　日・独における先物取引の事案を具体的に検討する前提として、まずドイツにおける先物取引の経緯を確認する。

　ドイツの取引所取引の歴史は古く[62]、先物取引は1816年から利用され始め、活発化したのであるが、しかし次第に訴訟も頻発し、差額取引（Differenzgeschäft）を賭博行為として判断した判決が少なからず散見され始めた。こうした判例の見解は民法典の起草においても影響を及ぼし、この問題は一時は取引所法の問題として委ねられたのであるが、しかし最終的にドイツ民法においても法典化されたのであった[63]。

　ドイツ民法762条1項：賭博または賭事によって、拘束力は基礎づけられない。それゆえ、賭博または賭事に基づいて給付を受けた者は、拘束力が存在していなかったのであるから、返還しなくてよい[64]。

　同条2項：この規定は、給付当事者が賭博の債務または賭事の債務の履行を目的として利得当事者に対する拘束力を引き受ける合意、とりわけ債務の承認に関しても妥当する[65]。

　同（旧）764条：商品または証券の給付を内容とする契約が、合意された

---

62) その詳細について、山口博教『ドイツ証券市場史　取引所の地域特性と統合過程』（2006年）を参照。

63) Norbert Engel, in: Staudingers Kommentar zum Bürgerlichen Gesetzbuch mit Einführungsgesetz und Nebengesetzen, 2. Buch Recht der Schuldverhältnisse, 1996, S. 379.

64) Durch Spiel oder durch Wette wird eine Verbindlichkeit nicht begrundet. Das auf Grund des Spieles oder der Wette Geleistete kann nicht deshalb zurückgefordert werden, weil eine Verbindlichkeit nicht bestanden hat.

65) Diese Vorschriften gelten auch für eine Vereinbarung, durch die der verlierende Teil zum Zwecke der Erfüllung einer Spiel- oder einer Wettschuld dem gewinnenden Teil gegenüber eine Verbindlichkeit eingeht, insbesondere für ein Schulanerkenntnis.

価格と給付者から取得者へ給付された時点における取引所価格または市場価格の差額を支払うことにする意図のもとで締結された場合、その契約は賭博として看做される。このことは、一方当事者の意図のみが差額の支払に向けられていた場合であっても、かかる意図を他方当事者が知り又は知るべかりし場合は同様である[66]。

取引所先物取引は、同条における差額取引として理解され得た[67]。それゆえ、民法によれば、商品先物取引は契約的効力を有さず、そもそもドイツ民法123条における悪意の欺罔を理由とする取消可能性を争う必要が存しなかったのである。

しかも、1896年に制定された取引所法（Börsengesetz）[68]によって、先物取引の参加それ自体に一定の制約が課され、このことによって一般大衆の保護が図られていた。例えば、次の規定が挙げられる。

　　ドイツ取引所法（旧）66条1項：ある取引部門においてなされた取引所先物取引は、取引の締結時に双方の当事者が取引所登記に登録していない限り、債務関係を基礎づけない。

ところが、危険な取引から大衆を保護する、という取引所法の目的は次第に後退し、例えば1989年の改正によって一定の条件に基づいて個人投資家に対しても先物取引能力が認められた[69]。確かに、この改正によっても先物取引

---

[66]　Wird ein auf Lieferung von Waren oder Wertpapieren lautender Vertrag in der Absicht abgeschlossen, daß der Unterschied zwischen dem verinbarten Preise und dem Börsen- oder Marktpreise der Lieferungszeit von dem verlierenden Teil an den gewinnenden gezahlt werden soll, so ist der Vertrag als Spiel anzusehen. Dies gilt auch dann, wenn nur die Absicht des einen Teiles auf die Zahlung des Unterschieds gerichtet ist, der andere Teil aber diese Absicht kennt oder kennen muß.

[67]　Hans-Hermann Seiler, in: Ermans Handkommentar zum Bürgerlichen Gesetzbuch, 1. Bd., 1981, S. 1938.

[68]　その内容について、松野尾裕「ドイツ帝国取引所法1896年6月22日」立教経済学研究44巻1号（1990年）125頁以下を参照。

能力の付与は限定的であり、そもそもドイツ取引所法における規定（主として同法 53 条ないし 56 条）に対してドイツ民法 123 条を含めた意思表示に関する民法の諸規定は原則として補充的にしか適用されず[70]、しかもドイツ民法（旧）764 条は依然として存続していた。

しかし、1990 年代以降から金融市場を巡る状況が大きく変化し始め、とりわけ金融市場の現代的発展や自由化に伴い[71]、ドイツ民法（旧）764 条の法理念に対する強い疑念が提起され[72]、2002 年の第 4 次資本市場振興法によってドイツ民法（旧）764 条が削除され[73]、さらに取引所法（旧）53 条も削除されたのであった[74]。

以上の経緯から、先物取引の事案においてドイツ民法 123 条の悪意の欺罔が比較的最近まで議論され得る状況ではなかった事情が理解されるであろう。もっとも、それ以降においても、先物取引の事案に関してドイツ民法 123 条の適

---

69) ドイツ取引所法（旧）66 条を修正したドイツ取引所法（旧）53 条 2 項によれば、例えば損失リスクが特定できないこと、あるいはリスクの排除が不可能であること等の特定の注意事項が取引締結前に書面によって通知されている場合に、両当事者が商人ではなくても、その取引の拘束力を認める旨を規定する。こうした修正に至る経緯について、角田美穂子「金融商品取引における適合性原則――ドイツ取引所法の取引所先物取引能力制度からの示唆（二）」亜細亜法学 36 巻 1 号（2001 年）191 頁以下、同「金融商品取引における適合性原則――ドイツ取引所法の取引所先物取引能力制度からの示唆（三）」亜細亜法学 37 巻 1 号（2001 年）91 頁以下（特に 111 頁以下。ドイツ取引所法（旧）53 条 2 項の全訳は 111-112 頁を参照）、同「ドイツ取引所法の『投機取引への未経験者の誘惑』に対する刑罰法規について」全国商品取引所連合会（編）『商品取引所論体系 13』（2007 年）268 頁以下を参照。

70) この点について、O. M. マイヤー／H. ブレーマー（髙橋壽男・小田和美 訳）『ドイツ取引所法』（1959 年 212 頁）；Eberhard Schwark, Börsengesetz, 2. Aufl., 1994, S. 432 を参照。

71) こうしたドイツにおける展開について、例えば山田剛志『金融自由化と顧客保護法制』（2008 年）48 頁以下を参照。

72) Engel, a. a. O. (Fn. 63), S. 379.

73) 小宮靖毅「Ⅱ．第四次資本市場振興法の概説」日本証券経済研究所（編）『ドイツ第四次資本市場振興法の概要』（2005 年）27 頁も参照。

74) 注 69 も参照。取引所法（旧）88 条は、有価証券取引法へ移された。この点について、久保寛展「ドイツ第四次資本市場振興法に基づく相場操縦規定の改正」同志社法学 55 巻 7 号（2004 年）356 頁以下を参照。

用が争われた事例は、未だ見当たらない。

② 刑法と先物取引

ところで、ドイツ取引所法は、意思表示の効力に関連する規定のみならず、刑罰に関する規定も置いていた。例えば、1896年のドイツ取引所法において、以下の規定が重要である。

> ドイツ取引所法（旧）78条：常習的に利得の意図を持ちつつ他人の無経験（Unerfahrenheit）または軽率を利用し、その他人の営業に属さない取引所投機取引へ唆す者は、軽懲役および15,000マルク以下の罰金に処する。加えて、公民権の喪失を言い渡すこともできる。

この規定は、しばらく大きな変化を見せなかった。しかし、ある指摘によれば、1970年から1980年の間に、ドイツ国内の個人投資家は、商品先物取引および商品先物オプション取引において、およそ10億ドイツマルクを超える損失を受けている[75]。かかる事態に鑑みて、1986年に第2次経済犯罪対策法[76]が制定され、これに伴い取引所法（旧）78条も以下のように改正された。

> 同法（旧）89条1項：業として取引所投機取引において他人の無経験（Unerfahrenheit）を利用しつつ同人を同取引へ唆し、あるいは直接的または間接的に同取引の参加を唆す者は、3年以下の自由刑または罰金刑に処する。

この規定では、従前の（旧）78条に比べて、一方において欺罔者の利得意図の要件および被欺罔者の軽率の要件が削除され、他方において無経験の利用の要件は維持されている。すなわち、詐欺の成立要件の緩和が図られつつ、被欺罔者の側の無経験という要素が重視されているのである。

---

[75] この点について、Karl Lackner und Christian Imo, Zum Vermögensschaden bei betrügerishcen Manipulationen mit Warenterminoptionen, MDR 1983, S. 969 を参照。

[76] 同法について、神山敏雄「西独における第二次経済犯罪対策法の制定」法律時報58巻11号（1986年）53頁以下を参照。

同条の解釈によれば、利用される「無経験」は、被害者が取引所投機取引に関する理解および経験を有さず、自己の取引の意義を正確に評価できないことを意味し、初めて当該取引に手を出した者は原則として無経験者として看做される[77]。そして、同条の解釈によれば、無経験の「利用」は行為者が被害者の無経験に少なくとも取引締結の一要素として付け込むことを意味し、これは行為者の主観的要件をも意味するのであるが、しかし同要件の立証は困難であるから、その要件の存否を判断する際は具体的な契約締結の諸事情（例えば電話による販売、攻撃的な広告など）が参照される[78]。

こうした（旧）89条の趣旨は、前述した2002年の第4次資本市場振興法に基づくドイツ取引所法の改正においても引き継がれた。既に確認したように、ドイツ取引所法における意思表示に関連する規定および民法（旧）764条が2002年の第4次資本市場振興法によって削除されたのであるが、しかし取引所法における罰則規定は維持され、現在のドイツ取引所法23条および61条として、次のように規定されている[79]。

　　ドイツ取引所法23条1項：業として取引所投機取引において他人の無経験（Unerfahrenheit）を利用しつつ同人を同取引へ唆し、あるいは直接的または間接的に同取引の参加を唆すことは、禁じられる。
　　同61条：23条1項に違反して他人を取引所取引へ唆し、または同取引への参加を唆した者は、3年以下の自由刑または罰金刑に処する。

問題は、こうした取引所法の刑罰規定とドイツ刑法263条（詐欺罪）の関係である。一般的に、両者は、いわゆる一行為数犯（Tateinheit）の関係に立つ規範として理解されている[80]。一行為数犯はドイツ刑法52条[81]において規定

---

77) Schwark, a. a. O. (Fn. 70), S. 575.
78) Schwark, a. a. O. (Fn. 70), S. 576.
79) 同23条と（旧）89条の関係について、Wolfgang Groß, Kapitalmarktrecht, 3. Aufl., 2006, S. 97 も参照。
80) Roland Hefendehl, in: Münchener Kommentar zum Strafgesetzbuch, 4. Bd., 2006, S. 262.
81) ドイツ刑法52条1項：同一行為が複数の刑罰法規に違反し、または同一の行為が同一

されており、同一の行為が複数の法律に違反する場合または同一の行為が同一の法律を複数回に亘り違反している場合を意味する（いわゆる観念的競合）[82]。そして、ドイツ刑法52条2項によれば、3年以下の自由刑を定めるドイツ取引所法よりも5年以下の自由刑を定めるドイツ刑法263条が適用されるのであり、この関係は改正前においても、すなわちドイツ取引所法（旧）89条とドイツ刑法263条の関係においても同様であった[83]（もっとも、後述するように、刑事詐欺として扱われる先物取引の事案においても、無経験の要件は重視されているのであり、この点において取引所法の影響は皆無ではない）。

　残る問題は、刑事詐欺として扱われる先物取引の形態である。これまで、いかなるドイツの取引所においても、商品先物取引は認可されていなかった。それゆえ、ドイツの事業者は国外において執行される取引の仲介を業として活動する。しかも、従来の投機的な先物取引は相当の初期投資を要した。この意味においても、取引所における投機的取引は、大衆の一般投資家にとって手が出せない取引であった。しかし、こうした一般投資家を先物取引市場へ取り込むため、先物オプション取引等の特殊な取引形態が開発され、こうして取引所取引における一般投資家の被害が誘発され[84]、かくしてドイツ刑法263条の適用が争われる先物取引の事案は主として先物オプション取引となっている。

　ドイツ刑法263条の適用が争われる先物取引の事案が主として先物オプション取引である点は、日本法と比較する観点からも重要である。商品先物オプション取引は、オプションの買主（Optionsnehmer; Käufer）が契約締結時点における相場（基礎価格）にてオプションの売主（Stillhalter; Verkäufer）から特定の種類・数量の商品を購入し（買いオプション；Kaufoption）あるいは売却する

　　の刑罰法規を複数回に亘り違反する場合、一個の刑罰しか認められない。
　　　同法2項：複数の刑罰法規に違反する場合、その刑は最も重い刑罰を威嚇する法律に従い決定される。その刑罰は、その他の適用可能な法律が認めている刑罰より減じてはならない。
[82]　Ruth Rissing-van Saan, in: Strafgesetzbuch Leipziger Kommentar, 12. Aufl., 2. Bd., 2006, S. 1345.
[83]　Schwark, a. a. O. (Fn. 70), S. 577.
[84]　以上の取引形態の経緯について、BT-Drucks. 10/318, 1983, S. 47を参照。角田・前掲注69・（三）104-105頁も参照。

(売りオプション；Verkaufsoption）権利を、当事者によって合意された価格（オプション価格：Optionspreis）にて売買する契約である。契約締結の後の相場が如何なる展開を示そうとも、オプション価格は支払わなければならない。それゆえ、例えば買いオプションの行使を考える投資家は、相場が上昇し、しかも、その上昇差がオプション価格を上回る場合にしか、正味の利益を得ることができない。かように複雑な取引を通じて素人の一般投資家が利得する機会は概して低く、その反面として高度な情報提供が不可欠であり、かかる情報提供の有無あるいは情報提供の程度を巡る紛争が後を絶たない[85]。さらに、商品先物オプション取引においてはオプション価格が重要な意味を持ち[86]、こうした価格の程度や設定方法に関連して争われる事案も少なくない[87]。

　以上を要するに、ドイツにおける商品先物取引の事案について、これまで民法の詐欺取消制度の適用を受けた事案は見当たらないが、しかしドイツ刑法263条の適用を受け[88]、その取引類型は先物オプション取引である。それゆえ、先物取引の事例に関しては、ドイツの詐欺取消制度と日本の詐欺取消制度を直接的に比較検討することはできないのであるが、しかし先物取引の事案がドイ

---

85)　例えば、Jürgen Oechsler, in: Staudingers Kommentar, Buch 2, 2009, S. 161 ff. を参照。
86)　ドイツの刑事詐欺の事案として、仲介業者によるオプション価格の値上がりが欺罔行為として争われることも少なくない。この点も含めて、ドイツにおける先物取引の事案について、神山敏雄「西独における商品先物オプション取引をめぐる犯罪（1）（2）（3）（4・完）」判例時報1289号（1988年）3頁以下・同1290号（1988年）8頁以下・同1292号（1989年）3頁以下・同1293号（1989年）8頁以下を参照。
87)　従来の議論状況について、例えばFrank Guido Rose, Betrug bei Warenterminge-schäften-mehr Klarheit beim Vermögensschaden?, wistra 2009, S. 289 ff. を参照。
88)　ドイツ取引所法（旧）89条の目的は無経験の投資家の財産保護であり、同条はドイツ民法823条2項における保護法規として理解され（Schwark, a. a. O. (Fn. 70), S. 577)、さらに826条に基づく請求も可能であり、こうした関係は既に確認したようにドイツ取引所法23条1項においても基本的に変わらない。少なくともドイツの不法行為法における処理は詐欺それ自体として扱われているわけではない点に鑑みて、以下ではドイツ刑法における先物取引の事例を取り上げる次第である（823条2項より、826条において争われる事例が多いように思われる。Oechsler, a. a. O. (Fn. 85), S. 161 ff.；角田・前掲注69・「ドイツ取引所法の『投機取引への未経験者の誘惑』に対する刑事法規について」274頁も参照）。例えば、近時の事例としてBGH 22. 11. 2005（ZIP 2006, S. 171）を参照（有価証券のオプション取引の事案であり、823条2項ではなく、826条が争われている）。

ツおよび日本において詐欺の問題として重要な意味を持つことは否定できず、ドイツにおける先物取引の刑事詐欺事件から日本の詐欺取消制度に対して少なからず示唆が得られるはずである。以下では引き続き、両者の事例を検討する。

(2) 裁判例の比較検討
① ドイツ刑事詐欺と先物取引事案

商品先物オプション取引に関連する近時の刑事詐欺の事案として、[独48] BGH 13. 11. 2007（wistra 2008, S. 149）が挙げられる[89]。次のような事案であった。

> 1990年から商品先物取引業界において活動を続けていた被告人Kは1997年に商品先物オプション取引の仲介を業とする会社Fを設立し（その客層は取引所投機取引における無経験者であった）、そして主としてアメリカの取引所において活動し、さらに以前の同僚であった被告人Mも雇い入れ（かつてKとMは同じ企業に勤めていたのであり、当該企業の活動は当該企業の破産および当時の責任者に対する刑事捜査手続に伴い1997年に終了している）、そして被告人両名は執拗な電話勧誘を繰り返し、無経験者（Unerfahrener）をして利得機会が資本の喪失リスクを大きく上回る如く誤信させ（ある投資家に対しては85％という高い利得可能性を提示していた）、投機取引の締結へ誘引し、結果として複数の顧客に対して損害を生ぜしめた事案である。

地方裁判所はドイツ刑法263条の詐欺を理由として、Kを2年6ヶ月の自由刑に処し、Mを1年6ヶ月の自由刑（執行猶予付）に処した。

BGHは、次のように述べて、上告を退けた。「被告人両名は、アメリカの取引所における商品先物取引および商品先物オプション取引について、投資家の約80％がその資本を完全に又は部分的に喪失し、投資家の約20％しか利得を得ていないことを経験から認識していた。さらに、被告人両名は、やはりFもその顧客等に対して有利な利得・喪失のリスクを達成させる状況

---

[89] それ以前の、特に取引所法（旧）89条および（現）23条に関する民事および刑事を含めた裁判例について、角田・前掲注69・「ドイツ取引所法の『投機取引への未経験者の誘惑』に対する刑罰法規について」296頁以下も参照。

になかった、ということを認識していたのである」。さらに、「地方裁判所が法的に問題なく為した確認によれば、被告人両名はＦの顧客等に対して、Ｆが追求する投資戦略およびＦの従業員の特別な知見に基づいて、Ｆが仲介する個別の取引所投機取引について、とりわけ反復的に投機的取引を行うことによって利得の見込みが喪失リスクを上回る、ということを意識的に真実に反して虚構したのである」。「こうした説明は、価値判断として位置づけられ、構成要件に該当する欺罔行為を意味しない過大な吹聴や予想ではない。むしろ、顧客に対するその発言は……必要的な事実関連を含んでいるのである」。「かかる欺罔に基づいて、Ｆの従業員を通じて、判決に挙げられた28名の顧客の全員に、その目的に適う相応の表象が生じた。欺罔に起因する顧客等の錯誤の結果として、前記28名の顧客は、その財務助言に対する反対給付として差額および手数料という形で報酬を支払うべき契約上の義務をＦに対して負担することで、自身の財産を処分したのである」。そして、地方裁判所の理解によれば、「これがなければ、つまり相当に大きい喪失の蓋然性を認識していたなら、顧客等はＦに給付を求めなかったであろう、というのである」。なお、「判決理由は、取引所法（旧）89条（取引所投機取引の誘引）に対する被告人等の違反をも裏付けるものである」。

以上が事案と判旨の概要である。この裁判例から以下の要件が導かれる。第一に当該取引の高い損失リスク（例えば、投資家の約80％が損失を被り、約20％しか利得できない状況）を被告人が認識していること（以下では「第一要件」と呼ぶ）、第二に当該取引においても十分な利得を達成させ得ない状況を被告人が認識していること（以下では「第二要件」と呼ぶ）、第三に無経験の顧客に対して利得の可能性が損失リスクを上回る旨の説明を被告人が意識的に真実に反して虚構したこと（以下では「第三要件」と呼ぶ）、第四に第三要件の欺罔に基づいて顧客が錯誤に陥り、その結果として手数料等を支払う契約上の義務を負担し、これによって財産を処分したこと（以下では「第四要件」と呼ぶ）、第五に第三要件の欺罔なかりせば（換言するなら相当に大きい喪失の蓋然性を認識していたなら）顧客は反対給付を求めなかったであろうこと（以下では「第五要件」と呼ぶ）が必要である。

ドイツ刑法263条が予定する保護法益は個人的財産であって、自由ではない[90]。それゆえ、先物取引に関する刑事詐欺の事案において財産的損害は重要な論点であり[91]、第四要件を外すことはできない。ところが、この第四要件は、民事詐欺において検討を要しない。ドイツ民法123条は意思決定自由を保護する規範目的であって、直接的に財産的利益の保護を企図しているわけではなく、その要件として財産的損害を求めていないからである[92]。このことは、日本民法96条1項における詐欺も同様である[93]。

主観的要件に関しても、刑事詐欺と詐欺取消制度の詐欺は異なる。財産的損害が重要な意味を持つドイツ刑法263条の詐欺においては、詐欺の故意は客観的構成要件（欺罔、錯誤、財産処分および財産的損害）[94]の全体に及んでいなければならない、と言われている[95]。欺罔者は、欺罔によって被欺罔者の錯誤が引き起こされ、この錯誤によって被欺罔者が財産を処分し、この財産処分によって被欺罔者の財産が害されることを意識していなければならないのである[96]。

---

90) かかる理解が支配的見解である。例えば、Peter Cramer und Walter Perron, in: Schönke-Schröder Strafgesetzbuch Kommentar, 27. Aufl., 2006, S. 2234.; Herbert Tröndle und Thomas Fischer, Strafgesetzbuch, 54. Aufl., 2007, S. 1738 を参照。しかし、ドイツ刑法263条を財産のみならず、処分の自由あるいは真実に対する権利を保護する規範として理解する立場も存在する（この点について、Michael Pawlik, Das unerlaubte Verhalten beim Betrug, 1999, S. 82 ff. を参照。かつて例えばフォイエルバッハも啓蒙期自然法学説に基づいて詐欺を真実に対する権利の侵害として理解していたのであり（前述79頁の注200）、この理解はドイツ民法123条の解釈に接近するが、しかし刑法学界において一般的な支持は得られていない）。

91) この点について、Rose, a. a. O. (Fn. 87), S. 289 ff. を参照。

92) ドイツ民法123条は「私的自治によって必要とされているように、法律行為上の自己決定は、意思形成が欺罔や強制から自由に行われ得る場合にのみ実現せられる、という考え方に依拠している。同規定は——刑法263条（詐欺）および刑法253条（恐喝）と異なり——財産を保護していないのであり、したがって財産的損害を要件としないのである」(Heinz Palm, in: Erman Bürgerliches Gesetzbuch, 1. Bd., 12. Aufl., 2008, S. 296)。

93) 必ずしも明示的に指摘されているわけではないが、しかし明示的に損害の発生を求める見解も見当たらない。

94) Cramer und Perron, a. a. O. (Fn. 90), S. 2186.; Tröndle und Fischer, a. a. O. (Fn. 90), S. 1739.

95) Cramer und Perron, a. a. O. (Fn. 90), S. 2233.

96) Cramer und Perron, a. a. O. (Fn. 90), S. 2234. もっとも、この故意は未必の故意で足

さらに、ドイツ刑法263条は、上記の故意と並び、財産処分に関する欺罔者の主観的要件として利得意図（Bereicherungsabsicht）[97]も要求する[98]。しかし、民事詐欺においては財産的損害を要しないから、故意の対象が財産的損害に及ぶ必要は存しないし、そもそも民事詐欺において利得意図を要しない点は既に確認した[99]。

なお、民法における詐欺取消制度は財産的損害の発生を要しないが、しかし意思表示の存在を要する[100]。もっとも、刑事詐欺において重要な要素の財産的損害は大抵は欺罔者と被欺罔者の間の契約から生じるであろうし、本件の裁判例も財産的損害は当事者間の契約から生じている旨を指摘しているのであって（第四要件を参照）、それゆえ本件においても当然に意思表示は存在していた。

確かに第四要件は錯誤の惹起を含み、これは民事詐欺においても重要な要件である。しかし、これは第五要件においても包摂されているから、問題は存しないであろう。むしろ、この点から、つまり錯誤の惹起および被欺罔者の決定自由に関連する点から[101]、民事詐欺の関係においては第五要件が重要な要件として登場する。

問題は、この第五要件がドイツ刑法263条の詐欺罪によって処断された先物取引事例において如何に判断されているか、である。これは第一要件ないし第

りる。Hefendehl, a. a. O.（Fn. 80), S. 228 f.
97）「意図（Absicht）は目的的な結果意欲を要するのであり、つまり利得（Bereicherung）が行為者にとって構成要件実現の主たる目的または必要的中間目的でなければならないのである」（Urs Kindhäuser und Sonja Nikolaus, Der Tatbestand des Betrug（§263 StGB), JuS 4/2006, S. 298）。意図（Absicht）と故意（Vorsatz）の関係について、前述170頁を参照。
98）Cramer und Perron, a. a. O.（Fn. 90), S. 2234.; Hefendehl, a. a. O.（Fn. 80), S. 228 ff.
99）このこともドイツの詐欺取消制度と日本の詐欺取消制度において同様である。前述138頁および228頁を参照。
100）Palm, a. a. O.（Fn. 92), S. 308.
101）「理由書自体は103条の法政策的根拠を、『意思決定の自由』は保護されるべきである、という点に認めている。しかし、理由書の意味における意思決定の自由を害するもの、それは錯誤である」（Ernst Zitelmann, Die Rechtsgeschäfte im Entwurf eines Bürgerlichen Gesetzbuches für das Deutsche Reich, 1890, 2. Theil, S. 43）。この理由書における103条は、現ドイツ民法123条の草案規定である。同条の起草過程について、前述99-106頁を参照。

三要件が関係しているであろうが、しかし第一要件を満たさない事例は基本的に考えられず、第二要件は各事例に応じて認定する他ない。残る要件は、第三要件である。

　この第三要件は、客観的事実（「利得の可能性が損失リスクを上回る旨の説明」）および欺罔者の主観的態様（「意識的に真実に反して虚構した」）、さらに被欺罔者の事情（「無経験」）が複合した要件である。情報の虚偽性は欺罔として客観的構成要件の問題に属し、その欺罔者の認識は故意として主観的構成要件の問題に属することは刑事詐欺の一般的要件としても認められているのであって[102]、それぞれ客観的事実と欺罔者の主観的態様に対応し、このことは民事詐欺の要件としても通常は求められるのであるから、特殊な要件というわけではない。これに対して、第三要件における「無経験」は若干の確認を要する。

　既に確認したように、この無経験要件は取引所法においても掲げられていた要件である。そこでは、取引所法（旧）89条1項[103]における「無経験」は被害者が取引所投機取引に関する理解および経験を有さず、自己の取引の意義を正確に評価できないこと、初めて当該取引に手を出した者は原則として無経験者として看做されること、そして無経験の「利用」の立証の困難に鑑みて、その要件の存否は具体的な契約締結の諸事情（例えば電話による販売、攻撃的な広告など）から判断されることが確認された。先物取引および取引所法に関連する近時の裁判実務においても無経験要件は重要な意味を持ち、以前に同種の取引において損害を受けていても（ある意味において経験者を意味し得たとしても）、あるいは先物取引の危険性について説明を受けていても（形式的な情報提供を受けていたとしても）、無経験の認定を下す裁判例が存在する[104]。確かに本件はドイツ刑法263条に基づいて処断されているが、しかし取引所法（旧）89条からも処断され得る旨も説示されており、無経験の解釈として取引所法の理解は無視されるべきではないであろう。本判決においても、執拗な電話勧誘の存

---

102) Urs Kindhäuser und Sonja Nikolaus, Der Tatbestand des Betrug（§263 StGB）, JuS 3/2006, S. 194 を参照。

103) その内容について、前述366頁を参照。

104) この点について、角田・前掲注69・「ドイツ取引所法の『投機取引』への未経験者の誘惑」に対する刑罰法規について」276 - 280頁を参照。

在が肯定され、顧客の無経験も認定されているのである。

　無経験要件に関しては、ドイツ民法138条2項[105]も無視できない。ただし、取引所法（旧）89条が規定する可罰的な誘引行為に基づいて成立した取引所投機取引はドイツ民法138条2項によって無効にならない[106]、という解釈が有力である[107]。

　以上を要するに、先物取引の事案においては、刑事詐欺特有の財産的損害を除けば、刑事詐欺と民事詐欺において類似した要件論が妥当する。ただし、「無経験」の要件は、これまでドイツ民法123条1項における悪意の欺罔が争われた事例において見られなかった。もっとも、既に確認したように、ドイツ民法123条1項においては先物取引が争われなかった事情が存在していたのである。ドイツの民事事件として然るべき事案が見当たらないならば、「無経験」の要件が民事詐欺の問題として持つ意味の検討は日本の詐欺取消制度において争われた先物取引の事案を通じて確認されるべきであろう。引き続き、かかる観点から日本の詐欺取消制度において争われた先物取引の事案を確認する。

② 日本民事詐欺と先物取引事案

　既に検討したように、［日55］［日56］［日57］は、事業者の側の利得意図に近い主観的態度が認定されない限り、96条の詐欺が肯定されない傾向を示唆していた[108]。

---

105) ドイツ民法138条2項：とりわけ、誰かある者が、他人の強制状態、無経験（Unerfahrenheit）、判断力欠如または著しい意思薄弱を悪用し、自己または第三者のために、ある給付に対して財産的利得を約束または提供せしめ、その財産的利益が当該給付に対して著しい不均衡を生じる法律行為は、無効である。

106) 「何故ならば、このような勧誘は、法律上の禁止および善良な風俗に違反（民法第一三四条、第一三八条）するものではあるが、取引自体に関して、この二つの違反が存在するとは限らないからである」（マイヤー／ブレーマー・前掲注70・303頁）。Schwark, a. a. O. (Fn. 70), S. 577 も参照。

107) さらに、ドイツ民法138条2項の伝統的な（特に裁判実務の）理解によれば、専門的知識の欠如は必ずしも無経験を意味せず、この理解によれば先物取引における同条項の活用可能性は限界があろう（むしろ、こうした同条項の限界から、種々の改正議論が提起されもした。この点も含めて、大村敦志『公序良俗と契約正義』（1995年）216頁以下を参照）。

こうした傾向に加えて、［日55］における被害者の経験・無経験の意義は必ずしも明確ではないが、しかし96条1項の詐欺が否定された［日56］の被害者は無経験者であり、96条1項の詐欺が肯定された［日57］の被害者は経験者であることから、裁判所の理解においては無経験の要件は必ずしも重視されておらず、むしろ被欺罔者の無経験という要件より欺罔者の主観的態度が重視されていることが窺われる。

換言するなら、無経験という事実は必ずしも詐欺を容易に認定させる要素として作用しない。例えば、［日58］［日59］［日61］［日62］は被害者が無経験者の事案であったが、しかし96条1項における詐欺は否定されている。残る［日60］においても、結局は詐欺は否定されている。

もっとも、96条1項の詐欺が否定されている［日56］［日58］［日59］においては不法行為に基づく損害賠償が認められている。すなわち、不法行為法に依拠した処理を行う点において、結果としてドイツにおける先物取引の処理と類似性が見られる[109]（もちろん、過失相殺の有無等に関して差異は認められるであろうが）。

しかし、少なくともドイツの不法行為法における処理は詐欺それ自体として扱われているわけではないから、問題は先物取引に関連するドイツの刑事詐欺における処理と日本の詐欺取消制度における処理の相違である。そこで、既に取り上げたドイツの刑事詐欺と比較検討する事例として、最近の［日62］を取り上げる。

［日62］は次のような事案であった。被控訴人は商品取引員たる訴外Aと委託契約を締結したものの、被控訴人はAの従業員の不法行為に基づいて損害を被り、被控訴人は当該損害の賠償を求める請求権を全て認容する確定判決（欠席判決）を得たのであるが、しかしAは破産宣告を受け、ゆえに被控訴人は取引所たる控訴人がAと締結していた弁済契約（控訴人がAに代わり「委託により生じた債権」を弁済する契約）の内容として不法行為債権も

---

108) この点について、前述275-277頁を参照。
109) ドイツにおける先物取引の事例と不法行為法の関係について、前述369頁の注88を参照。

含まれる旨を主張し、被控訴人は控訴人に対して既に認容された限度における損害賠償債権を請求し、これを原審は認めたが、しかし最高裁判所（最一判 2007 年（平 19）7 月 19 日（判時 1983 号 77 頁））によって破棄され、その差戻審において被控訴人が A の詐欺を理由として売買の効力の否定を求め、このことに基づいて委託者資産の引渡を求めた。

こうした事実に加えて、以下の事実も認定されている。A は「平成 12 年 10 月ころから高利金融業者等からの借入れが増えて資金繰りが悪化していき」、「平成 14 年 6 月 14 日に一回目の不渡りを出したが、高利金融業者等からの借入れを継続して会社の延命を図り、多額の会社資金を仮払金という名目の下に役員、従業員及び第三者に交付し流出させて放置するという杜撰な経営処理を行っていたもので、同年 11 月 29 日には二回目の不渡りを出して倒産し」、その間に「先物取引はおろか株式取引の経験もなかった」被控訴人が商品先物取引を A に委託した経緯によれば、「平成 14 年 3 月 20 日ころ、被控訴人が A 担当者（乙山）から先物取引の勧誘を受け、さらに、同月 27 日に勤務先に電話勧誘を受け、被控訴人が余裕資金がなかったためいったん断ったが、なおも乙山が『甲野の名前で登録しました。』『20 口で 200 万円になる。』などと虚偽の事実を申し向け、被控訴人が『金がないと言っている。何でそんなことになる。』と抗議したのに対し、他の担当者（丙川）が『特別に 160 万円にさせてもらう、40 万円は会社に言って対処する。』『既に登録してしまったので、何とか今晩 9 時までに用意してほしい。』『従業員を行かせますので。』などとやや強引に勧誘し」、さらに「担当者は『1 ヶ月もあれば十分です。』『4 月末には利益を付けてお返しします。』と述べた」。しかし、裁判所は、次のように述べて、A の詐欺を否定し、被控訴人の請求を棄却した。「被控訴人は本件取引の勧誘当時 33 歳で自動車販売会社に勤務し、自動車販売の職務に従事していた者であって、商行為、経済的行為についての常識的な判断力は十分に備えていたとみられる者であり、このような者が、自分で全く了解していない契約について、一方的に『既に登録してしまった。』などという話をされて、その意味、内容も確認せずに信じ込み、契約締結を断れないと誤解し錯誤に陥ることによって本件契約の委託をなすに至ったとは、常識的にはにわかに考えがたいところである」。

この［日62］を［独48］と比較する。まず、［独48］から、第一要件として当該取引の高い損失リスクを被告人が認識していること、第二要件として当該取引においても十分な利得を達成させ得ない状況を被告人が認識していること、第三要件として無経験の顧客に対して利得の可能性が損失リスクを上回る旨の説明を被告人が意識的に真実に反して虚構したこと、第五要件として第三要件の欺罔なかりせば（換言するなら相当に大きい喪失の蓋然性を認識していたなら）顧客は反対給付を求めなかったであろうことが確認された（詐欺取消制度において第四要件が不要であることは確認した）。

　［日62］に限らず、事業者の側において第一要件を欠いていることは、通常は考えられない。さらに、［日62］において認定された事業者側の杜撰な経営管理から、第二要件も満たすであろう（「不渡りを出した」という事実は利益を出せない企業である証左であろう）。そして、［日62］において第三要件の無経験は満たすし、「利得の可能性が損失リスクを上回る旨の説明」の要件も満たす（「担当者は『1ヶ月もあれば十分です。』『4月末には利益を付けてお返しします。』と述べた」）。問題は、「被告人が意識的に真実に反して虚構したこと」という要件である。

　裁判所は、この要件について言及していない。このことは詐欺が否定されているのであるから当然であるが、しかし詐欺が否定された理由が問題である。裁判所は、既に引用した部分に加えて、「本件取引はAが第一回目の不渡りを出す直前の時期であり、そのころのAにおける取引の勧誘には相当の不法行為法上の問題点があったことは窺われる」という判断を示しつつ、被欺罔者の地位（「自動車販売の職務に従事していた者」）に基づいて詐欺を否定している。しかし、意思決定自由の侵害に表意者（被欺罔者）は気づけない点が（強迫と異なる）詐欺の特徴である[110]。しかも、裁判所は、被欺罔者の地位と取引成立後における手続過程の問題（『既に登録してしまった。』）を関連させるのみであって、契約成立前の過大な勧誘については言及していない（もちろん、被控訴人は、この点を主たる争点として主張している）。すなわち、「経済的行為についての常識的な判断力は十分に備えていたとみられる者」を理由として詐欺を

110）　この点について、前述287頁の注314を参照。

否定する説示は、結果として自己責任（責任根拠の自由意思）を強調する意味しか持たず、その反面として意思決定自由の要保護性（違法根拠の自由意思）は軽視されているのである。

　以上の検討から、日本の裁判所は一方で欺罔者の故意を容易に認めず、他方で被害者の自己責任を強調するのであって、日本の詐欺取消制度はドイツの刑事詐欺と比較しても、その成立が困難であることが理解される[111]。

　日・独の裁判例の相違は一般事例においても既に検討したし、そこでは故意の認定の幅が両国の裁判例における大きな相違点であることを確認した。例えば、ドイツの裁判例においては、当該言明の虚偽性を明確に認識していなくても、「でたらめに（ins Blaue hinein）」為された言明から、故意が肯定されるのであった[112]。ドイツにおいては「でたらめに（ins Blaue hinein）」という要素を刑事詐欺の故意の要件として認める見解すら存在する[113]。こうした欺罔者の主観的要件に関する理解の相違が（明示的ではないにせよ）先物取引の事例においても日・独の相違として現れ、その背景として意思決定自由の要保護性に対する理解の相違が存在しているように思われるのである。

---

111) 先物取引において、96条1項の詐欺が争われる事例は、［日61］から最近の［日62］まで10年以上も空いている。この事実は、被害者側が詐欺取消制度の援用を諦めている証左であろうし（［日62］においても最高裁から差し戻されて初めて詐欺取消制度が援用されている）、このことからも96条1項の詐欺の成立の困難性が示唆されるであろう。
112) この点について、前述175–178頁を参照。
113) Tröndle und Fischer, a. a. O. (Fn. 90), S. 1784.

第2節　民事詐欺の違法性と責任

第1款　詐欺取消制度の意義

第1項　被侵害権利の要保護性

(1) 自由意思に対する評価

　自由意思の尊重は、決して我儘の奨励ではない。自由意思の保護は、決して我欲の擁護ではない[114]。社会制度が複雑化した現代において、社会構成の最小単位たる個人の尊厳は容易く見失われ、小さき個人は経済的強者によって圧倒される。こうした時代においては、消極的な自由意思の確保、すなわち責任根拠の自由意思の制限ではなく、むしろ積極的な自由意思の尊重、すなわち違法根拠の自由意思の重視が求められる。この要請に応え得る議論として、例えば自己決定権論が挙げられるであろう。権利性を備える違法根拠の自由意思という法益は憲法によって保障される基本権の地位へ高められ、その侵害は尊厳に対する侵害を意味し、さらに違法性の評価を受けることによって法律効果を発動せしめる。すなわち、自由意思の尊重は、個人の尊厳を確保する方法であり、経済的強者に対抗する手段であるのである。

　ところが、本書の検討結果から明らかなように、日本の学説・判例は96条1項における詐欺の故意要件の緩和に対して消極的であり、このことはドイツ

---

[114]　「自由」意思の「偏重」には問題があろう。この点について、前述24頁の注74を参照。確かに「民衆のある決定的部分が予め真に『自由』な人間になっておらない時には、たといどんなにみごとに自由主義の教説が説かれても、受ける側では利己主義の自由として受取ってしまうことになると思う」が、しかし「そうするとその間隙を利して、やはり『自由』はいけないのではないか、と封建主義の側に立つ人々が言い出し始め、そして封建的な秩序再建への危険が再びかもし出される。無秩序よりはどんなものでも秩序の方がよい、として封建的秩序に憧れを感ずるとしたら、これこそ全く歴史の逆転ではないか」（大塚久雄『近代化の人間的基礎』(1968年。初出は1946年) 67 - 68頁）。

における学説・判例と対照的であって、その原因は意思決定自由という被侵害権利の要保護性に対する理解の相違に求められ得たのであった。

　確かに日本においても 1990 年代前後から自己決定権を重視する議論が見られ、例えば消費者契約法や金融商品販売法からも表意者を重視する傾向が窺われる[115]。しかし、結果として 96 条 1 項における詐欺の解釈が大きな影響を受けたわけではなく、その概念が拡大されたわけでもない。むしろ消費者契約法や金融商品販売法は意思決定自由の保護にとって必ずしも十分な保護を与えているわけではなく、それぞれ問題が残されている[116]。

---

[115] 意思決定自由という法益が過失行為からも保護されるべき要請が存在していることは 2001 年から施行された消費者契約法それ自体が示しているはずである。このことは、例えば同法 4 条 1 項において誤認に基づく取消権の要件として故意が緩和されていることからも理解できる。「消費者の意思決定の自由は事業者によって侵害されやすい以上、その保護を拡充する必要がある。それが、消費者契約法の趣旨だとみることができる」（山本敬三「契約規制の法理と民法の現代化（一）」民商法雑誌 141 巻 1 号（2009 年）14 頁）。
　その他に、2000 年に制定された金融商品販売法および 2004 年に改正された商品取引所法は顧客に対する説明義務を規定し、さらに前者は説明の不存在と元本欠損額の立証によって損害額の推定を認める（両法における説明義務について、河内隆史・尾崎安央『商品取引所法（4 訂版）』（2006 年）230 - 231 頁を参照）。しかも、2006 年に改正された金融商品販売法において、説明すべき事項が大幅に改正され、加えて説明の程度が「一般大衆が理解し得る程度」から「当該顧客が理解し得る程度」へ変更されているのである（上柳敏郎・石戸谷豊・桜井健夫『新・金融商品取引法ハンドブック　消費者の立場からみた金商法・金販法と関連法の解説（第 2 版）』（2008 年）237 頁および 240 頁を参照）。

[116] まず、消費者契約法 4 条の「重要事項」の判断は、必ずしも消費者の意思決定自由に対する侵害と結び付けられてない。次に消費者契約法 4 条 2 項は、故意要件を維持している。消費者契約法に残存する故意要件（同法 4 条 2 項を参照）は、同法の起草過程において、「事業者保護」の観点から求められていた（この点について、潮見佳男『消費者契約法・金融商品販売法と金融取引』同（編）（2001 年）35 頁を参照。下森・前掲注 26・471 - 472 頁）。さらに、同法の範囲は、「消費者　対　事業者」に限られている。消費者の意思決定自由は事業者によってのみ侵害され得る性質ではないし、事業者の意思決定自由は何人によっても侵害されない性質でもない。
　次に、金融商品販売法について、2006 年に改正された同法において認められる説明義務違反に基づく法律効果は、無効や取消権ではなく、専ら損害賠償である（この点について上柳・石戸谷・桜井・前掲注 115・245 頁も参照）。確かに、これは、判例および学説の動向と一致する（この点について橋本佳幸「不法行為法における総体財産の保護」法学論叢 164 巻 1 ～ 6 号（2009 年）391 頁以下を参照）。しかし、効果が損害賠償に限定

意思決定自由という法益に対する保護は未だ十分ではなく、こうした現状において 96 条 1 項の詐欺取消制度が果たすべき役割は依然として大きい。

(2) 96 条 1 項の詐欺における違法性の根拠

既に確認したように、詐欺概念と故意概念の関係は古く、このことが詐欺解釈と行為無価値論を結び付け、意思決定自由の要保護性を制限させたのであった。詐欺と故意を結び付ける伝統的詐欺解釈を維持する限り、過失行為のリスクが被欺罔者へ転嫁される帰結として、民法における意思決定自由に対する行為自由の優位という結論へ到達するのである。詐欺と故意の関係は現代の法体系が構築される以前において既に形成されていたのであるが、しかし今や被欺罔者の意思決定自由は自己決定権として憲法 13 条の幸福追求権からも導き出される[117]。憲法が行為自由の要保護性を意思決定自由の要保護性に優先させているのではないなら、そして詐欺を規定する民法が最高法規としての憲法に

　　される限り、意思決定自由それ自体は保護の対象にならない。それゆえ、契約は締結したが、しかし未だ代金が支払われていない段階において詐欺に気づいた被欺罔者は、詐欺の存在を認識しながら、あえて代金を支払うことによって財産的損害を発生させない限り、保護されない。やはり不法行為法においては終局的には財産の増減に主眼が置かれるのである（この点について橋本・前掲・391 頁以下を参照）。もちろん、不法行為法における自己決定権の保護という考え方は在り得る。しかし、そもそも損害賠償それ自体は法律行為の効力を左右しないのであるから、被欺罔者は履行請求を拒絶できない、という不都合を残す。

[117] この点について、小林直樹『法の人間学的考察』(2003 年) 287 頁を参照。山本敬三「現代社会におけるリベラリズムと私的自治——私法関係における憲法原理の衝突（二・完）」法学論叢 133 巻 5 号 (1993 年) 5 頁および同「契約関係における基本権の侵害と民事救済の可能性」田中成明（編）『現代法の展望——自己決定の諸相』(2004 年) 16 - 17 頁も参照。

　　民法の体系においても本来的に意思決定自由の地位は決して低くはない。例えば、「生命・身体が社会の存立および不法行為法制度の根幹をなす最も重要な利益であることは、前述のとおり（三頁）であるから、最も重大さの程度が高い。身体を動かす自由も同様である（七一〇条は、「自由」を挙げる。なお同条に「生命」が挙げられていないのは、生命侵害そのものに慰藉料請求権を認めない趣旨であった——七一一条および一七七頁参照）。重要さにおいてそれと劣らない意思決定の自由も含まれることに異論はない」(平井宜雄『債権各論Ⅱ不法行為』(1992 年) 41 - 42 頁)。

服するなら、両法益の対等的保護が求められるべきである。

　そのためには、まず結果無価値論を支持しなければならない。憲法が意思決定自由を保障しているなら、その侵害は違法でなければならないからである。私は、96条の検討を通じて行為無価値論を批判し、結果無価値論を支持する議論を展開した。結果無価値の優位は、もちろん民法の全体に及ぶべき帰結であり[118]、それと同時に96条においても妥当すべき帰結でなければならない[119]。

　もっとも、結果無価値の優位は、被害者の法益の絶対的な優位を意味するわけではない。憲法は意思決定自由のみならず、憲法22条1項において経済的

---

[118] この点について、曽根威彦「不法行為法における『違法性』概念——もう一つの〈比較法学〉の試み」早稲田法学85巻1号（2009年）80頁も参照。

[119] 確かに、不作為は問題を残す。結果無価値論は、発生した結果を違法として理解する。この結果は、96条における詐欺取消制度においては、意思決定自由の侵害を意味する。ところが、不作為の詐欺は相手方の錯誤を利用する欺罔形態であって、換言するなら不作為の欺罔者は相手方の意思決定自由を侵害しているわけではない。すなわち、不作為の詐欺は違法性を基礎づける結果を生ぜしめないから、不作為の詐欺という欺罔形態と結果無価値論は一見すると両立し得ない（「いわゆる不作為による『権利』侵害の場合は、結果不法論の下においても、作為義務の存することが必要である。このことは、違法というものが、結果の発生によって生じるのではなく、人のふるまいを規制をする義務（行為義務）に人のふるまいが違反することによって生ずるものであることを、示すものと考えられる」（四宮和夫『現代法律学全集10-ⅱ　不法行為』（1985年）279頁））。

　確かに不作為の欺罔は既に侵害された意思決定自由を放置する欺罔形態であり、一見すると不作為は権利侵害を生ぜしめない。しかし、この放置が被欺罔者を意思表示へ誘導する。見方を変えれば、不作為の欺罔が存在しなければ、被欺罔者にとって意思決定自由を回復する余地が残されているはずである。つまり、不作為の欺罔は、相手方の意思決定自由を回復する機会を奪う欺罔形態であり、この意味において不作為も意思決定の自由を侵害しているのであって、違法性を基礎づける結果を生ぜしめている（「阻害方法ハ必スシモ之ヲ積極的行爲ノミニ限ルヘキノ理存在セザルヲ以テ不告知ノ如キ消極的行爲ニヨリテ若シ假リニ告知ヲ爲シタリセハ當然生スヘキ意思活動ヲ阻害シタル者ハ尚之ヲ以テ他人ノ意思ノ自由決定ヲ阻害セルモノト云ハサルヘカラサル也」（末弘厳太郎「双務契約と履行不能（二）」法学協会雑誌34巻4号（1916）87頁））。

　不作為の欺罔においては、作為の欺罔と異なり、誤れる言動という明確な過失行為の痕跡が発見され難い。そこで、この痕跡を炙り出す要素として、例えば保証人的地位に基づく作為義務が要求される。この作為義務は、不作為の欺罔を作為の欺罔と同視せしめる要素であり、換言するなら意思決定自由侵害の回復可能性の侵奪という結果を認定する要素であるから、結果無価値を導く要素として評価することは十分に可能である。

自由として行動の自由をも保障している[120]。その意味において、結果無価値論においても比較衡量の視点は完全には排除されないし、私も意思決定自由の偏重を説くつもりはない。それゆえ、次いで問題は、一方で意思決定自由の要保護性を考慮し、その侵害を違法として理解しつつ、他方で行為自由を確保する要件として如何なる内容を設定するか、である。

第2項　96条における詐欺の要件論

(1) 行為自由を確保する要件

意思決定自由が侵害される類型を欺罔者の主観的態様に応じて区別するなら、①無過失の欺罔者が虚偽の言明を為す場合、②欺罔者が過失に基づいて虚偽の言明を為す場合、③欺罔者が故意に基づいて虚偽の言明を為す場合、そして④相手方をして意思表示させる目的に基づいて故意に虚偽の言明を為す場合が挙げられる[121]。①から③においても、被欺罔者の意思決定自由は害され得る。しかし、通説が詐欺に基づく取消権を認める類型は、いわゆる二段の故意を含む④のみである。それゆえ、96条における詐欺の故意は、通説に従う限り、意思決定自由を保護する要件として不当である。

さらに、この故意要件は、二重の意味において不当である。第一に、二段の故意という意味において不当である。「相手方を錯誤へ陥れる」という一段目の故意の要素が既に被欺罔者の意思決定自由を害しているのであるから、96条を意思決定自由保護の規範として理解する限り、二段目は不要である[122]。そもそも、「相手方をして意思表示させる」という二段目の故意の要素は、詐

---

[120] 「憲法22条1項は、国民の基本的人権の一つとして、職業選択の自由を保障しており、そこで職業選択の自由を保障するというなかには、広く一般に、いわゆる営業の自由を保障する趣旨を包含しているものと解すべきであり、ひいては、憲法が、個人の自由な経済活動を基調とする経済体制を一応予定しているものということができる」（最判大1972年（昭47）11月22日刑集26巻590頁）。さらに、伊藤正己『憲法（第3版）』（1995年）358頁以下も参照。

[121] この分類について、沖野眞已「契約締結過程の規律と意思表示理論」別冊NBL54号（1999年）28頁を参照した。

[122] 例えば、四宮和夫・能見善久『民法総則（第五版増補版）』（2000年）202頁も、二段目の故意を要求せず、二段目の故意の内容を因果関係の問題として理解する。

欺の特有の要素ではない。なぜなら、およそ契約当事者ならば、相手方をして意思表示させる故意を有しているはずであるからである（売主ならば、買主に「買う」と言わせたいはずである）。従来の通説および判例が二段目の故意を敢えて要求していた理由は、被欺罔者の意思表示を、欺罔者の特別な主観的意図の対象として捉えていたからである[123]。しかし、このような欺罔者の行為態様へ偏する解釈が不当であることは、96条の規範目的から考えれば明白である。

　第二に、意思決定自由という法益が過失行為からも保護されるべきであるなら、故意という要件それ自体が不当である。確かに虚偽の言明を為した欺罔者が無過失であっても、被欺罔者の意思決定自由は害され得る。しかし、欺罔者の側の法益、すなわち行為自由も確保されるべきであるから、これを確保する要件として少なくとも過失は維持されるべきである[124]。

(2) 96条1項の詐欺における責任の根拠

　既に確認したように、96条1項における違法性の根拠が意思決定自由に対する侵害であるなら、同条項において求められる過失は責任要件でなければならず、同条項において責任を語るなら、責任能力要件も求められなければならない[125]。行為自由は過失および責任能力を通じて確保され、過失および責任

---

123) いわば、「意思表示獲得目的」である（沖野・前掲注121・28頁）。
124) 例えば、高山佳奈子『故意と違法性の意識』（1999年）268頁および398頁は、違法性の意識という要件に、個人の行動の自由の保障機能を求める。もちろん、この意味における行為自由と本書が想定する行為自由の相違、あるいは刑事と民事という差異を無視することはできない。しかし、96条の要件として違法性の意識（の可能性）が要求されないことは既に確認した。それゆえ、違法性の意識に行為自由の保障機能を担わせることができないため、私は欺罔者の側の行為自由を確保する要件として、過失を求める。
125) 責任能力要件が要求されるべき理由は、過失が責任要件であるからであり、これは欺罔者に対する制裁を意味するものではない。これに反して、96条の規範的特色として詐欺者に対するサンクションを強調する立場によれば、「詐欺による意思表示の取消が、詐欺者に対する法的サンクションとしての意味も併せもつとの観点（前述一・一）からは、詐欺者に責任能力（七一二条）があることも要求されうるであろう」、という（松尾・前掲注55・5頁）。かかる理解の背景として、民法と刑法の峻別論の否定が存在する（松尾・前掲注55・2頁）。そして、さらに、その背景として、サンクションを通じた市場メカニズムの制度理解が存在する。すなわち、松尾によれば、「詐欺・強迫に関する法的ルールは、市場への参加者間の行動を指導する規範およびその違反に対するサンクショ

能力を通じて責任が基礎づけられる。

　以上を要するに、96条における詐欺の要件は、被欺罔者の意思決定自由侵害、欺罔者の過失（一段目の故意の過失化）、この両者の因果関係[126]、そして責任能力である。

　確かに、96条における詐欺の故意要件を過失へ引き下げる意義として、ま

ンを中核とするものであり」、「市場メカニズムを支える制度の重要な一部分を構成しているとみることができる」、というのである（松尾・前掲注55・3-4頁）。

　確かに、96条を市場参加者の行動指導原理として理解することは可能であり、不当でもない。しかし、問題は、市場参加者の行動指導原理を法的制裁の観点から把握しなければならない理由である。結局、何を目指した「市場メカニズム」を措定するのか、という問題へ帰着する。この点に関する松尾の理解は、必ずしも明確ではない。

　もちろん、悪質な行為者を排除する仕組は必要である。しかし、一個人が行使する取消権によって悪質な行為者を市場から排除することは難しいであろう。むしろ、これは悪質な行為者を排斥し得る実力を備えた専門の機関ないし組織（警察や検察など）が担うべき任務であり、こうした機関ないし組織によって運用される法律（刑法や経済刑法など）が果たすべき役割であろう（例えば、神山敏雄「クラウス・ティーデマン『経済犯罪者に対するサンクション』の紹介と論評」法学会雑誌（岡山大学）37巻4号（1988年）914頁を参照）。ならば民法は、個人の尊厳や自由の確保を含めた損害の回復に努めるべきである。加えて、既に確認したように、「詐欺者に対する法的サンクション」は行為無価値論へ連なり、これは意思決定自由の保護を妨げる要因たり得るのであり、この点においても96条1項の責任能力の要件を制裁の観点から捉える理解は不当である。

　しかも、健全かつ活気ある経済を形成する高質な市場メカニズムを目指すなら、むしろ経済的弱者も安心して市場へ参加し得る前提として意思決定自由の確保が必要であろう。すなわち、「取引相手に『ボラレたり』、不必要なものを『売りつけられたり』する市場が良い市場であるはずはない。また、質の悪い商品しか出回っていない市場も良い市場とは考えられない。押し売り、詐欺、粗悪品などが横行する市場の質が高いとは言えない」のであり、「高質な市場を維持するためには、個人の自発的意思決定の機会が最大限認められなくてはならない」（矢野誠『「質の時代」のシステム改革』（2005年）3頁および153頁）。96条における詐欺取消制度は、かかる市場メカニズムを支える制度としても理解されるべきであろう。

126) この因果関係は詐欺の要件として必要である。確かに、この因果関係に加えて、詐欺と意思表示の因果関係も必要である。しかし、後者の因果関係は詐欺の要件ではなく、取消権の発生要件として求められる（これは、不法行為法において、不法行為の成立要件と損害賠償請求権の発生要件が別個に検討される理由と同様である。この点について四宮・前掲注119・433頁を参照）。意思表示が存在しないなら、96条を争う余地も存しないからである。

ずは 96 条の射程外に置かれた過失行為者を 96 条へ包摂し得ることが挙げられる。しかし、より重要な意義は、むしろ事実の故意行為を法的事実の過失行為として認定し得る点に存する。従来の解釈によれば、たとえ事実として故意に基づく欺罔行為が存在したとしても、故意が立証されない限り、せいぜい当該行為は法的事実として過失行為の認定を受けるに過ぎず、この意味における欺罔行為は 96 条の射程外へ放出されていた。しかし、96 条における詐欺の故意要件を過失へ引き下げることによって、事実として故意に基づく欺罔行為を再び 96 条へ包摂することが可能になる。96 条の故意要件を過失へ引き下げることは、第 1 部におけるドイツ法の検討結果および前述の日・独の裁判例比較からも支持されるであろう。

第 2 款　残された課題

第 1 項　不実表示の意義と課題

(1) 不実表示の意義

　96 条 1 項の詐欺取消制度における故意要件を批判し、これに代えて過失を求める私の立場は、法律行為法における不実表示法理の導入と親和的である。民法の債権法改正に伴う一連の提案において、不実表示に基づく意思表示の取消可能性に関する規定の導入案は注目に値するものであった[127]。民法の不実

---

[127] 不実表示に関する提案は、結局断念されたものの、次のような内容であった（民法（債権法）改正検討委員会（編）『債権法改正の基本方針』別冊 NBL 126 号（2009 年）30‐31 頁から引用した）。
　　【1.5.15】（不実表示）
　　〈1〉 相手方に対する意思表示について、表意者の意思表示をするか否かの判断に通常影響を及ぼすべき事項につき相手方が事実と異なることを表示したために表意者がその事実を誤って認識し、それによって意思表示した場合は、その意思表示は取り消すことができる。
　　〈2〉 相手方に対する意思表示について、表意者の意思表示をするか否かの判断に通常影響を及ぼすべき事項につき第三者が事実と異なることを表示したために表意者がその事実を誤って認識し、それによって意思表示をした場合は、次のいずれかに該当するときに限り、その意思表示は取り消すことができる。

表示は、消費者契約法と異なり、表意者の属性が消費者に限定されない。「事実に関して取引の相手方が不実の表示を行えば、消費者でなくても、誤認をしてしまう危険性は高いというべきだろう」からである128)。さらに、この改正案によれば、「表意者の意思表示をするか否かの判断に『通常影響を及ぼすべき事項』について不実表示が行われたかどうかを問題とし、客観的・定型的な要件を設定している」129)。しかも、「表意者に重過失がある場合でも、表意者は意思表示を取り消すことができる」130)。

　こうした不実表示の概念は、96条における故意要件の不当性を訴える私の立場からも支持できる131)。ただし、規範目的に関して疑問が残る。例えば、イギリス法における不実表示は、必ずしも意思決定自由を保護する法理として理解されているわけではない132)。確かに、今回の改正提案が示した不実表示はイギリス法における不実表示法理の模倣ではないし、イギリス法の不実表示法に基づいて解釈しなければならない必要も存しない。加えて、今回の改正提案において不実表示法の範囲が「事実に関する」不実の表示に限定されていることからも、この不実表示法の目的が必ずしも意思決定自由の保護ではないこ

　　　〈ア〉　当該第三者が相手方の代理人その他その行為につき相手方が責任を負うべき者であるとき。
　　　〈イ〉　表意者が意思表示をする際に、当該第三者が表意者に事実と異なることを表示したことを相手方が知っていたとき、または知ることができたとき。
　　〈3〉　〈1〉〈2〉による意思表示の取消しは、善意無過失の第三者に対抗することができない。
128)　民法（債権法）改正検討委員会・前掲注127・31頁。
129)　民法（債権法）改正検討委員会・前掲注127・32頁。
130)　民法（債権法）改正検討委員会・前掲注127・32頁。
131)　不実表示法の導入の正当化について、山本・前掲注117「契約関係における基本権の侵害と民事救済の可能性」・3頁以下において展開されている基本権保護義務論が重要である。私の立場と山本説は不実表示法理の導入について賛成する点において一致するのであり、それを正当化する説明の仕方が異なるに過ぎない。具体的な相違点は、山本説によれば、不実表示法の導入が実現しない限り、錯誤法の拡充に頼らなければならないのであるが、しかし錯誤法に頼ることは不適切であると考える。この点について「はしがき」に挙げた拙稿も参照。
132)　少なくとも通説・判例ではない（ただし、下級審において意思決定の自由の保護を示唆する裁判例が存在する。この点は、後述する）。

とが窺われる。「事実に関する」不実の表示ではなくても、意思決定の自由が害され得るからである。不実表示法の規範目的の理解は、被侵害権利の問題を含み、違法性の問題にも連なる課題である。

(2) 不実表示の課題

例えば、イギリスの不実表示法それ自体にも問題が残されている。Le Neve v. Le Neve (1748), 3 Atk 646; 26 E. R. 1172 においてローマ法の dolus malus が引用され、つまりローマ法の影響が見られ、しかもドイツの啓蒙期自然法学説と異なり、確かにイギリスの伝統的な哲学においては自由の行使と意思の概念は必ずしも結び付けられていなかったのであるが[133]、しかし被欺罔者の被侵害権利の観念が全く存在していなかったわけでもなく、例えば詐欺的不実表示 (fraudulent misrepresentation) を理由として損害賠償請求が求められた Peek v. Derry (1887), 37 Ch. D. 541 において、「陳述を受ける者が有する正しい陳述だけを為さしめる権利 (the right which those to whom he makes the statement have to have true statements only made to them)」という表現が見られ[134]、つまり被欺罔者の被侵害権利という違法性の根拠を語る余地が存在していたのである。しかも、確かに本判決の理解は同事件の貴族院たる Derry v. Peek [1889] 14 App. Cas. 337 において否定されたが、しかし同貴族院は他方で欺罔者の主観的要件 (mens rea) として無頓着 (recklessness) を認めるのであり、無頓着 (recklessness) は未必の故意または認識ある過失に相当する概念として理解されているのであって[135]、詐欺の責任要件として過失を語る余地

---

[133] この点について、例えば Vernon J. Bourke, Will In Western Thought, 1964, pp. 89–90 を参照。イギリス哲学と日本における思想状況の対比について、例えば丸山真男「日本における自由意識の形成と特質」同『戦中と戦後の間 1936–1957』(1976 年) 297 頁以下も参照。

[134] サヴィニーは「真実の通知を求める権利 (Recht auf Mittheilung der Wahrheit)」を否定する (これは、Theodor Goltdammer, Materialien zum Strafgesetzbuch für die Preussischen Staaten, 2. Teil, 1852, S. 540–541 から引用した)。

[135] 例えば田中英夫 (編)『BASIC 英米法辞典』(2001 年) 155 頁；Christoph J. M. Safferling, Vorsatz und Schuld Subjektive Täterelemente im deutschen und englischen Strafrecht, 2008, S. 360 ff. を参照。

が存在し、故意と過失の確定問題も潜んでいる[136)]。加えて、1967年に成立した不実表示法は、善意不実表示に基づく取消権を定めつつ、裁判官の裁量に基づいて取消権に代わる損害賠償請求権を認定し得る条項も定める（同法2条2項）。これは、ドイツ民法123条1項を補完する法理として契約締結上の過失法理に基づく損害賠償請求権が認められた状況と類似しているようにも見える（イギリスの不実表示法を意思形成の自由を保護する制度として理解するドイツの法学者も存在する）[137)]。

しかし、善意不実表示に関する法改正委員会の第10報告によれば、取消権の効果が原告の損害を上回り得る点に鑑みて、実質的正義を担保する手段として裁判官の自由裁量が認められた[138)]。この点を見れば、同法の自由裁量規定は、むしろ日本における過失相殺に基づく法律行為的効力の割合的解消の理解に近い（取消権に代わる自由裁量に基づく損害賠償という救済手段は、その損害賠償の算定基準を契約法の算定に従うのか、不法行為法の算定に従うのか、裁判官の自由裁量と取消権と損害賠償請求権の要件充足性の関係、あるいは両要件の充足の時期等々について曖昧かつ不明瞭な点を残し、不実表示法を複雑化している、という批判が早くから提起されていた）[139)]。

このように不実表示法においても問題は残されており、その導入に備えた議論は必要であろう。

第2項　過失要件の評価と課題

(1) 過失要件の評価

不実表示法が導入されたとしても（あるいは導入されなくても）、被欺罔者の意思決定自由と欺罔者の行為自由を考量する思考枠組が必要であることは何ら

---

136) この点を示唆する論者として、William R. Anson, Derry v. Peek in the House of Lords, 6 L. Q. R.（1890), p. 73.

137) 例えば、Holger Fleischer, Informationsasymmetrie im Vertragsrecht, 2001, S. 817 を参照。

138) この報告書は、例えばGeorge Spencer Bower, The Law of Actionable Misrepresentation, 3rd ed., 1974, ed. Sir Alexander Kingcome Turner, pp. 451 以下に所収。

139) Patrick Selim Atiyah and Guenter Treitel, Misrepresentation Act 1967, M. L. R. 30 (1967), p. 369.

変わらない。そして、その際に、欺罔者の行為自由を確保する要件として過失が重要であることは、既に確認した。ただし、過失の理解について、見解は分かれている。

かつて過失は故意と並ぶ主観的責任要素として理解され、不注意という心理状態を帰責根拠として把握されていた（旧過失論）[140]。しかし、現在の支配的見解によれば、過失は客観的な結果回避義務違反を意味する客観的過失として理解されている（新過失論）[141]。そして、その過失の標準は、平均人の能力であって、行為者の能力ではない（いわゆる抽象的過失）[142]。通説によれば、過失の義務違反の有無は、通常人の能力あるいは技量等を基準として一般的・客観的に判断される[143]。

過失を心理状態として捉える立場も、過失を客観的な義務違反として捉える立場も、過失の意義を行動の自由の確保として理解することができる[144]。ただし、前者は過失を責任要素として捉え[145]、後者は過失を違法要素として捉える[146]。この点が問題である。

過失を違法要素として捉えるなら、96条1項の詐欺取消制度において意思

---

[140] 「過失トハ不注意（善良ナル管理者ノ注意ヲ缺クコト）ニ因リ行爲ノ結果ヲ豫見セザルカ又ハ之ヲ豫見スルモ容認セザル心理状態ヲ謂フ」（鳩山秀夫『日本債權法各論（下）』（1924年）901頁）。
[141] この点について、例えば潮見佳男『不法行為法』（1999年）154頁を参照。
[142] この点について、例えば潮見・前掲注141・162頁を参照。
[143] 四宮・前掲注119・336‐337頁を参照。
[144] 前者について、例えば鳩山・前掲注140・848頁。後者について、例えば潮見・前掲注141・43頁および158頁。
[145] 例えば、鳩山・前掲注140・901頁を参照。
[146] 例えば、潮見佳男は次のように述べる。「行為者による意思形成の自由・決定自由を保障しつつ、これに基づく意思決定・行為操縦をどのように規制していくかという角度から、意思決定に基づく行為に対して法的規制を加えるのが行為規範であり、それへの違反があった場合に、法秩序として無価値評価を下す」のであり、「私的生活を遂行するに当たり行為者のとる行動に対して、法秩序が、過失判断という枠組みを借りながら、事前的評価に基づく行為規範を確定し、その当為内容を潜在的行為者に提示することにより、この潜在的行為者の決定ならびに行動を望ましい方向へと是正し、ないしは望ましい決定ならびに行動を許容しかつ積極的に保障していく」「過失の事前的無価値判断に共感を覚える」（潮見佳男『民事過失の帰責構造』（1995年）276‐278頁）。

決定自由に対する侵害を違法として理解する意義は相対的に減じられる。既に確認したように、行為無価値論が理解する法の第一義的任務は、法益の保護ではなく、行為を法秩序に適合させることである。この法「秩序」の内容は社会全体の見地から判断されるのであって、すなわち「行為無価値論的アプローチには、『社会発展の利益』への傾斜が生じやすい」[147]。それゆえ、欺罔者の行為自由を確保するのみならず、被欺罔者の意思決定自由を重視する私の立場は、過失と行為無価値を結び付ける理解に与することができず、結果として過失を心理状態として捉える立場と親和的になる。

(2) 過失要件の課題

96条における詐欺取消制度を意思決定自由の保護として理解するなら、意思決定自由に対する侵害が違法性の根拠であって、過失は違法性の根拠ではなく、96条において要求される過失は責任要素として理解される(換言するなら、故意に基づく意思決定自由の侵害と過失に基づく意思決定自由の侵害は、その違法性について、差異を生じない)。

もっとも、過失を責任要素として捉えても、違法要素として捉えても、法理論として見る限り、結論において大差は生じない、という理解も在り得る[148]。しかも、過失を心理状態として捉え、かつ注意義務の基準を平均人へ求める立場も存在し[149]、これは旧過失論における客観説であって、この立場によれば、過失の内容は新過失論へ接近する。このように、過失論の対立は理論的性格が強い。

もちろん、こうした過失の理論的性格の相違も重要であるが[150]、しかし96

---

147) 中山研一『刑法総論』(1982年) 384頁。
148) この点について、例えば浅田和茂『刑法総論』(2005年) 338-339頁も参照。
149) 「過失とは、その結果の発生することを知るべきでありながら、不注意のためそれを知りえないで、ある行為をするという心理状態である」。そして、「不法行為の場合には、抽象的過失だけが問題となる。被害者としては、加害者の方で普通人としての標準的な注意を払うものと思って行動しているのであって、たまたま加害者が注意力が劣っているために具体的過失がないとされ、損害賠償が取れなくては、被害者の保護に不十分であり、不公正な結果が生じることになる」(加藤一郎『不法行為』(1957年) 64頁および69頁)。

条の規範目的が意思決定自由の保護であるなら、より重要な問題は意思決定自由を侵害し得る過失構造の具体的な内容の解明である。つまり、如何なる（過失）行為が他人の動機に対して如何なる影響を及ぼすか、という問題である。これは、人の意思決定の仕組に関する理解も含めた研究を要すると同時に、動機を意思表示の内容として捉えない（現在の支配的見解が理解する）法律行為法の範疇を超え出る問題でもある。この問題は、例えば心理学の知見をも借りた分析を要するのであって[151]、今後の課題である[152]。

---

150) 「過失を内部的・心理的な容態としてとらえるか、あるいは外部的な行為として理解するか、という違いは、実は過失責任の帰責の根拠づけという理論上の問題に深くかかわっている」（森島昭夫『不法行為法講義』（1987年）174頁）。

151) 詐欺を含めたドイツ法律行為論は「当時のドイツ心理学の知見を背景にしているが、その後、百年の間に心理学はずいぶんと進歩した」。「そうだとすると、現在の状況（判例の状況や解決すべき事件の状況）にあわせて、かつ、最近の心理学の知見を考慮して、別の体系化をはかるという試みがなされてもよい時期がきているのではないかと思われる。もちろんこれは簡単なことではない。ドイツの意思表示理論にしても何十年かの時間をかけて何人もの学者が力を注いだ成果であった。その現代化は一朝一夕になしうるわけではない。ただ、情報格差ということが強く意識されている消費者契約は、このようなパラダイム転換の素材として格好のものであるということは確かである」（大村敦志『消費者法（第2版）』（2003年）75-76頁）。

　日本民法が法律行為制度を維持する限り、たとえ心理学の知見が援用されようとも、その基本枠組はドイツ法律行為論であって、96条1項の規範目的を意思決定自由の保護として捉える解釈を変じる必要性も生じない。心理学を援用する理由は、むしろ、詐欺を巡る問題が「そもそも自己決定権の『侵害』があったことをどのように判断するかという非常にむずかしい問題につなが」り、「人間の情報処理に対する制約要因にはどのようなものがあり、それがどのようなかたちで利用ないし悪用されているかという分析が必要」であるからである（山本敬三「基本権の保護と契約規制の法理」先物取引被害研究29号（2007年）18頁。同頁において、最近の認知科学による成果を取り込んだ研究の必要性が指摘されている）。

152) 法と心理に関する従来の主たる関心は、供述心理（自白の信憑性や目撃証言の確実性）や量刑心理（刑罰量定における人的条件の影響）あるいは心証心理（心証形成過程の構造）であり、とりわけ刑事法の領域に存していた（例えば、皆川治廣「證言心理學」法学協会雑誌31巻10号（1913年）29頁以下、植松正『裁判心理学の諸相』（1947年。なお、植松の心理学研究について、村井敏邦「心理学と刑法学との交錯――植松正先生の人と学問」一橋論叢62巻4号（1969年）343頁以下も参照）、菊野春雄『嘘をつく記憶　目撃・自白・証言のメカニズム』（2000年）、高木光太郎『証言の心理学　記憶を信じる、

記憶を疑う』（2006 年）、G・ボーネ（庭山英雄・田中嘉之 訳）『裁判官の心証形成の心理学』（2006 年）、立石孝夫『法と経済の心理学Ⅱ——トラブル回避の心構え』（2010 年）とりわけ第 2 章「刑事罰と人の心理」54 頁以下）。

　しかし、私の関心は、心理学的見地から捉えられた意思決定という事象を、民法が定める要件・効果へ結び付けることであって、とりわけ民事における取引の局面に存する。さらに、私の関心は、合理的な経済人の意思決定ではなく、必ずしも合理的に行動しない個々の消費者における意思決定であり、この意味において記述的研究が対象である（記述的研究とは、必ずしも合理性を前提とせず、人の主観的な心理過程を解明する研究のことである。記述的研究に対して規範的研究と呼ばれる領域が存在し、これは合理性を前提として利益を最大化する選択方法を解明することである。いわゆるプロスペクト理論は前者に属し、いわゆるゲーム理論は後者に属する）。こうした観点における心理学の研究は既に少なからず存在しているし（例えば、杉本徹雄（編）『消費者理解のための心理学』（1997 年）、広田すみれ・増田真也・坂上貴之（編）『心理学が描くリスクの世界』（2002 年）、子安増生・西村和雄（編）『経済心理学のすすめ』（2007 年。とりわけ竹村和久「第 2 章　意思決定過程の心理学」45 頁以下および加藤英明・岡田克彦「第 6 章　行動ファイナンス」137 頁以下）、奥田秀宇『意思決定心理学への招待』（2008 年）、下條信輔『サブリミナル・インパクト——情動と潜在認知の現代』（2008 年）とりわけ第 3 章「消費者は自由か」149 頁以下、竹村和久『行動意思決定論　経済行動の心理学』（2009 年）。さらに、いわゆる悪徳商法の側から見た心理学的アプローチについて、箱田裕司・仁平義明（編）『嘘とだましの心理学』（2006 年）35 頁以下も参照）、そうした心理学における知見を紹介ないし研究する法学研究者の論稿も近時は見られるものの（例えば、山本顯治「投資行動の消費者心理と民法学《覚書》」同（編）『法動態学叢書　水平的秩序 4　紛争と対話』（2007 年）、村本武志「消費者取引における心理学的影響力行使の違法性——不当威圧法理、非良心性ないし状況の濫用法理の観点から」姫路ロー・ジャーナル 1・2 巻（2005 - 2007 年）193 頁以下）、未だ進展の余地が多く残された領域であり、今後の課題として取り上げた所以でもある。

結　論

第1節 「本書の課題」の確認

　本書の課題は、96条の詐欺取消制度を、違法性と責任という観点から検討し、現代における詐欺取消制度の在り方を再考することであった。民法 96 条 1 項の詐欺取消制度における「故意」要件は、第一に欺罔者の過失行為に起因するリスクが被欺罔者へ転嫁される点において不当であり、第二に民法の基本原則たる過失責任主義に反する点において疑問であったからである。そして、さらに重要な点は、故意要件が存在することで過失のリスクが被欺罔者へ転嫁され、それに呼応して、被欺罔者が保護を受ける範囲は縮減し、その反面として当該法律行為の有効性を維持する根拠が必要とされるため、被欺罔者の自己責任が強調されることになっている点であった。

　確かに伝統的な責任論によれば、人の自由意思が責任の根拠であった。自己責任の根拠も、概して自由意思である。本書では、この意味の自由意思を「責任根拠の自由意思」と呼んだ。しかし、自由意思は人の尊厳を成し、ゆえに法的に保護される権利として尊重されるべきものでもある。そのため、この自由意思は被侵害権利性を具有し、その侵害は違法性を基礎づけるはずである。本書では、この意味の自由意思を「違法根拠の自由意思」と呼んだ。

　もちろん、「責任根拠の自由意思」と「違法根拠の自由意思」は表裏一体である。しかし、その表を見るか、裏を見るか、このことが 96 条 1 項の規範目的の理解に反映される。仮に 96 条 1 項の規範目的を被欺罔者の保護に求めるならば、「責任根拠の自由意思」よりも、欺罔者の言動によって害される「違法根拠の自由意思」が重要な意味を持つはずである。

　ところが、従来の解釈によれば、96 条 1 項において重視される要素は「責任根拠の自由意思」であった。このことは、同条項における故意要件から由来する欺罔者中心の解釈、または「騙された者にも落ち度がある」という偏見、あるいは法律行為の有効性を前提として議論される過失相殺に基づく割合的解決の傾向からも、容易に窺われた。しかし、こうした従来の理解は、様々な情報が錯綜する高度に複雑化した現代の取引環境においてもなお、その正当性を

保持し得るのであろうか。むしろ、個人の尊厳がともすれば見失われつつある現在の状況においては、「違法根拠の自由意思」の意味を再評価し、96条1項の規範目的を被欺罔者の意思決定自由の保護へ求めるべきはないのか。そして、このことは同条項の「故意」要件を「過失」へ引き下げることによって、より良く達成されるのではないか。私の問題関心の核心は、ここにあった。

第2節　本書の小括

　本書は、その課題を達成するために、日本法の詐欺取消制度を検討する前提として、その母法たるドイツ法を検討し、それを踏まえて日本法を検討した。

第1款　ドイツ法

(1) ローマ法
　詐欺の起源と言われるローマ法の dolus は、詐欺の意味に加えて、故意の意味も有した。つまり、詐欺と故意は、既に結び付いた概念であった。さらにキリスト教も影響して、dolus は道徳的に非難に値する概念として理解されていた。このような概念を前提とする法においては、被害者の保護よりも加害者に対する制裁の観念が作用し、ゆえに欺罔者の態様が重要であって、少なくともローマ法においては被欺罔者の意思決定自由という観点から詐欺を捉える解釈は存在していなかった。

(2) 自然法学説
　人の自由意思に関わる問題は神学から生まれ、これが中世の自然法学説へ受け継がれた。まず、責任根拠の自由意思が説かれたものの、とりわけ啓蒙期自然法学説において自由意思は人の権利としても理解され、ついに詐欺によって侵害され得る性質の利益として捉えられた。その集大成がプロイセン一般ラント法であり、詐欺と被侵害権利の関係に限れば、プロイセン一般ラント法における詐欺とローマ法における詐欺は対照的である。つまり、詐欺の解釈に際して、欺罔者の観点を特に重視するローマ法と異なり、プロイセン一般ラント法においては被欺罔者の観点が取り入れられている、ということである。

(3) 歴史法学派と BGB の立場
① 歴史法学派

その後のプロイセン一般ラント法とローマ法の関係は、サヴィニーの歴史法学派の影響によって、後者が勢力を増した。詐欺の解釈は欺罔者の行為態様へ向けられ、その反良俗性あるいは主観的違法要素が重視された。とりわけサヴィニーの自由意思論は、詐欺によって自由意思が害されない、という点にも特徴が見られる。これは意思よりも表示を（あるいは個人よりも全体を）重視するサヴィニーの表示主義の影響も無視できない。

② BGB の立場

確かに一方において歴史法学派の影響が見られたものの、他方において経済的自由主義に基づいて躍進を続けたプロイセンは BGB の編纂において大きな影響を及ぼし、その影響は詐欺の理解にも見られ、「意思決定自由に対する違法な侵害を許さない」という起草者の態度が明確に示され、詐欺の解釈は詐欺を被欺罔者の自由意思から捉える自然法学説あるいはこれに依拠したプロイセン一般ラント法の理解へ引き戻され、これ以降のドイツ民法（学）における詐欺取消制度の規範目的を規定した。そして、BGB において意思決定自由と違法性が結び付けられ、「違法根拠の自由意思」が確立された。

(4) 薄れゆく意思決定自由の価値
① BGB における自由の内容

ドイツ民法典成立の当初においては、例えばドイツ民法 823 条 1 項の自由として意思決定自由を含める解釈が支配的であった。このことからも、意思決定自由の要保護性が高く設定されていたことが窺われた。ところが、詐欺と無関係な諸事例を契機として、ドイツ民法 823 条 1 項の自由を身体的自由に限定する解釈が確立された（例えば労働事件：労働者のストライキの不法行為性を否定するため、同条項の法益の範囲を限定する解釈が展開された）。この時から、意思決定自由を保護し得る不法行為規範は主として 823 条 2 項および 826 条に限られ、詐欺取消制度と競合する不法行為規範も 823 条 2 項と 826 条に限られ、意思決定自由は過失行為から保護される得る法益の地位を喪失したのであった。

② 行為無価値論の影響

　意思決定自由の要保護性の低下に加えて、行為無価値論も意思決定自由の要保護性に影響を与えた。行為無価値論によれば、一方で違法評価の対象の主観化（例えば、違法評価の対象が「権利侵害」から「故意」へ移る）が導かれ、そのことによって法の目的も変じ（「保護」から「制裁」へ）、従来の違法評価の対象（「権利侵害」）の意義も薄れた。そして、行為無価値論は民法学においても展開され、その影響を受けた詐欺取消制度の故意要件は違法要素として理解され、これに伴い再び欺罔者の行為態様が解釈の基点に置かれ、その結果として詐欺取消制度の規範目的も制裁の観点が強まり、ますます詐欺取消制度における意思決定自由の意義は薄れた。

(5) 意思決定自由の再評価
① 意思決定自由の保護を拡大する方法：契約締結上の過失法理
　詐欺取消制度を巡る解釈は、1960年代前後から生じた消費者問題あるいは労働問題も影響して、また新たな動向を見せ始めた。すなわち、諸般の問題を捉え得る共通の基本原理として私的自治が見直され、その過程において意思決定自由に対する評価も改められた。そうした中で、裁判所は詐欺取消制度の適用が予定され得る事例において、契約締結上の過失法理を援用した。学説の有力な傾向も、こうした裁判所の理解に賛意を示した。さらに学説は契約締結上の過失法理の役割を意思決定自由の保護として理解し、この理解は債務法改正において立法化された。

② 意思決定自由の保護を拡大する方法：故意概念の緩和
　ドイツにおける損害賠償の原則が原状回復であることから、契約締結上の過失法理の援用は詐欺取消しを認めるに等しく、つまり事実上、過失の詐欺を認めるに等しい。そして、裁判所は、この方向性を詐欺の故意概念それ自体においても押し進めている。すなわち、裁判所は、故意概念それ自体を緩和し、当該言明の虚偽性に対する積極的な認識を欠く「でたらめ」な言明に基づいて未必の故意を肯定し、さらに近時の特徴として（いわゆる可能性説を採用することによって）部分的に故意の過失化を実現している（故意の理解を巡り学説は対立し、

その中の可能性説における故意は同説と対極に位置する意思説の過失へ食い込む。「故意の過失化」は、この意味である)。

以上の概観から、ドイツにおいて意思決定自由の要保護性が高く設定されていること、このことが詐欺取消制度へ反映し、故意の過失化を実現していることが理解された。

第 2 款　日本法

(1) 前史
① 明治以前
ドイツにおいて意思決定自由の要保護性が高く設定されている背景として、既に確認した自然法学説を含む伝統の存在を無視できない。これに対して、日本法において、こうした伝統は見られない。少なくとも、西洋哲学の意味における権利や自由あるいは自由意思の概念が日本へ入り込む契機は、鎖国体制が崩壊する時まで待たなければならなかった。

② 旧民法典における詐欺
西洋法思想を取り入れる契機は様々に在り得たものの、特に詐欺に限れば、まずボワソナードが重要である。ボワソナードによれば、詐欺は意思の瑕疵を構成せず、主として不法行為として扱われる。詐欺が意思決定自由を害さず、むしろ欺罔者の反良俗性あるいは不誠実性を問題視する点を見る限り、ボワソナードの詐欺論はサヴィニーの詐欺論と同様である (サヴィニーとボワソナードは、主知主義＝意思よりも知性・理性を重視する立場において共通する)。

(2) 民法典の起草者と解釈者
① 起草者の理解――特に富井と穂積
自由意思を重視しない点においては、特に現行民法典起草者の富井 (法律行為担当)・穂積 (不法行為担当) とボワソナードは共通する。とりわけ、ダーウィンやスペンサーから影響を受けた穂積は、その進化主義に基づいて、自由意思を否定するのみならず、自然法思想それ自体をも否定する。これが民法起草

者の立場であったことは注目されるのであるが、しかし詐欺論の詳細は必ずしも明確ではなく、後の解釈に委ねられた問題であった。

② 解釈者の理解——特に末川と我妻

民法典成立当初はドイツ法学も影響し、権利の観念が重視され、例えば710条における「自由」の概念に意思決定自由が含められた（これは現在も同様）。ところが、権利を重視する立場は次第に個人主義的に過ぎる立場として批判を受け、例えば709条の権利侵害要件は違法性へ読み替えられ（末川）、その違法性の判断基準として社会的相当性や信義則が援用され（我妻）、その違法論は行為無価値論へ傾斜し始めた。このことは詐欺論にも影響を及ぼし、詐欺の違法性の基準は、被欺罔者の意思決定自由ではなく、欺罔者の行為態様に置かれた。

(3) 戦後から現代に至る状況

① 自由意思の制限

戦後の新憲法は個人の尊厳を謳うが、しかし詐欺論の状況は何も変わらなかった。意思決定自由の要保護性も変化なく、むしろ経済的自由に劣後する旨を説く裁判例さえ登場した（三菱樹脂事件）。そのような状況において、消費者問題や労働問題に直面した学説は、意思決定自由の権利性を強調するのではなく、その制限を説いた。ただし、これは、「責任根拠の自由意思」を制限することによって表意者の免責を正当化する消極的な保護に過ぎなかった。

② 契約正義

その後の判例・学説の展開においても、被欺罔者の意思決定自由を重視しない点は変わらなかった。例えば、学説においては情報提供義務あるいは合意の瑕疵論が展開され、従来と異なる様相を見せたものの、これらの学説は契約正義の観点に基づいて詐欺取消制度を欺罔者に対する制裁の制度として捉えるのであり、その反面として被欺罔者の自由意思は等閑視される。

以上の如く、日本の詐欺論は、ほぼ一貫して、被欺罔者の意思決定自由の要保護性より、欺罔者の行為態様を重視してきた。それゆえ、当然に故意要件は

不可欠の要素として固持される。

(4) 日・独の判例比較
① 一般事例——特に売買契約
　日本法における詐欺論は、ドイツの裁判例と比較することによって、さらに特徴が際立つ。ドイツの裁判例においては当該言明の虚偽性に対する積極的な認識を欠く「でたらめ」な言明に基づいて未必の故意が肯定され、さらに近時の特徴として（いわゆる可能性説を採用することによって）部分的に故意の過失化を実現されている。これに対して、日本の裁判所は、積極的に相手方を騙す欺罔者の意図が立証されない限り、詐欺を肯定しない。こうした日・独の差異は、その一要因として、両者における意思決定自由の要保護性に対する理解の相違に求められる。既に指摘したように、ドイツにおいては故意の緩和のみならず、契約締結上の過失法理の援用も重要な意味を持つが、しかし同法理が援用される際も過失相殺が適用された事例はほとんど見受けられず、この点からも単なる法的構成の相違ではなく、ドイツにおいては意思決定自由が重視されていることが理解されるのである。

② 特殊事例——特に保険契約・労働契約
　一般的な売買の事例と異なり、特に保険契約および労働契約は経済的弱者が欺罔者として登場する点において特殊性を有する。さらに保険契約および労働契約は不作為の問題に関しても特別な配慮を要する問題を抱えているのであり、必ずしも一般的な詐欺の事例と同列に扱えない（こうした理由から、たとえ被保険者あるいは被用者が説明義務を基礎づける事情を容易に知り得る立場にあったとしても、簡単に同義務違反は認められず、つまり特殊事例においては一般事例と異なり、詐欺の否定率が高い）。これは、一般事例から区別して、個別に検討した所以でもあった。

(5) 民事詐欺の違法性と責任
① 民事詐欺の違法性
　ドイツ法と比べて、日本法の詐欺取消制度は厳格に故意要件を求める。これ

は被欺罔者の救済にとって重大な桎梏となる。しかし、消費者契約法あるいは金融商品販売法等の諸立法は詐欺の故意要件を緩和する傾向を示しているし、さらに債権法改正の一環として議論された不実表示法の導入も明らかに故意要件の緩和を企図した提案である。こうした近時の動向は、過失の欺罔からも被欺罔者を救済すべき要請の存在を示唆しているはずである。もちろん、故意要件の緩和は法律文言の形式的な修正によって済まされる問題ではなく、詐欺取消制度に対する基本的理解の転換を要する。これは、従来の行為無価値的発想の放棄を意味し、同時に「詐欺取消制度の規範目的は意思決定自由の保護＝意思決定自由に対する侵害が違法」という発想の再確認を意味する。こうした理解に立脚して初めて、「違法根拠の自由意思」に対する配慮が生まれ、その反射的作用として故意要件の否定が正当化されるのである。

② 民事詐欺の責任

「違法根拠の自由意思」が含意する被欺罔者の意思決定自由は絶対的な法益ではなく、欺罔者の行為自由という法益も同様に重要である。ただし、従来の理解によれば、故意要件が行為自由の保護へ傾斜し過ぎた点に問題が存在していた。そこで、私は、リスクの公平な配分および過失責任主義の原則に鑑みて欺罔者の故意要件を否定し、これに代わる過失の要件化を求め、この過失を通じて行為自由の確保を担保させる解釈を示した。もちろん、この過失が認められれば、行為自由は奪われるのであり、その限度において欺罔者は不利益を甘受しなければならず、この意味において過失は欺罔者の責任要件を構成する。

第3節 結　　論

　96条1項における詐欺取消制度の規範目的は意思決定自由の保護として理解されるべきであり、この目的に反する故意要件は否定されるべきである。そして、民事詐欺の違法性は欺罔者の故意によって基礎づけられるのではなく、被欺罔者の意思決定自由に対する侵害が民事詐欺の違法性であり、そうした侵害を生ぜしめる欺罔者の過失が民事詐欺の責任である。

　96条の規範目的が意思決定自由の保護であるなら、続いて生じる重要な問題は、意思決定自由を侵害し得る過失構造の具体的な内容の解明である。つまり、如何なる（過失）行為が他人の動機に対して如何なる影響を及ぼすか、という問題である。これは、隣接科学の知見をも借りた分析を要する問題であって、今後の課題として残された。

著者紹介

岩本尚禧（いわもと・なおき）

- 1979年　大阪府に生まれる
- 2003年　鹿児島大学卒業
- 2005年　熊本大学大学院（法学研究科修士課程）修了
- 2011年　北海道大学大学院（法学研究科博士課程）修了
- 現　在　小樽商科大学商学部企業法学科准教授・博士（法学）

小樽商科大学研究叢書6
民事詐欺の違法性と責任

2019年3月5日　第1刷発行	定価（本体7000円＋税）

著　者　岩　本　尚　禧

発行所　国立大学法人　小樽商科大学出版会
〒047-8501　北海道小樽市緑3-5-21
電話 0134-27-5210　FAX 0134-27-5275

発売所　株式会社日本経済評論社
〒101-0062　東京都千代田区神田駿河台1-7-7
電話 03-5577-7286　FAX 03-5577-2803
URL：http://www.nikkeihyo.co.jp

装丁・渡辺美知子　　　　印刷・文昇堂／製本・誠製本

落丁本・乱丁本はお取り換えいたします　　Printed in Japan
Ⓒ IWAMOTO Naoki 2019　　　　ISBN978-4-8188-2524-6

・本書の複製権・翻訳権・上映権・譲渡権・公衆送信権（送信可能化権を含む）は、㈱日本経済評論社が保有します。
・JCOPY 〈㈳出版者著作権管理機構　委託出版物〉
・本書の無断複写は著作権法上での例外を除き禁じられています。複写される場合は、そのつど事前に、㈳出版者著作権管理機構（電話 03-3513-6969，FAX03-3513-6979，e-mail:info@jcopy.or.jp）の許諾を得てください。

英語リスニング教材開発の理論と実践 データ収集からハンドアウトの作成と教授法まで	小林敏彦著	2000円
多喜二の視点から見た〈身体〉〈地域〉〈教育〉 2008年オックスフォード小林多喜二記念シンポジウム論文集	オックスフォード 小林多喜二記念 シンポジウム論文集 編集委員会編	2000円
すべての英語教師・学習者に知ってもらいたい 口語英文法の実態	小林敏彦著	1524円
諸君を紳士として遇す 小樽高等商業学校と渡邊龍聖	倉田稔著	667円
もうひとつのスキー発祥の地 おたる地獄坂	中川喜直著	772円
北東アジアのコリアン・ディアスポラ サハリン・樺太を中心に	今西一・三木理史・ 石川亮太・天野尚樹・ ディン・ユリア・ 玄 武岩・中山大将・ 水谷清佳著	1753円
商大生のためのビジネス英語101	国立大学法人小樽商科 大学創立100周年記念 ビジネス英語プロジェ クトチーム編著	1429円
多喜二の文学、世界へ 2012小樽小林多喜二国際シンポジウム報告集	荻野富士夫編著	2000円
初期ルカーチ政治思想の形成 文化・形式・政治	西永亮著	1800円
日本人だけが知らない「貿易救済措置」 生産者が仕掛ける輸入関税のウラ技	柴山千里・手塚崇史著	900円
シュトラウス政治哲学に向かって	西永亮編著	2500円
「満洲国」における抵抗と弾圧 関東憲兵隊と「合作社事件」	荻野富士夫・兒嶋俊郎・ 江田憲治・松村高夫著	6000円
七仙人の名乗り インド叙事詩『マハーバーラタ』「教説の巻」の研究	中村史著	7000円
日本憲兵史 思想憲兵と野戦憲兵	荻野富士夫著	7000円

(いずれも本体価格、小樽商科大学出版会発行)